Illustrationen von Christian Ewald

Fritz Rudolph

HIMALAYA TIGERS

Der Kampf um das Dach der Welt

Sportverlag Berlin 1986

Zum Geleit

Länger als ein halbes Jahrhundert hat der Kampf am Berg gedauert, bis 1950 mit dem Annapurna der erste Achttausender nach ständigen Angriffen der besten Bergsteiger aus aller Welt bezwungen wurde.
1895 zog der Engländer Mummery zum erstenmal zum Nanga Parbat, und seit dieser Zeit rannten in immer stärkerem Maße die Menschen gegen die „Throne der Götter" an. Unsagbare Opfer an Leben, Gesundheit und materiellem Gut wurden dem Mount Everest, dem Kantsch, dem K 2, dem Nanga Parbat oder dem Cho Oyu gebracht, unausdenkbare Anstrengungen und Mühsale wurden ausgestanden.
Alle diese Opfer, Anstrengungen und Mühsale bildeten eine Pyramide, ohne die es Herzog, Lachenal, Tenzing, Hillary, Buhl, Lacedelli, Compagnoni, Tichy, Jöchler und Pasang Dawa Lama und anderen nicht möglich gewesen wäre, ihre Füße auf den Gipfel eines Achttausender zu setzen.
Ein wesentlicher Bestandteil dieser Pyramide aber sind die bisher meist anonym gebliebenen Träger, die die Lasten und Ausrüstungsgegenstände der Expedition trugen, die „Tigers", die mit ihren Sahibs bis in die höchsten Lager stiegen – erst auch nur Kulis, später gleichwertige Kameraden am Berg.
Für ihre Leistungen und ihr Können sprechen die Namen der Helden vom Everest und Cho Oyu: Tenzing und Pasang Dawa Lama. Ihnen – den Kulis, Trägern und Tigers – ist dieses Buch gewidmet.
All diese Himalayaexpeditionen, deren Verlauf und das Schicksal der Besteiger, in mehreren Auflagen bereits vor zwei Jahrzehnten verbreitet, fanden bei den Lesern eine beträchtliche Resonanz. Das führte zu der von vielen Anhängern des Bergsteigens gewünschten Entscheidung, diesen Titel erneut einem großen Leserkreis zugänglich zu machen.
Die Neuausgabe in einer zeitgemäßen, völlig veränderten Ausstattung wird wiederum viele begeisterte Leser finden.

Die halbe und die ganze Wahrheit

Dieses ist die Geschichte des Hirtenjungen Chong Norbu aus dem Dorfe Dhimbup zu Füßen des großen Berges Mount Everest.

Weil Chong Norbu so arm war, wie es nur Kulis sind, und er sich für den Tag mit einer Handvoll Tsambamehl, für die Nacht aber häufig mit einem windstillen Winkel zwischen den Steinen des Gebirges begnügen mußte, hat niemand daran gedacht, ihn mehr zu beachten als vielleicht einen Tragochsen. Keiner fand es der Mühe wert, seine Geschichte aufzuschreiben.

Wer in das Land reist, in dem alle Menschen, bis auf ein paar tausend, als Kulis zur Welt kommen, um sie als Kulis wieder zu verlassen, fühlt seine Sinne von anderen Dingen gefesselt als von der Lebensgeschichte eines zweibeinigen Tragtieres: Da sind die Tempel, die goldglitzernden Tempel mit Masken und Drachen. Da sind die Tiger im Sumpfdickicht, wild und kühn. Da sind im tropfnassen Bergurwald die Orchideen und zitternden Falter. Da sind die gleißenden Firne der Eisriesen, die lokkenden Hochburgen, gletscherbehangen. Sie locken und fordern den abendländischen Touristen zu Taten heraus. Niemand vermag den langen Weg auf die Gipfel des Daches der Welt allein zu gehen. Der Gipfelstürmer braucht Hunderte helfender Hände und Füße. Er braucht Lastträger, Kulis. Kulis sind billig, sind zahlreich wie Bambus im Dschungel. Geht einer zugrunde, treten ungezählte andere an seine Stelle.

Die Lasten einer einzigen ausländischen Bergsteiger-Expedition werden zuweilen auf hundert, dreihundert, ja sechshundert Kulirücken verladen! Fünfzig starke Träger schleppen die Zelte und Seile in die Hochlager, und ein Dutzend Ausgesuchte sind an der Seite der Sahibs, der Bergsteiger, wenn es gilt, den Gipfel zu nehmen. Die Kühnsten, Zähesten werden von ihren Herren „Tigers" genannt – sie gleichen dem König des Dschungels: kühn, zäh, zum gewagten Sprung ohne Furcht bereit.

Heimgekehrt, siegreich oder abgeschlagen, berichten die Alpinisten in ihrer Heimat von der Gewalt der Riesenberge, von Frost, Lawinen und Wettersturz – und zuweilen von hundert, dreihundert oder sechshundert Kulis. Und von den „Tigers". Dann taucht in den Expeditionsbüchern mal hier ein Name auf, mal dort ein Bild – so selten, wie ein Fisch zum kurzen Sprung den Wasserspiegel durchbricht. Ein rasches Blinken, dann taucht das kaum Gesehene wieder stumm unter die Oberfläche.

Kühnheit ist allen Männern eigen, die die eisigen Giganten unter ihre Füße zwingen wollen, allen weißen und dunkelhäutigen Bergsteigern, allen Herren und Trägern, allen Sahibs und „Tigers". Nicht schmälern läßt sich der teuer erkaufte Ruhm britischer und schweizerischer Alpinisten, italienischer und französischer Gipfelstürmer, deutscher und österreichischer Bergsteiger. Nicht eine Zeile zuviel ist aufgezeichnet über den Kampf gegen die letzten weißen Flecken auf der Landkarte. Zu Recht ist mit Sorgfalt bisher jeder kleine und große Sieg der Menschen über die Natur vermerkt.

Und doch konnte man immer nur die halbe Wahrheit lesen!

Wo auch immer die Bergsteiger aus dem Abendland die Throne der Götter angreifen mögen, wieviel auch immer sie an Mut und Kaltblütigkeit, Wissen und List, Gewandtheit und Kraft mitbringen mögen, nie kann ihnen Erfolg winken, wenn nicht die Besten aus den Bergvölkern des Himalaya ihre Gefährten sind.

Von den Unentbehrlichen, Ungenannten, Unbelohnten erzählt die Geschichte Chong Norbus. Sie lehnt sich an die historischen Tatsachen an und folgt den wahren Begebenheiten. An der Stelle des Namens Chong Norbu könnten tausend andere Namen stehen. Sein Name steht auch an der Stelle des Namens Ang Tsering, des Helden vom Nanga Parbat und Chogori. Sein Leben wird von Unzähligen gelebt. So wie er denken, reden, handeln sie. Die Kulis sind wach geworden. Aus der Dunkelheit treten sie ins Morgenlicht, das sich im hellen Aufleuchten bis in die letzten Winkel Asiens ergießt.

Verkaufe deinen Rücken!

Der Alte legt wortlos das Geld hin.
Vor dem flackernden Herdfeuer hockt die Frau und wendet den Teigfladen auf dem heißen Stein.
„Es ist gut, daß du wieder da bist", sagt sie leise und wendet den Kopf. Lächelnd sieht sie in sein Gesicht, das jetzt ganz nah bei dem ihren ist. Der Mann läßt sich neben dem Feuer nieder, streckt die Glieder aus und langt mit der Hand in den kleinen Topf hinein, in dem das Hammelfleisch schmort.
Während er an dem Knochen nagt, reicht ihm die Frau einen Teigfladen. „Nimm noch einen Chapatti und fülle deinen Magen. Für die Jungen bereite ich neuen Teig." Ein Lächeln spielt um ihren Mund. „Nun kommt wieder Geld und Mehl ins Haus!"
Ihre Augen folgen seinen Bewegungen. Sie schaut ihren Mann an, als wäre er nicht drei Wochen von ihr fortgewesen, sondern ein Jahr. Immer, wenn eine Kulikolonne durch Dhimbup zog, war sie vor die Hütte gelaufen und hatte mit den anderen Frauen des Dorfes unter den verschwitzten Gesichtern das ihres Mannes oder ihres Sohnes gesucht. Und vorgestern, als wieder Kulis vom Paß herunterkamen, war einer aus dem Nachbardorf dabei, der den Alten kannte. Ja, bald würde die Kolonne von Tibet herüberkommen, meinte er, unter der Last hervorschielend, die seinen Nacken beugte. Grunzochsen und anderes Vieh brächte ihr Mann für einen reichen Sahib auf die fetten Weiden am Kusi-Fluß.
Nun ist er wieder bei ihr – für ein paar Tage. Sie ist seine Dienerin, wie es der Glauben bestimmt, aber er spricht mit Güte zu ihr und läßt sie seine Geschäfte wissen. In ihrer Hütte regiert nicht der Knüppel, wie in vielen Häusern der Begüterten, wo die Frauen wie Hunde leben und sich ducken müssen. Sie lebt an der Seite ihres Mannes, arm wie er, und ihr Tag ist voller Plage auf den Gerstenfeldern der Grundbesitzer. Er räumt ihr Rechte ein, die er nicht beschneidet, wenn er nach langem Kulidienst wieder in die Hütte tritt.
Für eine Handvoll Rupien geht er mit ein paar anderen Männern des Dorfes fort, oft Wochenmärsche weit. Das Bakschisch, das sie heimbringen, reicht gerade für Salz, ein wenig Tsamba-

mehl und hin und wieder für ein Stück Kattun. Mit wunden Rücken kommen sie zurück, mit Reißen in den Gliedern von den frostigen Nächten im Gebirge. Nun geht auch schon Mingma mit, der älteste Sohn, aber der Hunger bleibt Gast in ihrer Hütte und hockt sich neben das Feuer, wenn nach einem guten Tag der Fleischtopf leergegessen und das letzte Tsambamehl verbacken ist. Bald wird auch Chong Norbu, der Kleine, seinen Rücken verkaufen müssen, denkt die Mutter. Der Alte, der sein Leben an ihrer Seite verbracht, errät die Gedanken der Frau. Schweigend und in Erwartung blickt er zum Eingang der Hütte. Als sie in der Mittagsglut ins Dorf kamen, hat er Mingma zu den Bergwiesen hinaufgeschickt, um den jüngsten Sohn zu holen.

Das Licht des Abends widerstrahlt vom Felshang jenseits des Tales und füllt den kleinen fensterlosen Raum mit rötlichem Schimmer. Vom Herd aus kann man auf die Wiesen hinaussehen, die sich hoch hinauf bis zu dem Wald mit den verkrüppelten Kiefern ziehen. Das Gehölz ist halb verschüttet von den Lawinenresten, die von den eisigen Felsburgen herunterdonnerten, als beim letzten Monsun die Götter der Berge zürnten und Eis und Steine auf die Schafe und Ziegen der Bergbauern schleuderten.

Da kommen die beiden Burschen über die Wiesen auf die Hütte zu. Der größere von ihnen geht mit wiegenden, weitausholenden Schritten den Abhang hinab. Lachend antwortet er auf die Fragen, die der kleine stämmige Bruder hervorsprudelt. Die beiden verstummen erst, als sie den Eingang der Hütte erreichen. Respektvoll bleibt der kräftige Junge einen Schritt vor dem Vater stehen, wartet, bis er seine Kleider berührt und ihm bedeutet, sich neben ihn zu setzen.

Die Hand des Vaters streicht liebevoll über den Kopf des Jungen, als er sagt: „Du wirst mit uns kommen, Chong Norbu."

Das ist das Wenige und das Viele, das er seinem Sohn nach langer Kulifahrt zu sagen hat. So ist seine Art. Die Leute nennen ihn den „Alten", weil er so ruhig und überlegt spricht und mit der Weisheit kluger Greise Entscheidungen treffen kann. Sein Gesicht ist von Krankheit zerfurcht und von der Bergsonne gegerbt. Er hat nicht die unbefangene Fröhlichkeit der anderen Sherpas, die hier im Tale Dhud Kosi leben. Aber seine Augen sind noch jung. Sein Blick kann soviel Mut verschenken, wenn er die Frau ansieht, die nun ganz allein sein wird, oder den Jungen, der nicht mehr Ziegenhirt bleiben, sondern Lastträger werden soll.

Die meisten Bewohner der Bergdörfer ziehen es vor, ihre Felder

zu bestellen und ihr Vieh zu versorgen, aber der Alte besitzt weder das eine noch das andere. Seinen Acker und seine Schafe hat ihm der reiche Schwager der Frau abgegaunert.
Einen Augenblick lang sitzen die vier schweigend. So ist mit den Blicken und den wenigen Worten des Vaters für alle beschlossen, wie sie in Zukunft leben wollen. Die Mutter wird die Arbeit Chong Norbus mit verrichten, und Chong Norbu wird mit dem Vater und Mingma zum nächsten Stapelplatz gehen, um sich als Kuli zu verdingen.
Chong Norbus Ohren glühen fast vor Begeisterung. Nun wird er in die Stadt kommen, von der ihm Mingma eben noch erzählte. Sooft die Älteren von dem Land hinter dem Schneegebirge sprachen, von den großen Hütten mit vielen Fenstern, den Burgen auf den Felsen und dem bunten Markt, so oft hat sich Chong Norbu gewünscht, das alles selber zu sehen! Als er sich neben Mingma niederlegt und der Bruder die Decke über ihre beiden Körper zieht, sind in die Hütte schon Dunkelheit und Nachtkühle hereingekrochen.
Aber Chong Norbu friert nicht. Zu oft schon hat er in den Bergen die Frühlingsnächte mit den Ziegen und Schafen zwischen den Felsen verbracht. Was ihn jetzt nicht schlafen läßt, sind die Gedanken an das Neue, das ihn erwartet. Er hört, wie der Vater die Münzen zählt, die er heimgebracht hat. Wie oft schon ließ der Alte sie durch die Finger gleiten! Ein Geldstück nach dem andern klappert in die Konservenbüchse, die über dem Lager der Eltern in einer breiten Fuge zwischen den Feldsteinen des Mauerwerks klemmt.
Die Büchse! Chong Norbu erinnert sich des Tages zu Anfang der vorigen Monsunzeit: Der Bergpfad war vom Schmelzwasser zerwühlt. Zwei Kulis aus Namche Bazar stürzten mit ihren Lasten in die Schlucht, und der Inhalt der Kisten verstreute sich zwischen den Steinen. Die Leute aus Dhimbup begruben die beiden Kulis dort, wo die Götter sie niedergeworfen hatten. Bunte Blechbüchsen lagen verbeult umher, gefüllt mit süßen gelben Früchten. Als sie später die Fruchtscheiben zu ihren Chapattis aßen, erzählte der Vater, daß eine Büchse so viele Rupien kostet, wie ein Kuli in einer Woche verdient. Die kostbaren Früchte sind für Chong Norbu zum Inbegriff des Reichtums geworden, der im Land hinter dem Schneegebirge aufgespeichert ist.
Ihm läuft beim Einschlafen der Speichel aus den noch kindlichen Mundwinkeln.

Die Fremde hat ein häßliches Gesicht

Der Paß hat es in sich.
Am Vormittag sehen sie noch die lange Reihe der Kulis vor sich. Die Kisten und Säcke schwanken auf den Buckeln der Träger bergan. Je höher sie steigen, um so mehr verlieren sich die Gestalten im Nebel. Das Atmen wird immer schwerer. Der Sturm klatscht ihnen Schnee ins Gesicht. Immer häufiger bleibt der Alte keuchend stehen. Da verlieren sie den Anschluß an die Kolonne.
Nur undeutlich erkennen sie noch die Spuren vor ihnen.
Plötzlich kommt ein Wind auf, wischt talwärts die Schleier fort und wirbelt den Schnee in langen Fahnen die Hänge hinauf.
Unter ihnen liegen die Täler, mit wogenden Wolkenmassen angefüllt, nur die schroffen braunschwarzen Felsgrate ragen wie Landzungen in ein weißes Meer hinein. Aus den Eisspalten und Schluchten der Bergkette an der Abendseite kriechen die Wolkenfetzen wie gefräßige Tiere hervor, lauernd, schleichend, zum Sprung bereit.
Und dann ist mit einem Schlage der Sturm wieder da! Schnee, Nebel! Eisige Kälte pfeift in die Löcher der Lumpen, trifft die nackten Füße. Die Spur ist verharscht, und die scharfen Kanten reißen Hautfetzen von ihren Knöcheln.
Als der Alte zum zweitenmal vornüber fällt, befreit ihn Mingma von seiner Last, stellt ihn auf die Beine und wischt den Schnee aus seinem Gesicht. Aber vom Husten geschüttelt, sackt der Vater wieder zusammen, speit und krächzt.
Chong Norbu greift nach der Kiste und schnürt sie auf seine Last. Mühsam steht der Alte auf und lächelt ermattet. „Es geht schon wieder."
Mingma sieht Chong Norbus doppelte Last.
„Das ist zu schwer für dich!" brüllt er durch den Sturm.
„Nein, hilf mir nur auf!" wehrt Chong Norbu ab.
Mag der Junge für seine Jugend auch sehr stark sein, aber zwei Traglasten kann er nie und nimmer bewältigen. Der Alte dreht den Rücken zum Wind, mit hochgezogenen Schultern schiebt er sich an Chong Norbu heran. Begütigend legt er die Hand auf die Kisten, mit denen der Sohn sich abmüht.
„Höre auf Mingma, deinen Bruder."

Chong Norbus Blick trifft die Augen des Vaters. Sie sprechen Güte und Mut, nur um den Mund liegen seltsam müde Falten. Der Alte versucht nicht, den Söhnen Stärke vorzutäuschen, und läßt es geschehen, daß sie seine Last teilen. Der Händler, für den sie die Ware nach Tibet tragen, wird sie bestrafen, wenn er feststellt, daß die Kiste aufgebrochen ist. Aber sie müssen von diesem verfluchten Paß herunter, mit der Traglast, mit dem kranken Vater. Zwischen die Gurte und in die Kleider stopfen sie die kleinen Packen, die sie in der Kiste finden. Die halbvolle Kiste lädt sich Chong Norbu zu seiner Last.

Als sie sich in Marsch setzen, hört das Schneetreiben so plötzlich auf, wie es gekommen ist. Der Vater geht voran, weiter bergan, ohne Last; doch langsam und schwer sind seine Schritte. Oben auf der Paßhöhe und später beim Abstieg versucht er noch einmal, seine Last selber zu tragen, aber die Jungen lassen es nicht zu. Erst kurz vor dem Bungalow, der unterhalb der Schneegrenze am Wege liegt und Rastplatz für die Nacht sein soll, nimmt er die Kiste wieder auf den Rücken – notdürftig zusammengeschnürt, damit der Trägerobmann kein Palaver macht.

Im Tal, das weniger steil abfällt als die Schluchten auf der nepalischen Seite der Berge, geht es dem Alten besser. Er erholt sich und zeigt Chong Norbu, wie man eine Last über den Bach seilt und sich auf schmalem Pfad unter den Felsen hindurchzwängt.

In einem öden Felstal ziehen sie während des ganzen Tages abwärts. Aus den Seitentälern stürzen junge Bäche in den Fluß und lassen ihn zu einem tobenden Strom werden, der bald tief in der Schlucht, bald in der breiten Talsohle zwischen Geröllhalden sein Bett sucht. Wo die Felswände zurücktreten, liegen zwischen dürftigen Gehölzen kleine Ansiedlungen. Die grauen Lehmhütten kleben gleich Schwalbennestern am Hang, unter den flachen Dächern ragen Balken wie verstümmelte Finger hervor.

Hier werden einige Träger entlohnt und ihre Lasten auf Tragtiere verladen – der schmale Bergpfad ist zur Straße geworden, und die Yaks können die Waren ohne Gefahr weitertragen.

Chong Norbu ist zum erstenmal über die „Heimat des Schnees" gegangen und befindet sich in einem fremden Lande. Die Sprache der Menschen kann er schwer verstehen, ihre Gesichter sind breit und plattnasig. Er begegnet dem Neuen mit wachen Augen, genießt das Nieerlebte wie ein süßes, fremdes Getränk und vergißt dabei, daß sein junger Rücken von der ungewohnten Arbeit schmerzt.

Der Handelsplatz, den sie nach vier Tagen erreichen, liegt zu Füßen einer mächtigen Klosterburg. Lamapriester empfangen die Kulikolonne. Rote und grüne Gebetsfahnen flattern an der Straße. Der Trägerobmann steht zwischen den Priestern und Dorfbewohnern und nimmt mit dem tibetischen Kaufmann, einem dicken, rotnasigen Kerl, die Lasten in Empfang.
„Was ist das?" fragt der Tibeter und deutet auf die angebrochenen Kistenbretter.
„Ich bin gestürzt, Sahib", beteuert der Alte, „da haben wir die Kiste..."
„Also halber Lohn!" schnarrt der Kaufmann und tippt auf die Liste des Obmanns. Der macht ein Zeichen hinter die Nummer der Traglast.
„Aber höre doch, Sirdar", wendet sich Mingma an den Trägerobmann, „es fehlt nichts!"
„Halber Lohn", wiederholt lakonisch der Sirdar die Weisung seines Herrn.
Und in die offene Hand des Vaters klimpert nur die Hälfte der Münzen, die Chong Norbu und Mingma bekommen.
„Los, der nächste!" drängt der Händler. „Ich werde euch lehren, mit euren schmutzigen Händen meine Kisten aufzubrechen. Fort, ihr Spitzbuben!"
Chong Norbu hat nur die wenigsten Worte des Tibeters verstanden, aber seine Gebärden waren für ihn deutlich genug, und das Schimpfwort – oh, das kannte er gut! Um den Alten und seine Söhne zu beleidigen, hat sich der Dicke sogar die Mühe gemacht, den Dialekt der Sherpas zu gebrauchen.
Zwischen Mingma und dem Vater schiebt sich Chong Norbu drohend gegen den dicken Händler vor. Seine Augen lodern. Die Kulis, die in langer Reihe hinter ihm stehen und auf ihren Lohn warten, werden aufmerksam. „Da – schaut hin", murmeln sie und stecken die Köpfe zusammen, „der Junge aus Dhimbup!"
Die einen sind erschrocken, andere erregt vor Neugier. Es ist so ungewöhnlich, daß ein Kuli aufbegehrt gegen einen Sahib. Sie sind es gewohnt, Unrecht schweigend hinzunehmen. Der junge Sherpa steht herausfordernd vor dem Händler, den Kopf gehoben, mit halbgeöffnetem Mund. Sein durchdringender, Recht fordernder Blick trifft die unsicheren Augen des Dicken; über der kräftigen Nase ziehen sich kleine Falten zusammen.
Der Dicke sieht hilfesuchend zur Seite. Er ist Tibeter, Lamaist – vor ihm steht drohend ein Sherpa aus Nepal, fünfzehnjährig vielleicht. Weiß der Himmel, an welche Götter der glaubt. Der Priester hinter dem Dicken hebt besänftigend die Gebetsmühle.

Schützend schiebt sich der Sirdar vor seinen Herrn. Aber Chong Norbu verspürt keinen Haß gegen die Tibeter, es sind Menschen wie die Sherpas und Gurkhas, nur ihre Augenschlitze sind schmaler, ihre Haut gelber als die ihre.
Der junge Kuli steht noch immer unbeweglich. Würde er sprechen, irgend etwas schreien, dann wäre die Spannung nicht so unerträglich. Es ist, als sei eine Saite zwischen den beiden gespannt, die sich stumm fast zum Zerspringen strafft.
Krampfhaft umspannen die fetten Finger des Händlers den Beutel mit den Münzen. Aber die gestraffte Saite zerspringt nicht – leise zieht Mingma den Bruder am Arm zurück. Der Alte hat sich schon abgewandt. Er weiß, daß er hier nichts ausrichten kann. Wenn er den Zorn des Händlers erregt, bekommt er für den Rückmarsch keine Arbeit.
Am Ende der Straße hocken die Kulis, die vorher angekommen sind, und vertrinken ihr Geld. Die Münzen, kaum aus dem Beutel des dicken Händlers in die Hände der Kulis gelangt, wandern wieder dahin zurück, woher sie gekommen, und mehren dort den Reichtum.
In Chong Norbus junger Brust krampft sich etwas zusammen. Das ist also das neue, fremde Leben, dem er entgegenfieberte, als der Vater sagte: „Du wirst mit uns kommen." Er sieht nicht die mächtigen Lehmbauten der Klosterburg, nicht das Gepränge der Lamas, die Reiter, Zelte, den Markt. Er trottet wie betäubt hinter Mingma und dem Vater her. Vor einem kleinen Gehölz brennt ein Lagerfeuer. Die Kulis singen. Mingma und Chong Norbu legen sich nieder und wenden dem wärmenden Feuer ihre Rücken zu. Der Alte geht unter den Kulis umher und horcht auf Nachrichten, die von anderen Handelsplätzen kommen, weit übers Gebirge, aus Sikkim und Indien, von neuen Transporten, neuen Lasten, von neuer Arbeit für ein paar Rupien.

Der Philosoph mit dem Maschinengewehr

Sir Francis Younghusband steht lächelnd auf und hebt sein Glas. Am Ende der Tafel schießen noch ein paar Korken knallend aus den Flaschenhälsen, dann wird es ruhig. Das Feierliche des Augenblicks breitet sich über den festlich schimmernden Saal aus. Die sorgfältig gekleideten Herren, die hier die Königliche Geographische Gesellschaft und den Alpine Club London vertreten, schauen auf den alten Asienreisenden. Sie wissen schon, was nun gesagt werden soll, aber dennoch liegt Spannung auf ihren Gesichtern. Sir Younghusband ist seit längerem Vorsitzender des Britischen Mount-Everest-Komitees; seine Erfahrungen auf Kriegszügen nach Tibet und seine vielen Bergfahrten im Himalaya haben den Ausschlag gegeben, daß nach jahrzehntelangen Bemühungen nun endlich eine Bergsteigergruppe nach den Hochgipfeln Asiens starten kann.

Der Sir verharrt noch eine kleine Weile, ehe er zu sprechen beginnt. Befriedigt streift sein Blick die Reihe der Alpinisten und Militärs, die unter seiner Leitung für die große Reise nach Indien ausgewählt wurden.

Sein Toast auf das Gelingen des Unternehmens wird mit einer für diese vornehm-kühlen Räume fast zu lauten Begeisterung erwidert. Aber nicht mehr und nicht weniger wird auch an diesem Januarabend des Jahres 1921 in London beschlossen, als den höchsten Berg der Welt, den Mount Everest, auf seine Besteigungsmöglichkeit zu untersuchen und, wenn möglich, den Gipfel zu erreichen!

Näher als 60 Kilometer ist bisher kein Weißer an diesen Eisriesen herangekommen. Sein Gipfelaufbau, seine Gletscher, ja seine Zugangswege sind noch völlig unbekannt, wenigstens den Europäern. Siebzig Jahre sind nun schon verstrichen, seit eine britische Vermessungsexpedition mit Sicherheit festgestellt hat, daß der bisher mit Peak XV bezeichnete Himalayaberg an der Grenze zwischen Tibet und Nepal mit 8840 Metern die höchste Erhebung der Erdoberfläche darstellt. Nicht dem Gaurisankar, dem kleineren Bruder, 35 Meilen entfernt, nicht der bezaubernd schönen Pyramide des Makalu, wie die Topographen bisher fälschlich annahmen, sondern jenem Berg gebührt der Ruhm, der höchste zu sein, jenem, den die Tibeter seit Jahrhunderten schon „Chomolungma" nennen – die „Göttinmutter der Erde". Sir Younghusband aber übergeht geflissentlich die Tatsache, daß die Namensgebung der Tibeter die Chomolungma zum Berg der Berge erhob, und sagt: „Der Berg, der das Ziel unserer Expedition ist, hatte noch keinen Namen, als Briten ihn als erste entdeckten. Er trägt heute den Namen seines Entdeckers, des ehrenwerten Sir George Everest. Trinken wir auf die britischen Entdecker, trinken wir darauf, daß der erste Menschenfuß, der auf den Scheitel der Erde gesetzt wird, der Fuß eines Briten sein wird! Trinken wir auf Großbritannien!"

„Prosit!"

Im Klingen der Gläser überhören die Herren das verlegene Räuspern des Oberst Howard-Bury, der es sich aber versagt, Sir Younghusband zu widersprechen. Natürlich weiß Younghusband genau wie er selbst, daß französische Missionare schon vor zweihundert Jahren den tibetischen Namen des Berges der Berge festgestellt haben. Natürlich weiß er auch, daß Sir Everest den Berg, der jetzt seinen Namen trägt, nie gesehen hat – aber warum sollen sie sich als Briten jetzt noch Gedanken darüber machen, wo in allen Schulen der Welt gelehrt wird, daß der Mount Everest eine britische Entdeckung sei und die Tibeter noch nicht einmal einen Namen für den höchsten Berg ihres Landes hätten.

Sir Francis Younghusband, der viele Jahre im Himalaya gelebt und oft genug Pläne geschmiedet hat, um den Mount Everest zu besteigen, will seine Rede zur Verabschiedung der ersten britischen Expedition nicht beenden, ohne seine Gedanken über den Sinn eines solchen Unternehmens kundzutun.

„Sieht der Mensch eine Erhebung der Erdoberfläche", sagt er philosophierend, „so treibt es ihn, sie zu erklimmen. Hauptsächlich wird es wohl die Herausforderung sein, die uns dieser hervorragende Punkt ins Gesicht schleudert. Wir möchten uns und unseren Mitmenschen beweisen, daß wir hinaufkommen! Wir scheuen die Mühe nicht, sie macht uns sogar Freude. Wir leisten etwas, das uns innerlich befriedigt."

Alle, die da sitzen – Großbritanniens kühnster Alpinist, George Leigh-Mallory, Oberst C. K. Howard-Bury, der den Himalaya von vielen Jagd- und Bergfahrten her kennt, Mallorys Schulkamerad und Seilgefährte Guy Bullock, der Naturforscher und Arzt A. F. R. Wollastone, Harold Reaburn, ein erfahrener Fels- und Eisgeher, der sich schon in Sikkim erprobt hat –, sie alle, die nach Indien reisen sollen, und die wohlhabenden Alpinisten und Geographen des Clubs sehen den Himalaya-Pionier Younghusband zustimmend an.

Das könnten auch ihre Worte sein, die er jetzt spricht: „Der Wunsch, den Mount Everest zu besteigen, hat sich aus dem urtümlichen Drang entwickelt, der uns treibt, einen nahen Hügel zu erklettern. Der Gegenstand ist größer, die Sehnsucht dieselbe. Im höchsten Berge sieht die Seele den mächtig aufgetürmten Stoff, den sie überwinden möchte. Das ist das Geheimnis des Gedankens, der uns auf den Everest treibt! Im Bewußtwerden seiner Kraft liegt des Menschen höchste Lust!"
Ja – der alte Younghusband hat ihre Gedanken richtig gedeutet. Sie spüren alle nur den Drang, ihren sportlichen und menschlichen Ehrgeiz zu befriedigen. Nicht Notwendigkeit, Broterwerb, Tauschhandel treibt sie auf die Berge und über Hochpässe wie jene Bergvölker im Himalaya, von denen Oberst Howard-Bury berichtet, als er den Geleitbrief des Dalai Lama von Tibet vorliest.
„Dieser Geleitbrief ist recht originell", wendet sich Howard-Bury belustigt an die Gesellschaft, „und darum möchte ich ihn den Herren nicht vorenthalten. Durch die Vermittlung des Königlichen Statthalters in Indien, Lord Chelmsford, und des Höchstkommandierenden, Lord Rawlinson, war es mir im vergangenen Jahr möglich, Mister Bell, unseren Vertreter in Lhasa, für unsere Idee zu begeistern. Mister Bell erwirkte dann von den störrischen Tibetern diese Einreise-Erlaubnis:

‚An die Djongpens und Hauptleute
in Phari Dsong, Tingri, Khamba und Kharta!

Lasset Euch gesagt sein, daß eine Gesellschaft von Sahibs kommt, die die Chomolungma sehen wollen. Diese Herren werden allen Tibetern große Freundschaft erweisen! Auf Ersuchen des Hohen Ministers Bell wird hiermit ein Geleitbrief erlassen, der Euch und alle Untertanen auffordert, Beförderungsgelegenheit zu schaffen, seien es Reitpferde, Lasttiere oder Kulis, je nachdem, was die Sahibs gerade brauchen. Die Bezahlung soll durch gütliches Übereinkommen geregelt werden. Sonstige Hilfe, welche die Sahibs verlangen, muß ihnen allerorts, bei Tag und bei Nacht, treulich gewährt werden.
Alle Leute in den Gegenden, welche die Sahibs besuchen, sollen nach bestem Können hilfreich zur Hand sein, damit zwischen der Britischen und der Tibetischen Regierung fernerhin freundschaftliche Beziehungen bestehen bleiben.

Erlassen im Jahre des Eisernen Vogels

Siegel des Ersten Ministers'."

Als der Oberst das Blatt mit der Übersetzung des Geleitbriefes zusammenfaltet, geht ein herablassendes Schmunzeln durch die Runde. Die Herren finden das Dokument amüsant. Nur wenige begreifen, daß ohne diese Erlaubnis der Weg zur Chomolungma für alle versperrt bliebe.
Freilich – einer kann trotz dieses Geleitschreibens seinen Fuß nicht in das „verbotene Land" setzen: Sir Francis Younghusband, der so gern von sich behauptet, er ginge nur zur inneren Erbauung in die Berge. Die Tibeter haben es noch keineswegs vergessen, daß er bei seinem Kriegszug nach Lhasa in den Jahren 1903 bis 1904 auf viele unschuldige, nichts Böses ahnende Bergbewohner ein mörderisches Maschinengewehrfeuer richten ließ. Das Everest-Komitee ist, mit Rücksicht auf die Zurückhaltung der Regierung in Lhasa, bei der Zusammensetzung der Expedition sehr „vorsichtig" gewesen. Nur ein Angehöriger der Armee ist dabei: der Oberst. Aber er spricht fast alle Himalaya-Dialekte und hat Erfahrung im Umgang mit Kulis.
In Indien sollen sich dann später noch zwei Vermessungsbeamte und Dr. Kellas, ein hervorragender Himalayakenner, anschließen. Reaburn, Mallory und Bullock bilden die Bergsteigermannschaft. Schließlich gehen noch Dr. A. M. Heron als Geologe und Dr. Wollastone als Arzt und Botaniker mit auf die Reise.
Das ist der geeignete Trupp, um die Geheimnisse der Chomolungma zu lüften, den Weg zu ebnen für eine spätere Expedition, die zum Ruhme des Empires den Gipfel der Erde betreten soll.
Am Tage der Abreise erfährt die ganze Welt von dem Vorhaben, für das zuvor schon in ganz England gewaltige Geldsummen gespendet wurden. Etwa 10 000 Pfund Sterling hat man für die Kundfahrt und den späteren Gipfelangriff veranschlagt. Zum Kampf um den höchsten Berg können der Expedition das beste Material, die modernste Ausrüstung mitgegeben werden.
Es geht um die Ehre und das Ansehen Englands.

Ein Grab im verbotenen Land

Lange bevor der Sommer in Kalkutta den Europäern den Schweiß aus dem Körper treibt und maßlose Regengüsse mit stechender Hitze wechseln, strömen die ausländischen Vergnügungsreisenden in Scharen den kühlen Luftkurorten am Fuße des Himalaya zu. Sie benutzen die mächtigen Wagen der Eastern Railway, setzen nach der einförmigen Fahrt durch die indische Ebene mit einem Dampfer bei Damugdea über den Ganges und besteigen die Wagen der schmalspurigen North Bengal Eisenbahn. Wenn die Reisenden nach siebzehn Stunden den Eilzug in Siliguri verlassen, bietet sich ihren Augen ein Anblick, der die meisten zum Lachen reizt. Diese winzige Kindereisenbahn mit offenen Wägelchen und einer Spurweite von kaum zwei Fuß soll sie in 7 Stunden auf 2000 Meter Höhe bringen? Es scheint kaum glaublich – aber wenn das Bähnlein zwischen dem Urwalddickicht mit immer gleichbleibender Eile dahindampft, gewinnt man schon etwas mehr Zutrauen.

Auf dieser Fahrt bietet die Landschaft binnen eines halben Tages alle Formen der Pflanzenwelt dar – vom modrigen Sumpfgürtel des Tarai, mit seinen Schlingpflanzen, Orchideen und Bambusmorasten, bis zu den farbigen Kostbarkeiten der alpinen Flora. Übelduftende Brutstätte des Malariafiebers, das ist der Urwald des Tarai, mit Baumriesen, deren Stämme vor verschlungenen Schmarotzergespinsten nicht mehr sichtbar sind.

Aus dem Dschungel schlängelt sich die Bahnlinie hinauf in die Wälder der Eichen, des Ahorns und der Kastanien. Die Farne, zuweilen noch baumhoch, werden weniger zahlreich, und je höher sich die Bahn, oft über Zick-Zack-Weichen, emporarbeitet, um so mehr ähnelt der Pflanzenwuchs dem der europäischen Alpen.

Für Oberst Howard-Bury ist der Anblick baumüberwucherter Felsen, zwischen denen sich der Zug wie eine Eidechse an schroffen Abgründen vorbeizwängt, nichts Neues.

„Jetzt müssen Sie achtgeben“, sagt er zu Mallory und Bullock, „gleich hinter der Station Guhm bekommen wir den ersten schönen Ausblick auf die Himalayaketten.“

Als der Zug mit einem gellenden Pfiff in steiler Spitzkehre um eine Felsnase biegt, liegt plötzlich im Glanz eines wolkenlos

blauen Himmels die ganze schneeprangende Herrlichkeit der Hochgebirgswelt vor ihnen. Nicht nur die beiden britischen Bergsteiger, die noch nie in Indien waren, sondern auch die alten Himalayafüchse der Expedition sind von dem Bild überwältigt.
Hunderte von Eisgipfeln blitzen wie versilbert unter den Strahlen der Sonne, Gebirgskette reiht sich an Gebirgskette. In den Tälern wälzt sich eine Nebeldecke, die gewaltigen Massive der Berge sind von einem grünen Waldstreifen umgürtet, der überall in der gleichen Höhe wie mit einem Riesenmesser abgeschnitten zu sein scheint.
„So weit hinauf reicht der Monsun", erklärt der Oberst, „dann kommt jener merkwürdige kahle Streifen bis zur Schneegrenze."
Nur einen Augenblick erfreut die Bergsteiger der herrliche Anblick, dann verschwindet das Panorama hinter einer ungefügen Bergnase.
In Darjeeling werden die Ankommenden von einer Schar bettelnder Kinder empfangen, die neben dem Bähnlein einhertraben und Farne, Orchideen und Schmetterlinge an die Reisenden verkaufen wollen oder einfach die kleinen Hände mit aufdringlichem Anruf in die offenen Wägelchen reichen.
Als der Zug zum Halten kommt und Globetrotter und Erholungsuchende ihr Gepäck den zahlreichen Kulis aufbürden, schälen sich aus der wartenden Menge drei Männer, die auf die britischen Bergsteiger mit frohen Gesichtern und zum Gruß entgegengestreckten Händen zueilen: Dr. Kellas und die beiden Vermessungsbeamten Morshead und Wheeler.
Nun ist man am Ausgangspunkt der Mount-Everest-Expedition angelangt, jetzt kann man an „Ort und Stelle" die letzten Vorbereitungen treffen, die Lasten für den Marsch durch Tibet verpacken und Lasttiere und Träger, Köche und Dolmetscher beschaffen. Dr. Kellas hat gerade einige strapaziöse Gebirgsfahrten hinter sich gebracht, um für den Everest zu trainieren. Wegen der Anwerbung und Beaufsichtigung der Träger ist er für die Expedition von größter Wichtigkeit; später soll er als bergkundiger Berater die Bergsteiger unterstützen. Am Kamet hat er schon mit Morshead im Jahr zuvor eine Höhe von 7200 Metern erreicht und gilt als einer der besten Himalaya-Bergsteiger. Wie gut er sich mit den Kulis auskennt, erleben seine Kameraden, als er sich unter den vielen Trägern seine alten bekannten Leute heraussucht.
Aus weitem Umkreis sind diese gekommen und stehen auf dem Platz vor dem Hotel.

„Willst du wieder mit mir gehen, Phurba?" fragt Kellas einen hochgewachsenen Sherpa.
Der Gefragte nickt freudig.
Kellas wendet sich zu dem zuschauenden Oberst um: „Das ist ein zäher Bursche, zweimal habe ich ihn schon als Träger gehabt." Und schon fragt er den nächsten Mann: „Wo kommst du her? Dich kenne ich noch gar nicht. Aus Namche Bazar?"
„Nein, Sahib – aus Dhimbup."
„Ah, Dhimbup!" und wieder dolmetscht er den hinter ihm Stehenden, denn außer dem Oberst ist keiner der Sprache der Sherpas mächtig. „Dhimbup ist sein Heimatdorf – der hat jeden Tag den Everest vor Augen. Beneidenswert! Dhimbup liegt am oberen Dhud Kosi, der direkt am Everest entspringen muß."
Kellas wendet sich wieder an den Träger: „Wie heißt du?"
„Man ruft mich Mingma, Sahib."
„Sind noch mehr Leute aus Dhimbup gekommen?" fragt Kellas.
„Ja, Sahib, hier steht mein Vater." Mingma weist auf den Alten, ein paar Schritt seitab wartet er mit einigen anderen Sherpas.
Kellas mustert den Alten, faßt seine Armmuskeln und läßt prüfend seine Augen von einem zum anderen gehen.
Der Alte tritt vor: „Sahib, wir gehen viele Sommer und Winter schon über den Paß Nangpa La, immer mit Lasten, oder treiben Yaks von Tibet herunter."
„Wie seid ihr denn hierher gekommen?" will Kellas wissen.
Der Vater und Mingma lächeln verlegen.
„Ja, ihr Burschen wißt doch gut, daß die Bezirkshauptleute es nicht gern sehen, wenn sich Leute aus Nepal über die Grenze nach Darjeeling schleichen!" ruft Kellas lachend. „Aber ungeschoren lassen sie euch das ganze Jahr für sich selbst die Lasten nach Tibet buckeln."
Kellas handelt mit Mingma, dem Alten und ein paar Leuten aus dem Dhud-Kosi-Tal den Trägerlohn aus, nur drei schickt er wieder fort. Sie erscheinen ihm zu krank.
Oberst Howard-Bury ist ein wenig verstimmt.
„Wenn uns die Dickköpfe in der Regierung Nepals doch gestattet hätten, diesen Weg zu gehen, den die Leute aus Dhimbup jetzt hinter sich haben! Einen Katzensprung weit ist es bis zu ihrem Dorf, und zehn Meilen nordwärts davon liegt der Everest! Wir aber dürfen statt dessen vier Wochen Umweg durch das lausige Tibet machen. Aber wer weiß, ob wir von Süden her überhaupt eine Anstiegsmöglichkeit fänden!"
Der lange Weg, von dem Howard-Bury spricht, erfordert noch viele Vorbereitungen. Bis zum 18. Mai 1921 dauert die Beschaf-

fung von 100 Maultieren aus der britisch-indischen Armee, von 40 Trägern, deren Einkleidung und das Anpassen von geeignetem Schuhzeug für die breiten und großen Füße der Kulis. Sonst gehen sie barfuß, und nur bei großer Kälte binden sie sich auf den Hochpässen Sandalen unter die Fußsohlen.
Endlich kann der erste Trupp mit fünfzig Mulis und zwanzig Trägern unter Morsheads Leitung abziehen. Am 19. Mai folgt der Haupttrupp. 2100 Meter hoch liegt Darjeeling zu Füßen des Kangchendzönga, des dritthöchsten Berges der Erde, aber tief hinunter in das Tistatal, in tropische Schwüle, muß die Kolonne. Der Dauerregen, die Anstrengungen des Auf und Ab über Pässe und durch tiefeingeschnittene Täler sind für die Tragtiere zu groß. Nach fünf Tagen müssen die Mulis zurückgeschickt und einheimische Tiere gemietet werden. Die bunte Schar von Gebirgspferden, Mauleseln, Ochsen und Yaks wird stationsweise ausgetauscht.
Durch Sikkim und das Chumbi-Tal folgt man der großen Handelsstraße nach Lhasa, die schon von dem Kriegszug Younghusbands aus dem Jahre 1903 gut bekannt ist. Regen, Nebel und wieder Regen zermürben schon frühzeitig die Widerstandskraft der Sahibs und Kulis. Alle leiden unter Magenverstimmung. Dr. Kellas ist sogar ernstlich krank. Aber zurück will er nicht. Lieber läßt er sich in einer Sänfte tragen.
Nach zwei Wochen überschreitet die Karawane einen 4000 m hohen Paß und betritt das tibetische Hochland.
Flach und weit dehnt sich die braune, eintönige Ebene. Fern leuchten im Süden schneebedeckte Gebirge. Mingma sieht zum erstenmal die großen Seen Bam-tso und Kala-tso. Er sieht in der Ferne Wildesel und Goa-Antilopen weiden und hört die Schüsse der Sahibs, die auf Wildschafe Jagd machen. Die Tibeter in der Trägerkolonne beten bei jedem Schuß.
Eine Tagesreise weiter kommen der Kolonne auf kleinen zottigen Pferden tibetische Beamte nachgetrabt und ersuchen die Briten, die Jagd einzustellen, um den Frieden nicht zu stören, der um die Klöster, die heiligen Seen und Berge herrscht.
Einen Monat nachdem der erste Trupp der Karawane Darjeeling verlassen hat, wird die mächtige Klosterburg Khamba-Dsong erreicht und die Expedition von dem jungen Abt des Klosters ehrfurchtsvoll und mit tibetischer Höflichkeit begrüßt. Noch ist die Willkommenszeremonie im vollen Gange, als Dr. Wollastone in größter Eile geritten kommt und Howard-Bury eine bittere Nachricht überbringt: Dr. Kellas ist tot!
Der alte Himalayatrotter, der schon lange in einer Sänfte getragen werden mußte, war nicht zur Umkehr zu überreden. Er

glaubte immer noch an eine baldige Besserung seines Zustandes. Nun ist er angesichts der Berge für immer eingeschlafen. Seit vielen Jahren hat er die kühnsten Unternehmungen im Himalaya durchgeführt. Er hat sich lange mit dem Problem der Sauerstoffatmung in großen Höhen beschäftigt. Durch seinen Tod wird die Expedition des einzigen Sachverständigen beraubt, der die Sauerstoffgeräte handhaben konnte und schon einige namhafte Himalayaberge bestiegen hatte.
Zu Füßen des Klosterberges Khamba-Dsong findet Kellas sein Bergsteigergrab. Sahibs und Träger türmen Steine auf und bringen eine Tafel in englischer und tibetischer Sprache an dem Grabmal an, das zwischen den Siebentausendern liegt, die Dr. Kellas, nur begleitet von einheimischen Trägern, als erster bezwang. Die Gipfel der Berge Chomochumo, Pauhunri und Kanchenshau hatte er bestiegen, das weiß niemand besser als Phurba, Sonam und die anderen Träger, die ihren alten Sahib hier zu Grabe tragen.
Weit in der Ferne leuchtet das letzte Ziel seiner Bergsehnsucht, die „Göttinmutter der Erde" – Chomolungma.

Fragen ohne Antwort

In Khamba-Dsong treffen die beiden Kolonnen wieder zusammen, die Darjeeling getrennt verlassen haben.
Mingma sieht den Vater wieder, der mit dem zweiten Trupp marschierte, und freut sich, daß der Alte in so guter Verfassung ist. Die Krankheit des letzten Winters scheint überwunden, nur selten hat der Alte Hustenanfälle. Die gute Kost und Bekleidung, die die Briten ihren Trägern zukommen lassen, um sie in Form zu bringen, hat ihn die Anstrengungen des Marsches überstehen lassen.
Fünf Wochen sind sie jetzt schon unterwegs, als sie das Kloster Tingri-Dsong erreichen und dort das erste Standquartier aufschlagen. Zelt an Zelt reiht sich in dem steinigen Tal. Für die Kulis freilich sind nur wenige Zelte frei; sie zwängen sich zur Nacht zwischen die Felsen und schlafen dicht aneinandergedrängt.

Unter den Trägern geht oft die Rede über den Zweck der Reise – sie sehen die Vermessungsleute bei den Beobachtungen, sehen die Eisausrüstung der Bergsteiger, aber keine Handelsware tragen sie durch das Gebirge, und an den Märkten tätigen die weißen Sahibs keinen Tauschhandel; sie wollen nur immer weiter, immer näher an die Chomolungma heran! Phurba und Sonam sind schon vor vielen Jahren mit weißen Sahibs in die Heimat des Schnees gegangen. Sie erzählen Mingma davon, daß sie sich den Thronen der Götter nähern wollen. Mit Kellas waren sie auf Gletschern und Felsgraten gewesen und wissen von dem Wunsch der Weißen, so hoch wie keiner vor ihnen aus den Tälern aufzusteigen und dem Himmel nahe zu sein.
Solange auch Mingma darüber nachdenkt, warum die weißen Sahibs in die unwirtlichen Eisbrüche wollen und in das Reich der Lawinen, er weiß keine Antwort. Haben sie ein Gelübde abgelegt? Suchen sie Schätze? Wollen sie die Erleuchtung in den Bergen finden, wie Gautama, der einst mit verklärtem Gesicht von den Göttersitzen in die Ebenen Indiens zurückkehrte und den die Gläubigen als „Erleuchteten Buddha" verehren?
Mingma fragt den Vater.
Der sagt nur: „Wir bekommen unseren Lohn und wollen nicht fragen, Sohn. Wenn die Reise zu Ende ist, zahlen uns die Sahibs ein großes Bakschisch. Dafür haben wir ihnen versprochen, treulich zu dienen und alle Wege mit ihnen zu gehen, so wie sie es uns befehlen."
Aber Mingma gibt sich mit der Auskunft des Vaters nicht zufrieden. Nur weil es ihm nicht zukommt, nach diesen Worten noch weiter zu fragen, bleibt er still. Wenn nur Chong Norbu mitgekommen wäre, denkt Mingma – der hätte die weißen Sahibs gefragt, denn Chong Norbu hat viel Mut und ist klug. Mingma ist stolz auf seinen jungen Bruder: Schade, daß der Vater nicht eingewilligt hat, als Chong Norbu mit über die Grenze nach Darjeeling gehen wollte. Er soll bei der Mutter bleiben, hat der Alte bestimmt, und sich nur tageweise verdingen.
„Wir haben einen weiten Weg, und man sagt, daß die weißen Sahibs Kulis für den ganzen Sommer brauchen. Wir wissen nicht, wann wir wieder in die Hütte treten", waren die Worte des Vaters, als sie Dhimbup verließen. Das ist nun schon lange her. Sie haben die Tage nicht gezählt.
Inzwischen ist der Sommermonsun hereingebrochen, es regnet und schneit, und die Märsche werden schwerer. Die Kulis frieren in der Nässe. Viel zu spät ist der Abmarsch in Darjeeling erfolgt.
Die letzten Tage des Juni benutzt der Oberst zu einem Erkun-

dungsvorstoß nach Süden. Zu seiner Trägerschar hat er auch den Alten genommen; denn er erinnerte sich gut der Worte, mit denen sich der Alte in Darjeeling angeboten hat. Der Oberst heißt den Alten die Truppe anführen, als sie das Dorf Kyetrak am Fuße des Passes Nangpa La verlassen. Hier ist der Alte schon oft gewesen, wenn er Grunzochsen über den Kamm nach Nepal trieb. Vom Nangpa La sieht der Alte in sein Heimattal und erregt die Freude des Sahibs, als er ihm die Wege und ihre Gefahren erklärt.

So nahe liegt die Hütte mit der Frau und Chong Norbu! Zwei Tagesmärsche nur, und er wäre wieder in Dhimbup, aber er hat den Sahibs versprochen, bis zum Wintermonsun zu dienen. Zwei Monate ist er mit ihnen marschiert, im großen Bogen durch Tibet, um nun wieder fast am Ausgangspunkt seiner Fahrt zu stehen. Der Weg hierher wäre kürzer, wenn die Sahibs durch das Dhud-Kosi-Tal gegangen wären. Aber kein Weißer darf das Land des Königs von Nepal betreten.

Der Rückmarsch von Howard-Burys Kolonne führt sie zum Rongbuk-Gletscher, der breit und mächtig vom Everest nach Norden strömt. Sie treffen auf Mallory und Bullock, die in 5500 Meter Höhe mit den Trägern trainieren. Mallory beabsichtigt, im Nordwesten des Everest einen gangbaren Weg zum Gipfel zu suchen, aber das Wetter vereitelt alle Vorstöße in größere Höhen. Der Monsun ist da! Zweimal im Jahr schüttet der feuchte Meereswind seine gewaltigen Wasser- und Schneemassen auf den Himalaya, und nur im Frühjahr und im Herbst kann man ohne Gefahr zu den Hochpässen gelangen.

Die ganze Gesellschaft muß einen Monat warten. Erst nach dem Monsun kann wieder mit Erkundungen in den Hochregionen begonnen werden.

Aber nicht ungenutzt bleibt die Zeit: Alle Teilnehmer siedeln nach Kharta um, in ein neues Hauptlager, das dem Berge näher liegt und die Erkundungen von der Ostseite her erleichtert.

Einzelne Trupps erforschen das Kamatal und den Khartafluß aufwärts bis zum Chomo Lönzo, der an wilder Schönheit den Everest weit übertrifft und mit fürchterlichem Getöse seinen weißen Mantel von Neuschnee in Form von Lawinen die Felsabstürze hinunterrauschen läßt. Die ständigen Märsche auf Gletschern und Schneekämmen haben die Kräfte aller schon merklich beeinträchtigt. Der Oberst läßt seine Mannschaft ausspannen. Zwei Wochen Erholung im Khartatal, auf grünen Matten, sind eine wohlverdiente Verschnaufpause.

Mallory geht mit den jüngsten und kräftigsten der Sherpas an eine Eiswand, um sie für die größeren Unternehmungen zu

14
12
117

schulen. Schnell lernt Mingma die Steigeisen gebrauchen, schlägt geschickt mit dem Eispickel Stufen in die Steilhänge und läßt sich von Mallory die Sauerstoffmaske aufsetzen, um zu erfahren, wie die „englische Luft“ schmeckt! Bullock und Mallory werden von den Sherpas schon gut verstanden, sie haben sich viel mit den Trägern unterhalten, um erst sehr umständlich, später fließender sagen zu können, was sie von ihnen wollen.
Aber immer wieder versucht Mingma zu ergründen, warum die Sahibs zur Chomolungma gekommen sind. Er sieht, wie sicher Mallory durch die Steilwände geht und wieviel Geschick er beim Überspringen einer Gletscherspalte besitzt. Dann leuchten die Augen des jungen Briten, seine Bewegungen verraten Anmut und Kraft!
Eine Freude, ihm zuzusehen! Einmal hat Mingma in Sikkim britische Soldaten bei einem Polospiel gesehen, das war der gleiche Eifer, die gleiche Freude, das gleiche Ergötzen – für die Spieler wie für den Zuschauer.
In Mingmas Kopf türmen sich wirr die Fragen.
Niemand sieht den Bergsteigern zu, wenn sie gleich Seiltänzern über schwindelndem Abgrund auf einem Felsgrat vorsichtig Fuß vor Fuß setzen, wenn sie nach kurzem Anlauf ihre Körper über eine Eisspalte schnellen. Kein Beifall umrauscht sie nach dem Sieg über eine steile Wand. Wo ist der Lohn? Warum klettern sie, frieren sie, wagen sie das Spiel mit dem Tod?
Ist es nur die Freude am eigenen Tun, die die weißen Sahibs zum Thron der Götter führt, viele tausend Meilen weit, durch rauhes Land, in ungastliche Täler, auf sturmumwehte Eistürme?
Ist es nur Zeitvertreib, wie ihn die reichen Männer in der Hauptstadt suchen, wenn sie Reiterkämpfe austragen oder auf ihre Elefanten steigen, um Tiger zu schießen? Niemand gibt Mingma eine Antwort.

Die Göttinmutter

In den ersten Tagen des September bessert sich das Wetter. Oberst Howard-Bury läßt ein vorgeschobenes Lager im oberen Khartatal in 5300 Meter Höhe anlegen. Der Gipfel des Karma Changri, etwas südlich vom Standlager, verspricht einen guten Ausblick auf die Ostflanke der Chomolungma. In der Nacht zum 17. September brechen der Oberst, Mallory und Morshead mit ihren Trägern auf und erreichen kurz vor Sonnenaufgang die Spitze des fast 6300 Meter hohen Berges.

Was sich den Augen der Bergsteiger bietet, ist in seiner Großartigkeit noch von keinem geschaut. Auf einem scharfen Felsgrat stehen die drei Briten, hinter ihnen ihre Träger. Alle Täler ringsum liegen noch unter einem wallenden Wolkenschleier, weit im Süden reckt sich der Kangchendzönga, über hundert Meilen entfernt, aber in überraschender Klarheit. Über die weiten Ebenen Indiens zuckt Wetterleuchten.

Wie zum Greifen nahe schwimmt über dem wolligen Nebelmeer die Spitze des Makalu. Kalt, grau und abweisend überragt im Westen ein eisüberkrusteter Koloß alle Gipfel:

Chomolungma! „Allgütige Göttinmutter der Erde!"

2500 Meter über den Bergsteigern thront die Eishaube des Everest im blaßblauen Himmel. Da treffen wie goldene Pfeile die ersten Sonnenstrahlen die höchste Spitze, in die Flanken des Berges ergießt sich vom Gipfel herab der Morgenglanz wie glühende Lava.

Schlagartig verändern die Bergspitzen im Hintergrund ihre Färbung vom Purpur zum Orange, zum Türkis – jetzt haben die Strahlen der Sonne die Eiswände und Hängegletscher berührt und übergießen sie mit flüssigem Gold.

Die Sahibs starren ergriffen, ohne sich zu rühren – dieses Bild werden sie nie vergessen, das ist ihnen in diesem Augenblick gewiß. Sie trinken, sie berauschen sich an dem einmaligen Erlebnis.

Mingma und Phurba bemerken, was mit ihren Sahibs vorgeht, sie sehen sich verlegen an und wissen nicht recht, was sie tun sollen. Sooft sie auch schon den Sonnenaufgang im Eis erlebt haben, auch für sie ist der Ausblick in die farbig glühende Gletscherwelt überraschend. Aber die Sahibs sind verzückt, ihre

Augen haben einen merkwürdigen Glanz, um den Mund liegt lächelnde Glückseligkeit.
Das ist es, denkt Mingma, vielleicht ist das der Grund! Sie kommen, um glücklich zu sein beim Anblick der Throne der Götter!
Die stumme Ergriffenheit der Sahibs hält noch an, als sie nach dreistündiger Rast vom Gipfel des Karma Changri wieder zum Standlager absteigen.

Mallorys Plan steht fest.
„Wir schreiben heute den 19. September", sagt er in seiner kurzen unvermittelten Art zu dem Oberst, als sie sich ans wärmende Lagerfeuer setzen.
Howard-Bury lächelt und stochert in den glühenden Scheiten. Er ist es von Mallory gewöhnt, in der eigenartigsten Weise zu einem wichtigen Gespräch genötigt zu werden.
Mallory ist sein bester Mann, ist Englands bester Mann am Everest! Der dreiunddreißigjährige, gar nicht sehr kräftige, aber sehr zähe Sportler ist sich seiner Fähigkeiten als Bergsteiger bewußt; ohne besondere Zurückhaltung sagt er stets seine Meinung, aber auch ohne sich aufdringlich in den Vordergrund zu schieben.
Er hat dem Oberst ein Datum genannt. Das ist wie ein Doppelpunkt vor einem ganzen Programm.
„Ich ahne schon, was Sie sagen wollen, Mallory! Die Zeit drängt, nicht wahr? Aber bedenken Sie, wie lange der Sommermonsun dauerte, und sagen Sie, was bleibt uns noch zu tun? Meine Erkundungen an der Westseite waren erfolglos. Wenn Sie wollen, war es auch ein Erfolg, nämlich die Feststellung, daß dort kein Weg nach oben führt. Was mir der Alte da, der aus Dhimbup, und die anderen Sherpas erzählten, war keineswegs ermutigend, selbst wenn Sie bedenken, daß diese Burschen gar nicht recht wissen, was wir hier wollen. Außerdem können sie unsere Leistungsfähigkeit nicht beurteilen. Die Kerls haben ja keinen Ehrgeiz! Ja – und dann waren wir schließlich zusammen auf dem Rongbuk-Gletscher. Auch die Nordseite ist unzugänglich. Der Süden ist nepalisch – also verboten! Bliebe noch die Ostseite, und ich schätze, Sie haben sich auf dem Karma Changri Ihre Gedanken darüber gemacht! Na – stimmt's?"
Mallory pflegt alle Dinge ihres unnötigen Beiwerks zu entkleiden, er geht geradewegs auf den Kernpunkt zu: „Zum Gipfel des Everest ziehen im wesentlichen drei große Grate", sagt er, „zuerst steil, oben langsam verflachend. Der Südgrat und Nordwestgrat scheiden wegen ihrer großen Steilheit von vornherein

aus. Das stimmt! Der letzte der drei Grate, der Nordostgrat, verläuft direkt vom Gipfel auf unser Standlager zu. Er kommt als einziger Weg in Betracht. Ihn gilt es zu erkunden."
„Ich bin nicht Ihrer Meinung. In seinem unteren Teil ist der Nordostgrat sogar steiler als die beiden andern!"
„Im unteren Teil! Der interessiert auch nicht. Nahe dem Gipfel aber verläuft er recht flach, manchmal leicht gestuft – das ist entscheidend. Unten werden wir schon mit den Schwierigkeiten fertig. Über 8000 Meter brauchen wir leichtestes Gelände! Klettereien können wir uns dort nicht mehr erlauben."
„Gut, gut! Aber das untere Stück des Grates, wie wollen Sie das hinter sich bringen?"
„Das werden wir sehen, wenn wir auf dem Lhakpa La stehen."
„Ausgeschlossen!"
„Ich bitte Sie, Oberst, verlegen Sie die entscheidenden Kräfte der Expedition auf die Paßhöhe des Lhakpa La! Der Nordostgrat ist der einzige Weg!"
Mallory wartet die Antwort nicht ab. Er ist sich der Zustimmung Howard-Burys sicher, steht auf und geht hinüber in sein Zelt. Morgen will er mit den besten Trägern zum Lhakpa La hinaufspuren.
Erst in kleineren Trupps, Tage später mit einem größeren Troß von Trägern kämpfen sich Mallory und Morshead mehrere Male zum Paß Lhakpa La hinauf, der von Morshead mit 6812 Metern vermessen wird. Dicht unterhalb der Einsattelung errichten sie ein Lager und kehren jedesmal um, nachdem sie die Lasten abgelegt haben.
Der Berg hat noch immer nicht sein Geheimnis gelüftet.
Vom Paß aus kann Mallory tatsächlich den Nordostgrat bis zu seinem untersten Verlauf auf dem Ost-Rongbuk-Gletscher übersehen – aber selbst wenn sie zum Gletscher absteigen würden, die Steilheit ist wirklich abweisend.
Da entschließt sich Mallory, noch einen Schritt weiter zu gehen, durch die Gletschermulde weiter westwärts und auf den nächsten Sattel, der sich zwischen Haupt- und Nordgipfel des Everest zeigt. Damit wird man dem Riesen ganz nahe sein! Wird es glücken, die schweren acht Kilometer bis dort hinüber zu überwinden?
In der Nacht tobt ein schwerer Sturm von Nordwesten über den Zelten am Lhakpa La. Als Mallory die Schar der Träger in der klirrenden Morgenkälte mühsam auf die Beine gebracht hat, ist der größte Teil von ihnen bergkrank. Sosehr sie sich auch Mühe geben, den Sahibs zu folgen, sie sind einfach fertig.

Beim Abstieg hinunter in die Firnmulde des Ost-Rongbuk-Gletschers stürzen die Träger mit ihren Lasten wieder und wieder kopfüber im puderfeinen, grundlosen Schnee.
Mitten auf dem Gletscher hauen sie schon am Nachmittag die Zeltpflöcke ins Eis und verbringen eine schlimme Nacht. Die drei Sahibs, Mallory, Bullock und Wheeler, scheinen sich wohler zu fühlen als die Träger, weil sie in den letzten Tagen ihre Lasten nur den Sherpas gegeben hatten. Sie sind noch kräftig und zuversichtlich.
Schon vor Sonnenaufgang kriechen Mingma und Phurba durch die enge Eingangsröhre aus dem Kulizelt, wie es ihre Pflicht ist. Sonam und die anderen Träger sind zu matt, um sich zu erheben. Kaum einer hat schlafen können, denn die Zelte sind viel zu klein, und zu schnell verbraucht sich die Atemluft.
Im Sahibzelt rumort es auch schon. Phurba beginnt, die Lasten für den Weitermarsch fertigzumachen, aber er weiß selbst nicht, ob er den Sahibs noch folgen kann. Mingma versucht, für die Sahibs Tee zu brauen, halblaut fragt er Phurba:
„Wirst du noch mitgehen?"
„Ich weiß nicht. Mein Kopf ist wie ein schwerer Stein, die Knie sind ohne Kraft!"
Mingma vertraut auf Mallorys kameradschaftliche Aufmunterung, auf die Stärkungsmittel, die er immer im rechten Augenblick für die Träger zur Hand hat.
„Der nimmermüde Sahib wird uns helfen!"
Phurba lächelt matt. „Kannst du denn noch schleppen?"
„Wenn der Sahib es befiehlt, kann ich noch weiter."
Mallory befiehlt nicht.
Er läßt alle Träger, so gut es geht, aus den Zelten holen und weist auf den Firnsattel im Westen.
„Welchen Namen trägt der Paß?"
„Das ist der Paß zu Füßen des Nordgipfels, den wir Changtse nennen", sagt Sonam, der alte Eisgänger.
„Also heißt der Paß Chang La!" konstatiert Mallory. Er sieht die Träger der Reihe nach an. „Wer bringt für ein besonderes Bakschisch die Zelte der Sahibs zum Chang La?"
Ein kleiner stämmiger Tibeter gibt einen Laut der Zustimmung von sich. Er hat sich schon beim Aufstieg auf den Lhakpa La hervorgetan und scheint noch sehr frisch zu sein.
Phurba gibt Mingma einen kleinen Stoß – da treten auch sie zu den Sahibs vor und befreien die Traggestelle vom Schnee, der unaufhörlich vom Changtse in langen Fahnen herunterweht.
„Genug", sagt Mallory, „die anderen bleiben hier. Bis wir wieder hier sind, wird ein Tag vergehen. Kommen wir nicht, dann ge-

hen Pemba, Kitar und Ang über Lhakpa La zum Oberst-Sahib. Sonam soll versuchen, mit den anderen zu uns heraufzukommen. Für heute könnt ihr euch noch ausruhen und ..."
Er hört mitten im Satz auf, dreht sich um zu Wheeler und Bullock. „Dann könnten wir also los!"
Eine halbe Stunde brauchen sie nach dem Aufbruch bis zum Fuße der Firnwand, die zum Chang La aufsteilt. Ohne Zögern beginnen sie mit dem Aufstieg. Der Hang kostet sie ihre ganze Kraft. In Sturm und Kälte schlägt Mallory Stufe um Stufe. Mehr als 500 Stufen hackt der schlanke, hochstirnige Lehrer George Leigh-Mallory aus Charterhouse in den Leib des Everest. Die Gefährten sehen ihm bewundernd zu. Woher nimmt er diese Kraft, wo sie kaum noch zu atmen vermögen?
Klirrend saust sein Pickel unermüdlich ins Eis – stundenlang! Wheeler folgt ihm mit Mingma am Seil, dann Bullock mit dem Tibeter und Phurba. Gegen Mittag haben sie den Sattel erreicht. Vom langen Stehen und Warten hinter dem stufenschlagenden Mallory ist Wheeler völlig durchkühlt.
„Ich spüre meine Füße nicht mehr", klagt er.
Der „nimmermüde Sahib" sieht sich nach den anderen Gefährten um. Keuchend kämpfen sie sich empor, eng an den Hang geklammert, um vom rasenden Sturm nicht aus den Stufen geschleudert zu werden. Bullock ist gänzlich abgekämpft. In sein Gesicht haben die Anstrengungen tiefe Furchen gegraben.
„Vielleicht erhole ich mich etwas, wenn wir rasten."
Als gönne der Berg ihnen eine geruhsame Pause, ebbt der Sturm ab, weitet sich über ihnen ein klarblauer Himmel.
„Wir müssen eben die Zähne zusammenbeißen!" ermutigt sich Bullock selber. „Und wie steht es mit dir?" fragt er Wheeler. „Ach, nur die Füße ... Aber wir kommen nicht weiter!" sagt er und weist mit dem Arm auf die Träger. Sie brauchen die Sherpas nicht nach ihrem Zustand zu fragen. Mingma und Phurba haben sich erschöpft in den Schnee geworfen, noch nicht einmal die Lasten haben sie von den Schultern genommen. Nur der kleine Tibeter lacht Mallory fröhlich an, ihm scheint der Weg hier herauf auf 7000 Meter ebensowenig auszumachen wie dem Sahib.
Einen Augenblick spielt der unverwüstliche Brite mit dem Gedanken, allein mit dem tibetischen Träger weiterzusteigen. Wenn die Kerls nur ein wenig mehr alpines Training hätten, denkt er, wenn sie richtig sichern könnten, mit Seil und Eispikkel ein wenig mehr geübt wären! Bei ihrer berggewohnten Natur – dazu ein solides Training –, den Himmel könnte man mit ihnen einrennen!

Mallorys Blick geht von den ermatteten Gefährten hinauf zu der Gipfelpyramide der Chomolungma. Ohne besondere Hindernisse schwingt sich der Nordgrat vom Chang La aus gleichmäßig empor, trifft mit dem Gipfelgrat in der Höhe der Nordostschulter zusammen – und von dort nur noch wenige Stufen, unschwierig, schneefrei ...
Ja, das ist der Weg, der einzige Weg!
Noch 2000 Meter!
Und allem Anschein nach leichter als angenommen!
Mallory sieht noch einmal abschätzend auf den Weiterweg, auf die erschöpften Kameraden, nach Nordwesten in die Wetterekke. Dort brodelt es schmutziggrau – da verliert er zum erstenmal auf dieser Reise für einen Augenblick die Beherrschung. Wütend schlägt er seinen Eispickel in den Firn und wirft einen flammenden Blick zum Gipfel.
Zwischen seinen schmalen Lippen preßt sich halblaut die Drohung hervor: „Ich komme wieder – nächstes Jahr, dann ..."
Er tritt zu den anderen.
„Wir müssen uns sputen, in ein paar Minuten ist das Unwetter hier. Los! Packt das Zeug auf! Schneller!"
Ehe sich die Müden aufgerappelt haben, ist der Sturm da, packt die Männer und schleudert sie wieder in den Schnee. Auf allen vieren kriechen sie hinter eine Wächte, bergen ihre Körper hinter einer Eisbarriere. Der Berg versucht sie abzuschütteln, wie ein Bär, der die Regentropfen aus seinem Pelz schleudert.
Mallory erfaßt die ganze Gefährlichkeit ihrer Lage. Er bleibt der Motor. So wie er die Gefährten schwungvoll im Aufstieg mitgerissen hatte, treibt er sie jetzt zum Rückzug an. Jede Verzögerung kann die Rettung vereiteln! Mit seiner ganzen Leidenschaftlichkeit, mit seiner ganzen Erfahrung unzähliger Gletscherfahrten bewegt er die Männer, ihm zu folgen, sich wälzend, kriechend, in Mulden geduckt die rettende Leeseite des Sattels zu gewinnen. Unmöglich, sich auf den Füßen gegen den Sturm zu behaupten! Erst als sie die Stufenreihe erreichen, die Mallory geschlagen hat, können sie sich aufrichten.
Unendlich müde, vom beißenden Nordwest bis ins Innerste durchkältet, langen sie im Lager auf dem Rongbuk-Gletscher an. Gerettet! Nun haben sie die Gewißheit, den einzig möglichen Weg auf die Chomolungma entdeckt zu haben. Sie haben den Sattel zwischen dem Nord- und dem Hauptgipfel als günstigsten Ausgangspunkt für den Angriff im nächsten Jahr ausgemacht, haben ihn betreten – mehr hat England nicht von ihnen erwartet.

Das Ziel der Expedition ist erreicht.
Nun kommt es darauf an, für das nächste Jahr recht viele Kulis zu gewinnen, die noch höher steigen, noch zäher sind, um Hochlager über dem Chang La zu errichten.
Dann muß der Gipfel fallen.

Drei dürfen sich „Tiger" nennen

Kaum daß Bullock, Wheeler und Mallory mit ihren Trägern ins Standlager kommen, beginnen die Vorbereitungen für den Rückmarsch. Näher ist jetzt der Weg nach Darjeeling; denn warum soll man nicht die Route verkürzen und geradenwegs den Arun entlang marschieren? Der Oberst treibt die Kolonnen zur Eile an – in Hochtibet droht schon der Winter.
In Darjeeling angelangt, läßt es Mallory nicht zu, daß die Träger, die sich im Eis bewährt haben, einfach entlohnt, entlassen und heimgeschickt werden sollen. Er will wissen, ob er mit Phurba, mit dem zähen Tibeter, mit Mingma, Sonam und einigen anderen im nächsten Jahr wieder rechnen kann.
Sein Traum, den Everest zu besteigen, kann nur erfüllt werden, wenn eine genügende Anzahl leistungsfähiger Kulis vorhanden ist. Soll man nicht eine Gruppe zusammenfassen, sie trainieren, ein paar Monate anständig ernähren, ihren Ehrgeiz wecken? Soll man warten, bis andere Expeditionen auf diese Idee kommen und mit Hilfe der Sherpas Großbritannien den Ruhm wegnehmen, den Gipfel der Welt erobert zu haben?
Wenn es um die Ehre Englands geht, dann darf man auch nicht die Mittel scheuen, die besten Kulis für längere Zeit als nur für die paar Monate satt zu machen.
Oberst Howard-Bury hat seine Bedenken – er kann sich nicht entschließen. Als die Träger ihren Lohn empfangen und entlassen werden, geht Mallory noch einmal die Reihen durch: da sind sie, die Zähesten, die ihr Letztes herausholen, wenn man sie richtig anpackt. Dem gibt er ein Kleidungsstück, jenem eine Schneebrille, diesem ein Paar Schuhe. Und sie versprechen ihm, wieder Seile und Zelte zu tragen, wenn der „nimmermüde Sa-

hib" nach dem Wintermonsun zum zweiten Male nach Darjeeling kommt.
Mit Phurba und dem kleinen Tibeter bekommt Mingma ein größeres Bakschisch, weil sie die Lasten bis zum Chang La geschleppt haben.
Phurba druckst noch, er hat noch ein Anliegen an Mallory: „Wir möchten vom Oberst-Sahib einen Zettel!"
„Wozu einen Zettel?"
„Ich bin immer mit Kellas-Sahib gegangen, er kannte mich und holte mich immer, wenn er in die Heimat des Schnees ging. Nun ist Kellas-Sahib tot."
„Also ein Zeugnis. Gut – sollt ihr haben!"
„Sahib – danke! Wird der Oberst-Sahib auch auf den Zettel schreiben, daß wir die Lasten auf die Chomolungma getragen haben?"
„Auf der Chomolungma waren wir längst noch nicht, mein Lieber!" belehrt Mallory ihn. „Aber auf dem Paß Chang La waren wir, darauf könnt ihr schon stolz sein! Ja – über 7000 Meter habt ihr Lasten getragen. Nun könnt ihr euch auch ‚Tiger' nennen – den Ehrentitel habt ihr euch am Everest verdient! Alle drei! Nun ja, das wird euch der Oberst-Sahib auf den Zettel schreiben. Einverstanden?"
Phurba strahlt. Die Augen des Tibeters werden noch ein wenig schmaler, lachend tanzt er um Mingma.
Tiger!
Der Ehrentitel und das gute Bakschisch machen sie ausgelassen, und vor ihnen liegt der Weg in das Heimatdorf. Aber die Fröhlichkeit der anderen kann Mingma nicht anstecken. Er hat Sorgen mit dem Vater. Wieder und wieder schüttelt ihn der Husten. Das Kulileben hat seine Lungen zerfressen, und die Strapazen der letzten Eilmärsche haben ihm den Rest gegeben. Mühsam schleppt Mingma den Vater durch die Täler nach Nepal hinüber, zur Mutter und Chong Norbu, in die kleine, dunkle Steinhütte im Dorfe Dhimbup.

Der Premier trinkt kein Hirsebier

Wenn die kleinen Händler auf dem Markt in Katmandu ein einträgliches Geschäft abgeschlossen haben, dann pflegen sie sich die Hände zu reiben, mit einer Opfergabe durch die Gassen zwischen den dreidächrigen Tempeln zum Standbild der dickbäuchigen Cholera-Göttin Kala-Bhairab zu eilen und sich ein Hirsebier zu leisten.
Oder einen Schnaps.
Als der Premierminister Bahadur Rana mit dem Sonderbeauftragten der britischen Regierung einen neuen Vertrag abgeschlossen hat, der ihm jährlich eine Million Rupien einbringt und den Briten das Recht einräumt, unter den Bergvölkern Nepals für die britisch-indischen Gurkha-Regimenter Söldner zu werben, trinkt er kein Hirsebier.
Auch keinen Schnaps.
Bahadur Rana leistet sich eine Jagd. Auf Tiger.
Zu Ehren des weißen Gastes zieht eine Karawane von Elefanten, Hofkaleschen, Reitpferden, Kulis mit Sänften und Tragstühlen aus der Hauptstadt, anfangs begleitet von einem schaulustigen Menschenhaufen aus Angehörigen aller Stämme Nepals und bunt zusammengewürfelten Besuchern aus Indien, Tibet und Kaschmir. Mit den unzähligen Türmchen und Kuppeln der Tempel und Paläste der Hauptstadt läßt die Jagdgesellschaft auch die Menge hinter sich.
Allzuviel kostet den Gastgeber das Vergnügen nicht. Die Eingeladenen sind nicht arm. Zahllose kleine Fürsten mit großem Grundbesitz kommen mit ihren leibeigenen Bauern, mit Sklaven und Kulis. Die schleppen den halben Hofstaat über die staubigen Bergpfade. Und jeder der Feudalherren pflegt bei dieser Gelegenheit seinen Reichtum zu zeigen, jeder Mahar bemüht sich, durch Verschwendung dem anderen seinen Wohlstand und seine Macht zu beweisen.
Für diese Zeit unterbleiben auch die Familienfehden. Neue Intrigen, neue Meuchelmorde, blutige Verschwörungen bleiben nach dem gemeinsamen Vergnügen nie aus, aber während der Jagd herrscht Burgfrieden unter den feindlichen Fürstenhäusern, den Kasten, den Würdenträgern, die sich sonst gegenseitig den Rang streitig machen.

Davon macht auch der König mit seiner Familie keine Ausnahme. Sein Amt ist ohne Bedeutung, seit der Rana mit vielen Ränken die Macht an sich gerissen hat. Die Tigerjagd, das Polospiel und der Bau von Tempeln sind dem König eine angenehmere Beschäftigung als das Zerschlagen von nie enden wollenden Verschwörungen. Es genügt ihm, wenn er dem Namen nach Herrscher bleibt.
Er repräsentiert!
Der König und Bahadur Rana widmen dem britischen Gast ihre ganze Aufmerksamkeit; selten genug erhält ein Europäer Erlaubnis und Gelegenheit, das verbotene Land zu betreten – selten genug haben die nepalischen Aristokraten Gelegenheit, mit einem Europäer zu plaudern. Jetzt sitzt der Brite im Wagen des Königs, und der Rana fährt allein über die holprigen Straßen. Hinter den wehenden Vorhängen der Kutsche überläßt er sich lächelnd seinen Gedanken. Meine Vorgänger haben es schon klug angefangen, denkt er. Hätten sie nicht den beiden Bedingungen der Briten zugestimmt, dann wäre Nepal heute noch ein englisches Protektorat. Ja, ja – recht klug! Nun ist Nepal souverän. Mit den Briten wird es so bleiben. Die Bedingungen waren keineswegs ungünstig für uns: absolute Isolierung nach außen! Kein Fremder darf das Land betreten! Gut, gut! Aber die zweite Bedingung war noch angenehmer für uns, ohne Zweifel angenehmer: für eine Million Rupien jährlich dürfen die Briten Soldaten anwerben! Die eine Bedingung ist nicht von der anderen zu trennen – auch das ist gut! Recht Merkwürdiges kommt dabei heraus! Nun dürfen noch nicht einmal die Briten ohne unsere gütige Zustimmung das Land betreten – haha! Natürlich dürfen sie kommen, wenn sie wieder so günstige Verträge anzubieten haben wie in diesen Tagen. Wir werden nicht weniger klug als unsere Vorgänger sein – o nein! Die Söhne Nepals gehören uns, wer will es uns verwehren, unseren Besitz zu verkaufen?
Der Rana ist mit dem Gang der Geschichte zufrieden, der Verkauf junger Gurkhas bleibt weiterhin ein gutes Geschäft für ihn. Man kann sich die Hände reiben und sich eine Treibjagd mit zwanzigtausend Treibern leisten. Das ist die Sache schon wert.
Der Kuli Chong Norbu aus dem Dorfe Dhimbup hat keine Ahnung von dem Anlaß der großen Jagd. Er weiß nichts von dem Geschäft des Bahadur Rana mit den Briten.
Chong Norbu hat Lasten ins Tal von Katmandu gebracht, hat sich anwerben lassen für die riesige Kulikolonne der Jagdgesellschaft und trägt nun für die Damen und Herren des Hofes, für

die üppigen Würdenträger Körbe mit Orangen über den Chandragiri-Paß in die Sümpfe des Tarai. Eine unübersehbare Menge von Trägern zieht vor ihm, folgt ihm – tagelang.
Was da an Körben und Säcken, Kisten und Fässern auf den Kulirücken zu den Zelten der jagenden Fürsten und Gäste wandert, erregt das Staunen Chong Norbus. Käfige voller Enten und Hühner, ganze Herden von Ziegen und Schafen, schwere Ballen mit Leinen, Teppichen, Fellen!
Er ist voller Bewunderung und ohne Neid – sie sind reich, er ist arm. So bestimmen es die Götter.
Als Treiber bei der Jagd sieht Chong Norbu weniger, als er sich nach den Erzählungen der anderen Kulis erhofft hat. In den Sumpfwäldern traben sie auf Geheiß des Sirdars bald hierhin, bald dorthin, schlafen ohne Obdach im Walde und sehen nichts von dem aufregenden Geschehen, wenn Leoparden und Tiger den Herren auf den Elefanten vor die Flinten getrieben werden.
Nur einmal sieht Chong Norbu einen erlegten Tiger – er erschauert vor dem toten Herrn des Dschungels mehr als vor den Elefanten, die zwischen den Kulis im Lager umhertrotten und denen Chong Norbu zum ersten Male begegnet. Aber das Auge des Tigers! Welche Kühnheit, welches Feuer muß aus den Lichtern gestrahlt haben, ehe sie erloschen sind. Wie gewaltig muß ein lebendiger Tiger sein, sein Gang, seine elastische Wildheit, sein Sprung!
Als sie am dritten Tage des Rückmarsches an einer Furt durch den Baghmati waten, kommt aus einem Biwak am jenseitigen Ufer ein Trupp Soldaten.
Chong Norbu hört seinen Namen rufen.
Aus der Einförmigkeit der Khaki-Uniformen schält sich ein langer Mann heraus und tritt auf ihn zu.
„Chong Norbu – bist du es?“ ruft der Soldat.
Chong Norbu erkennt den Mann nicht, nur sein hüpfender Gang kommt ihm bekannt vor, im grinsenden Mund sind kräftige Zähne sichtbar. Er mag vielleicht so alt wie der Vater sein.
„Du bist doch aus Dhimbup, nicht wahr? Ich glaubte fast, daß meine Augen mich täuschten. Die Jahre haben dich wachsen lassen!“
Jetzt entsinnt sich Chong Norbu des Mannes. Als er noch klein war, hat der Vater mit dem Langen Vieh aus Tibet herübergetrieben. Gut hat der Vater nie von ihm gesprochen. Er ist aus dem Dorf, das talauswärts von Dhimbup liegt. Sie sahen ihn selten, und eines Tages blieb er ganz verschwunden.

H.E.

„Ich bin Sergeant geworden!“ sagt der Soldat aufdringlich. „Da kommt man herum! Was macht der Alte? Plagt er sich noch immer als Kuli?“ Chong Norbu mustert den Soldaten mit Unbehagen. Die Uniform flößt ihm wenig Respekt ein, aber das Alter gebietet ihm, zu antworten. „Nach Darjeeling ist er gegangen, und Mingma auch“, gibt er zurück.
„Was – für immer?“
„Nein. Weiße Sahibs wollten in die Heimat des Schnees gehen und versprachen großes Bakschisch. Es war schon vor dem Monsun.“
„Eh –“, macht der Soldat. „Großes Bakschisch! So dumm bin ich nicht mehr! Sieh mich an – ich habe einen leichten Dienst, meine Schüssel ist immer voll, und“ – er klopft mit dem Finger unmißverständlich an seinen Kehlkopf – „die Kehle eines Soldaten wird nie trocken!“
Chong Norbu freut sich nicht, den Landsmann getroffen zu haben. Er schickt sich an, weiterzugehen.
Der Lange zerrt eine Flasche aus der Uniform. „Laß dir einen guten Rat geben, Kleiner! Mach's wie ich: erst fünf Jahre in ein Gurkha-Regiment nach Indien, dann wieder her – aber nicht nach Hause. Ach was! Wieder Hunger leiden? Wenn du gut kommandieren kannst, wirst du bald ein Untersergeant!“
Chong Norbu beschleunigt seine Schritte, der Kerl bleibt hartnäckig an seiner Seite. „He – du weißt wohl nicht, was du mir schuldig bist? Wir sind Landsleute – einen Whisky kannst du schon mit mir trinken! He! ...“
Noch größere Schritte nimmt Chong Norbu. Er blickt sich nicht mehr nach dem Soldaten um, er mischt sich unter die Schar der Träger mit den Lasten der Jagdgesellschaft. Es ist, als hätte der lange Soldat hundert Zungen hinter Chong Norbu hergeschickt: Überall tauchen die Werber auf, am Lagerfeuer zur Nacht an den Rastplätzen, Wegkreuzungen, vor Schnapsbuden und Tempeln.
Die Zahl der jungen Burschen, die sich für ein Handgeld anwerben lassen, ist nicht gering.
Neues Blut für die britische Kolonialarmee! Unter dem Kommando weißer Offiziere werden die jungen Bhutias, Gurkhas und Sherpas darüber wachen, daß ihre Brüder in Indien, Kaschmir und Birma nicht auf den gefährlichen Gedanken kommen, sich von ihren weißen und braunen Herren zu befreien!

Am Berg kommt doch alles anders!

Unter den Leuten in Dhimbup ist wohl keiner mehr erregt als Mingma. Woher die Nachricht kommt, weiß niemand. Jedenfalls berichteten Leute, die mit Gewürzen und Ziegeltee handeln, daß der Polizeimeister von Darjeeling, Laden La, in der ganzen Gegend Träger zusammenrufen läßt und ihnen gutes Bakschisch verspricht.

Die Sache läßt Mingma keine Ruhe. Er bestellt mit der Mutter das Feld, aber seine Gedanken sind nicht bei der Arbeit. Sooft sich ein Vorwand finden läßt, geht er talwärts ins nächste Dorf und forscht nach neuer Kunde.

„Er sollte besser hierbleiben und seine Hacke auf dem Acker gebrauchen", sagen die Leute. „Haben die Götter ihren Zorn nicht schon dem Alten gezeigt, weil er mit den fremden Sahibs ging? Nun kann er sich nicht mehr rühren und spuckt Blut!"

Der Zustand des Vaters macht Mingma große Sorgen. Aber wie kann er ihm helfen? Er kann die Not in der Hütte nur lindern, wenn er fortgeht für großen Lohn.

In diesen Tagen kehrt Chong Norbu nach Dhimbup zurück. Er hat in einem Nebental eine Woche gearbeitet und berichtet, daß dort zwei Männer fortgegangen sind, die über die Grenze im Osten wollen.

Da bittet Mingma den Vater um den Segen für sich und Chong Norbu und verläßt mit dem Bruder das Dorf. Der Sahib hat ihn nicht rufen lassen, aber Mingma geht, weil er ihm ein Versprechen gegeben hat; und weil er das Geld des Sahibs braucht, um Hunger und Krankheit aus der Hütte der Eltern zu vertreiben!

Nach einer Woche haben sie die nepalische Grenze überwunden und langen nach zwei weiteren Tagen in Darjeeling an.

Die großen weißen Hotelbauten im europäischen Stil, der Bahnhof, die Fahrzeuge in der Stadt sind für Mingma nichts Neues mehr, – er hat auch Chong Norbu davon erzählt. Aber der junge Sherpa hat sich von alledem keine rechte Vorstellung machen können. Was er in der Hauptstadt Nepals gesehen hat, ist für ihn schon überwältigend gewesen, als er aus den einsamen Bergtälern der Heimat kam. Auch die großen Klosterburgen im tibetischen Hochland hat er schon gesehen, aber hier ist alles ganz anders, fremd und abweisend.

Die weißen Männer und Frauen, von denen Mingma und der Alte so oft erzählt haben, sind von anderer Art als die braunen Sahibs in Katmandu. Nicht ihre fremdartige Kleidung überrascht Chong Norbu, sondern ihre raschen Bewegungen, ihre Bestimmtheit, mit der sie sich die Bettler vom Leibe halten, und ihre Mienen, wenn sie mit einem Stock in den Waren wühlen, die die Einheimischen auf dem Basar zum Kauf anbieten.
Alle Weißen tragen Schuhe aus Leder, die meisten Männer sind mit einer Uniform bekleidet, und allen, allen folgen ein oder zwei Diener, die ihren Sahibs Taschen oder Körbe nachtragen. Scheu weicht Chong Norbu ihnen aus und sieht ihnen nach, wenn sie an ihm vorbeigehen, ohne ihn eines Blickes zu würdigen.
Die weißen Sahibs bewegen sich ganz ungeniert auf der Straße, sofern sie nicht in Kutschen oder Sänften vorbeikommen. Sie zeigen keinen Prunk an ihren Gewändern und geben keine Anzeichen ihrer Wohlhabenheit wie die Würdenträger und Kaufleute in den Städten Nepals, aber jede ihrer Gesten läßt Chong Norbu ahnen, daß sie alle große Sahibs sind.
Auch einfache Soldaten bevölkern die Straßen Darjeelings. Aussehen und Sprache nach stammen sie aus Nepal; sie tragen die Uniform der indischen Gurkha-Regimenter.
Es ist deutlich zu spüren, daß das neue Unternehmen der Briten, wieder einen Angriff auf die Chomolungma von Darjeeling aus zu starten, alle Engländer und Einheimischen in der Stadt in Spannung versetzt.
Über hundertfünfzig Kulis hat der Polizeikommissar Laden La, ein gebürtiger Tibeter, zusammengetrommelt. Die Teilnehmer der „Everest-Expedition 1922“ sind fast ausnahmslos Angehörige der Armee, und darum nimmt es nicht wunder, daß einige Gurkha-Söldner zur Unterstützung der Vorbereitungen nach Darjeeling beordert worden sind.
Zum Leiter des neuen Angriffs auf die unbesiegte „Göttinmutter der Erde“ hat das Everest-Komitee wieder einen hohen Offizier bestimmt. C. G. Bruce, der als Brigadegeneral in Indien Gurkha-Truppen befehligt, schien dem Komitee der geeignete Mann zu sein.
Es gibt keinen Winkel im Himalaya, außer dem verbotenen Nepal, den er nicht schon besucht hat. Sein Dienst in der britisch-indischen Armee hat ihm genügend Gelegenheit dazu gegeben; außerdem waren es oft besondere Aufträge zur Erkundung von Heeresstraßen im Gebirge, die ihn mit dem Dach der Welt so bekannt werden ließen. In seinem Regiment sammeln sich die angeworbenen jungen Soldaten aus allen Bergvölkern Nepals,

Sikkims und Kaschmirs; hier auf seinen Reisen erlernte er viele Dialekte, studierte mit Interesse die Lebensweise der verschiedenen Stämme und kennt sich deshalb besonders gut unter den Einheimischen aus.
Zweifellos liebt der General die Berge. Er liebt auch das Zusammensein mit ihren Bewohnern, wenn er dabei etwas lernen kann.
Er nahm zum großen Entsetzen der anderen Offiziere der Armee einmal sogar seine beiden Diener, zwei Gurkha-Soldaten aus Nepal, während einer Urlaubsreise mit nach London.
Immer wieder, seit 30 Jahren, hat General Bruce nach Möglichkeiten gesucht, den Gipfel der Chomolungma zu besteigen, aber immer wieder scheiterten seine Pläne, die er mit Sir Younghusband und Dr. Kellas schmiedete, an der Hartnäckigkeit der Regierungen in Katmandu und Lhasa. Nein – kein Weißer sollte diese Länder betreten!
Dabei blieb es bis zum vorigen Jahr, bis zum Jahr 1921.
Bleibt auch Nepal bei seinem Entschluß, so kommt man doch wenigstens nach Tibet hinein!
Und nun ist Bruce inzwischen so alt geworden, daß er nicht mehr am Gipfelangriff teilnehmen kann, aber er ist der gute Kenner des Landes und seiner Völker, weiß mit den Kulis umzugehen, versteht sie zu überreden und ihre abergläubischen Befürchtungen zu zerstreuen. Er kennt die Mittel, wie man die größten Leistungen aus ihnen herausholen kann.
General Bruce bringt auch seinen Neffen mit, einen im Bergsteigen völlig ungeübten Mann, den man Mallory und dem berühmten britischen Alpinisten Hauptmann Finch zur Seite geben will! Aber er ist der Neffe des Expeditionsleiters und kann wenigstens der Expedition zunächst dadurch nützlich sein, die mitgebrachten Gurkha-Feldwebel zu befehligen. Hauptmann Geoffrey Bruce tut Dienst im 6. Gurkha-Schützen-Regiment.
Mehr Bergerfahrung haben Oberstleutnant Norton und Hauptmann Noel. C. G. Crawford, ein hoher Beamter der Indischen Zivilverwaltung, hat auch schon Himalaya-Erfahrung. Mit Reaburn, der diesmal fehlt, war er 1920 am Kangchendzönga bis auf 6900 Meter vorgedrungen. Auch der Arzt und Naturforscher Dr. Longstaff hat ein beachtliches Tourenbuch vorzuweisen. Mehrere Jahre blieb seine Besteigung des Trisuls mit 7120 Metern der Höhenrekord. Major Morshead, der im vorigen Jahr die Landvermessung durchführte, gehört diesmal zum Bergsteigertrupp.
Dreizehn Briten – neun davon sind Militärs, drei sind Ärzte, einer ist Lehrer: George H. Leigh-Mallory!

Mallory und Morshead sind die einzigen, die den Berg aus nächster Nähe kennen; der Dritte im Bunde, der mit ihnen auf dem Chang La gekämpft hat, Guy Bullock, sitzt im Konsulat in Paris und hat keinen Urlaub bekommen.
Zwei Männer von dreizehn kennen den Berg!
Und die Träger?
General Bruce hat es vorgezogen, statt der Sherpas und Tibeter vom Vorjahr vorwiegend Gurkhas anzuwerben. Er ist den Umgang mit ihnen vom Militär her gewöhnt und erhofft sich auch durch die fünf Feldwebel ein zweckmäßiges Autoritätsverhältnis zwischen den Landsleuten.
Irgendwo vor den Hotels gabeln Mingma und Chong Norbu den nimmermüden Sahib auf.
„Hallo – Sherpas!" ruft Mallory freudig. Mingma sagt, daß dies hier sein Bruder sei und daß sie seine Seile tragen möchten. Er zieht das oft gefaltete, oft bewunderte Zeugnis hervor.
„Ja, ja – ich erinnere mich", lacht Mallory und wird dann ernst, „ja – aber der Oberst-Sahib ist nicht mitgekommen, und wir haben schon sehr viele Träger! Aber kommt morgen, wir wollen noch ein paar Köche anstellen."
„Ich bin aber kein Koch", sagt Mingma und bereut es gleich wieder. Wenn er nun wenigstens als Koch mitgehen könnte!
Aber was wird dann mit Chong Norbu?
„Ich werde mit dem General-Sahib reden – und kommt morgen früh noch einmal hierher!" hört er Mallory sagen.
Chong Norbu war respektvoll zurückgetreten, als der Bruder mit Mallory sprach. Mingma kommt niedergeschlagen zu ihm zurück, den Zettel mit der Bestätigung, daß er ein „Tiger" ist, entmutigt in der Hand.
„War das der nimmermüde Sahib?" fragt Chong Norbu. „Was ist?"
„Morgen", sagt Mingma nur und geht mit Chong Norbu hinüber zum Bahnhof, um sich mit Gepäcktragen eine Münze zu verdienen.
Als Mallory in die Halle des Hotels tritt, ist eine Diskussion im Gange, die ihm schon lange über ist! Er hört ein paar Sätze lang zu, dann versucht er schnellen Schrittes die Treppe zu erreichen, aber Finch steht auf und setzt ihm nach. Der breitschultrige, rotblonde Hauptmann mit dem kleinen Bart auf der Oberlippe faßt Mallory sanft am Arm.
„Aber Mallory ..." Er lächelt liebenswürdig. „Keine Zeit?"
„Doch, doch – ich möchte keine Notlüge gebrauchen –, aber ich habe ja meine Meinung zu der Gasgängerei schon oft genug gesagt!"

Wer Mallory nicht kennt, der könnte seine brüske Art beleidigend finden. Aber Finch läßt nicht locker. Er führt ihn zum Tisch zurück. Doktor Sommervell lacht vergnügt. Der General und Oberst Norton liegen weit zurückgelehnt in den Sesseln und langweilen sich offensichtlich.
„Ich bewundere Ihre Ausdauer!" sagt Norton belustigt zu Finch. „Nun haben Sie schon erreicht, daß die Sauerstoffgeräte mit zum Berg gehen, und jetzt sammeln Sie eifrig Gläubige für Ihre Lehre!"
„Es nutzt ja nichts, wenn wir die Geräte mitschleppen und sie werden nicht gebraucht", sagt Finch bekümmert.
„Ha – ich gehe mit Gas!" ruft der kleine Sommervell lebhaft. „Ich bestimmt!"
Der General spielt an seinen Fingernägeln. Ohne aufzusehen brummt er: „Dazu müssen sie aber erst funktionieren!"
„Um das Funktionieren dreht es sich ja nicht", wirft Finch ein, „das bewerkstelligen wir noch beizeiten, aber mir kommt es darauf an, Mallory endlich davon zu überzeugen, daß Sauerstoffatmung ebensowenig unsportlich ist wie der Genuß von Tee!"
„Ob unsportlich oder nicht – wir wissen alle noch nicht, wie sich die menschliche Lunge und der ganze Körper bei der immensen Luftverdünnung bei achttausend Metern verhalten!" sagt Sommervell. „Wahrscheinlich kann man in dieser Höhe ohne Sauerstoff überhaupt nicht leben!"
Bruce, der etwas bärbeißig dreinschauende General, hebt seinen breiten Kopf, seine Augen werden lebendig, und er streicht sich über das kurzgeschorene Haar. „Meine Herren!" beginnt er, und die anderen spüren, daß der General wieder etwas „Grundsätzliches" sagen will.
Bruce ist sich sicher, daß seine Worte dreifach wiegen, und er hält es für notwendig, jetzt, bevor man in Darjeeling aufbricht, die Frage der Verwendung von Sauerstoff für die Bergsteiger zu entscheiden.
„Was ist die Aufgabe unserer Expedition? Wir wollen den Gipfel in diesem Jahr erreichen! Ich werde also Finch und Sommervell unterstützen, wenn sie sich um die Ingangbringung der Sauerstoffgeräte bemühen. Ich halte den Sauerstoff sogar für so wichtig, daß Finch und Sommervell oder Mister Crawford so lange in Darjeeling bleiben, bis die Apparate aus Kalkutta eintreffen. Und am Berg werden wir dann auf alle Fälle Untersuchungen damit anstellen. Wenn wir die schweren Dinger nicht brauchen – um so besser!"
Finch lächelt befriedigt und sieht Mallory herausfordernd an.
„Ich vertraue dennoch auf die Anpassungsfähigkeit des Kör-

pers“, sagt Mallory. „Das Gewicht von 16 Kilo ist eine bedenkliche Belastung, und ich bezweifle, daß die vermehrte Anstrengung durch das Einatmen von Sauerstoff ausgeglichen wird. Als Vorsichtsmaßnahme zur Wiederbelebung – gut! Das lasse ich gelten! Jedoch bekämpfe ich die Ansicht, daß das Erreichen des Gipfels durch Sauerstoff unbedingt erleichtert wird. Wenn wir uns genügend Zeit lassen, uns zwischen 6500 und 7000 Meter an die verdünnte Luft zu gewöhnen, dann können wir auf die Schlepperei verzichten!“

Norton macht einen Vorschlag, wenn er sich auch selbst noch nicht darüber im klaren ist, welchen Standpunkt er zum „Gas“ einnehmen soll: „Wie wäre es, wenn wir einen Trupp mit Sauerstoff vorschicken? Dieser richtet ein Lager zwischen dem Nordsattel und dem Gipfel ein und steigt wieder ab. Die Gipfelmannschaft folgt ohne Sauerstoff, benutzt das Lager als Stützpunkt und steigt weiter. Zur Sicherheit können ja im oberen Lager zwei oder drei Geräte bleiben. Hätten wir dann nicht die technischen Mittel zu unserem Vorteil benutzt, ohne die sportlichen Auffassungen zu verletzen?“
Anscheinend reizt dieser Vorschlag niemand zum Widerspruch. Finch schweigt, weil er überzeugt ist, daß der Spitzentrupp schließlich doch zum Sauerstoff greifen muß.
Mallory steht auf und sagt: „Am Berg kommt doch alles anders!“ Er beugt sich zum General herunter und bittet ihn, den Träger Mingma einzustellen, der sich morgen früh vor dem Hotel einfinden wird.
„Ein Gurkha?“ fragt Bruce.
„Nein – er sieht aus wie ein Tibeter, ist aber wohl ein Sherpa. Ich hatte ihn mit am Chang La – das erspart uns ein Risiko. Außerdem säuft er nicht so viel Whisky wie die anderen.“
„Das Neueste!“ Bruce lacht dröhnend. „Unter hundertfünfzig Kulis ein Abstinenzler!“
„Wohl nicht ganz! Aber er macht einen ordentlichen Eindruck und hat Ehrgeiz. Seinen jüngeren Bruder hat er mitgebracht – vielleicht sechzehn oder siebzehn. Scheint ein aufgeweckter Bursche zu sein!“
„Na schön“, sagt Bruce, „wenn Mister Laden La früh kommt, werde ich mir die Leute mal ansehen. Ich will sowieso noch einige auswechseln. Geoffreys Probemärsche waren recht nützlich. Die Ungeeigneten konnten wir schon hier erkennen. Kommen Sie mit zum Dinner?“
Mallory zieht die Uhr und nickt.
Langsam leert sich die Hotelhalle.

Der multiplizierte Montblanc

Sieben Wochen früher als im Vorjahr rückt die Expedition aus Darjeeling ab. Man schreibt den 26. März 1922.
Wird sie den Vorsprung halten? Die Zeitspanne zwischen dem Winter und dem Einbrechen des Südwest-Monsuns muß dieses Mal genutzt werden – noch nicht einmal ein ganzer Monat bleibt für Unternehmungen in Höhen über 7000 Meter. In nur fünf Wochen wird der Abmarsch bewältigt. Im Wettrennen mit dem Monsun hat die Expedition ihren Vorsprung vergrößert. Schon am 1. Mai kann General Bruce den gewaltigen Troß entlassen: Mehr als hundert Tibeter mit 20 Reitpferden und 300 Lasttieren haben das Expeditionsgepäck auf der alten Route über Schekardsong, vorbei am Rongbuk-Kloster bis zur Gletscherzunge des großen Rongbuk-Gletschers gebracht. Sie sind im „Tal der Abgründe" angelangt.
Die britischen Bergsteiger stehen zwischen den Kisten und Ballen, räumen auf und sortieren, geben den Kulis Anweisungen, aber immer wieder geht der Blick hinauf zum Berg. Schließlich lassen sie die Kisten Kisten sein und finden sich in einer Gruppe zusammen, die zu den gewaltigen Wänden aufsieht.
Es ist wie eine Andacht.
Die ungeheure Übersteigerung der Maßstäbe packt alle von neuem. Sie sind keine Neulinge, aber immer wieder vergleichen sie die Himalayaberge mit den Alpen – schließlich sind sie ja Europäer! Um wie vieles ist hier alles größer, weiter, mächtiger! Die Höhen sind gewaltiger, die Entfernungen ermüdender, die Kälte grimmiger, die Stürme heftiger – ja, die Felsbrocken auf den Moränen unvergleichlich größer als in den Alpen!
Norton spricht es aus: „Das ist der Montblanc zum Quadrat erhoben!"
„… und mit einer Unbekannten zu multiplizieren!" setzt Mallory lächelnd hinzu.
„Kann man den Nordsattel von hier sehen?" will Geoffrey Bruce wissen.
„Nein, der Nordsattel ist durch den Changtse verdeckt, diesen Berg, der den südlichen Abschluß des Rückens hier zwischen dem Rongbuk-Ost- und Hauptgletscher bildet. Unser Weg wird also links in die Schlucht hineinführen, den Ostgletscher hinauf,

dann südwestlich einen Bogen hinter dem Rücken machen, dessen Vorderseite wir hier vor uns haben. Am Fuße des Changtse wird wohl das Standlager eingerichtet werden müssen. Wir kennen den Punkt ja schon. Im vorigen Jahr lag dort unser vorletztes Lager unter dem Nordsattel, als wir vom Lhakpa La herunterkamen."
„Etwa 6500 Meter", erläutert Morshead.
„Ja, so ungefähr", fährt Mallory fort. „Aber fangen wir mal von oben an mit unseren Erklärungen!" Er lacht wie ein Junge, der einen Streich im Schilde führt. „Da können wir uns am besten vorstellen, wo die Hochlager stehen müssen. Wie Sie wissen, fällt links von der Gipfelpyramide mit leichter Neigung der Nordostgrat ab. Am steilen Abbruch des Grates ist die Nordostschulter zu erkennen, knapp 8400 Meter hoch. Etwas rechts davon sehen Sie den Nordgrat. Das ist der Weg vom Nordsattel, den wir nicht sehen, bis zur Schulter. Auf dem Grat müßte, ungefähr bei 7900 Meter, das höchste Lager stehen, das nächsttiefere auf dem Nordsattel bei 7000 Meter!"
„Dann sind vom Spitzenlager bis zum Gipfel immer noch fast tausend Meter aufzusteigen", wirft mit leicht bekümmerter Miene der kleine Sommervell ein.
„Nicht nur auf-, sondern auch am gleichen Tage wieder abzusteigen!" gibt Norton zu bedenken. „Wenn der Sauerstoff für die letzte Etappe reichen soll, muß aber wenigstens ein Depot mit Gasflaschen über dem Hochlager angelegt werden."
„Sofern wir Sauerstoff brauchen!" sagt Mallory spitz. Er hat sich eben vorgenommen, den Gipfel ohne „Gas" zu bezwingen.
Sirdar Gyaljen, der Obmann der Träger aus Darjeeling, kommt herbei und meldet, daß seine Männer zum Abmarsch bereit sind.

Die Maisonne frißt in die Eisberge des Gletschers nasse Gassen. Zuckerhüte, haushoch, zerklüftete Eisbarrieren, Schwemmsand, Felsbrocken, mannsgroß, Geröllfelder – das ist der Weg der Sherpas, tagaus und tagein, talauf und talab. Schwer sind ihre Lasten.
Steinschlag, Lawinen, Nebel halten sie nicht auf. Auch nicht der wütende Evereststurm, der von Tibet ins Rongbuktal hineinbläst. Fünfhundert Meter über das Standlager kämpfen sich die Träger mit den Briten empor: Lager I steht!
Zwei Tage Ruhe brauchen die Männer vor dem nächsten Vorstoß. Dieser gilt der Errichtung des Lagers II. In vier Stunden steigen die Briten und Kulis wieder 500 Meter höher. Aber vier Stunden Kletterei in sechseinhalbtausend Meter Höhe, beladen

mit Proviantkisten, Seilen, Zelten, verzehren alle Kräfte, über die ein Mann während eines Tages verfügt. Schon am Tage darauf treiben die Sahibs die Lastträger weiter. Nach abermals vier Wegstunden, nach abermals 500 Meter Höhenunterschied bauen sie das Basislager für den Angriff auf den Nordsattel. Genau dort war im Vorjahr das letzte Lager unter dem Chang La.

Endlich, am 13. Mai, können Mallory und Sommervell den ersten Vorstoß zum Nordsattel wagen.

Der Weg ist mühsam genug – viel schwerer als im Vorjahr. Als der Sherpa Dasno mit seinem Herrn Leigh-Mallory und dem kleinen, sonst so munteren Sommervell am Abend wieder in die Zelte des Lagers III wankt, haben sie einen Weg für die Trägerkolonnen auf den Chang La gebahnt. Zwei Seilgeländer und unzählige Stufen führen zur Schlüsselstellung der Chomolungma.

Immer noch ziehen die Trägerkolonnen mit Verpflegungsnachschub vom Standlager herauf. Unter die Sherpas mischen sich Tibeter; General Bruce hat sie vom Djongpen aus Shekar hierher befehlen lassen, aber sie gehen bald wieder fort. Der Lohn, den ihnen die Sahibs bieten, ist geringer als der Ertrag ihrer Felder.

„Sie waren ohnehin faul und längst nicht so ausdauernd wie unsere Kulis aus Nepal!“ versucht Geoffrey Bruce den Lagerkommandanten von III, Oberst Strutt, zu trösten.

„Es nützt uns wenig, lieber Hauptmann, wenn wir die Trauben sauer nennen, die wir nicht greifen können! Alles hängt jetzt von den Kulis ab. Klappt der Nachschub nicht, dann kommt uns der Monsun zuvor!“

Aber da ist eine andere Verstärkung für die Lastträger gekommen, zwar nicht sehr zahlreich, aber stetig.

Den Sahibs bleibt einen Augenblick der Mund offen stehen.

Verwandte der Sherpas aus Solu Khumbu und dem Dhud-Kosi-Tal kommen zu Besuch. Fast täglich. Als sei der Weg hierher gleich einer Tagesreise zum Markt ins nächste Dorf! Über den Nangpa La – dem Paß über dem Bhote-Kosi-Tal, 5500 Meter hoch – kommen sie zum Hauptlager herauf! Manche von ihnen sind nicht einmal über Kyetrak gegangen, sondern haben einfach den Kamm zum Rongbuktal überschritten. Mit Kindern an der Hand, mit Säuglingen im Rückentuch! Und lachen und sind guter Dinge. Ohne Zelte, ohne Primuskocher und Daunensäcke. Hinter Felsen hingekauert, verbringen sie die Frostnächte und sind bereit, für eineinhalb Rupien einmal den Weg zum Lager III zu machen.

Wohl oder übel müssen die Sahibs die langen Plauderstunden zwischen ihren Sherpas und dem Besuch dulden. Nur die Gurkha-Feldwebel, die sich Geoffrey Bruce aus seinem Regiment mitgebracht hat, schnauzen manchmal dazwischen. Sie haben das Kommando über die einzelnen Trägertrupps und suchen sich mit gebrüllten Befehlen bei ihren weißen Herren beliebt zu machen. Die Sherpas begegnen ihrem Geschrei mit kühler Nichtachtung.
Sie wissen: Geht es in den Firn, dann sind sie unschlagbar.
Und es geht in den Firn!
Mingma, Phurba, der stämmige Sonam und Dasno, der kleine flinke Träger des nimmermüden Sahibs, gehören zu dem Spitzentrupp, der am 19. Mai 1922 mit Zelten und Gepäck den Nordsattel des Everest erreicht. Mallory, Sommervell, Norton und Morshead schlafen im geräumigen Viererzelt. In den kleinen Mummeryzelten drängen sich neun Träger. Ihre Schädel brummen am Morgen. Die Luft in den Zelten verbraucht sich zu schnell, und die Höhe tut das ihrige. Man ist 7015 Meter hoch. Ein Ruhetag auf dem Nordsattel dient der Anpassung des Körpers an den niedrigen Luftdruck. Und dem Nachschub aus Lager III.
Keuchend und völlig erschöpft stampft wieder eine Kulikolonne von unten herauf. Mingma sieht sie kommen und geht ein paar Schritte hinab. Unter den Männern erkennt er plötzlich seinen Bruder. Rasch geht er auf ihn zu und reißt ihm die Last vom Rücken, nicht aus brüderlicher Hilfsbereitschaft – seine Züge verraten Zorn. „Wer von den Sahibs hat dir befohlen, deine Schritte auf den Chang La zu lenken?“ fährt er Chong Norbu barsch an.
Der Kleine wird unsicher. Aber er will den Älteren nicht belügen. „Keiner von den Sahibs, Bruder – ich habe gefragt, ob ich mitgehen darf“, sagt er leise, wie ein ertapptes Kind.
Mit Oberst Strutt, dem Befehlshaber von Lager III, hat der besorgte Mingma ausgemacht, daß der Junge geschont wird. „Und kein Sahib hat dich angehalten, so Schweres zu tun?“ fragt Mingma streng. Es ist wie ein Verhör. „Willst du dir schon in jungen Jahren einen Buckel holen?“
„Aber ich möchte doch Tiger werden!“ beharrt Chong Norbu naiv.
„Oftmals wird noch der Monsun wehen, bis du ein Mann bist! Dann kannst du ein Tiger sein. Und die Sahibs sagen, in diesem Jahr darf sich ein Kuli erst ‚Tiger‘ nennen, wenn er mehr als 7500 Meter Höhe erreicht hat. Es gehen schon so viele auf den Chang La!“

„Ich möchte aber weiter 'rauf – ich habe noch viel Luft in der Brust!"
„Prahle nicht, kleiner Bruder! In der Frühe des kommenden Tages wird dich der Everest-Husten plagen! Nein – du bist noch zu jung. Ich rede gleich mit Mallory-Sahib. Heute noch mußt du wieder absteigen nach III!"
Nur ungern erfüllt Mallory die Bitte Mingmas. „Schade", sagt er zu Norton, „ich hatte an ihn als Ersatzmann gedacht. Er ist ein schlaues Bürschchen. Könnten wir brauchen ..." Mallory bedauert ehrlich. Der Junge hat Ehrgeiz, hat Auftrieb, denkt er; aber stößt ihm etwas zu, dann schmeißt Mingma die Last weg. Wie mit rohen Eiern muß man mit den Sherpas umgehen!
Chong Norbu fügt sich dem Bruder; mit zwei bergkranken Trägern klettert er wieder den Eishang hinunter. Wehmütig dreht er sich noch einmal um nach den kleinen grünen Zelten auf dem Chang La.

Der Gipfel wird verschenkt

Der folgende Morgen auf dem Sattel ist kalt und klar.
Sommervell und Mallory reißen die Schnüre der Trägerzelte auf. Nur vier Sherpas können sich erheben – wieder fünf Bergkranke! Die Sahibs versuchen mit heißem Tee zu helfen. Ohne Erfolg. Dann muß es eben so gehen, mit vier Trägern.
Morshead spurt vor, den Nordgrat hinauf. Das ist Neuland, nie betretenes Gelände. Mallory folgt mit Phurba und Dasno am Seil, Mingma und Sonam werden von Norton und Sommervell über die Spalten gesichert. Vier Sherpas und vier Briten schlagen mit kräftigen Tritten ihre Füße in die Flanke des Berges; zum erstenmal in der Geschichte der Menschheit wird der eisstrotzende Riese an seiner verwundbarsten Stelle betreten. Morgen schon kann der Gipfel fallen.
Nach drei Stunden sieht Mallory auf den Höhenmesser. Er lächelt und winkt Norton heran, zeigt ihm das Instrument.
Nortons Blick ruht einen Moment auf dem zitternden Zeiger, er liest ab: 7550 Meter.

„Siebentausendfünfhundertfünfzig!" Er wiederholt die Zahl, sieht Mallory freudig an und schlägt übermütig Phurba und Mingma auf die Schultern.
Das ist Rekord! Noch nie standen Menschen so hoch! Vor dreizehn Jahren stieg Herzog Luigi von Savoyen an der Chogolisa bis auf 7500 Meter. In dieser Stunde haben sie seine Leistung überboten. Mallory übersetzt es den Sherpas. Er ist darauf bedacht, jede Gelegenheit zu nutzen, den Trägern Stolz und Zuversicht zu geben. Jetzt sind sie nicht nur „Tigers", sie sind Rekordhalter!
Aber es geht um einen höheren Rekord, es geht um den Gipfel. Weiter, weiter! Der unheilvolle tibetische Wind hat sich wieder eingestellt, er zwingt die Männer in die Leeseite des Grates.
Schritt für Schritt ringen sie dem Berg ab. Die Eispickel sausen, im Sturm fliegen die Splitter. Mallory arbeitet mit beiden Händen, er vermag vor Kälte den Pickel nicht mit einer Hand zu führen. Zuerst versucht er, mit einem gewaltigen, gut gezielten Schlag die Stufe zu zimmern. Er wird atemlos, keucht und muß stehenbleiben. Die Eile bringt Erschöpfung mit sich.
Drei weniger kraftvolle Schläge – so geht es auch! Man ist nicht am Montblanc, man muß sich mehr Zeit lassen.
Eins – zwei – drei! Die nächste Stufe. Eins – zwei – drei! Mit Steigeisen wäre es leichter, aber die strammen Gurte bringen den Fuß in Gefahr. Schnell und unbemerkt können die Zehen erfrieren.
Um 2 Uhr finden Sommervell und Mallory ein Plätzchen für die Zelte, schief abwärts geneigt, schmal, uneben. Aber der einzige Platz weit und breit.
Die vier Tigers laden ihre Lasten ab und bauen in Eile die Zelte der Sahibs auf. Phurba führt als der Erfahrenste das Kommando. Flink bändigen Dasno und Sonam das flatternde Zelttuch. Mit ernstem Gesicht beugt sich Mingma über den Knäuel der verwickelten Zeltleinen. Endlich gelingt es seinen klammen Fingern, die Schnüre zu ordnen. Dann bricht er Eisklumpen aus seinem Haarschopf heraus. Die Briten kauern sich derweile hinter einen Windblock und nehmen einen Imbiß. „Die Träger müssen schleunigst absteigen, ehe das Wetter zu schlecht wird", sagt Mallory, „wir dürfen sie keiner Gefahr aussetzen." Er öffnet eine Fleischbüchse, nascht vom Inhalt und reicht sie Sommervell. „Abgesehen vom sittlichen Standpunkt, der uns verpflichtet, sie anständig zu behandeln", fährt er kauend fort, „wäre es auch unvernünftig, sie zu gefährden, weil wir die Leute vermutlich noch zu weiteren Arbeiten brauchen. Sollte jetzt einer mit erfrorenen Zehen herunterkommen, dann gibt es eine allge-

meine Entmutigung, und wir kriegen keinen Kuli mehr in die Hochlager!“ Sommervell rührt den schmelzenden Schnee im Kochtopf; er hat keine Zeit, Mallory zuzuhören. Er hat andere Sorgen als die Gefahr erfrorener Zehen der Träger. Die fehlenden 300 Meter gehen ihm nicht aus dem Kopf – bei 7900 Metern sollte Lager V stehen, drei Wegstunden höher! Wir zelten zu niedrig! Das kostet den Gipfel – von 7600 Meter bis 8840 Meter können wir morgen unmöglich durchsteigen, denkt er, unmöglich. Unmöglich! Wie heiß die Flamme des Kochers ist! Das Teewasser kocht schon.
Die Träger sind fort, sind nicht mehr zu sehen, der Nebel verschluckt alle Umrisse der Umgebung.
Vierzehn Grad Kälte zur Nacht im Zelt, drückende Steinspitzen unter dem Rücken, Atemnot, Unbehagen, fürchterliche Enge lassen keinen der Briten recht zum Schlafen kommen. Dennoch verlassen sie nur widerwillig um halb sieben die Zelte, denn draußen ist es noch kälter.
Der Gipfel? Jetzt ist er ihnen ziemlich gleichgültig. Da droben liegt er übrigens: hinter mäßig ansteigendem, gestuftem Gelände eine unscheinbare Pyramide, keineswegs imposant.
In 2000 Meter Höhe würden Jochbummler und Sommerfrischler den Mugel verschmähen, in jedem Gebirge finden sich lockendere Ziele. Aber der Mugel, selber kaum 400 Meter hoch, thront auf einem ungefügen Klotz von zwanzigfacher Höhe. Er trägt einen Namen, von dem jetzt die ganze Welt spricht, jetzt, am Morgen des 21. Mai 1922, steht der Name in allen Morgenblättern, lesen die Menschen vom Kampf um den Berg und warten auf eine Nachricht: Mount Everest bezwungen!
Die vier Briten trampeln fröstelnd vor den Zelten herum und stecken die Nasen ins Wetter. Fern blauen die Gletscher im Eishauch des Morgens. Den Entschluß zum Aufbruch müssen sich die Männer abringen.
Also los!
Nach ein paar Minuten kommt schon der erste Ausfall: Morshead bleibt zurück. Er will bei den Zelten warten. Schlapp ist er und unlustig. Er flucht über sich selbst, weil er angesichts des nahen Gipfels so wenig ehrgeizig ist. Aber er weiß auch den Grund: Sauerstoffmangel! Kletterten sie mit den Atemgeräten leichter? Vielleicht! Aber Finch bastelt an den Geräten unten im Hauptlager immer noch herum. Es ist allen klar: Den Gipfel haben sie verschenkt, weil sie 300 Meter tiefer zelteten als vorgesehen. Doch den Weiterweg wollen sie sehen – für später.
Dumpf stampfen die drei aufwärts, sie versuchen noch mehr aus ihren zerschundenen Körpern herauszuholen als gestern. Es

gelingt. Gestern schafften sie 100 Meter in der Stunde, heute liest Mallory nach jeder Stunde einen Höhengewinn von 120 Metern am Aneroid ab. Fünfmal zieht er den Taschenhöhenmesser hervor – gut sechshundert Meter haben sie unter sich gebracht. Die Gedanken werden mit zunehmendem Luftmangel und wachsender Ermüdung immer träger. Der Ehrgeiz, die Willenskraft, die Denkfähigkeit ersterben, nichts treibt die Männer mehr vorwärts. Ihre Gedanken kreisen unkontrollierbar um das Zeltlager mit Morshead. Dort ist es warm – in den Schlafsäcken – schlafen!
Es ist halb zwei. Sie beschließen umzukehren. Noch eine kurze Rast. Schokolade, Keks, Rosinen. Die Berge in der Runde liegen alle unter der erreichten Höhe, die Luft ist klar, Hunderte Kilometer weit könnten die Augen der Bergsteiger sehen. Aber die Augen sind müde, stumpf, ohne Interesse.
Mallory prüft mit Aufbietung aller Konzentration die Höhe: 8225 Meter. Ist es ein Sieg? Eine Niederlage?
Gleichgültig! Nur wieder 'runter! Die Talsucht ist stärker als alle Überlegungen.
Nur ein Viertel der Aufstiegszeit benötigen sie für den Weg hinunter zu den Zelten. Langsam beginnen die Hirne wieder bewußt zu arbeiten. Sommervell ist wieder sehr munter, Mallory noch ein wenig gereizt, Norton und Morshead, jetzt wieder in ihrer Mitte, sind marschfähig, wenn sie sich zusammenreißen.
Heute noch absteigen nach dem Lager IV auf dem Chang La? Warum nicht? Es sind noch sechshundert Meter. In drei Stunden kommt die Dunkelheit. Es wäre zu schaffen.
Mallory geht voran, langsam, bedächtig, damit der schwache Morshead folgen kann. Er gefällt ihm nicht, sein Gang ist so unsicher. Da rauscht es hinter ihm, er sieht Morshead abrutschen, Sommervell mitreißend. Norton versucht zu bremsen, dann reißt der Ruck auch ihn aus dem Stand. Immer schneller wird der Fall, immer steiler der Hang, tausend Meter über der Gletschersohle. Kein Schrei ist zu hören. Nur das Scheppern der mitgerissenen Steinplatten. Mallory ist nur eine Zehntelsekunde starr, dann wirft er sich auf den eingerammten Eispickel.
Eine Seilschlinge um den Schaft! Gleich wird der Schaft splittern – oder aus dem Firn gerissen werden – oder das Seil mit häßlichem Knall zerreißen! Oder –?
Ruck! Das Wunder geschieht – die Partie kommt zum Stillstand. Zitternd erheben sie sich – bleich.
Sommervells Galgenhumor löst die Starre. „Verdammt! So schön ging es abwärts! Jetzt müssen wir uns wieder 'raufschinden!"

Sie krabbeln auf allen vieren hinauf zu Mallory und betasten ihre Glieder. Keiner ist verletzt.

Noch sitzt allen der Schrecken im Leib. Vorsichtiger als bisher stapfen sie zu Tal. Die Nacht überrascht sie im Spaltengewirr. Längst ist die Kerzenlaterne verloschen. An einer breiten Kluft springen sie ins Ungewisse.

Es ist ihnen ja alles so egal.

Wie sie zum Lager auf dem Nordsattel kommen, weiß keiner mehr. Mallory verwechselt dauernd die Namen der Gefährten, statt Morshead glaubt er Longstaff vor sich zu haben, Longstaff, der schon seit einer Woche unten im Standlager ist. Er ist kaum noch seiner Sinne mächtig.

Um Mitternacht stolpern sie in die rettenden Zelte, fallen in todähnlichen Schlaf.

Tags darauf schinden sie sich hinab zum Lager III. Der Berg hat sie zurückgeschlagen, hat drohend seine eisige Faust gezeigt. Aber die Männer sind ihm entronnen, knapp, sehr knapp.

Vier Stunden statt zehn

Tedjbir Bura ist noch der anständigste von den vier Gurkha-Feldwebeln. Trotzdem sind die Sherpas nicht gut auf ihn zu sprechen. Finch-Sahib drillt ihn für den zweiten Angriff.

Statt der Tigers will er den Gurkha mit zum Gipfel nehmen.

Die Sherpas sind nicht neidisch. Der Feldwebel war noch nie im Eis. Der kurze Unterricht im Bergsteigen, den Tedjbir bei Lager II vor den Augen der Tigers erhält, kann nicht ausreichen, um einen Gipfelstürmer aus ihm zu machen. Dazu braucht man mehr. „Eher bleibt ein Monsun aus, ehe der Soldat ein Tiger wird!" murren die Träger untereinander. „Ihr Männer, macht euch bereit, einen bergmüden Soldaten von der Chomolungma herabzuschleppen!" spottet Phurba.

„Sprich nicht nepalisch", warnt Dasno im heimatlichen Dialekt, „die Sahibs werden zornig sein, wenn sie deine Worte hören!"

„Ihr Zorn soll uns nicht schrecken!" Mingma ist erbost.

Freiwillig haben sie die Lasten für die Sahibs bis in die höchsten

Lager gebracht. Der da ist Soldat und steht unter der Befehlsgewalt der britischen Offiziere. Soll er ein Tiger auf Befehl werden? Dem Feldwebel brauchen die Sahibs keine Prämie zu geben, der muß gehorchen.
Ja, so rechnen Finch und Geoffrey Bruce, der Hauptmann von Tedjbirs Regiment. Auch der Hauptmann lernt die ersten zaghaften Schritte im Firn, hier unter dem Everest! Lächerlich – zwei Tage vor dem Angriff auf den Gipfel der Welt!
Die Tigers schütteln die Köpfe.
Finch und Bruce setzen alle Hoffnung auf den Sauerstoff. Nach langen Versuchen hat Finch neue Masken gebaut, jetzt scheint die Ausrüstung brauchbar. Mit Bruce und Tedjbir macht er probeweise einen Aufstieg in der Richtung zum Nordsattel. Nach vier Stunden treten sie aus dem Nebel wieder vor das Lager III. Oberst Strutt und die Tigers gehen ihnen entgegen.
„Warum kommt ihr schon zurück? Klappt's nicht mit den Apparaten?"
Finch grinst Strutt an. „Doch, doch", sagt er so obenhin.
„Aber? ..." forscht der Oberst weiter.
„Gar kein ‚Aber'!"
„Und warum waren Sie nicht auf dem Sattel?"
„Wir waren! Drei Stunden hinauf – eine Stunde hinab!" sagt Hauptmann Bruce triumphierend. „Statt einer Tagestour nur vier Stunden!"
„Das ist ja – also ich bin sprachlos!"
„Und das mit zwei Neulingen", sagt Finch. Er wendet sich lächelnd an Bruce. „Ich will Ihnen das nicht immer vorhalten, aber man muß das hier betonen, daß Sie und der Feldwebel ungeübt in diesem Gelände sind!"
Die Kulis nehmen ihnen die schweren Geräte ab.
Die Generalprobe hat geklappt!

Mit einiger List ist es Mingma gelungen, den erlebnishungrigen Bruder aus der gefährlichen Nähe der Stoßtrupps zu bringen. Ein Wink der Sahibs würde genügen, und der Junge ginge ohne Bedenken mit in die Todeszone, wo die Sinne schwinden und die Brust zersprengt. Sein Ehrgeiz ließe ihn alle Vorsicht vergessen. Aber Mingma will den Jungen wieder gesund nach Dhimbup bringen. Darum hat er den Sahibs gesagt, sie sollen ihn zur Begleitung von Mallorys erschöpfter Mannschaft talwärts schikken.
Nicht gern geht Chong Norbu aus Lager III fort; denn Finch bereitet einen neuen Angriff vor.
Aber er beugt sich dem Willen des älteren Bruders.

Der Trägerobmann Sirdar Gyaljen sammelt seine Männer. Sauerstoff, Lagerzeug, Proviant müssen auf den Nordsattel gebracht werden. Jetzt kennen die Sherpas den Weg schon. Die Tigers spuren vor, damit die Briten einen leichten Aufstieg haben. Am Abend des 24. Mai sind zwölf Träger mit Lasten auf dem Chang La. Nur zwei Tage standen die Zelte einsam im Sturm.
Finch, Geoffrey Bruce und Tedjbir Bura ruhen sich gehörig in den Zelten auf dem Nordsattel aus und schicken die Trägerkolonne zum Nordgrat voraus. Phurba und Mingma führen den Trupp an. Seit dem Aufstieg mit dem nimmermüden Sahib sind die Felsbänder stark vom Schnee verweht. Sie sehen keine Spuren mehr, nur hinter dem langen Schneewall einen Steinhaufen, den sie damals geschichtet haben. Unten auf dem Sattel folgen ihnen Finch und seine Begleiter mit „Gas". Bald sind sie bei ihnen. Wie schnell die drei mit den Atmern gehen! Die „englische Luft" gibt ihnen Kraft – noch mehr Gepäck als die Träger haben sie sich aufgeladen.
„Weiter rechts halten!" ruft Finch dem Sirdar zu. Er hat die Maske abgenommen und zeigt nach Westen. Zum Gipfel des Everest.
„Das Zeltlager des nimmermüden Sahib stand weiter in der Morgenseite des Berges", sagt Mingma zum Sirdar.
Der verhandelt mit Finch.
„Nein, wir wollen näher an den Gipfel heran! Außerdem ist der Wind ja hier nicht auszuhalten, wir müssen am Hang bleiben."
Die beiden Sahibs und Tedjbir gehen mit den Sauerstoffgeräten schnell und sicher den Trägern voraus. Erst um zwei Uhr holen die Sherpas sie wieder ein. Dort, wo sie haltgemacht haben, wollen die Sahibs zelten.
So niedrig? Nur hundertfünfzig Meter über den Zelten Mallorys? Finch muß es wissen. Vielleicht will er mit dem Gas doch von hier aus den langen Weg zur Spitze der Chomolungma schaffen.
Mingma und Phurba bezweifeln es. Mallory hat auch zu niedrig angesetzt. Aber Finch ist der Sahib, seine Befehle gelten. Zudem sind die Sherpas froh, nicht weiter hinauf zu müssen. Ein scheußliches Schneetreiben hat eingesetzt. Und der Weg zurück zum Lager IV ist lang genug.
Schnell einen Platz für das Zelt ebnen! Die Gasflaschen werden gestapelt, der metallische Klang ist fremd in dieser Stein- und Eiswüste.
Fast reißt der Sturm den Trägern das kleine Zelt aus den Händen. Sie verankern es fest. Nach ein paar Minuten sind die

Pflöcke schon wieder locker. Noch einmal nachspannen, Steine aufschichten, einen Wall um das flatternde Tuch – Mingma bewundert den Mut der Sahibs, hier im tosenden Wirbel auf dem Thron der Götter eine Nacht ausharren zu wollen. Sie spielen mit dem Leben. O ja, sie haben viel Mut, die weißen Männer. Obwohl der nimmermüde Sahib und seine Gefährten schon so hart abgeschlagen wurden. Trotzdem! Aber warum?
Er sucht und findet noch immer keine Antwort.

Das Lager ist fertig. Die Sherpas dürfen gehen, zurück ins schützende Lager auf dem Nordsattel, vielleicht bis hinunter nach III. Es ist ihnen, als gingen sie aus tödlicher Bedrohung ins Leben zurück, als würde ihnen das Leben neu geschenkt. Bei den ersten Schritten, die die Träger talwärts machen, stimmt einer von ihnen eine Melodie an. Ein Lied der Bergbauern vom ersten Wachsen im Frühjahr. Sie singen alle. Und steigen frohgemut ab. Aus siebentausendsiebenhundertsiebzig Meter Höhe.
Und wie das Wetter am Everest oft für Überraschungen sorgt: Kurz vor den Zelten des Lagers IV empfangen sie warme Nachmittagssonnenstrahlen. Im Lager auf dem Chang La sind die Träger zum erstenmal unter sich – kein Sahib ist im Lager. Zum ersten Male gehört ihnen ein Punkt auf dem Rücken des Riesen eine Nacht lang allein.
Ein paar sind ängstlich.
„Glaubt ihr, wir könnten uns nicht allein helfen?“ herrscht Mingma sie an. Vor den Zelteingängen sitzen sie in der Dämmerung, eng zusammengekauert, essen ihr Dörrfleisch. Es sind zwei „Neue“, die noch nicht auf dem Nordsattel schliefen und Angst haben.
Aber auch Dasno ist unter den Hasenfüßen. Dasno, der schon zweimal Höhenrekord gegangen ist. Er fürchtet die Geister der Chomolungma. „Wenn sie uns mit einer Lawine erwürgen?“
„Die könnten die Sahibs auch nicht abwenden“, sagt Phurba gleichmütig und breitet die Arme aus. „Wo soll denn hier eine Lawine herkommen, mitten auf dem Joch?“
„Aber die Windgeister könnten uns die Zelte wegreißen ...“
„Könnten – könnten!“ Phurba äfft ihn ärgerlich nach.
„Daran wärst du selber schuld, nicht die Geister“, sagt Mingma ruhig.
„Ich selber? Warum?“
„Du sollst nicht deine Knie zittern lassen, sondern deine Hände gebrauchen! He – Sirdar, hier ist einer, der sich freiwillig meldet, nochmal alle Zeltpflöcke für die Nacht festzuschlagen!“
Lachend wirft Sirdar Gyaljen den Holzschlegel herüber.

Auch ein Tiger – aber mit Gas!

Die Nacht bringt neuen Schnee. Als der Filmmann Noel am Morgen vom Lager III heraufkommt, sind die grünen Zelte weiß beschneit. Die Sherpas erholen sich noch von der gestrigen Anstrengung, räumen das Lager auf und sehen wieder und wieder nach oben. Dort ziehen die Nebelfahnen über die Nordostschulter der Chomolungma und verweigern die Auskunft über das Tun der drei Gipfelstürmer. Unmöglich, daß sie bei diesem Unwetter den Angriff gewagt haben. Sie werden im Zelt ausharren. Ob sie Hilfe brauchen? Der Trägerobmann Gyaljen, Phurba und Mingma beraten sich mit Hauptmann Noel. Wenn nachmittags noch keine Aufklärung kommt, wollen sie hinauf zu den Sahibs und zu Tedjbir. Noel glaubt auch nicht an den Gipfelangriff. „Man müßte ihnen entgegengehen – sicher kommen sie nachmittags herunter!“

Sie kommen nicht.

Die Tigers machen sich zum Erkundungsaufstieg bereit. Mit leichtem Gepäck, Suppen und Getränken in Thermosflaschen, gehen sie zu dritt am Seil hinauf zum Nordgrat. Mit allen Kräften stemmen sie sich gegen den Sturmwind. Je höher sie kommen, desto heftiger brüllt ihnen der Kampfgeselle der Göttinmutter entgegen. Wenn Finch und seine Leute heute früh den Gipfel angegriffen haben, müssen sie verloren sein. Dort, wo der Nordgrat in die Nordostschulter einmündet, steht das Zelt. Verlassen? Leer?

Mingma brüllt hinauf.

Keine Antwort.

Die letzten Schritte hasten die drei Tigers – fast sprengt die Anstrengung ihre Schläfen. Ihr Herz hämmert.

Die Zeltverschnürung aufreißen! Der Schnee stiebt hinein – auf die Schlafsäcke.

Da liegen die drei – sind völlig überrascht. Eben hatten sie sich zum Schlafen hingelegt und hörten wohl Stimmen, glaubten aber, daß ihre gereizten Sinne sie narrten.

Dankbar greifen ihre Hände nach den heißen Erfrischungen. Die Nacht haben sie leidlich überstanden.

Ob sie nicht mit absteigen wollen.

Nein. Sie bleiben noch eine Nacht, wollen noch den nächsten

Morgen abwarten. Wenn dann das Wetter noch so wild ist, werden sie den Abstieg versuchen.
Es ist sechs Uhr. Mingma, Gyaljen und Phurba hasten wieder hinunter. Den Wettlauf mit der Dunkelheit können sie nicht gewinnen. Ehe sie auf dem Nordsattel eintreffen, ist es Nacht.
Noel empfängt sie mit fragenden Augen. Sie berichten. Dann gibt er jedem von ihnen die Hand, fest und nachdrücklich. Und sagt ihnen, daß sie etwas Gutes vollbracht haben.
Am Mittag des nächsten Tages läßt der Sturm etwas nach. Jetzt dürfte Finch mit seinen Leuten kommen. Wieder warten, wieder beraten. Da will Noel die Träger nochmals nach oben schikken, er will Gewißheit über das Schicksal des Spitzentrupps haben. Er gibt keinen Befehl, er bittet; denn er weiß, was es bedeutet, in drei Tagen dreimal auf fast achttausend Meter zu klettern. Dieses Mal gehen sieben Mann, voran wieder die drei von gestern, zäh, verbissen. Ihre Gesichter sind faltig, die Zeichen der Strapazen hängen um Augen und Mundwinkel.
Heute macht es die Göttinmutter umgekehrt, jeder Schritt nach oben bringt die Sherpas in windstillere Schichten. Wenig unterhalb des Zeltes ist es ganz ruhig, zwar neblig, aber ohne Schneefall. Schritte poltern von oben herab.
Plötzlich stehen zwei Gestalten vor ihnen. Geoffrey Bruce und Finch-Sahib. Sie sind fidel, aber hungrig. Die Sherpas reichen ihnen die Thermosflaschen. Mingma rechnet einen Augenblick fast damit, daß die Sahibs sagen, sie hätten den Gipfel erreicht. Aber das geht ja nicht, es ist ja erst 14.30 Uhr! Waren sie oben, dann können sie noch nicht wieder zurück sein.
„Tedjbir liegt im Zelt, ihr könnt ihn mit 'runternehmen, er hat schlappgemacht, wegen defektem Atmer", sagt Finch. „Baut alles ab und kommt bald nach! Wir gehen schon vor."
Damit verschwinden sie im Nebel.
Haben sie die Göttinmutter der Erde besiegt?
Tedjbir Bura finden sie vor dem Zelt. Er packt schon. Er scheint übernächtigt, aber nicht am Ende zu sein.
Freimütig erzählt er den Sherpas, wie alles gekommen ist. „Die Nacht war schrecklich. Unser Zelt ist beinahe mit uns in den Abgrund geflogen. Ein paarmal mußten wir abwechselnd 'raus und die Seile festmachen. Länger als ein Dutzend Atemzüge konnte man nicht draußen bleiben, so riß der Sturm die Luft vor dem Mund weg. Im Zelt haben wir dann wieder Sauerstoff eingenommen. Jeder hatte einen Schlauch im Mund. So konnten wir auch ein wenig schlafen. Finch und der Hauptmann-Sahib haben dann am Morgen gesagt, daß sie auf die Spitze des Berges gehen wollen. Ich sollte ihnen die Flaschen mit der engli-

schen Luft bis 600 Meter unter den Gipfel tragen helfen und dann umkehren. Aber ich mußte vorher umkehren. Mir schwanden die Sinne, und ich fiel immer wieder hin. Einmal fiel ich auf das Gesicht. Da zerbrach die Gasleitung zur Maske. Finch hat sehr mit mir geschimpft, und der Hauptmann-Sahib hat mich angebrüllt. Ich soll doch die Ehre des Regiments hochhalten, hat er geschrien. Aber es ging nicht mehr. Da bin ich ins Zelt zurückgekrochen und habe mich in die drei Schlafsäcke eingewickelt – es war ja so kalt. Wie lange ich im Schlafe lag, weiß ich nicht mehr. Als die Sahibs zurückkamen, weckten sie mich. Das war vorhin. Wir hörten schon eure Stimmen. Die Sahibs sind auch nicht viel weiter als ich gekommen, sie standen aber doch 500 Meter unter der Spitze des Berges, haben sie gesagt. Dann ist der Atmer vom Hauptmann kaputtgegangen; der wäre bald erstickt. Jetzt habe ich Hunger, sehr viel. Und Durst."
Die Tigers stärken ihren Landsmann, packen die Lasten auf und führen den Gurkha sicher zum Nordsattel zurück. Er ist gar nicht stolz darauf, höher als seine Landsleute gestanden zu haben. Er ist nur müde. „Nun ist er doch ein Tiger geworden!" sagt der kleine Dasno. „Darum wird kein Monsun ausbleiben!" Herausfordernd sieht er Phurba an. Das breite, kantige Gesicht des alten Eisgehers strafft sich, die schmalen Augenschlitze öffnen sich ein wenig. Es ist ihm gar nicht recht, von dem zaghaften Dasno an seine Zweifel erinnert zu werden.
„Ja – ein Tiger ist er geworden – aber mit Gas!"

Der Lamavater warnt

Geoffrey Bruce, der Hauptmann, ist zu Charles Bruce, dem General, ins Hauptlager zurückgekehrt. Mit ihm Finch und Tedjbir Bura. Und alle Träger, alle Sahibs. Der Berg ist allein.
Die ganze Mannschaft, von oben und vom Standlager, erholt sich von den Anstrengungen der beiden Gipfelangriffe. Keiner, der nicht angespannt arbeitete, Nachschub schleppte oder Proviant sortierte, Zelte instand setzte oder Schuhe flickte, filmte,

Berichte schrieb, Erfrierungen verarztete, in Bereitschaft lag für die drei oder vier Mann, die in über achttausend Meter Höhe mit der Chomolungma rangen.
Eine ganze Armee von Helfern für ein paar Auserwählte.
Einer kleinen Gruppe von Bergsteigern, vielleicht mit einem Führer, wenn es hochkommt, mit einigen einheimischen Trägern, beugt sich ein Alpengipfel, allenfalls noch ein Fünftausender im Kaukasus, in den Anden. Die Throne der Götter aber, die Sieben- und Achttausender in der Heimat des Schnees fordern anderes Rüstzeug. Noch ergeben sie sich nur einem Höchstaufwand an Ausrüstung, Organisation, Erfahrung und Können. Der Gipfelstürmer steht auf der Spitze einer Pyramide von Menschen: Seinen Platz im höchsten Lager verdankt er der Arbeit von vier, fünf anderen. Diese vier, fünf anderen brauchen zwanzig, dreißig Mann in den Zwischenlagern. Die Zwischenlager werden von sechzig Leuten aus dem Hauptlager gespeist, und Hunderte von Trägern auf dem Anmarsch sind die Basis der Pyramide. Das ist für lange Zeit die einzige Methode, dem Berg beizukommen.
Dieser Methode muß sich der Berg beugen!
George Leigh-Mallory läßt der Berg keine Ruhe. Mallory rechnet. Das Ergebnis befriedigt ihn fast: Sein Weg führte bis 600 Meter unter den Gipfel, die Begleiter waren erprobte Bergsteiger. Sie entkamen dem Berg mit Mühe. Finch hat sich, weniger mühevoll, hundert Meter näher an den Gipfel herangearbeitet. Seine Leute waren keine Bergsteiger, sondern ahnungslose Anfänger. Aber sie gingen mit Gas! Wenn also, so rechnet Mallory, eine erfahrene Mannschaft unter günstigen Bedingungen mit Sauerstoff die Aufgabe anpackt, muß es klappen!
Fehlt die Probe aufs Exempel!
Die Zeit wird knapp – der Monsun kann jeden Tag kommen. Es ist schon Anfang Juni. Der Vormonsun war schon da: fünf Tage Neuschnee. Jetzt kommen acht meist schöne Tage, sagen die Träger, die sich in der Gegend auskennen, und dann kommt viel, viel Schnee!
Darum schnell, recht schnell den Plan verwirklichen! Vielleicht ergibt sich der Gipfel einem Blitzangriff!
Befehl vom General: Alle gesunden Sahibs und Träger nach Lager III! Gesund, das heißt: mit müden Gliedern, angefrorenen Zehen, wunden Schultern, mit Gesichtern, vom Gletscherbrand zerfressen, mit schmerzenden Augen, kaum von Schneeblindheit genesen, mit ausgepumpten Lungen, die drei- und viermal in vorher nie erreichten Höhen Schwerstarbeit leisteten.
Das Häuflein ist klein – sehr klein! Zu viele der Männer sind

gänzlich marschunfähig. Die wirklich Gesunden kann man an den Fingern einer Hand abzählen.
Im Lager III schaufeln die Kulis am 5. Juni Proviant, Geräte und Zelte aus knietiefem Schnee und richten ihr Nachtlager. Ein paar tibetische Träger sind dabei. Sie waren in den Ruhetagen im Rongbuk-Kloster, weit unterhalb der Gletscherzunge. Der Oberlama gab ihnen den Segen für weitere Gesundheit bei der Arbeit für die Sahibs.
„Der Lamavater hat uns gewarnt – wir sollen nicht noch einmal versuchen, uns der Spitze der Chomolungma zu nahen. Der große Lama hat die Offenbarung eines nahenden Unheils gehabt", tuschelt einer der Träger am Abend im Zelt.
„Eine Offenbarung? Ein Unheil?" wirft Phurba ungläubig dazwischen. „Ich glaubte, die Götter hätten den großen Lama mit mehr Klugheit gesegnet. Er habe das Gesicht eines Unheils gehabt, sagst du? Mehr nicht? Neuschnee gebärt Lawinen – das weiß jeder, der einmal Lasten über den Khumbu La geschleppt hat! Viel Schnee wird abstürzen, und unsere Füße werden keinen Halt mehr finden! Ein Unheil – ach, das ist immer nah! Doch welcher Gestalt wird das Unheil sein? Das hat der große Lama zu sagen vergessen! Ich will es euch sagen, wenn mein Verstand auch geringer ist als der des Lamas: Lawinen drohen uns jetzt – viel Lawinen!"
Schweigend hocken die Kulis im Dämmerlicht des Zeltes. Dann fragt einer: „Werden uns die Sahibs wieder auf den Chang La schicken?"
„Wer kann es wissen? Ehe sie uns befehlen, werden sie ihre Wetteruhr befragen. Weißt du es, Mingma, was die Sahibs im Sinn haben?" fragt Phurba.
„Nicht genau", antwortet Mingma, „der Sirdar öffnet auch nicht seinen Mund. Er hat mit dem General-Sahib verhandelt, sehr lange. Sicher hat der Sirdar wieder mehr versprochen, als unsere Rücken tragen können!"
Der Sirdar Gyaljen liegt gleich im Zelt nebenan. Die Wände der Zelte sind dünn, ein wenig Wind halten sie ab, aber nicht die Stimmen aus dem Nebenzelt. Der Sirdar spitzt die Ohren. Laß keine Mißstimmung bei den Kulis aufkommen, hat ihm der General aufgetragen. Mal 'rübergehen, denkt er und krabbelt aus seinem Zelt. Er bemüht sich, ein unbefangenes Lächeln aufzusetzen, und steckt seinen Kopf ins Kulizelt.
„Oh, es ist schön warm bei euch!" flötet er.
„Unsere Gedanken haben dich herbeigerufen!" empfängt ihn Mingma. Du hast ihn ja auch gerufen, denkt Phurba, wenn du so laut sprichst. Dann sagt Mingma, daß die Sahibs im Standla-

ger befohlen hätten, es sollen nur die Lager abgebrochen werden. „Aber wir wollen nicht an das Abbrechen glauben. Es geht die Rede von einem neuen Aufstieg. Was ist die Wahrheit? Du bist unser Sirdar, du wirst Rat wissen!"
Sirdar Gyaljen windet sich. „Nicht so hitzig sein!" sucht er zu beschwichtigen. „Abwarten! Es geziemt sich nicht, gleich die Geduld zu verlieren. Es ist doch so schönes Wetter!"
„Eben darum!" ruft Phurba. „Der General-Sahib hat befohlen, bei schlechtem Wetter die Lager zu räumen, das wissen wir alle!"
Mingma springt ihm bei. „Und was geschieht bei schönem Wetter?" forscht er.
Gyaljen hüstelt verlegen. „Bei schönem Wetter..." Er kann nicht mehr ausweichen. „Warum sollen die Sahibs nicht noch einmal einen Versuch wagen, wenn der Wettergott gnädig ist?"
„Was du mit deinen Worten verbergen wolltest, hast du dennoch verraten!" sagt Phurba und sieht die Kulis in der Runde an. Chong Norbu sitzt schweigend neben dem großen Bruder. Alle warten auf sein Zeichen. Mingma neigt zustimmend den Kopf. Da nicken alle mit den Köpfen.
Hier kannst du nichts mehr ausrichten, denkt der Sirdar ärgerlich und verschwindet wieder, wortlos, lautlos.
„Wenn der Wettergott gnädig ist ..." hat er gesagt.
Das Wetter ist den angriffslustigen Sahibs gnädig.
Der nächste Morgen ist ein mäßig warmer, sonniger Morgen. Die Spitze der Chomolungma schielt hinter dem Nordostgrat hervor – keine Schneefahne hängt an der Pyramide. Klarer, klarer Himmel. Mallory ist wieder die Flamme, die alle entzündet. Der Unmut der Kulis vom gestrigen Abend weicht, Gyaljen strahlt eitel Wonne aus. Die Träger sind ohne Widerwillen bereit, aufwärts statt abwärts zu gehen.

Wie doch der nimmermüde Sahib mitreißen kann! Wie sein Gipfelfieber alle ohne Ausnahme packt!
Doch eine Frage ist ernst: der Trägermangel!
Ein paar gute Leute scheiden aus, weil sie zu sehr gelitten haben und darum versagen könnten. Mingma, Dasno, Nima – ach und so viele, die schon in Lager V und VI waren, haben angefrorene Zehen. Bis hierher ging es noch gut. Aber oben, wo der mörderische Evereststurm bis in die Knochen dringt?
Die Sahibs gehen die Reihen der Träger durch.
„Du – und du – ja, der auch! Geht's wieder, Pemba? Na, dann komm!"
Mingma sehen sie gar nicht an, sie wissen, was er hinter sich

hat. „Du kannst auch mit, ja? Bist noch jung, aber mußt es auch mal versuchen. Wir sind ja so knapp dran!“ hört Mingma einen Sahib sagen. Diese Worte sind für Chong Norbu bestimmt. Der große Bruder wird wieder lebendig. Er baut sich vor Mallory auf.
„Sahib – nimm den Kleinen nicht mit zum Chang La, er hat noch keinen Lawinenschnee unter den Schuhen gehabt!“
„Lawinenschnee!“ Mallory fährt ihn ärgerlich an. „Lawinen – Unsinn! Wer erzählt hier etwas von Lawinen?“
Seine Frage bleibt in der Luft hängen – eigentlich wollte er gleich die Befürchtungen der Sherpas widerlegen, nun hat er gefragt. Das sorgsam vermiedene Wort, das gefährliche Wort schwirrt umher.
Sommervell kommt ihm zu Hilfe: „Und außerdem hat sich der Neuschnee schon gesetzt!“ Eine schwache Hilfe.
Östlich und direkt zu Füßen des Nordostrückens liegen wie gierige Zungen die Schuttkegel der Schneeabstürze der letzten Tage. In den Wänden ringsum ist es lebendig. Überall donnert es herunter, dort – dort! Man kann darauf warten.
„Habt ihr Angst?“ fragt Mallory herausfordernd.
Die Träger bleiben die Antwort schuldig. Angst? Wenn die Götter es wollen, dann schütten sie einen mit Schnee zu, da gibt es kein Entweichen. Nur vorher, vorher kann man ausweichen, nicht in den Lawinenschnee gehen, nicht die Geister des Berges erzürnen. Natürlich braucht es keine Lawine zu geben – es kann alles gut gehen. Aber wer weiß das?
Mingma stellt sich vor Chong Norbu hin. Sein Rücken deckt den Bruder fast vor den Blicken der Sahibs. Und er sagt ganz ruhig, wie zu seinesgleichen, wie zu Kameraden, nicht wie zu Herren, denen er Dienst und Gehorsam schuldig ist: „Laßt den Kleinen hier – ich will für ihn gehen. Es ist besser so! Bestimmt ist es besser so!“
Mallorys Schultern zucken. Er spreizt ein wenig die Arme, sagt auf englisch zu Sommervell: „Rätselhaftes Asien!“ und wendet sich ab.
Da kann man nichts machen. Die Kerle haben einen untrüglichen Instinkt. Er hat schon gelernt, den Stimmungen der Träger im geeigneten Moment nachzugeben. Soll es so bleiben!
Übrigens sind es dann vierzehn Kulis, wenn Mingma mitgehen will. Vierzehn – immerhin!
„Anseilen!“
Die Sahibs kümmern sich schon lange nicht mehr darum. Unter den Trägern sind genug, die mit den Seilen umgehen können. Chong Norbu und ein paar andere, die auch unten bleiben sol-

len, sind ihren Kameraden beim Anseilen und Aufhucken der Lasten behilflich. Der kleine Bruder ist traurig, weil Mingma so streng zu ihm ist, aber er ist nicht gekränkt, daß er immer noch von ihm wie ein Knabe behandelt wird. Mingma vertritt den Vater – so war es schon immer.
Sie lächeln sich an, obwohl beiden nicht heiter zumute ist. Der eine mit dem jungen straffen Gesicht verdeckt mit dem freundlichen Blick für den Bruder seine Traurigkeit. Der andere ist noch zerschlagen von den Strapazen der zwei ersten Angriffe, aber sein müdes Gesicht lächelt.
Das ist ihr Abschied.
Kein Wort. Nur noch einmal ein Umwenden.

Der donnernde Schnee

Zweimal sieben Mann spuren voraus. Die Sahibs hinterdrein: Sommervell, Mallory, Crawford.
Schon nach den ersten Schritten spüren alle, daß heute der Nordsattel nicht erreicht wird. Es sei denn, man geht bis zur äußersten Erschöpfung.
Hüfttief ist der Schnee, mehlig, grundlos.
Dazu flimmernde Hitze, Windstille.
Sirdar Gyaljen führt die erste Kolonne an, Phurba die zweite. Gegen Mittag liegt erst die Hälfte des Hanges unter ihnen. Immer häufiger werden die Pausen, immer heftiger die keuchenden Atemzüge. Als Mingma den Blick aus der Spur des Vormannes hebt und in den Gletschergrund hinuntersieht – winzig stehen unten die Zelte des Lagers –, wankt er ein wenig. Die Schläfen hämmern, im Mund hat er einen faden Geschmack.
Wenn die Sahibs nur bald die Umkehr befehlen würden!
Man kann ja die Lasten hier ablegen – für morgen.
Noch eine Rast. Wie still es ist! Nur Keuchen, heiser, pfeifend.
Noch einmal hundert Schritte.
Jetzt sind die Sahibs mit den Trägern auf gleicher Höhe.
„Hinter dem Schneeschild – siehst du?“ ruft Sommervell dem Sirdar zu, „da legt die Lasten ab!“

„Die kleine Mulde, Sahib?"
„Ja – ist besser als links in den Spalten!"
Sie überqueren den flachen, glatten Hang. Fünfzig Armspannen unter ihnen endet er jäh am Spaltenabbruch.
Eine Pause ist nicht mehr nötig, noch zwei, drei Seillängen bis zur Mulde. Gyaljens Trupp hat sie fast erreicht.
Mingma ist froh, daß die Schinderei bald zu Ende ist. Alle sind froh. Mechanisch stapfen sie in der Spur, Fuß vor Fuß.
Wumm!
Ein dumpfer Schall zerreißt die Stille.
Blitzschnell jagen Mingmas Gedanken. Ist ein Eisturm gestürzt? Unten in den Seraks? Nein – es kam von oben.
Ja – da oben!
Über die ganze Hangbreite zuckt schlangengleich ein feiner Riß – wird breiter! Breiter!
Wie ein Teigfladen von den Steinen rutscht, so fährt das riesige Schneebrett mit ihnen abwärts – schräg, langsam, schneller! Noch stehen alle aufrecht. Die Sahibs – nur drei am Seil – versuchen mit gewaltigen Sprüngen von dem fahrenden Floß abzuspringen. Mingma sieht, wie Mallory bis zu den Hüften versinkt, bis zu den Schultern, seine Arme rudern.
Rudern! Mich kann der Strudel nicht packen, wenn ich rudere, denkt Mingma. So! Ja, breit die Arme! Strampeln – mit den Beinen. Wie im Wasser! Wie es rauscht! Rudern!
Wieder oben! Luft – Luft!
Oben links und rechts kugeln Körper, verschwinden, tauchen wieder auf. Nur vom Seil los – es zerrt in den Schneebrei.
Oder finden sie mich dann besser, wenn sie dem Seil nachgraben? Dunkelheit – Luft! Luft!
Sekundenlang Flockenwirbel, Helle, Dröhnen.
Dann ein Aufprall, dumpf, schwer – und wieder Dunkelheit.
Stille. Nur tuck – tuck – tuck – das Blut klopft in den Schläfen.
Luft! Ich will atmen, schreien!
Wie warm es wird, wie heiß ...

Sie fanden nicht alle.
Ein paar von Sirdar Gyaljens Leuten waren als erste wieder auf den Beinen, sie halfen den Sahibs, sich aus dem Schnee zu wühlen. Mallorys Zeigefinger zog zählend einen Halbkreis durch die Luft.
Hier drei – mit ihm selber! Stimmt!
„Zwei – drei – fünf! Da fehlen zwei! Und die zweite Seilschaft?"
Die zweite Seilschaft war über die Eismauer geschleudert worden – vielleicht zwanzig Meter tief. Während Gyaljen nach den

beiden Verschütteten seiner Mannschaft sucht, steigen die anderen schnell hinunter! Da liegt ein Eispickel, da lugt das zerrissene Seil hervor. Weiter – dem Seil entlang gewühlt. Mit den Händen, den Pickeln.
Eine Hand, jetzt die Brust frei! Der Kopf.
Sie sehen in Pembas totes Antlitz.
Keine Pause – weiter – schneller!
Ang Tharke wird nach einer dreiviertel Stunde ausgegraben, fast kopfstehend – nach kaum der gleichen Zeit ist er wieder mobil.
Gerettet!
Sie finden Phurba – tot!
Norbu Pasang – tot!
Pemba – tot!
Die anderen? Sie bleiben im Schnee. Als nach vier Stunden Mingma und die beiden Brüder aus Namche Bazar noch nicht aufgefunden sind, stellen die Männer das Suchen ein. Die Sherpas lassen es nicht zu, daß die Leichen zu Tal befördert werden. Der Sirdar macht den Sahibs klar, daß alle Toten dort bleiben müssen, wo die Todesgeister sie ergriffen haben – hier oben im Eis.
Sieben Sherpas bleiben in der Flanke des Berges.
Im höchsten Bergsteigergrab schlafen sie, verbunden mit dem Seil. Siebentausend Meter hoch im Eis für alle Zeit. Zu Häupten ihrer Heimat, zu Füßen der Göttinmutter der Erde.
Geschlagen trotten am Tag darauf Sahibs und Träger aus Lager III talwärts.
Es wird nicht viel gesprochen. Die Sherpas, die ihre Brüder und Freunde verloren haben, verspüren die Teilnahme der anderen auch ohne Worte. Chong Norbu ist noch wie gebannt. Seine Lippen haben sich fest geschlossen. Er atmet heftig durch die Nase, fast als ob er wütend schnauft. So steht er am dritten Tage des Rückzuges im Hauptlager.
Der letzte Blick geht zur Chomolungma. Aber die längst bekannten Umrisse fesseln nicht seine Gedanken, sie sind in Dhimbup, in der Hütte. Im vorigen Jahr kam Mingma mit dem kranken Vater nach Hause, dieses Mal kommt einer allein, er, der Jüngste, für den der große Bruder ins Eis ging und blieb. Sicher hat er es genau gewußt.
Chong Norbu liebt ihn jetzt doppelt. Er kann nicht weinen, er droht auch nicht zum Berg hinauf, tut kein Gelübde, den Bruder zu rächen – das liegt ihm alles so fern. Es kommt ihm auch nicht in den Sinn, den Briten eine Schuld beizumessen oder der Mahnung des Lamavaters vom Rongbuk-Kloster zu gedenken.

Aber der Berg ist ihm jetzt so nahe gekommen wie die Bäume im heimatlichen Tal und die Steine.
Vor die Spitze der Chomolungma schieben sich wieder die Wolken. Der Monsun ist da. Zehn Tage zu früh! Unermeßliche Mengen von Schnee breiten sich über die Gletscherpfade, die Vorräte, die Hochlager.
Alles ist verloren – Kisten, Zelte, Sauerstoffgeräte.
Und der Gipfel. Und sieben berggewohnte, ihren Herren ergebene Träger.
General Charles Granville Bruce stellt es den Sherpas, die ihre Angehörigen verloren haben, frei, sich jetzt schon von der Expedition zu trennen und auf den „kurzen Weg" zu begeben – über den Nangpa La nach Solu Khumbu, nach Dhimbup, nach Namche Bazar.
Aber sie gehen noch mit bis Kharta, in die grünen Täler, in die Dörfer mit Kindern, Tieren, Tempeln und Schnapsbrennereien, Tänzern und Gauklern.
Noch können sich die Sahibs nicht vom Himalaya trennen. Sie durchstreifen das Aruntal, sammeln Steine, Blumen, filmen und zeichnen Landkarten.
In Scherkar stehen hundertsechzig Maultiere bereit. Der lange Marsch nach Darjeeling kann beginnen. Ein paar Sahibs kaufen Pferde, veranstalten mit den Tibetern ein Rennen und halten mit den letzten Sektflaschen aus dem Expeditionsgepäck ein großes Gelage ab.
Frauen, Männer und Mädchen, alle Tibeter, die sich als Träger verpflichtet haben, setzen die erste Löhnung in Schnaps um. Am Morgen stehen sie mit weichen Knien zwischen den Lasten herum, ein paar sind noch sehr wacklig. Wie selten, daß sie einmal richtig feiern können und ein paar Münzen zum Vergnügen übrig haben!
Aber General Bruce will weiter, sein Kopf ist klar, der Sekt hat ihm keine Beschwerden gemacht. Er läßt ein paar Leute bestrafen – sie müssen die doppelte Last schleppen. Wenn es nicht geht, hilft der Sirdar mit einem Stockhieb nach.
Die Briten bedienen sich ihrer Stiefel. Die Spitzen für die Kulis, die Sporen für die Reitpferde.
Es geht hinaus nach Darjeeling! Endlich wieder einmal ein Badezimmer betreten, ein Plumeau auf den Knien haben, von einem anständig gekleideten Kellner bedient werden – es wird direkt schwerfallen, sich wieder an das normale Leben zu gewöhnen!

Du hast den Vater arm gemacht

Chong Norbu findet die Hütte leer.
Der vorlaute Junge des Nachbarn steckt hinter ihm den Kopf ins Türloch: „Seit der Alte gestorben ist, wohnt deine Mutter übern Bach!" Fort ist er wieder.
Nach dem verschwundenen Schwätzer umgewandt, bleibt Chong Norbu in der Mitte des Raumes stehen. Erst als die Drehung in der Hüfte zu schmerzen beginnt, löst er sich aus der Starre.
„... der Alte gestorben ist ..." wiederholt er und trottet aus der Hütte. „... übern Bach!" Automatisch stellt er Fuß vor Fuß; den Weg zu den Verwandten auf der anderen Seite des Baches geht er, ohne zu denken.
Schneller als seine Füße laufen, eilt ihm die Mundbotschaft voraus. Die Mutter weiß schon, warum er allein kommt. Sie ist still und verrichtet ihr Tagewerk im Haus der Schwester. Die Armut hat sie hart gemacht.
Die Kinder und Burschen des Dorfes begaffen Chong Norbus Kleider, die Stiefel – er geht schon längst wieder barfuß, aber er muß die ledernen Stiefel immer wieder vorzeigen. Und die Windjacke mit Taschen, Gürtel und Knöpfen.
Ob Mingma auch solche Stiefel anhatte, will der Mutter Schwager wissen.
„O ja – alle Kulis bekamen von den Sahibs Stiefel und Gamaschen. Auch Strümpfe, zwei Paar", antwortet Chong Norbu.
„Und warum hast du Mingmas Sachen nicht mitgebracht? Sie hätten doch auch mir gepaßt. Oder ich hätte sie für dich in der Stadt verkauft!"
Chong Norbu zuckt mit den Achseln.
„Mußtet ihr ihn denn mit Kleidern eingraben? Warum hast du ihm die schönen Stiefel nicht ausgezogen?" fragt der Onkel gierig.
Die Mutter überwindet sich, um die häßliche Fragerei zu beenden: „Sie haben ihn ja gar nicht gefunden!"
„Ah – so, so!" Der Schwager überlegt eine Weile. „Und sein Geld?"
„Das habe ich!" sagt Chong Norbu fest und steht auf.
„Das mußt du aber alles deiner Mutter geben. Sie ist in meiner

Schuld! Ich habe sie ernährt und du mußt mir zahlen – verstehst du, das Geld darfst du nicht behalten! Sofort legst du es her! Und – willst du nicht das Opfer für die Gebete abteilen? Gib es mir – ich bringe es dem Lama! Ja, ich bringe es ihm und werde für Mingma beten lassen! O der arme Mingma!"

Die Mutter hebt abwehrend die Hände. „Nein, laß das! Chong Norbu ist kein Knabe mehr. Er soll jetzt alle Geschäfte ausrichten!"

Ihr Schwager verfärbt sich.

„Ist das der Dank für meine Wohltat, daß ich dich Witwe aufnahm in mein reines Haus?" belfert er los. „Ich lasse euch einsperren, Bettelvolk!"

Genauso hat er es damals gemacht, mit Schmeicheln und Drohen, als er dem Vater die Äcker abschwatzte, denkt Chong Norbu. Dieser Fuchs! Anspeien müßte man ihn! Er tritt ganz dicht vor ihn hin.

„Den Vater hast du arm gemacht", sagt Chong Norbu mit Betonung, „bei mir hast du kein Glück!"

Und dreht sich um, greift die Mutter bei der Hand und geht mit ihr ruhig und behutsam den Abhang vor der Hütte hinunter, über das Wasser, zur alten Hütte.

Die Mutter sieht ihn fragend an.

„Was soll nun werden, mein Norbu?" fragt sie ängstlich.

„Wir gehen nach Sonnenaufgang gegen Darjeeling", bestimmt Chong Norbu. „Wir haben viele Rupien – doppelten Lohn haben mir die Sahibs gezahlt, als Trost für Mingmas Tod. Und Mingmas Sold haben sie dreimal in meine Hand gegeben. Dreimal, Mutter!" Und keine Münze habe ich für Schnaps eingetauscht, will er noch hinzusetzen, aber bescheiden versagt er sich das Eigenlob.

Sie reden nicht mehr viel an dem Abend in den gewohnten Mauern. Die alte Hütte ist schon verwaist, ehe sie ihr den Rükken gekehrt haben. Was sie am anderen Morgen mitnehmen, ist weniger als eine Traglast an der Chomolungma. Die Mutter lädt sich noch einen Packen Yak-Mist auf den gekrümmten Rücken, das einzige brauchbare Brennmaterial, wenn sie durch das Gebirge nach Sikkim gehen wollen. Hinter ihnen leuchtet die Spitze der Chomolungma im Morgensonnenlicht. Zum letztenmal trinken sie das Wasser aus dem Bach, der aus den gütigen Brüsten der Göttinmutter genährt wird.

Dann wenden Sohn und Mutter ihre Schritte nach Osten.

Ein ungewöhnlicher junger Mann

In den ersten Apriltagen des Jahres 1923 entsteigt dem Bähnchen in Darjeeling ein Mann, der sich eigentümlich von den übrigen Reisenden unterscheidet. Sein Anzug ist nicht vom neuesten Schnitt, wenig elegant, aber praktisch. Auf dem Rücken schleppt er einen gewaltigen Rucksack. Dem Schwarm der diensteifrigen Kulis, die sein Gepäck tragen wollen, begegnet er mit freundlichem Lächeln, antwortet ihnen gebrochen in der Landessprache, daß er seine Sachen selber trage, und schlägt den Weg nach dem Aussichtspunkt Tiger Hill ein.

Abseits von den Hotels baut er sein Zelt auf, ganz ungeniert, als befände er sich nicht nahe dem vornehmsten, teuersten Kurort Indiens, sondern irgendwo auf einer Hochalm. Und ist er nicht auch wirklich im Hochgebirge? Glänzen nicht rings unzählige silbrige Gipfel?

Dort der Kangchendzönga, breit und wuchtig – da der Makalu mit messerscharfen Graten, fern die Ketten des Himalaya, Spitze an Spitze. Die paar Villen und Hotels sind nur unscheinbare Punkte in dieser eindrucksvollen Landschaft.

Unscheinbar, unpassend, fremd.

Das Zelt des jungen Deutschen hingegen ist kein Fremdkörper inmitten der Perlenschnur unbezwungener, lockender Eisgipfel. Der Mann hat sich vor dem Zelt niedergesetzt und hebt das Fernglas vor die Augen. Um seinen Mund spielt ein glückliches Lächeln. Diesen Augenblick hat er herbeigesehnt, hat für ihn gespart und gekämpft gegen Vorurteile seiner Umgebung, hat Bücher und Karten studiert, Sprachen gelernt und an Felswänden und auf Eisgraten seinen Körper hart gemacht: für diesen Augenblick!

Nun sitzt er vor seinem Bergzelt, angesichts der Achttausender – er ist im Himalaya! Um nichts in der Welt würde er diesen Platz vertauschen.

Um nichts? Doch!

Um den Platz dort oben auf einem der Gletscher, in einem Firnhang.

Oder um auf einem der Gipfel zu stehen?

Soweit wagt er nicht zu denken.

Er geht hinunter in den Ort, kauft ein, was er zum Essen

braucht, und stattet dem Polizeikommissar einen Besuch ab, der Form halber. Der weiß schon, daß ein Zelt auf dem Tiger Hill steht – wie schnell doch der Klatsch herumgeht!
„Es ist etwas ungewöhnlich, was Sie hier treiben, junger Mann!" meint der britische Kommissar unverblümt und blättert im Paß des Deutschen.
„Ich habe den Mut zum Ungewöhnlichen – ich hoffe, diesen Kurort nicht allzulange mit meinem ‚ungewöhnlichen Teiben' zu beunruhigen! Morgen möchte ich schon fort. Ich brauche zwei Träger, bergkundig, möglichst Sherpas. Ich gedenke, etwa zwei Monate lang Bergwanderungen zu machen."
Der Offizier überhört die Wünsche. Er fühlt sich verpflichtet, dem jungen Mann einige Belehrungen zu erteilen.
„Sie sind es schließlich Ihrer Hautfarbe schuldig, nicht so zu hausen."
„Ich bin Bergsteiger – oder Tourist, wenn Sie wollen!" schneidet ihm der junge Deutsche das Wort ab. Hautfarbe, denkt er, ach, was soll ich mich mit diesem Snob über Rassenstandpunkte unterhalten? Er soll mir zwei tüchtige Sherpas vermitteln, dann will ich ihn nie mehr belästigen.
„Die Herren Offiziere, die im vorigen Jahr von hier zum Mount Everest geritten sind, hatten im Hotel ‚Victoria' Wohnung genommen", sagt der Kommissar von oben herab. „Wenn Ihnen das zu teuer erscheint, kann ich Ihnen ein billigeres Quartier empfehlen!"
„Nein – ich danke! Ich schlafe im Zelt, nicht um zu sparen, sondern aus Prinzip, mein Herr. Im übrigen bitte ich Sie nochmals, mir nicht zu einem Quartier, sondern zu zwei zuverlässigen Trägern zu verhelfen!"
„Im Zelt nächtigen – hähä, etwas spartanisch, wie?" versucht der Kommissar zu witzeln.
Der scheint für die Wünsche der Reisenden taub zu sein, denkt der Bergsteiger.
„Ach so, Kulis wollen Sie! Hm – gehen Sie am besten zum Bahnhof, da lungern genug herum. Sprechen Sie tibetisch?"
„Ein wenig", sagt der Münchner, erhebt sich, dankt knapp und geht. Er ist froh, wieder draußen zu sein.
„Diese eingebildeten Pinsel!" Er kann sich einen Fluch nicht ganz verkneifen. „Diese Trottel glauben, daß man sein Geld immer in der auffälligsten Weise ausgeben muß ..."

Chong Norbu erkennt schon von weitem, daß es ein Mummeryzelt ist. Mit raschen Schritten geht er den Hügel hinauf. Sein Herz klopft vor Aufregung. Hier, eineinhalb Wegstunden von

Darjeeling, ein Bergzelt? Ob die Sahibs wieder kommen? Werden sie wieder zur Chomolungma gehen? Das kleine grüne Tuchhaus weckt alle Erinnerungen an die Abenteuer im Eis. Er ist heute von der Arbeit auf der Teeplantage weggelaufen, als die Kulis erzählten, ein merkwürdiger Sahib sei mit einem Zelt gekommen und habe es am Tiger Hill aufgestellt.
Ja – es ist eins von der gleichen Art wie die Zelte in den Hochlagern am Chang La! Das kann nur ein Bergsteiger sein! Die Schnüre am Eingang sind festgezogen. Schläft der Sahib? Doch nicht jetzt am Tage – sicher ist er fortgegangen! Chong Norbu räuspert sich, zupft vorsichtig am Giebel.
Nichts rührt sich. Gut, dann wird er warten.
Das ist ein schöner Platz hier – alle Berge kann man sehen. Nur die Chomolungma versteckt sich hinter Wolken. Wie warm die Frühlingssonne ist! Jetzt wäre die richtige Zeit, auf die Gletscher zu gehen. Die Arbeit auf der Plantage ist nicht schwer, sie wird auch nicht gut bezahlt, aber für die weißen Sahibs Lasten in die Hochlager bringen, das ist viel schwerer. Und Gefahren drohen in den Stürmen. Trotz allem, es zieht ihn wieder in die Heimat des Schnees! Wieder durch Eiswände queren, die Steigeisen ins blaue Eis drücken, wieder einmal ein Seil um den Leib binden: das ist ein Leben!
Ob der Sahib ein Seil im Zelt hat? Mal nachsehen!
Nein, nicht nachsehen, ruhig sitzen bleiben und warten, er wird ja zur Nacht zurückkommen. Ein merkwürdiger Sahib. Macht hier allein ein Lager. Vielleicht ist er gar kein Bergsteiger – nur ein …
Da kommt er. Groß, stark, sehr jugendlich. Er lacht.
Auch Chong Norbu lacht, er zeigt seine schönen kräftigen Zähne, dann tritt er verlegen zur Seite.
Der Sahib ist mit dem Öffnen des Zeltes beschäftigt. Ein Neugieriger, denkt er, aber was hat er denn?
„How do you do, Sir!" stößt Chong Norbu plötzlich hervor.
Der junge Deutsche ist verblüfft: „O – you speak english?"
Chong Norbu dreht verlegen die Mütze in der Hand und lächelt hilflos. Sicher lacht ihn der Sahib jetzt aus. Seine paar Brocken Englisch!
Als er keine Antwort bekommt, versucht es der Fremde zu Chong Norbus Überraschung mit Tibetisch. Ein bißchen holprig klingt es ja, aber sie können sich verständigen. Chong Norbu zückt ohne viel Umstände gleich sein Zeugnis. Der Sahib liest kurz und haut sich dann wütend auf den Schenkel. „Verdammt – das hätte ich eher wissen müssen!! Du wärst der richtige Mann für mich!" ruft der Deutsche in seiner Sprache.

Chong Norbu sieht ihn erschrocken an und fürchtet seinen Zorn. Warum ist der Sahib so heftig, denkt er.
Lachend blickt der Sahib in Chong Norbus verwirrtes Gesicht und sagt dann in tibetischer Sprache zu ihm: „Nicht Angst haben! Mein Sinn ist voll Ärger, weil ich dich nicht vorher sah. Zwei Sherpas werden kommen, ich mietete sie am Bahnhof. Morgen früh kommen sie. Du aber gefällst mir besser. Es ist schade."
Chong Norbu fragt bescheiden, wer die beiden sind. Er kennt sie sicher und kann mit einem vielleicht tauschen – er möchte doch so gern mit dem Sahib in die Berge gehen.
Dabei weiß er noch gar nicht, was der Sahib vorhat, weiß gar nicht, ob es in die Berge gehen soll oder in Tarai-Sümpfe, um Blumen zu sammeln, Falter zu fangen oder – ach, das wäre auch ganz gleich, nur weg von der langweiligen Arbeit, neue Menschen sehen, Abenteuer erleben. Die Mutter hilft sich schon mit dem Lohn. Und untergebracht ist sie in den Hütten bei der Plantage besser als in der Lehmhütte in Dhimbup.
Der Sahib liest das Zeugnis von General Bruce wieder und wieder.
„Ich werde dich mieten. Einen schicke ich morgen wieder fort", sagt er dann. „Du bist ja soviel wie ein ‚Tiger' – du wirst mit mir gehen!"
Chong Norbu beeilt sich zu erklären, daß die Leute, die vor zwei Jahren so hoch gestiegen waren, wie es ihm hier bescheinigt ist, sich „Tiger" nennen durften, aber im letzten Jahr sei die „Tiger-Grenze" das Lager V gewesen. Dort wäre auch er hingegangen, wenn es sein Bruder erlaubt hätte.
„Der Bruder? Ist der auch hier in Darjeeling?"
Zum erstenmal seit Mingmas Tod werden Chong Norbus Augen feucht, als er von dem Lawinenunglück erzählt. Er spricht leise, und der Sahib hat die Hand auf sein Knie gelegt. Der Sahib ist bestimmt ein guter Mann, das hat noch keiner getan, ihm so mit Aufmerksamkeit zuzuhören und dabei stumm Trost zu spenden.
Überglücklich läuft Chong Norbu in der Nacht zur Teeplantage zurück, erzählt begeistert der Mutter von dem neuen Sahib.
Sie aber ist gar nicht begeistert, denn den Mann und den großen Sohn haben die Berge schon genommen. Aber sie verdirbt dem Jungen die Freude an der neuen Arbeit nicht, sie sieht, daß sie seine Begeisterung nicht dämpfen kann. Er scheint den Bergen verfallen, was will er nur dort oben?
Zwei Monate, sagt er, will er fortbleiben.
Chong Norbu kramt seine englischen Bergstiefel hervor, nimmt die Windjacke, die ihm Mallory geschenkt hat, die Sonnenbrille

und sein altes nepalisches Kukrimesser. Vor Sonnenaufgang steht er schon wieder beim Zelt am Tiger Hill. Von den beiden anderen Trägern, die wenig später erscheinen, wählt der Sahib den jüngeren. Den anderen entlohnt er reichlich für den unnützen Weg hierher.
Am Vormittag läßt der Sahib noch zwei Gepäckstücke mit Seilen und Schuhen vom Bahnhof holen.
Und dann sind sie schon unterwegs.

Nach mehr als einer Woche liegt das modrig-nasse Tistatal hinter ihnen. Da, wo die Urwälder aufhören, beginnen unvermittelt eisige Regionen. Die letzten Hindernisse sind das Rhododendrongestrüpp und mannshohe, verfilzte Kieferngehölze. Mit den Haumessern hacken die drei sich einen Weg.
Dann stehen sie auf einer Wiese. Zu Füßen der Eistürme des Gletschers liegt ein kleiner blauschimmernder See. Rundherum Blumen, schönste Alpenblumen, Veilchen und Primeln, Alpenrosen und Edelweiß – Stern an Stern.
Darüber leuchten die Gipfel! Fünftausender, Sechstausender – unbekannt, nie bestiegen, namenlos. Das sind die Ziele des jungen Deutschen.
Die ganz Großen, die Sieben- und Achttausender, jene berühmten, heißumstrittenen Gipfel, will er sich für später aufheben, wenn er in das „Himalaya-Alter" kommt, wenn er dreißig, fünfunddreißig Jahre alt sein wird und die beste Leistungsfähigkeit für Hochgipfel hat. In den fünf oder zehn Jahren bis dahin will er lernen, das Land, die Wege, das Wetter zu erforschen – bis dahin will er sich eine Gruppe von Trägern schaffen, auf die er sich verlassen kann!
Darum schläft er mit den beiden Sherpas im gleichen Zelt, ist ihr Freund, ihr Lehrer, ihr Kampfgefährte. Darum wählt er junge Männer – sie sollen ja in zehn Jahren noch seine Gefährten sein und dann ebenfalls, wie er, das richtige „Himalaya-Alter" haben. Freilich – Chong Norbu ist noch sehr jung, auf siebzehn schätzt er ihn. Der andere, Karmi heißt er, mag vielleicht fünfundzwanzig sein, so wie er selber. Aber sie sind beide lustige, begeisterte Burschen. „Bhalu" nennen sie ihn, den Bären. Weil er so stark ist, sagen sie, und soviel Last wie ein Kuli aufladet. „Sahib" sagen die beiden schon längst nicht mehr zu ihm – er ist ihr Bruder geworden, ihr großer Bruder, den sie bewundern und dem sie gänzlich vertrauen, weil er all die Grenzen zwischen Weiß und Braun überschritten hat, die General-Sahib Bruce, Norton, Sommervell und alle, alle ängstlich gehütet haben.

Ende April packen Bhalu, Chong Norbu und Karmi den ersten Gipfel an; einen, den sie zu dritt, ohne Nachschub, jeder mit seinem eigenen Gepäck, bewältigen können.
Auf pfadlosen Geröllhalden, breiten Moränenwällen umgehen sie den Gletscher, gewinnen einen Felsgrat und gelangen ohne Schwierigkeiten, nur selten von verharschtem Schnee behindert, auf die Spitze des Berges.
Er ist nicht sehr hoch für Himalaya-Begriffe, und niemand weiß, ob sie hier die ersten sind, ob die indischen Landvermesser ihn schon bestiegen, vermessen, benannt haben. Bhalus Karten sind ungenau, doch es gibt noch keine besseren. Aber darauf kommt es ihm auch gar nicht an: Er will sich und seine Gefährten erproben. Zwei, manchmal drei solcher Gipfel besteigen sie in einer Woche. Immer schwieriger, immer anstrengender wird ihre Bergfahrt.
So geht es einen Monat lang. Dann müssen sie vor Erschöpfung pausieren.
Aber der junge Sahib nutzt auch die Ruhepause. Er unterrichtet seine beiden Gefährten geduldig im Umgang mit der Karte, dem Kompaß, dem Höhenmesser. Er gibt abwechselnd Chong Norbu und Karmi tageweise seine Uhr. Auf die Minute genau will er dann alle paar Stunden die Zeit angesagt haben.
Chong Norbu lebt wie im Traum. Hatte er schon in den vergangenen Wochen so viel Neues von Bhalu gelernt – Abseilen, Sichern, Hakenschlagen, Traversieren –, jetzt wird im der Weiße vollends unbegreiflich.
Das, was die Weißen zu Herren macht, das Wissen um die geschriebenen Buchstaben, der Umgang mit den Barometern, Uhren, Thermometern, gibt ein Weißer ihnen, den Kulis, preis?
Gibt es noch eine Steigerung? Will Bhalu sie noch schreiben und lesen lehren? Chong Norbu ist verwirrt; nicht von der Fülle des Neuzulernenden, sondern von der Bereitwilligkeit des Lehrers.
Als er mit Karmi darüber spricht, um sich bei dem Älteren Rat zu holen, wird er noch unsicherer.
Karmi ist mißtrauisch; zuviel Leid seiner Brüder kam aus weißer Hand, zu oft wurde Vertrauen zu blutiger Unterdrückung mißbraucht! Wenn ein Kuli lernte, an einer Maschine zu arbeiten, dann wurden seine Wangen hohl und grau, der Geldsack des weißen Herrn aber wurde praller!
„Nein, ein guter Weißer macht die Weißen noch nicht gut“, sagt er bedrückt zu Chong Norbu. „Wer weiß, was dahintersteckt, daß er uns soviel zeigt!“
Die beiden Sherpas sind sehr niedergeschlagen; sie sind im Begriff, das Vertrauen zu jemand zu verlieren, der ihr Freund ge-

worden ist. Bhalu merkt erst spät, was in seinen beiden Begleitern vorgeht. Er glaubt, die Kluft zwischen den Rassen zu überwinden, aber er merkt nicht, daß er und die Sherpas zugleich verschiedenen Klassen angehören. Zuweilen denkt Bhalu an den Vater in München, den geachteten Universitätsprofessor, der Länder und Völker in aller Welt besucht hat und ihm den Weg in sein Traumland Indien ebnete. Er denkt an seine Worte beim Abschied: „Du wirst einer anderen Welt begegnen – und erkennen, daß du sie nicht zum Besseren verändern kannst!"
Soll sein Experiment mißlingen, sein auf Jahrzehnte berechneter Plan schon jetzt scheitern? Warum sind Karmi und Chong Norbu plötzlich so störrisch?
Es ergibt sich, daß er durch einen fürchterlichen Regenguß, der eine Brücke wegreißt, zwei Tage in einem Dorf aufgehalten wird. Die beiden Sherpas warten in dieser Zeit oben im Zelt.
Zurückgekehrt, findet er das Lager leer.
Verdammt! Was ist los – fehlt etwas? Die Uhr – da liegt sie! Die Seile, das Kochzeug – alles ist da!
Warum, zum Teufel, sind die Kerle davongelaufen?
Ohne Löhnung! Vielleicht hätte er ihnen schon zwischendurch etwas Geld auszahlen sollen? Nein, dann hätten sie doch sicher etwas gesagt, wenn sie es brauchten!
Der junge Münchner steht vor einem Rätsel.
Er streckt sich im Zelt aus, aber der Schlaf will nicht kommen. Wie nahe sind ihm jetzt die Stimmen der Freunde in München, er glaubt ihre mitleidigen oder schadenfrohen Gesichter zu sehen. Hatten sie alle recht, die Besserwisser, als sie ihm sagten: „Gib deine Pläne auf! Ein europäischer Akademiker kann nie die Freundschaft primitiver Kulis erlangen!"
Mitternacht ist schon lange vorbei, da hört er Tritte und Stimmen. Die beiden! Aus dem geschlossenen Zelt ruft er sie an. Sie drucksen herum. Karmi fragt bescheiden, ob der Sahib sie wieder nehmen will. Er öffnet das Zelt und tut dumm. „Wieso, wolltet ihr fortgehen?" Stockend erzählen sie, daß sie weglaufen wollten. Aber dann seien sie zum Kloster gegangen und hätten den Lama um Segen für ihr Tun gebeten.
„Kommt ins Zelt, es wird kalt", lädt der Sahib sie ein. Er nimmt uns wieder auf, denkt Chong Norbu. Er berichtet mit Zögern, daß der Lama ihnen befohlen habe, die Instrumente des Sahibs nicht mehr zu berühren, nicht mit den Händen und nicht mit den Augen.
Der Sahib lächelt vor sich hin. Einfältiger Mönch, denkt er. Aber gleichzeitig spürt er, daß sein Lächeln über Einfalt keine Brücke über die Kluft ist, über diese riesige Kluft.

Noch etwas dringt aus Chong Norbus Mund an sein Ohr, das ihn befremdet nach all den Tagen gemeinsamen Lernens und Lehrens:
„Der Lama sagte zu uns: Ihr habt dem weißen Sahib zu dienen, weil ihr Kulis seid und in seinen Diensten steht, so lange, bis der Sahib sagt, daß die Reise vorbei ist.“ Solange ihr diesen Mönchen glaubt, möchte er sagen, werdet ihr nie frei entscheiden und handeln können. Doch das auszusprechen, wäre zu brutal. In diesem Augenblick hat er gelernt, daß er nicht in vier Wochen aus zwei Kulis perfekte Bergsteiger machen kann, ebensowenig wie er aus zwei Lamaisten – oder sind sie Hindus, nie kümmerte er sich darum – in einem Monat freidenkende Menschen machen kann. Er kann ihnen nicht ihren Glauben nehmen, bevor sie ihn selbst durch Wissen ersetzen. „Zwei Wochen noch gehen wir durchs Gebirge, dann ist die Reise vorbei, dann könnt ihr euch wieder von anderen Sahibs als Kulis prügeln lassen, wenn ihr das unbedingt wollt“, knurrt er bitter. „Und nun schlaft!“
„Ja, Sahib“, sagen sie gehorsam und kriechen in ihre Säcke. Nach zwei wortkargen Wochen, angefüllt mit harten Anstiegen und dem beschwerlichen Marsch nach Darjeeling, hat sich das Verhältnis zwischen Sahib und Trägern wieder eingespielt. Doch die Kluft, die riesige Kluft bleibt, wenn auch Brücken hinüberführen. Der Münchner packt seine Sachen zusammen, nichts kann er verschenken, außer einem Andenken für jeden der beiden Gefährten.
„Im nächsten Jahr komme ich wieder, oder in zwei“, sagt er, „ich schreibe euch vorher – ach, ihr könnt ja nicht lesen. Aber auch das bringe ich euch noch bei. Später!“
Er entlohnt sie gut, stellt ihnen Zeugnisse aus und unterschreibt sie mit eigenwilligen Schriftzügen: Ernst Tichner, Germany, München, Institut für Völkerkunde.

Oberst Norton hat eine Idee

März 1924.
Der bärbeißige General mit dem kugligen Kopf und dem Bürstenbart ist wieder da! Wie ein Lauffeuer geht die Nachricht durch Darjeeling. Dieses Mal ist Chong Norbu als einer der ersten vor dem Hotel. Selbstverständlich nehmen die Briten ihn. Sie nehmen alle, die vor zwei Jahren mit an der Chomolungma waren, haben sie doch selbst ihre ganze alte Garde von Himalaya-Kämpen wieder aus England mitgebracht. Und ein paar „Neue“ dazu.
Chong Norbu fragt nach Tichner, dem Bhalu-Sahib. Niemand kennt ihn. Lächelnd betrachten die Briten das Zeugnis, das Chong Norbu vorweist.
Rasch erreicht die dritte britische Mount-Everest-Expedition auf dem nun schon vertraut gewordenen Weg durch Tibet den Rongbuk-Gletscher. Der General allerdings muß auf halbem Wege umkehren; in Phari packt ihn die Malaria, die kalten und windigen Hochpässe sind für den Fünfzigjährigen ein unüberwindliches Hindernis geworden.
Am Platz des alten Standlagers scheint es Chong Norbu, als hätte er ihn erst gestern verlassen. Da liegen noch die Steinwälle, die die Träger vor zwei Jahren zum Schutz gegen den Wind aufgeschichtet hatten. Mehr als je zuvor sind in diesem Jahr die Schutzmauern nötig; der feine Schneestaub fegt über das Lager, und eine ungewohnte Kälte hindert die Lagerarbeit. Dreihundert Kisten sind aufzuteilen, denn morgen schon sollen hundertfünfzig tibetische Träger das Lager I einrichten. Eineinhalb Rupien hat Norton, der neue Leiter der Expedition, als Lohn festgesetzt. Dazu einige Nahrungsmittel. Für Unterkunft müssen sie selber sorgen. Die Unterkunft besteht meistens aus zwei Steinen. Zur Nacht kauern sie sich dazwischen – Männer, Frauen, Kinder –, und ohne zu klagen schleppen sie am Tag darauf Lasten von achtzehn Kilogramm bergauf.
An den alten Plätzen entstehen Lager I und Lager II. Chong Norbu und Karmi, Kikuli und Nima Dorje und all die anderen Sherpas, die an der Chomolungma schon wie zu Hause sind, richten sich Steinhäuser ein, weil die Sahibs diesmal weniger Zelte mitgebracht haben. Zu viele Lager konnten ja vor zwei

Jahren nicht mehr geräumt werden, und die Ausrüstung ging verloren!

Zweiunddreißig Grad Kälte! Noch nie hat sich alles, Kälte, Sturm und Neuschnee, so gegen die Bergsteiger verschworen wie in diesem Jahr. In den Höhen wütet ein Schneesturm. Der immer stärker werdende Schneefall begräbt alle Hoffnungen.

Abstieg? Ja, es muß sein! Am 12. Mai ruft Norton alle Leute in das Standlager zurück. Es ist ein trübseliger Zug von Kranken, denen der Wind die letzte Kraft aus den Knochen saugt.

Am Lager I können zwei Sherpas nicht mehr weiter, ein dritter muß ohnehin schon getragen werden, weil er sich ein Bein gebrochen hat. Pasang ist besinnungslos, Kedor hat erfrorene Füße; sie sind schwarz bis zum Knöchel. Karmi und Chong Norbu bleiben bei ihnen, bis zum anderen Morgen. Es wird eine Totenwache.

Die Waffen der Chomolungma waren tödlich.

Aber die Sahibs haben den Mut noch nicht verloren, sie haben durch das Unwetter nicht so gelitten wie die Träger in ihren Schneelöchern.

Oberst E. F. Norton hat eine Idee.

Wie wäre es, denkt er, wenn wir versuchen, den Mut der Träger durch eine feierliche Einsegnung im Rongbuk-Kloster wieder etwas zu heben. Er spricht darüber mit Mallory und mit Geoffrey Bruce. Der glaubt es als Gurkha-Hauptmann recht gut zu wissen, wie man den Launen der Sherpas am besten beikommt.

„Das sind keine Launen, Oberst", wirft Mallory ein, „die Männer sind wirklich fertig!"

„Sagen wir statt Launen lieber ‚mangelnder Ehrgeiz'", verbessert Bruce. „Wir müssen uns immer vorstellen, daß die Eingeborenen dort oben nichts verloren haben, wenn der Berg auch der höchste ihrer Heimat ist. Aber für uns ist er der höchste der Welt, und es ist die Aufgabe Englands, ihn zu bezwingen."

Nach einer Pause setzt er hinzu: „Die Idee Nortons ist gut. Durch einen gemeinsamen Besuch beim Oberpriester können wir das seelische Gleichgewicht der Träger bestimmt wiederherstellen, sowohl der Tibeter wie der Hindus! Nur rate ich, dem Rongbuk-Lama vorher durch einen Boten ein passendes Geschenk zu übermitteln. Ich will zwar nicht behaupten, daß dann seine Ermutigungsgebete der Bestellung entsprechend angefertigt werden – aber, na ja, was soll man viel darüber reden!"

Am 16. Mai pilgern einträchtig Tibeter, Hindus und Christen zu dem uralten Kloster. Der Lama empfängt sie mit großem priesterlichem Gepränge. Die Gebetsmühlen kreisen und knarren,

die meterlangen Posaunen ertönen, der Lama hält eine feierliche Rede und ermahnt die Träger zum Ausharren.
Die Briten, soweit sie tibetisch verstehen, schmunzeln.
In guter Stimmung kehren alle zum Hauptlager zurück. Nun kann Mallory seinen neuen Angriff beginnen, sogar das Wetter scheint sich zu bessern.
Durch den Steilhang zum Nordsattel, an dem 1922 das Lawinenunglück geschah, muß ein neuer Weg gesucht werden. Die abströmenden Eismassen haben ein völlig verändertes Terrain geschaffen. Breite Gletscherspalten, eine exponierte Kluftwand, schwierige Eiskamine, das sind nun die Hindernisse, mit denen die Chomolungma ihre verwundbarste Stelle verteidigt.
Nima Dorje ist der einzige Träger, der Mallory, Sommervell, Norton und Odell zum Nordsattel begleitet. Sechs Stunden schwere Eisarbeit erschöpfen ihre Kräfte völlig. Aber der Weg zur Schlüsselstellung ist gebahnt. Seile und Pflöcke sind angebracht. Nachmittags machen sie sich an den Abstieg. Das Wetter meint es noch gut mit ihnen; zwar pfeift ein scheußlicher Wind, aber es schneit nicht.
Sie sind alle hundemüde und gleichgültig und lassen sich verleiten, ohne Seil zu gehen. Es ist das alte Lied: Je mehr ein Bergsteiger erschöpft ist, desto dringender ist Vorsicht am Platze, – aber gleichzeitig mit der Ermüdung wächst die Sorglosigkeit. Sie wissen alle, daß sie jetzt leichtfertig handeln, aber sie sind zu träge, sich anzuseilen.
Da fliegt Norton ein weites Stück den Eishang hinunter, rutscht, kann sich fangen, steht auf.
Und dennoch schlagen sie diese erste Warnung in den Wind.
Dann rutscht Nima Dorje aus. Bäuchlings schlittert er bis zu einem Schneefleck; der bremst die Fahrt. Mühsam fingert Odell ihm das Seil zu und zerrt ihn wieder hinauf in die Spur. Die zweite Warnung!
Weiter zum Lager, ausruhen, schlafen! Sie achten kaum noch aufeinander. Mallory stapft als letzter hinterdrein.
Und niemand bemerkt, daß er in einer Spalte verschwindet. Polternd stürzt er ins Dunkel.
Glücklicherweise hat sich der Eispickel an den Spaltenwänden verklemmt. Nach unten wagt Mallory gar nicht zu sehen. Schwarzblaue Tiefe; ohne Ende. Die eine Hand hängt in der Pikkelschlaufe, die andere umfaßt krampfhaft den Schaft. Lange kann er sich nicht halten.
Er ruft, schreit, brüllt. Niemand hört ihn.
Seine Steigeisen kratzen in die Flanken der Spalte, er rutscht ab, rutscht! Wenn nur der Pickel hält!

Er hält. Wie an einem Reck turnt er daran hinauf, gewinnt eine trügerische Schneebrücke, bricht ein!
Ist er gefangen? Ehe die anderen sein Verschwinden bemerken werden, umkehren, suchen, wird es Nacht sein! Soll er hier jämmerlich erfrieren, in diesem Eiskeller?
Da oben leuchtet ein Stück Himmel. Ein Fleckchen lichtes Blau gibt ihm wieder Mut. Unendlich vorsichtig stemmt und scharrt er sich nach oben. Als er sich über den Spaltenrand emporschindet, merkt er, daß er die falsche Seite erwischt hat! Nochmal hinunter – nochmal emporklimmen, auf der richtigen Seite – darüber vergehen Stunden. Bei völliger Dunkelheit langt er im Lager III an.
Der Everest-Husten, übelster Höhenhusten mit Erstickungsanfällen, raubt ihm in der Nacht den Schlaf.

Dämonenfurcht

Zum zweitenmal in seinem Leben steht der junge Chong Norbu auf dem Chang La, dem Nordsattel des Everest. Als er sich vor zwei Jahren freiwillig gemeldet hatte, um die Lasten für die Sahibs hier heraufzuschleppen, schickte ihn der große, allzeit um ihn besorgte Bruder wieder hinunter, wissend, welche Gefahren an dem sturmumtosten Lagerplatz lauern.
Diesmal sitzen sie seit zwei Tagen in siebentausend Meter Höhe gefangen, bei mehr als dreißig Grad Kälte, zwölf Sherpas und ein weißer Sahib.
Seit zwei Tagen schüttet der Himmel ohne Unterbrechung Schnee auf ihre Zelte, verdeckt die Spuren ins Tal, verhüllt die Seilgeländer und Strickleitern in der Eiswand.
Odell und Bruce sollten vor zwei Tagen mit fünfzehn Trägern vom Lager III heraufkommen, Hazard und seine Leute ablösen und Lager V einrichten. Aber daran ist nicht mehr zu denken.
Am Morgen des 24. Mai kriecht Hazard-Sahib zu Chong Norbu und Kikuli ins Zelt. Sie holen noch Karmi und den immer vergnügten kleinen Nima Dorje dazu. Aber selbst der unverwüstliche Kleine hat seine Heiterkeit verloren.

„Wir müssen heute das Lager räumen", beginnt der Sahib, „die Zelte und Vorräte hinunterschaffen." Die Sherpas sehen sich an. Zelte, Vorräte? denkt Kikuli. Um das nackte Leben geht es jetzt, nicht um die Ausrüstung!
„Herr", sagt er, „der Monsun ist gekommen, und die Kulis sind alle sehr schwach. Wir können nur ohne Lasten gehen, sonst kommen wir nicht mehr lebend zurück."
„Das ist noch nicht der Monsun", wendet Hazard ein.
Chong Norbu gibt dem Sahib recht. „Der Monsun kann es noch nicht sein. Und weil es noch nicht der Monsun ist, der jetzt stürmt, Sahib, brauchen wir das Lager noch nicht ganz zu räumen. Es kommen bestimmt noch ein paar schöne Tage, und der nimmermüde Sahib Mallory wird sehr böse sein, wenn das Lager IV wieder neu eingerichtet werden muß. Dadurch wird wieder ein Tag verloren sein. Laß die Zelte hier, Sahib!"
Donnerwetter, denkt Hazard, der junge Kuli stellt Überlegungen an, die man einem Eingeborenen gar nicht zutraut. Dann sagt er zu den vier Sherpas, daß sie alles zum Abstieg bereitmachen sollen. Aber was wird mit den Kranken, schießt es ihm durch den Kopf. Könnte Chong Norbu sie nicht an das Seil nehmen? Er macht einen verläßlichen Eindruck.
Hazard gibt seine Befehle, dann brechen sie auf. Durch den wütenden Sturm sichern Hazard und Nima Dorje die anderen Träger über den oberen Teil des Steilhanges hinunter. An der großen Kluft haben sie Schererei mit dem steifgefrorenen Seil. Um die drei Kranken, die Chong Norbu am Seil hat, können sie sich nicht mehr kümmern. So bleiben die vier immer weiter zurück. Als der Nebel einmal kurz aufreißt, sieht Chong Norbu die neun Mann schon weit unten in der Eisgasse verschwinden.
„Schneller, Chettan!" ruft Chong Norbu seinem Gefährten zu, der der Seilschaft voransteigt. Er ist noch am ehesten von den drei Kranken aufzumuntern. Die beiden andern trotten zwischen Chettan und Chong Norbu trübsinnig einher, einer hat schwere Erfrierungen an den Händen, die Füße des anderen sind angefroren. Jedesmal, wenn er auftritt, verzieht er schmerzgeplagt sein Gesicht.
Chettan war schon vor zwei Jahren mit am Everest; er ist damals mit Ang Tharke aus der Lawine befreit worden, hier an dieser Stelle war es, da kam die ganze Partie ins Rutschen. Chettan wird unsicher, aber Chong Norbus aufmunternde Rufe treiben ihn immer wieder voran.
Der Neuschnee ist so locker – die Füße sind so schwer – ach, wie weit ist noch der Weg bis zum Lager!
Der zweite Mann schreit plötzlich laut auf. Im Nu hat Chettan

das Seil gestrafft, Chong Norbu rammt seinen Eispickel ein – zu spät! Die ganze Seilschaft fährt in einer Schneewolke ab. Wie lange, wann kommt der Anprall? Stürzen sie? Fliegen sie über die Eiswand? Nein – die Fahrt wird allmählich langsamer, und an einer Eispressung staut sich der abrutschende Schnee.
Chettan zittert am ganzen Leibe, mit schlotternden Knien versucht Chong Norbu sich zu erheben, irrsinnige Angst flackert in den Augen der beiden anderen.
„Hier starb dein Bruder Mingma!“ wimmert Chettan. „Jetzt wollen die Geister der Chomolungma auch noch dich und uns alle holen!“ Mit erhobenen Händen fleht er Chong Norbu an: „Laß uns nicht weitergehen, hier wohnen die Geister, die uns alle töten!“ Chong Norbus Gesicht ist weiß geworden. Er versucht seine Angst zu überwinden. „Unsinn!“ ruft er. „Der Hazard-Sahib ist mit den anderen auch hier vorbeigekommen. Wollt ihr hier erfrieren?“
Da weigern sich auch die beiden anderen weiterzugehen.
„Laß uns warten, bis die Sahibs kommen und uns holen!“ Hilfesuchend wendet Chettan seinen Blick ins Tal, aber vor seinen Augen wogt nur eine undurchdringliche Nebelwand. Dann schreit er – schreit Hazard-Sahib und seinen Leuten zu, sie sollen sie mitnehmen. Haben die anderen seinen Ruf verstanden? Keine Antwort kommt von unten. Jetzt erst wirkt sich bei Chong Norbu der Schreck des Absturzes aus, er beginnt zu zittern, sosehr er sich auch dagegen wehrt. Natürlich sehen das die anderen, Chong Norbu, der Beste von ihnen, zittert! Hier schläft Mingma, denkt Chong Norbu. Ruft er mich, wartet er auf mich, der große Bruder? Er kann sich nicht mehr von der Stelle rühren. Die anderen haben die Köpfe in den Händen geborgen, knien im Schnee, warten ergeben ihr Schicksal ab. Die Nacht wird ihr Leben auslöschen! Langsam kriecht die Kälte in ihre Glieder.

Gegen drei Uhr kommt Bruce mit seinen Leuten zum Lager III zurück. Bis zum Schrund, wo der Gletscher in die Steilwand übergeht, ist er mit siebzehn Kulis vorgedrungen, um Hazard und seinen zwölf Trägern auf dem Chang La zu helfen, aber im grundlosen Schnee mißlangen alle Versuche, nach oben vorzudringen. Abgeschlagen!
„Im Schneetreiben glaubten wir, oben am Kamin Hazard absteigen zu sehen“, berichtet er Norton, „aber wir können uns auch irren.“ Nach zwei Stunden wanken Nima Dorje, Kikuli und Hazard ins Lager. „Das war ein Weg durch die Hölle!“ keucht Hazard.

Norton fängt den erschöpften Kameraden auf, schleppt ihn ins Zelt. Die anderen Sahibs kümmern sich um die Träger.
„Wo sind die anderen?"
Nima Dorjes Gesicht ist nicht wiederzuerkennen, er scheint um Jahre gealtert. „Sind hinter uns – müssen – bald kommen –", bringt er mühsam hervor.
Zwei Mann treffen kurz darauf ein, dann noch vier …
Sie berichten stockend, daß Chong Norbu und seine Leute oberhalb des Kamins hängengeblieben sind, unfähig weiterzugehen. Vergeblich warten Sahibs und Sherpas die ganze Nacht.
Es besteht kaum noch Aussicht, daß die vier leben – das Thermometer sinkt in dieser Nacht auf zweiunddreißig Grad! Aber wer soll gehen, um sie zu holen?
Odell hat nächtelang kein Auge zugetan, Irvine hat Darmkatarrh, Hazard ist nach dem Abstieg unfähig, auch nur einen Schritt zu gehen, Sommervell und Mallory schüttelt immer wieder ein entsetzlicher Husten – bleibt noch Norton! Aber allein – ohne Begleiter? Die Träger können beim besten Willen nicht mehr.
Mallory und Sommervell raffen sich am Morgen auf.
„Wir werden Sie begleiten", sagen sie zu Norton, „es muß gehen! Wir müssen die Leute herunterholen!"
„Wissen Sie, was uns bevorsteht? Der Weg wird eine Tortur!"
Mallorys zerfurchtes Gesicht wird sehr ernst. Hustend stößt er die Worte hervor: „Ja, zum Teufel, das wissen wir! Trotzdem! Wir sind das den Boys schuldig. Sie haben sich oft genug für die Sahibs eingesetzt!"
„Wir müssen – und wenn es später den Gipfel kosten sollte!" fügt der kleine Sommervell hinzu.
Es wird ein übler Aufstieg. Bis zu den Hüften versinken die drei im Pulverschnee. Wieder ist es Mallory, der die anderen anfeuert. Jeden Schritt nach oben müssen sie sich mühsam erkämpfen. Keine zwei Meter weit können sie sehen. Erst weiter oben läßt das Schneetreiben nach, nicht aber der Wind. Wo werden sie die vier Träger finden? Müssen sie bis zum Sattel hinauf? Sind sie schon an ihnen vorbei – an ihren erstarrten Körpern, die irgendwo in einer Spalte leblos liegen?
Da, dort oben, hinter dem Eiskamin, hockt eine Gestalt – ein junger Sherpa, der aus Dhimbup, der vor zwei Jahren an dieser Stelle seinen Bruder verlor. Sommervell erkennt ihn genau.
„He, Chong Norbu!"
Keine Antwort.
Die drei Briten sehen sich fragend an. Kommen sie zu spät? Noch eine Seillänge näher heran! Jetzt brüllen sie alle drei.

Chong Norbu rührt sich. Von unten herauf dringt der Ruf an sein Ohr, der Klang menschlicher Stimmen in der heulenden, pfeifenden Eislandschaft.
Er sieht die drei Männer kommen – begreift aber nicht. Nach der fürchterlichen Nacht, in der er mit Chettan die beiden schwerkranken Gefährten in die Zelte auf dem Chang La zurückschleppte, sind seine Augen nur noch brennende Höhlen. Dann wieder der mühevolle Abstieg bis hierher, wo sie gestern schon hängengeblieben waren.
„Antwortet doch, ihr vier da oben!" schreit Norton. „Könnt ihr noch alle gehen?"
„Ob sie uns holen kommen?" fragt Chong Norbu Chettan. „Oder müssen wir mit ihnen hinauf, um das Lager IV zu räumen?"
„Ich kann nicht mehr!" ist alles, was dieser hervorbringt. Dennoch schreit Chong Norbu gegen den Sturm zu den Sahibs hinunter: „Aufwärts oder abwärts?"
„Abwärts natürlich, du Esel!" brüllt Norton wütend herauf.
Ein Stück können die vier den Sahibs noch entgegengehen, dann trauen sich die Kranken wieder nicht weiter.
Sommervell tastet sich langsam am Sechzigmeterseil über den lahnigen Hang. Noch zehn Meter, dann wäre er bei den Sherpas. Aber das Seil reicht nicht.
„Kommt" – ruft er zu ihnen hinüber, „kommt einzeln, vorsichtig!" Sie haben sich beim Aufbruch nicht mehr anbinden können, die vier müden Männer, ihre Hände waren zu erstarrt. Nun stehen sie unangeseilt Sommervell gegenüber, aber lumpige zehn Meter fehlen, sonst könnte er sie fassen.
Unendlich behutsam schleicht sich Chettan über die schräge Fläche – erreicht die helfende Hand Sommervells!
Der nächste, der Kranke mit den erfrorenen Fingern!
Und dann der Fußkranke – alle halten den Atem an. Er ist zu wacklig. Chong Norbu versucht ihn zu stützen, vergeblich – sie fallen beide hin und kollern den Abhang hinab. Der Kranke schreit entsetzt auf. Augenblicklich ist Chong Norbu wieder auf den Beinen, springt mit gewaltigem Satz neben den abrutschenden Gefährten, mit kraftvollen Hieben schlägt er die Zehnzakker ins Eis, fängt den Körper des Fallenden auf!
Es war die letzte, allerletzte Kraftanstrengung, zu der er nach diesen qualvollen Nächten und Tagen fähig war. Dann bricht er hilflos über dem Körper des Geretteten zusammen. Sommervell übernimmt das Wagnis, sich loszuseilen und die willenlosen Bündel aufzulesen. Taumelnd erreichen alle den Gletscherboden. Zum zweitenmal hat die Göttinmutter der Erde in diesem Jahr die Angreifer zurückgeschlagen.

Der Ruderer mit der Kombizange

Wie zum Sprung bereit liegen die Bergsteiger und Träger während der nächsten Sturmtage verteilt in den Lagern I und II. Sie warten auf besseres Wetter und heilen ihre schneeblinden Augen, die wunden Glieder, die Frostschäden.

Viele sind es nicht mehr: Fünfzehn Sherpas sind übriggeblieben, alle anderen und auch ein paar Sahibs fallen für weitere Angriffe aus. Drei Mannschaften zugleich sollen den Gipfel angreifen, hat der nimmermüde Sahib verkündet, sobald das Wetter einen neuen Vorstoß zum Lager III und zum Nordsattel zuläßt.

Am 30. Mai ist es soweit. Trupp für Trupp zieht zum Lager III, dem Basislager für den Angriff auf den Nordsattel, den Chang La. Diesmal werfen die Briten einige sportliche Skrupel über Bord und benutzen eine Strickleiter für die Bezwingung der Kamine und Schründe in der Wand unter dem Lager IV auf dem Nordsattel. Irvine hat sie konstruiert, der jüngste aller Briten, die jemals zur Chomolungma kamen. Zweiundzwanzig ist er erst, der rekordgewohnte Ruderer aus der berühmten Oxforder Regattamannschaft. Bergerfahrung hat er nicht viel; zwar hat er sich auf einer Spitzbergenreise seiner Universität ausgezeichnet, jedoch weniger in alpinen Disziplinen. Andrew Irvine ist aber der Mann, der „schnell schaltet", der sofort den Ausweg aus verzwickten Situationen erkennt, der, immer mit Schraubenzieher und Kombizange bewaffnet, die unmöglichsten Reparaturen vollbringt. Mit jugendlicher Unbefangenheit hat er sich über die konservativen sportlichen Auffassungen der „Alten" hinweggesetzt und eine Kletterhilfe geschaffen, die beim Aufstieg auf den Chang La wertvolle Stunden und noch kostbarere Körperkräfte, die durch den abgeschlagenen ersten Angriff und die Rettungsexpedition auf den Nordsattel schon so dezimiert sind, sparen hilft.

Die Träger wundern sich nicht, daß George Leigh-Mallory, der Meister an der Chomolungma, sich den jungen, erfindungsreichen Studenten zum Gefährten für den Gipfelangriff wählt.

Aber da ist noch ein anderer, der besondere Beachtung der aufmerksamen Sherpas findet: Odell, der Mann mit der eisernen Ruhe und der unbeugsamen Willenskraft. Wenn er nicht mit

dem Transport oder der Überwindung schwerer Wandstellen beschäftigt ist, klopft er Steine los, betrachtet sie aufmerksam und studiert den Bau des Berges. Er kam von seiner geologischen Arbeit in Persien hierher zum Mount Everest.
Bis zu einer Höhe von 7600 Meter schleppen Ang Tharke, Chettan und seine Gefährten die Lasten, dann legen sie das Gepäck in den Schnee. Geoffrey Bruce und Mallory bleiben ärgerlich stehen.
„Was ist los?" Mallorys Frage ist überflüssig, der jämmerliche Zustand der schwerbeladenen Träger ist zu offensichtlich. Der orkanartige Sturm setzt ihnen besonders zu.
„Wir können nicht mehr!" ist die Antwort.
„Versucht's doch noch einmal, nur noch hundert Schritte!" ermuntert sie Bruce. „Dann bauen wir die Zelte auf, die warmen Zelte, bedenkt doch!"
Aber es geht nicht weiter. Fünf Kulis schickt Mallory wieder abwärts, mit den restlichen drei schleppen sie die Lasten noch achtzig Meter höher – Bruce macht den Weg zweimal, und danach ist es ihm, als würde ihm das Herz abgedrückt.
Nach brüllendem nächtlichem Sturm müssen sie alle wieder zum Nordsattel zurück. Wieder abgeschlagen, aber die Zelte stehen für den nächsten Trupp.
Der nächste Trupp ist schon im Anmarsch – Sem Chumbi, Lhakpa Chedi, Chong Norbu und Karmi tragen für die beiden Sahibs die Lasten. Sommervell und Norton gehen in der Spur von Mallorys Trupp voraus und besetzen das Lager V, das die anderen am Morgen verlassen haben.
Nicht weit unter sich sehen sie die Reste des höchsten Lagers aus dem Jahre 1922. Die Nacht verbringen sie 1200 Meter unter der Spitze des Everest: vier Träger und zwei Sahibs.
Noch ein Lager muß errichtet werden, noch sechshundert Meter höher, dem Gipfel nahe, sonst ist er nie erreichbar!

Höhenrekord

Am nächsten Morgen wacht Chong Norbu davon auf, daß ihn jemand an den Füßen rüttelt. Dieser Jemand ist der Bara-Sahib, Norton, der neue Leiter der Expedition, seit der General-Sahib krank nach Darjeeling zurückritt.

Die beiden Gefährten rechts und links von Chong Norbu sind schon so leidlich wach. Nur Karmi liegt wie in tiefer Bewußtlosigkeit. Chong Norbu hört den Bara-Sahib etwas auf englisch sagen, dann fällt er wieder zurück in bleiernen Schlaf.

Norton läßt nicht locker. Er spricht ein gutes Tibetisch.

„He – ihr vier! Wollt ihr nicht oder könnt ihr nicht?"

Sie machen einen müden Versuch, sich aufzurichten, die drei. Der vierte ist noch nicht zu sich gekommen.

Da erscheint Sommervells lustiges Gesicht im Zelteingang. Aber auch seine Späße bringen die Sherpas nicht hoch. Es ist ihnen, als wären sie an den Zeltboden gefesselt. Norton versucht es mit einem üppigen Frühstück, verspricht ihnen ein besonders großes Bakschisch, aber nichts hilft!

„Das ist mit ihnen wie mit Bienen an einem kühlen Herbstmorgen", sagt Norton zu Sommervell. „Sonst emsig und unermüdlich, aber wenn sie mal die Höhenkrankheit gepackt hat, dann krabbeln sie herum, als wollten sie jeden Augenblick sterben!"

„Wenn wir sie heute nicht auf die Beine bekommen, wie sollen wir dann Lager VI einrichten?" Sommervell ist ganz gegen seine Gewohnheit skeptisch. „Fünfhundert Meter höher müssen wir heute abend schlafen, sonst können wir uns den Gipfel aus dem Kopf schlagen!"

Norton wird energisch: „So knapp vor dem Ziel darf die Expedition nicht scheitern. – Ich will den vieren noch einmal gut zureden!"

Er hockt sich zu den Sherpas ins Zelt. Fast mit Absicht setzt er sich auf Karmis Beine, der davon endlich erwacht. Die andern knabbern schon im Liegen an den Biskuits, stochern in den Fleischbüchsen und Konfitüren. Das ungewohnt gute Essen, das ihnen der Bara-Sahib gegeben hat, macht sie wenigstens etwas munter. Aber heute noch 500 Meter höher steigen, mit den Lasten für ein neues Lager, das kann der Sahib auch mit einem Befehl nicht verlangen.

Norton weiß, daß Befehlen keine Folge mehr geleistet würde. Er ist sich klar darüber, daß er ihren Ehrgeiz wecken muß. Dabei überlegt er sich, daß die Arbeit auch bei ihm und bei Sommervell und allen, die hier am Everest kämpfen, nur eine Sache ist, die vom Ehrgeiz geboren, vom Ehrgeiz getrieben ist und nur mit Ehrgeiz vollendet werden kann!
„Wir sind viele Wochen über das Meer gefahren", beginnt er, als wolle er sie beim Futtern mit einer Geschichte unterhalten, „viele Wochen mit einem großen schwimmenden Haus. Dann kamen wir mit der Railway in euer Land, gingen mit euch einen Monat durch Tibet, haben uns bis zum Chang La heraufgeschunden – na, wißt ihr, warum wohl?"
„Mh!" macht Sem Chumbi mit vollem Mund. Er weiß es. „Weil die Sahibs ein Gelübde getan haben, daß sie die Göttinmutter der Erde auf ihrem Thron besuchen wollen!"
Norton kommt sich vor wie ein Schullehrer. „Richtig!" sagt er lobend. „Und überall, wo weiße Sahibs wohnen, wartet man darauf, daß wir den Gipfel besteigen. Es ist eine sehr große Ehre für uns, daß wir diesen Weg machen, und noch größer ist die Ehre, wenn wir auf dem Gipfel der Chomolungma gestanden haben! Überall wird man unsere Namen nennen. Und auch eure Namen!" Er zeigt mit dem Finger auf jeden einzelnen: „Lhakpa Chedi! Chong Norbu! Sem Chumbi! Karmi! He, Karmi, du schläfst ja schon wieder!"
Chong Norbu erwidert: „Wir sollen aber doch nicht den Gipfel betreten, Sahib, sondern nur ein Lager höher aufbauen!"
„Ja, mein Boy", sagt Norton väterlich, „aber ohne dieses Lager können die Sahibs nie den Gipfel erreichen! Und darum wird euch große Ehre zuteil werden. Von eurer Tapferkeit wird man in Darjeeling sprechen und in Solu Khumbu, in Katmandu und in London, der Hauptstadt der weißen Sahibs!"
Und dann verschwindet der Bara-Sahib plötzlich. Er stellt sich vor das Zelt und wartet, wie seine Worte wirken. Die Worte wirken, und auch die taktvolle Pause, die Norton den braunen Gefährten läßt, sich zu beraten und zu entscheiden. Lhakpa Chedi als der Älteste bestimmt, daß Karmi zurückbleiben soll, weil er zu schwach ist und die Göttinmutter ihn behalten könnte. Dann kriechen sie aus dem Zelt und stehen lachend vor den Sahibs.
Und die lachen auch, schlagen ihnen kameradschaftlich auf die Schultern und helfen ihnen, die Lasten zu packen.
Ehe sie aufbrechen, ist es neun Uhr. Das ist spät. Bis halb zwei steigen sie, dann lassen Lhakpa Chedi und seine Männer schnell die Lasten in den Schnee fallen. Der Bara-Sahib hat befohlen, das Zelt aufzubauen. Kaum eine halbe Stunde später steigen sie

wieder ab, lassen die Sahibs allein im Lager VI, 8220 Meter hoch! So hoch ging noch nie ein Sherpa! Sie sind jetzt die Tigers der Tigers! Jetzt, da sie wieder absteigen, kommt es ihnen so leicht vor, was der Bara-Sahib von ihnen verlangt hat! Und mit ihren Lasten gingen sie schneller als Norton und Sommervell, sie waren nicht müde, weil man sie nun überall die tapfersten Tigers nennt!
Chong Norbus Hände zittern vor Erregung, als er die vor ihm absteigenden Kameraden ins Tal hinunter sichert. Er ist so stolz und denkt an Mingma, gar nicht traurig, sondern frohgemut. Auch der große Bruder, der fast zweitausend Meter tiefer zwischen Lager III und IV in der Lawine schläft, wird stolz sein. Sein guter Geist war heute bei ihm.

Zwei Punkte verschwinden im Nebel

Schneeblind kommt Norton zurück. Sommervell, keuchend, mit verkrampftem Gesicht, über das hin und wieder trotz der Hustenanfälle ein breites Lachen geht, führt seinen Gefährten ins Lager auf dem Nordsattel. Die Zuflucht im Kammlager mutet nach dem Aufenthalt in der Todeszone wie eine Rückkehr in ein Berghotel an. Sherpas und weiße Alpinisten kümmern sich liebevoll um die abgekämpften Männer. Sie fragen nicht nach dem Gipfel. Sie wissen, daß alles Mühen wieder umsonst war.
Es ist zum Verzweifeln! Ihr Bericht gibt Mallory dennoch neuen Mut! Bis an den Gipfelaufbau sind die beiden gelangt, bis in die Rinne, die die Nordostschulter von der Pyramide trennt. Schließlich, als Sommervell vom Einatmen der trockenen, eisigen Luft immer wieder vom Hustenkrampf geschüttelt wurde, hat sich Norton noch ein Stück weiter gewagt. Nur ein Stück, 250 Meter weiter, 40 Meter höher als sein krächzender Kamerad, aber eine Stunde hat er dazu gebraucht. Jeder Schritt erforderte sieben Atemzüge! Nach jedem zwölften Schritt eine Pause! Plötzlich hatte Norton alles zwiefach gesehen. Die beiden Bilder der Augen vereinigten sich im Gehirn nicht mehr zu einem, die Todeszone zeigte warnend ihre Gefahren!

Dann war er abgestiegen, 300 Höhenmeter vom Chomolungma-Thron entfernt! Ohne Bedauern, ohne Wut über das Mißgeschick – aus Selbsterhaltungstrieb war er dem eisigen Atem der Göttinmutter gewichen, hatte den schlotternden Sommervell in einer Steinmulde aufgelesen und war mit ihm talwärts geflüchtet. Eine einmalige Leistung hatten die beiden vollbracht: Bis 8540 Meter kämpften sie sich ohne Sauerstoffgeräte empor! Norton stieg sogar auf 8580 Meter – so hoch stand noch nie ein Mensch, dazu noch ohne Atmer.
Und darum will Mallory den nächsten Angriff mit Sauerstoff wagen. Noch hält das Wetter! Wie lange noch? Keiner weiß es genau – der Monsunsturm müßte schon längst da sein.
Als der schneeblinde Norten und Sommervell, dessen Kehle wie ein Reibeisen ist, von den Sherpas nach Lager III hinuntergebracht sind, stürmt Mallory nach oben. Mit ihm acht Träger, die sich für den letzten Angriff geschont haben.

Der Begleiter George Leigh-Mallorys ist der junge Andrew Irvine. Die Sahibs rätseln, warum Mallorys Wahl nicht auf Odell gefallen ist. Wenn es nach Norton gegangen wäre, hätte Odell an Mallorys Seite gestanden. Odell ist bei weitem bergerfahrener, bei bester Kondition, ungemein zäh. Nun soll er Mallory und Irvine den Rücken decken. Schweigend stapft er hinterdrein, der beste Mann der ganzen Truppe – aber er ist nicht neidisch. Er spürt, daß ihm noch eine besonders schwere Aufgabe bevorsteht, irgend etwas läßt ihn ahnen, daß seine noch ungebrochene Kraft für eine große Sache gebraucht wird.
Mallory hat sich noch immer nicht von den Strapazen der Rettungsaktion am Nordsattel erholt. Irvine hat einen soliden Everest-Husten. Werden sie so den Gipfel erreichen? Und gesund herunterkommen? Das sind Odells Gedanken, als er sich allein, mutterseelenallein, im Lager V zur Ruhe legt. Droben in VI schlafen der Meister der Everestangriffe und sein Schüler – Mallory und Irvine. Morgen früh werden sie starten, ohne ihn, der sie, die vermutlichen Sieger, empfangen und heruntergeleiten soll.
Die vier letzten Träger sind wieder abgestiegen; drei Weiße schlafen noch in der Nordostflanke des Berges: die beiden Gipfelleute in Lager VI auf 8220 Meter und fünfhundert Meter unter ihnen der stille Odell – allein. Über ihnen thront in gleißendem Mondlicht der Scheitel der Chomolungma, der Gipfel der Welt, in lockender Unberührtheit.
„Da geht alle Romantik vor die Hunde“, knurrt Odell am anderen Morgen beim Stiefelkneten vor sich hin. Zwei Stunden muß

er sich mühen, ehe er das Schuhwerk an den Füßen hat. Dann kriecht er aus dem Zelt hinaus.
Nebel! Das Wetter hält nicht, was es gestern und in der Nacht versprochen hat, denkt Odell und wendet den Blick nach oben. Da schimmert Sonne durch die Nebelschwaden. Ist es vielleicht oben besser? Beim Aufwärtssteigen zum höchsten Lager klopft Odell da und dort einen Stein los – er ist Geologe aus Leidenschaft. Heute kann er sich etwas Zeit für seine Studien lassen. Wenn er um die Mittagszeit oben im Nachtlager Mallorys und Irvines eintrifft, nachsieht, ob sie gut fortgekommen sind, und das Zelt für ihre Rückkehr bereitmacht, hat er seine Pflicht erfüllt.
Er ist noch nicht auf 8000 Meter, da fegt der Wind plötzlich den Himmel klar, gibt den Blick zum Gipfel frei!
Wo sind sie? Oben? Weht Irvines Fahne schon auf der Spitze? Ja, dort, dicht unter der Kuppe ... nein – es ist nur ein Nebelfetzen! Aber da sind die beiden! Winzige Punkte nur erkennt Odell, noch weit, weit unterhalb des Gipfels, unter der letzten Steilstufe. Jetzt verschwindet der vordere Punkt in den Felsen der Wand, der zweite folgt rasch. Wie schnell sie gehen! Sind sie in Eile?
Ach ja – Odell sieht entsetzt auf die Uhr – es ist ja schon halb eins! Als er den Blick hebt, um den Aufstieg der beiden weiter zu verfolgen, hat der Gipfel der Chomolungma sich schon wieder in undurchdringlichen Nebel gehüllt. Herrgott nochmal, flucht Odell vor sich hin, warum sind sie so spät erst am Gipfelaufbau? Wenn sie nur so vernünftig wären und umkehren wollten! Es ist spät, vielleicht schon zu spät! Zwölf Uhr dreißig auf 8600 Meter, um vier Uhr vielleicht auf dem Gipfel – und der Abstieg? Bis zum Lager VI, in drei Stunden? Kaum zu schaffen! Odell fühlt aus Sorge um die Kameraden eine bange Beklemmung in der Brust.
Er starrt vergeblich in den Nebelschleier, hinter dem Mallory und der junge Irvine um den Gipfel kämpfen, aufwärtssteigen – oder schon wieder abwärts. Kämpfen sie noch um den Sieg? Oder um ihr Leben? Der stämmige, durch nichts zu erschütternde Geologe hastet verbissen weiter, zum Lager VI hinauf. Will wissen, was die beiden zum verspäteten Aufbruch zwang. Schwierigkeiten mit den Sauerstoffgeräten, darauf tippt Odell.
Ja – im Lager VI sieht es nach Umbau aus. Werkzeug liegt herum, Sauerstoffflaschen, Dur-Aluminiumträger. Irvine scheint die ganze Nacht gebastelt zu haben. Das ist so seine Art, an allen technischen Dingen zu knobeln, zu verbessern, zu reparieren.

Aber hier, in einer Höhe von 8200 Metern? Odell schüttelt den Kopf. Er durchsucht das Zelt nach einem Zettel von Mallorys Hand. Vergeblich, keine Zeile, kein Zeichen! Auf das Zelt, in dem Odell kramt, tupfen schwere Schneeflocken. Als er es hört, stürzt er hinaus. Verdammt, die beiden sind in Zeitnot, nun noch das Schneetreiben! Er hastet zum Grat hinauf, den Kameraden entgegen, brüllt, pfeift, jodelt, so gut es sich eben in achttausenddreihundert Meter Höhe jodeln läßt. Er horcht, wartet auf Antwort. Was er hört, ist Sturm, und wenn es mal besonders still ist, dann hört er seinen eigenen pfeifenden Atem. Da klettert er widerwillig den Weg zurück, ordnet im Zelt alles für die Kameraden und steigt hinab zum Nordsattel.
„Ich wäre gern oben geblieben", sagt er zu Hazard, der ihn empfängt, „aber im Zelt ist nur für zwei Platz. Und draußen schlafen? Nein – unmöglich! Man würde nie mehr aufwachen!"

Hoffnung macht das Sterben leichter

Mallory schaut zufrieden auf seinen jungen Gefährten.
„Kommt nichts mehr dazwischen, dann können wir um drei Uhr dreißig die Sache geschafft haben", sagt er zu Irvine. Sie sitzen beide hinter einem Felsblock, haben die Sauerstoffmasken für einen Augenblick abgenommen und verzehren Keks. Die Sonne hat sich Bahn geschafft und hellt die ganze Berglandschaft bis hinunter zu den Gletschern auf. Man kann sogar Lager IV auf dem Nordsattel erkennen. Der Rundblick ist von überwältigender Großartigkeit. Noch nie sah ein Menschenauge von dieser Höhe auf die Ketten und Eisthrone des Himalaya hinab! Alle Gipfel der Welt, außer dem der göttlichen Chomolungma, liegen zu ihren Füßen, kein Berg reicht mit seiner Höhe an den Punkt heran, auf dem sie zur letzten Rast vor dem siegversprechenden Schlußangriff sitzen! Sie sind guter Dinge, die beiden. Der Sauerstoff hat ihre Hoffnungen übertroffen. Andrew Irvine lädt sich ächzend die Flaschen auf den Rücken.
„Es ist eine schwere Schlepperei, aber die belebende Wirkung ist Gold wert", sagt er und lacht jungenhaft. Die Gewißheit des Sie-

ges hat sich ihrer bemächtigt, und nichts kann sie mehr aufhalten.
Kaum haben sie sich wieder auf den Weg gemacht und einige zwanzig Meter Höhe gewonnen, da schiebt sich Wolke um Wolke vor die Sonne, ein leichtes Schneetreiben setzt ein, wird stärker, nimmt alle Sicht.
Macht nichts, denkt Irvine, es ist ja nicht mehr weit! Er möchte Mallory zurufen, daß er ihm unter allen Umständen folgen wird, auch wenn es noch dicker kommt. Aber er kann jetzt die Maske nicht abnehmen. Er macht ein paar aufmunternde Bewegungen mit den Armen, die Mallory jedoch nicht zu deuten versteht.
Mallory hat andere Sorgen. Die Steilstufe, die hinter ihnen liegt, ist nur der Anfang der Schwierigkeiten. Er hat durch den Nebel vor sich ungangbare Wände erkannt, ungangbar, wenn sie sich nicht verausgaben wollen. Wir brauchen ab achttausend Meter leichtestes Gelände, hat er einmal zu General Howard-Bury gesagt. Das war 1921, er weiß es noch genau. Die folgenden Jahre haben ihm immer mehr recht gegeben. Jetzt klettern? Nein, das geht nicht. Dann würde ihre Kraft nur für den Weg auf den Gipfel reichen, nur bis auf den Gipfel! Und der Rückweg?
Irvine ist jetzt bis zu ihm nachgestiegen. Mallory zieht den Kopf des jungen Kameraden zu sich heran, ruft durch die Maske, daß es hier nicht weitergeht, daß sie links herum müssen. Andrew versteht ihn, aber dennoch sieht er ihn fragend an.
„Wir müssen es versuchen – hier ist es jedenfalls zu kraftraubend!“ tönt es dumpf aus Mallorys Atmer.
„Warum nicht nach rechts traversieren?“ gibt ihm Andrew Irvine zu verstehen.
Mallory winkt nur ab und setzt seine Füße aufwärts nach links. Links läßt sich die Wand nicht überwinden, das sieht Mallory nach kaum hundert Metern ein, denn sie werden immer weiter abwärts gedrängt. Also zurück und die rechte Traverse versuchen! Wenn nur nicht das Schneetreiben wäre! Sie gehen wie in der Nacht, obwohl es heller Tag ist. Nur zwanzig Meter weit dringt das Auge durch den wirbelnden Vorhang – nicht weiter, als der Lichtstrahl einer Taschenlampe reichen würde, dahinter ist das Unbekannte, das Nichts, das weiße Nichts.
Zwei Stunden mühen sie sich vergeblich, einen Durchgang durch das Couloir zu finden. Längst ist es beiden zur Gewißheit geworden, daß es für den Gipfel zu spät ist. Aber keiner will es aussprechen, keiner will die neue Niederlage hinnehmen. Sie sind ja noch nicht abgekämpft, der Tag ist ja noch nicht zu Ende. Übrigens hört auch das Schneien nach und nach auf.

Kommt da nicht schon wieder die Sonne durch den Nebel? Jetzt! Ganz hell wird es über ihnen, als würde eine Jalousie vor ihnen hochgezogen. Sonne! Da! Der Gipfel – zum Hinlangen. Die paar Seillängen, zwei Stunden oder drei noch klettern – das muß zu schaffen sein!
Mallory dreht sich zu Irvine um. Mit leuchtendem Blick umfängt er die Gestalt des jungen Gefährten, der hingerissen zur Chomolungma hinaufstarrt.
„Willst du, Andrew?"
Der lächelt wie verzaubert. „Ich will, George!"
„Es kann uns Kopf und Kragen kosten!"
„Auch dann – immer!" Und dann setzt er hinzu, nicht kleinlaut, sondern um den Entschluß zu bekräftigen: „Sofern meine Knochen das noch hergeben, was die letzten Meter erfordern!"
Mallory rafft das Seil vom Boden auf, ein paar Schlingen reicht er Andrew. „Dann komm!"
Im Vorsteigen rechnet Mallory. Es fällt ihm schon schwer, genau und präzis zu denken. Die Höhe höhlt das Hirn aus. 14.30 Uhr ist es. Sind wir schon über Nortons Höhe hinaus? Wir sind auf dem Grat. Er war dort rechts in der Flanke.
Zwei Stunden kostet der Weg bis zur Spitze noch, dann wieder hinunter; wenn Odell noch oben ist, wird er Lichtzeichen geben, dann finden wir das Lager leichter. Das Wetter ist gut. Die Sonne bleibt sicher bis zum Abend. Ein schöner Nachmittag. Wir werden den schönsten Blick vom Gipfel haben, den es je wieder geben wird!
Vor ihnen baut sich eine Wand auf. Der Anblick reißt sie aus ihren Gedanken. Ihre Augen suchen vergeblich nach einem Durchstieg. Mallory spürt, daß er die Struktur der Felsen nicht mehr wahrnimmt, er sieht nur eine graue, unüberwindbare Mauer vor sich. Es hämmert in seinen Schläfen: Du hast den Grat und seine Stufen unterschätzt. Zweifel nagen in ihm, dann wird es in ihm zur Gewißheit: So ist der Everest nicht zu pakken! Geht es überhaupt auf dieser Seite? Der Grat zum Gipfel ist von abschreckender Steilheit. Ist er für sie noch überwindbar? Das „Unmöglich!" wird in ihm immer lauter, er spricht es aus, erst murmelnd, dann deutlicher, doch es bleibt nur ein Brummen unter der Maske.
Geschlagen? Alles Mühen vergeblich? Strapazen, Qualen, Opfer – alles umsonst? Unwiderlegbar drängt sich ihm der Gedanke auf: umsonst! Jahrelange Berechnungen, Erfahrungen aus monatelangen Kundfahrten – nur Irrtümer! Den Nimmermüden, Unverzagten überkommt ein Gefühl tiefster Enttäuschung.

Er weiß nicht, wie lange er in der niederschmetternden Stimmung schweigend verharrt, er weiß nur, daß er dem Gipfel nie wieder so nahe sein wird. Und daß er um dieser Erkenntnis willen sein und seines Freundes Leben riskiert hat. Sie haben verspielt.

Andrew schlottert an allen Gliedern. Nicht die Kälte ist es, sein Körper ist noch nicht am Ende. Er sieht nur den ratlosen Lehrer, den großen Freund, der plötzlich schlaff, mutlos, zerschmettert, mit resignierten Gesten den Weg abwärts einschlägt. Und trottet hinterdrein. Andrew fällt das Ende Kapitän Scotts ein, der umkam, als er geschlagen vom Südpol zurückkehrte, der umkam, weil die Enttäuschung mehr Kräfte verzehrte als hundert Sturmnächte.

Beim Abstieg an der unteren Steilstufe gleitet Irvine aus, kann sich wieder fangen und geht, unsicherer als zuvor, vor Mallory auf den abschüssigen Platten den nächsten Abbruch an.

Mallory ist wieder ganz Lehrer, Mahner, Führender. Aber auch seine Kraft ist schon verzehrt. Zur Niederlage unter dem Gipfel kommt der Zweifel an der Rettung.

Wieder rutscht Irvine weg, wie ein Packsack kollert er über die Platten hinab. Es gibt keine Möglichkeit zu sichern. Nirgends ein Block, kein Schnee zum Einrammen des Pickels. Erbarmungslos wird Mallory mitgerissen. Im Fallen schlägt er noch die Pickelhaue in einen Spalt zwischen den Felsbrocken. Der Pickel hält! Die Hand Mallorys aber, die festklammernde Hand, wird vom Schaft heruntergezogen, kann den Ruck nicht bewältigen!

Zehn Meter tiefer landen die beiden in einer Mulde. Mallory fliegt fast auf Irvines Körper. Der stöhnt wild auf. Seine Maske ist abgerissen, die Sauerstoffzuführung zerbrochen. Andrew ringt nach Luft. Mallory hat seinen Atmer schon herunter. „Hier – nimm meinen! Nun faß doch schon mit zu! Was ist denn?"

„Es ist aus! Aus mit mir, George!" stöhnt der Junge. Er windet sich in Schmerzen, versucht seinen Fuß zu erfassen, fällt kraftlos zurück. „Mein Bein ist gebrochen – oh, oder der Fuß, verdammt! Ich komme nicht mehr weiter! Nein – nicht, ich will deinen Atmer nicht! Laß mich hier liegen, George, ich beschwöre dich! Rette du dich! Geh, gehe! Laß den Atmer, ich will nicht! Du brauchst ihn, wenn du noch lebend 'runterkommen willst. Weg damit, sage ich dir!"

Er ist richtig wütend, wehrt sich aus Leibeskräften dagegen, daß Mallory ihm die Maske aufsetzt. Aber er ist schon zu schwach. An der Stirn hat er eine böse Wunde, die Luft wird ihm knapp,

der Sturz, die Anstrengungen, die Enttäuschung – da klappt er zusammen und läßt alles mit sich geschehen.
Nach ein paar Versuchen gibt Mallory es auf, den Freund hinunterzuschleppen. Ohne „Gas“ geht ihm der Junge drauf, mit dem Gestell ist er zu schwer. Er selbst kann nur ein, zwei Meter vorankommen, dann ist er mit seiner Luft am Ende und muß eine Pause machen – nach einer fürchterlichen Stunde, die seine letzten Kräfte verbraucht, hockt er sich neben den Verletzten.
„Wir wollen warten, bis Odell kommt und uns holt“, lügt er dem Freund ins Ohr. Er weiß, daß Odell nicht kommen kann, er hat ihm ja selbst befohlen, heute zum Nordsattel abzusteigen. Auch der kranke Freund weiß es. Aber mit einer Hoffnung im Herzen stirbt es sich leichter.
Die Dämmerung kommt.
Wäre es nicht an der Zeit, ein Lichtzeichen zu geben? Die Magnesiafackeln? Irvines Gepäck ist weit hinuntergerollt, unauffindbar. Mallory erhebt sich erst gar nicht. Es ist sinnlos, sich gegen das Schicksal zu wehren, denkt er. Auch ohne den Unfall wären wir beiden in der Nacht erfroren – das Zelt hätten wir nie und nimmer erreicht. Die späte Umkehr! Ich habe den Freund auf dem Gewissen, ich habe ihn an den Berg gehetzt, jetzt gilt es nur, ihm die letzten Stunden leicht zu machen.
Andrew hat sich an den Freund geschmiegt. Es ist wärmer so. Und das Bein tut gar nicht mehr weh. Im Schlafsack liegt man ja auch so weich. Der Kocher summt, hörst du, wie er summt, bald gibt es einen warmen Tee. Und die Träger kommen und jubeln ihnen zu: Ein Hoch auf die mutigen Bezwinger des Everest! Ein Glück, daß wir wieder im warmen Zelt liegen …
Andrew fährt aus seinem Traum auf, sieht im Dämmerlicht das Profil Georges. Wärmend hat der Freund sich über ihn gelegt. Jäh fährt Andrew auf. Nein – das darf nicht sein. George muß sich retten! Muß!
„George“, sagt er schwach, „du mußt jetzt gehen, du darfst nicht mehr warten. Sicher findest du das Zelt noch. Geh, bitte!“
Mallory schüttelt stumm den Kopf.
„Du mußt aber noch einmal einen Angriff machen, du mußt hinunter und ihnen sagen, wie der Weg geht. Du bist der einzige, der es weiß!“
„Es gibt keinen Weg mehr auf dieser Bergseite!“ sagt Mallory ohne Bitterkeit. „Nun sei ruhig und schlafe. Odell wird bald hier sein.“
„Kommt Odell?“
„Ja – sicher!“ lügt Mallory. Er muß den Freund beruhigen.

Andrews Augen sind schon wieder zugefallen. Ihn schüttelt der Frost, aber er spürt es kaum noch. Halb im Hinüberdämmern sagt er leise: „Der gute Odell kommt ..."
George Leigh-Mallory bewacht seinen Schlaf ...
... in der Nacht vom 8. auf den 9. Juni des Jahres 1924, zweihundertfünfzig Meter unter dem sternumkränzten Haupt des Mount Everest.

Zwei leere Schlafsäcke

Der kleine Nima Dorje, der allzeit lustige Wuschelkopf mit den Kirschaugen, ist noch einmal mit vier Trägern vom Lager III auf dem Gletscher zum Chang La heraufgekommen. Der Sirdar hat sie geschickt, um das Lager IV zu räumen und um Odell und Hazard beim Herunterleiten der Gipfelsieger zu unterstützen.
Zum erstenmal ist der fünfundzwanzigjährige flinke Nima Dorje an der Chomolungma. Und schon Tiger! Vorgestern ist er mit dem Nimmermüden bis ins höchste Lager gestiegen – heute ist er schon wieder auf dem Chang La. Er ist von solchem Eifer gepackt, daß er am liebsten selber bis zur Göttinmutter hinaufsteigen würde. Er fürchtet sich nicht vor den Berggeistern, solange es Tag ist. Am Tag gehört der Berg den Menschen, da darf man lachen und unbekümmert sein. So kann man auch den Gipfel zwingen.
Die Gipfelmannschaft? Sie ist noch nicht zurück. Nur Odell und Hazard sind auf dem Nordsattel und stehen stundenlang mit den Ferngläsern vor den Zelten. Sie suchen die Nordostschulter Meter für Meter ab.
Darüber vergeht der Vormittag. Die beiden Sahibs werden immer unruhiger. Endlich wendet sich Odell kurz entschlossen an die wartenden Träger.
„Wir gehen zum Lager V! Und wenn wir dort nichts finden, zum Lager VI. Wer von euch war schon einmal mit oben?"
Er kennt sie nicht alle, auch Hazard ist sich nicht ganz klar, wer von den Trägern für den Erkundungsvorstoß in Frage kommt. Nur Nima Dorje meldet sich.

„Und die anderen?"
„Wir sind neu, Sahib! Zum erstenmal sind wir auf den Chang La gestiegen", antwortet Tewing. „Alle Hochträger sind mit Bara-Sahib und Mister Sommervell zum Hauptlager. Es ist keiner mehr gesund. Auch unser Sirdar verspürt Krankheit. Aber er wartet unten in III, daß wir die Zelte bringen."
Odell kratzt sich den Kopf. Wieder allein gehen? Und wenn Mallory und Irvine heruntertransportiert werden müssen, weil sie nicht laufen können? Zwei Mann braucht er mindestens.
Sie finden sich. Nima Dorje und Tewing sind bereit, mit Odell zu gehen. Sie haben Vertrauen zu ihm und wissen, daß sie vielleicht dem nimmermüden Sahib helfen müssen. Und den haben sie besonders gern. Das Lager V finden sie leer. Odell sagt, daß er das nicht anders erwartet hat. Die beiden anderen werden noch im Lager VI sein. Er glaubt selbst nicht ganz daran, aber er tröstet sich mit dieser Hoffnung.
Die Nacht ist fürchterlich. Fast weht der Sturm die Zelte in den Abgrund. Nima Dorje und Tewing fürchten sich – es ist so unheimlich. Niemand weiß, ob die beiden Sahibs oben noch leben. Sind es ihre Geister, die in der Nacht an den Zelten der Retter zerren, damit ihnen die Seelen der beiden nicht wieder entrissen werden? Die beiden Sherpas kommen nicht zum Schlafen – am anderen Morgen bitten sie Odell, sie ein Stück zum Nordsattel hinunterzuführen. Um keinen Preis wollen sie auch nur einen Schritt aufwärts tun. Jeden Augenblick kann der Monsun kommen, jede Stunde, jetzt! Wenn er sie hier oben festhält, sind sie unrettbar verloren. Der Tod Mallorys und Irvines ist ihnen nach dieser Nacht gewiß. Alles Sich-dagegen-Auflehnen ist sinnlos. Die Toten werden nicht mehr lebendig, wenn man sie sucht und findet. Wen die Götter bei sich behalten wollen, der muß dort sein Grab haben, wo er hinfiel.
So läßt Odell sie ziehen. Er beneidet sie um ihre Kraft, sich in das Unabänderliche zu fügen. Sie fliehen nicht, die beiden tapferen Sherpas, sie gehen, weil sie müssen. Ihr Berginstinkt hat sie selten getäuscht.
Ganz allein, zum zweitenmal in wenigen Tagen, ohne auch nur eine Spur Hoffnung, Mallory und Irvine lebend zu finden, macht der zähe, schweigsame Mann den schweren Weg zum Lager VI. Er findet es leer und wundert sich gar nicht darüber!
Weiter! Irgendwo entdeckt er sie vielleicht – erfroren, erschöpft, von Steinen oder Eisbrocken erschlagen, abgestürzt. Die Heimat will wissen, was aus ihnen wurde, Irvines Mutter, Mallorys junge Frau! Odell steigt zum Gipfel an, er könnte ihn heute vielleicht bezwingen, allein, ohne Sauerstoff! Nach den

fürchterlichen Strapazen der Vortage ist er noch fähig, zwischen den Steinplatten herumzusuchen nach irgendwelchen Zeichen. Er sucht nicht den Sieg. Doch das, was er sucht, findet er nicht. Nach zwei Stunden nicht und nicht nach fünf.
Da kehrt er in einem sonnigen Augenblick zum Zelt der beiden Vermißten zurück, legt die beiden Schlafsäcke auf den Schnee heraus, den einen waagerecht, den zweiten darunter senkrecht. Nun wissen sie es auch unten: Tot!
Und dann steigt er ab, der stärkste Mann der ganzen Expedition. Als letzter der geschlagenen Mannschaft verläßt er den Berg, der unbekannte, stille Geologe aus Persien, der beim Gipfelsturm an die Seite Mallorys gehört hätte. Elf Tage hat er in Höhen über 7000 Meter geschuftet, war zweimal hintereinander ohne „Gas" mehr als 8300 Meter hoch vorgedrungen.
Ihm bleibt die schwerste, entsagungsvollste Aufgabe vorbehalten: aus dem einsamen, verlassenen Zelt unter dem Everestgipfel von denen, die der Berg bei sich behalten hat, ein paar kleine Andenken mit hinunterzubringen. Und die Nachricht vom Tod der Gefährten.
Hinter ihm hebt sich vom Schneefeld das große schwarze T ab, das er aus den Schlafsäcken der Vermißten gebildet hat.
Am 15. Juni verläßt die Expedition den Rongbuk-Gletscher. Zurück bleiben ein paar leere Zelte unter dem Haupt der unbezwungenen Göttinmutter der Erde und an einem mächtigen Mahnmal aus Felsbrocken nahe der Gletscherzunge eine Steinplatte. Eingemeißelt sind die Namen der toten Helden des Everest.
Der Weißen und der Sherpas.

Ein Brief, ein Zeugnis und eine Dressur

Lhakpa Chedi hat es am besten von den drei Tigers getroffen. Er ist noch in der Stellung, die Norton ihm vor zwei Jahren als Dank für die Heldentat auf dem Chang La vermittelt hat.
Er hat sogar Karriere gemacht. Alle im Hotel gönnen es ihm. Jetzt ist er Oberkellner.
Sem Chumbi hat es bei der Bahn nicht lange ausgehalten und ist wieder in sein Heimatdorf nach Nepal zurückgegangen.
Chong Norbu ist nach einiger Zeit wieder bei dem Handelslager in Dienst getreten, in dem er schon vor der Expedition arbeitete.
Norton wollte ihnen helfen. Er wird sich wundern, wenn er wiederkommt. Aber er kommt nicht. Nach der Katastrophe des Jahres 1924 sind die Briten vom Kampfplatz unter dem Everestgipfel abgetreten. Für viele Jahre.
Chong Norbu denkt noch an den Kampf, an die Tage, an denen er mit Lhakpa Chedi und Sem Chumbi mit schwerem Gepäck beladen im Sturm höher stieg, als jemals Menschen mit einer Last gingen. Aber die weißen Sahibs stiegen höher als alle Tigers, weil sie Karten zu deuten verstehen, Instrumente ablesen können, weil sie zu rechnen und zu schreiben wissen. So denkt Chong Norbu. Darum muß er auch lernen, was die weißen Sahibs können.
Er lernt. Der Kaufmann, in dessen Lager er Kisten schleppt, merkt bald, was ihn bewegt. Ein Kuli, der die Aufschriften auf den Kisten lesen kann, ist wertvoller als einer, der das nicht kann. Es ist angenehm, die Ballen nicht selbst zählen zu müssen, wenn der Kuli das kann. Er bringt Chong Norbu das Alphabet, ein paar Sätze Englisch, ein paar Zahlen bei. Nicht zu viel. Bis fünfzig zählen können genügt, vielleicht noch bis hundert. Es ist besser für das Verhältnis zwischen Herren und Kulis, wenn sie sich damit begnügen, zu wissen, daß tausend oder zehntausend mehr ist als zehn. Zu wissen, wieviel mehr das ist, könnte gefährlich werden. Große Zahlen machen Kulis nur schwindlig. Und vielleicht aufsässig.
Eines Tages wird Chong Norbu zur Poststation bestellt.
Der Mann hinter dem Schalter, ein dürrer Inder, fragt ihn, ob er einen Mister E. Tichner kenne.

„Ja!" ruft Chong Norbu aufgeregt und hat bereits das Zeugnis von damals aus der zerschlissenen Windjacke gezogen. Es ist schon ganz braun und fleckig.
Der Inder hebt entsetzt die Hände. „Nicht nötig!" sagt er und macht ein Gesicht, als hätte er auf ein Pfefferkorn gebissen. „Und du heißt?" fragt er kühl.
Chong Norbu nennt seinen Namen, erhält einen Brief, wendet ihn ehrfurchtsvoll von einer Seite zur anderen. „Ist das für mich?" fragt er ungläubig. Ein Brief! Von Bhalu-Sahib! Er hat geschrieben! Ganz benommen macht er ein paar Schritte zum Ausgang, ganz vorsichtig trägt er den Schatz wie einen übervollen Suppenteller. An der Tür rempelt er fast einen weißen Sahib um. Es ist der Post-Officer.
„He – deinen Wisch hier!" ruft ihm der indische Postmann hinterher.
Ehe Chong Norbu wieder am Schalter ist, hat sich der Post-Officer mit der Reitgerte den zerlesenen Schein geangelt und überfliegt ihn mit einem gelangweilten Blick. Dann stutzt er.
„Du bist Bergträger?"
„Ja, Sir!" sagt Chong Norbu. Er hat schon gelernt, die höhergestellten Weißen nicht einfach mit Sahib anzureden. Sir sagt er.
Der Officer will mehr wissen: Alter, wo er arbeitet, die Expeditionen, den Heimatort, die Verwandten. Chong Norbu wartet geduldig, bis ihm seine Zeugnisse wieder mit der Ledergerte hingeschoben werden.
„Möchtest du Leibdiener bei meinem Sohn werden? Der junge Herr ist sehr sportbegeistert!"
Der junge Herr ist ein hochnäsiger Bengel von zwölf Jahren – Chong Norbu kennt ihn, allerdings nicht von der besten Seite. Da möchte er doch lieber im Lager bleiben.
„Ich bin doch bei Mister Warring im Dienst", sagt er abwehrend.
Der Officer winkt nur ab und geht.
Den Brief trägt Chong Norbu den ganzen Tag ungeöffnet bei sich; er kostet das prickelnde Gefühl aus, den Inhalt zu erraten. Am Abend geht er zu Karmi, dem Freund. Mühsam entziffert Chong Norbu die Zeilen, übersetzt unbeholfen und weiß vor Aufregung nicht mehr, was er schon alles gelesen hat. Er könnte zum Dolmetscher auf den Basar gehen, aber es ist für ihn Ehrensache, Bhalus Brief selbst zu lesen. Es dauert eine Weile, bis die beiden begreifen, daß Tichner dieses Jahr nicht kommt, auch nächstes Jahr nicht. Vielleicht in zwei Jahren. Er wollte sich nur mal melden. Trotz der Enttäuschung sind die beiden Freunde stolz und glücklich, weil er sie nicht vergessen hat.

Nach einiger Zeit sagt Mister Warring zu Chong Norbu, daß er ihn an den Post-Officer abgetreten habe. Morgen begänne sein Dienst beim jungen Mister Murray.
„Du dreckig!" empfängt der Sohn des Post-Officers Chong Norbu. „Du erst waschen, los! Fingernägel kratzen, Zunge waschen!"
Wie merkwürdig spricht der junge Herr, denkt Chong Norbu, wie die Kaufleute mit den Kulis, die zum erstenmal aus dem Dschungel kommen.
Dieses scheußliche Pidgin-Englisch, das die Herren erfunden haben, weil sie die braunen Menschen für dumm halten und nicht mit ihnen sprechen wollen wie mit ihresgleichen! Englisch spricht nur ein Gentleman, für die Kulis ist die primitive Kolonialsprache der Briten da. Der junge Tom Murray ist ein gelehriger Schüler seiner Klasse.
Als Chong Norbu in weniger holprigem Englisch antwortet, fährt der Bengel ihn an: „Du mein Kuli! Ich befehlen, du gehorchen! Du nicht anders sprechen, als ich dir sagen! Versteh?"
Sie stecken ihn in andere Kleider. In ihnen ist er nicht mehr Sherpa, aber auch nicht Sahib. Die Sachen hängen ihm am Leibe, verwaschen, unförmig. Schon von weitem sieht man: ein brauner Lakai weißer Herren.
Erst versucht Chong Norbu sich aufzubäumen. Doch wo fände er jetzt Arbeit? Der Post-Officer ist ein mächtiger Mann in Darjeeling.
Morgens muß er dem zwölfjährigen Schüler die Tasche mit den Büchern zu Schule hinterhertragen. Die Söhne der weißen Herren machen sich einen Spaß daraus, ihre gut dressierten Diener vorzuführen. Jackies Diener kann die Schulmappe auf dem kleinen Finger balancieren, William hat seinem Orderly beigebracht, von zehn bis eins rückwärts zu zählen, und Tom Murrays Hund kann ein paar schöne Kunststückchen. Zum Beispiel auf den Vorderpfoten tanzen.
Jetzt hat Tom einen Diener. Auch ihn wird er dressieren. Er hat Erfahrungen mit dem Hund. Wenn der Pudel einen Leckerbissen bekam, lernt er schnell. Später machte ihm das Kunststück selbst Spaß, und er tanzte ohne Belohnung.
Ein Kuli ist nicht mehr als ein Pudel. Der Pudel kann bellen, der Kuli kann sprechen. Aber nur, wenn man ihn fragt. Sonst hat er zu schweigen.
Tag und Nacht hat der Diener für den Herrn da zu sein. Wie alt und wie reich der Herr ist, spielt keine Rolle – den Kulilohn bekommt er regelmäßig, manchmal auch einen Leckerbissen. Damit er besser tanzt. Nach ein paar Wochen hat Tom seinem Die-

ner schon allerlei beigebracht. Eine neue Art von Kunststückchen.
„Geographiebuch bringen!"
Die anderen Schuljungen lachen.
„Pah!" ruft Jackie, „das kann meiner auch!"
Tom befiehlt Chong Norbu: „Seite Afrika aufschlagen!"
Chong Norbu blättert und zeigt ein Bild mit schwarzen Menschen.
Die Jungen lassen sich nicht beeindrucken.
„Das erkennt er am Bild!" sagt einer geringschätzig.
„Befehle ihm doch eine Seitenzahl!" schlägt Tom siegessicher vor.
„Hundertsiebenundvierzig!"
Chong Norbu schlägt die Seite auf, es macht ihm selbst Spaß.
Die Schulfreunde Toms murmeln beifällig.
„Lesen, was da steht!" befiehlt Tom weiter.
Chong Norbu nimmt den Finger. Langsam liest er vor: „Die Bewohner der – der – Sa – Samoa-Inseln sind gastfreundlich, kühne – Fischer und See – Seeleute!"
„Donnerwetter!" wirft Jackie ein.
„Weiter!" ruft William.
„Da sie keine Neigung zu regelmäßiger Arbeit haben, werden für die Pla – Planta – gen – Plantagen Kulis aus Mel –"
„... aus Melanesien" – hilft Tom aus.
„... Kulis aus Melanesien und China impor – tiert!" Chong Norbu holt Luft. Er strahlt. Dann fällt ihm das letzte Wort wieder ein. Importiert. Er möchte fragen, was das heißt, aber dann schimpft der junge Herr wieder mit ihm. Importiert?
Jackie zieht den Gürtel seiner Shorts fest und sagt gewichtig: „Wenn das dein Alter spitz kriegt, daß du deinem Kuli das Lesen beibringst, wird er ganz schön brummen!"
„Ach, der konnte ja schon vorher etwas", will Tom beschwichtigen, aber die anderen merken dabei, daß Chong Norbus Können nicht allein Toms Verdienst ist. „Er ist ein Tiger!" setzt er dann schnell hinzu.
Das ist etwas für die Jungen. Chong Norbu muß erzählen. Im Eifer des Zuhörens vergißt Tom, daß Chong Norbu längst das unbeholfene Pidgin-Englisch vermeidet und ganz flüssig erzählt.
Einmal begonnen, muß Chong Norbu öfter von seinen Erlebnissen am Everest berichten. Es ist ja schon so lange her.
Ganz tief drinnen keimt wieder die Sehnsucht nach dem Abenteuer. Aber er ist nicht mehr derselbe wie damals.
Die Leckerbissen für die „Kunststückchen", die Tom ihn vollführen läßt, waren zu fett. Das Leben im Haus des Briten hat ihn

weit fortgebracht von seinem Leben vor vier, fünf Jahren. Sein Leben ist nur das eines Dieners, aber doch mit vielen Annehmlichkeiten versehen: Bett, Wäsche, Schuhe – ach, und die Bücher des jungen Herrn, die Wege mit ihm zum Tennisspiel und zum Golfplatz ... Die anderen Tigers sind nicht mehr seine Freunde.
„Er ist ein feiner Herr geworden", sagt Karmi zu Chettan, als Chong Norbu an ihnen vorbeikommt und mit den Tennisschlägern seinem Herrn zum Platz nachstelzt.
„Er kennt uns schon nicht mehr. Weil er sich eine Sonnenbrille auf die Nase geklemmt hat, sieht er nur noch die Sahibs. Seine Gedanken trügen ihn, wenn er glaubt, mehr zu sein als ein Kuli! Für die Briten bleibt ein Brauner immer ein Kuli, auch wenn er ihre Sprache versteht und Herrschaft über Zahlen und Buchstaben hat!"
„So ein Scheißer!" Karmi sagt es laut genug, damit Chong Norbu es noch hört. Sie lachen hinter ihm her, böse und verächtlich, wie nur einer ausgelacht wird, der sich mehr dünkt als seinesgleichen.
Von diesem Tage an geht Chong Norbu den Sherpas aus dem Wege, wo er nur kann.

Andere verstehen auch Englisch

Der erste Weg der Deutschen nach ihrer Ankunft in Darjeeling führt zum Postamt. Viel erwarten sie nicht, denn Briefe aus der Heimat können noch nicht hier sein. Der Beamte reicht ihnen ein Telegramm. Der Inhalt ist schnell gelesen. „Plan A II fällt also aus!" sagt der breitschultrige, etwa fünfunddreißig Jahre alte Mann mit der Goldrandbrille zu seinem Begleiter und faltet resigniert das Telegramm zusammen. „Schade – der Marsch durch Nepal hätte mich sehr interessiert. Da bleibt es also beim Weg durch das Tistatal, den Zemugletscher aufwärts, und dann müssen wir schauen, wie es auf den Kantsch hinaufgeht!"
Es ist der 30. Juli 1929. Vor mehr als vier Wochen sind sie in München in den Zug nach Genua gestiegen: Paul Bauer, Notar

aus München, und sein Freund Eugen Allwein, der Erstersteiger des Pik Lenin. Und mit ihnen kamen Ernst Beigel, der schon mit Bauer im Kaukasus war, Fendt, der die Pallavicinirinne am Großglockner im Alleingang gemacht hat, Leupold, Thoenes, von Kraus, Aufschnaiter, Brenner – alles Freunde, Berggefährten, Seilkameraden Bauers. Er hat keinen Mann mitgenommen, den er nicht genau kennt. Auf dem Schiff, das sie in vier Wochen von Genua nach Kalkutta brachte, kam das Telegramm aus Berlin, daß die indische Regierung die Einreise in den Darjeelingdistrikt gestatte. Der Weg zum Kangchendzönga ist frei. Aber welcher Weg? Vom Westen her hat es Reaburn 1920 schon einmal versucht – aber dazu braucht Bauer die Erlaubnis, Nepal zu betreten, weil der Berg genau auf der Grenze zwischen Sikkim und Nepal liegt.
Die Ablehnung der Regierung in Katmandu hat er jetzt in der Hand. Sie entschließen sich schnell für die Marschroute durch Sikkim und wollen schon am nächsten Tag aufbrechen, um den Berg von Osten oder von Norden her anzugreifen. Der Berg lockt, keine Stunde wollen sie verschenken!
Der Himalaya-Club in Kalkutta und ein paar Offiziere in Darjeeling haben den Deutschen schon viel Arbeit im voraus abgenommen. Mister Laden La, der Superintendent of Police, hat wieder seine bewährte Trägerliste bei der Hand. Zwei Trägerobleuten, die seit vielen Jahren Karawanen nach Tibet leiten, hat er den Befehl über die achtzig Kulis übertragen. Die Deutschen sind damit einverstanden. Aber unter den Hunderten von Trägern, die sich melden, treffen sie selbst die Auswahl. Paul Bauer, der sich so gern seiner Soldatenzeit erinnert und bei jeder Gelegenheit Vergleiche zieht, wie sich ein Soldat in dieser oder jener Situation verhalten würde, will die Leute selber fest in die Hand bekommen.
„Ich habe im Krieg als Infanterist studiert, wie man Untergebene behandeln muß", sagt er zu Kraus und Allwein, die die Träger ärztlich untersuchen, „und dann als Zug- und Kompanieführer jahrelang diese Grundsätze praktisch betätigt!" Seine Leute sind ihm ergeben. Militärische Traditionen mischen sich bei ihm in merkwürdiger Weise mit Bergsteigererfahrungen. Er hat ja auch Kulis vor sich – sie lassen sich willig führen, und er versteht es, ihr aufkeimendes Selbstbewußtsein in die richtigen Bahnen, zum Nutzen des Unternehmens zu lenken.
Da sind sie, die Tigers: Pemba, Chettan, Karmi, Lewa, Pasang, die Sirdare Nursang und Naspati, der Everest-Koch Tenchedar und auch Chong Norbu. Ganz hinten hat er sich zur Untersuchung angestellt, damit er den Blicken der Kameraden entgeht,

die mit ihm vor fünf Jahren am Everest kämpften. Schon fünfmal kam seitdem der Monsun, und jedesmal wurde die Kluft breiter zwischen ihnen und ihm. Er ist weit fort von ihnen. Und sie beachten ihn nicht mehr, weil er ein zu williger Diener der Weißen geworden ist. Die Sonne brennt ihm auf den nackten braunen Rücken. Er hat die Oberkleider abgelegt, wie die anderen. Der Doktor-Sahib drinnen im Bungalow horcht mit einem schlanken Trichter auf der Brust, dem Rücken, faßt das Handgelenk und zählt dabei. „Knie beugen – zehnmal!" Wieder zählt der Doktor.
„Gut! Du heißt?"
Chong Norbu streift das Hemd über, das Khakihemd. Stopft es in die Leinenhose, zurrt den Gürtel fest. Die Kleidung eines Weißen. „Chong Norbu ist mein Name, bis gestern Orderly bei Mister Murray. Hier in Darjeeling. Vierundzwanzig Jahre alt, in Nepal gebürtig. Zweimal am Everest. Höchstes Lager." Kurz und soldatisch wünscht der Bayer die Angaben. Chong Norbu hat sie ihm gemacht. In gutem Englisch. Als wolle er ein Ausrufezeichen hinter seine Worte setzen, fügt er hinzu: „Höhenrekord."
Die Sahibs werden ihn mitnehmen, dessen ist er sich sicher. Darum ist er auch von Tom Murray fortgegangen. Nicht ohne böse Worte entließ ihn der Herr, und er mußte sich sagen lassen, daß er undankbar sei und nie mehr dem Herrn unter die Augen treten solle. Vielleicht war er zu voreilig – nun muß er den Lohn der German-Sahibs annehmen und sei er noch so gering. Aber sicher nehmen ihn die Germans und geben gutes Bakschisch. Er ist ja ein erfahrener Everest-Tiger!
Allwein sieht ihn an. Selbstbewußt hat Chong Norbu den Kopf erhoben. Über der wenig platten Nase stehen in schmalen Schlitzen die klaren Augen. Wäre seine kräftige Oberlippe nicht so aufgeworfen, könnte man ihn schön nennen. Der leichtgeöffnete Mund gibt seinen Zügen etwas Verwegenes.
„Ein guter Mann", sagt Allwein auf deutsch zu Kraus. Mit einem leichten Schlag auf die Schulter entläßt er Chong Norbu. „Allright!" Er wird Nursang zugeteilt, dem alten Tibeter, der als Feldwebel in einem Gurkha-Regiment gedient hat. Sirdar Nursang trägt die unvermeidliche tibetische Fellmütze mit Ornamenten, in seinem ledernen Gesicht stehen eng beieinander die lustigen Augen, in denen Verschlagenheit blitzt. Lacht er, und er lacht oft, dann entblößt er eine Reihe blendender kleiner Zähne. Seine raschen Bewegungen verraten Umsicht, Energie, Zähigkeit. Diese Eigenschaften wußte Alexander Mitchell Kellas bei ihm schon zu schätzen.

Da sind auch die anderen Tigers.
Nicht wie Chong Norbu haben sie die Kleidung der Weißen angelegt.
Sie tragen lange, überfallende Hosen, ihre Füße sind nackt oder mit Lappen umhüllt, um die Schultern hängt eine weite Jacke, zerrissen von der Schinderei auf den Plantagen. Sie sind Kulis, einer wie der andere.
Da ist Karmi, der lange schlaksige Karmi. Seine Pickel im Gesicht ist er immer noch nicht losgeworden. Er schleppt sie mit sich herum durch sein dreißigjähriges Leben, wie das unnütz große Bündel eigener Sachen. Mit ergebener Duldermiene schnürt er seine schwere Last.
Da ist Pemba. Seine riesigen Hände sind immer in Bewegung – oft beschwörend erhoben, wenn er sich polternd ereifert. Dann zuckt seine große Adlernase, die seinem Gesicht einen heldischen Zug gibt. Zwei Jahre jünger als Chong Norbu mag er sein.
Und da ist Chettan – Freund und Gefährte Chong Norbus am Everest. Schlank, mit rundem Gesicht, das ein leichter Anflug von Bart umrahmt. So wie er, sehen die meisten Arbeiter in Nepal aus: gescheit und heiter. Seine kleine Frau umschnattert ihn, den hübschen Dreißigjährigen, während er das Stirnband für die Traglast ordnet.
Lewa ist das gute Gewissen der Tigers. Der einfache, ehrliche Sherpa hätte schon längst ein Sirdar sein müssen. Vielleicht wird er es auf dieser Reise. Das Alter hätte er dazu. Bald wird er vierzig sein. In das scharfgeschnittene, schmale Gesicht haben Hunger und Qualen der Not ihre Furchen gegraben. Sein Wort gilt; gemessen ist seine Sprache, sicher und selbstbewußt sind seine Bewegungen. Trotz seiner fast zierlichen Figur ist er eine sehr männliche Erscheinung. Zum Zeichen seiner Bergerfahrungen hat er sich den Everest-Hut Major Nortons aufgesetzt.
Und da ist Kitar. Mit hoher Fistelstimme zetert er eigensinnig über die Tigers, die ihm mit Schläue die eckigste aller Kisten zum Tragen übriggelassen haben. Auf der schmalen, vorstehenden Oberlippe glänzt ein schwarzes Bärtchen, die tiefschwarzen langen Brauen stehen widerborstig über der lustigen Stupsnase. So ernst er auch immer blickt – mit seinem Gehabe reizt er die Gefährten immer zu gutmütigem Spott. Er ist ja auch der Jüngste …
Mit vierzig anderen Kulis geht es mittags los. Die zweite Abteilung soll übermorgen folgen – abermals vierzig Träger.
Es gießt in Strömen. Der Blick auf den Kangchendzönga ist ihnen verwehrt, der herrlichste Blick, den es auf den Höhen des

Himalaya gibt, von Darjeeling zum 80 Kilometer entfernten Gipfelmassiv der „Fünf Schatzkästchen des großen Schnees". Die bildhafte Benennung des Berges, den sie bezwingen wollen und dessen Name nun täglich hunderte Male in ihrem Munde sein wird, ist den derben bayrischen Bergsteigern zu umständlich, und sie einigen sich, fortan nur noch „Kantsch" zu sagen.
Bauer hat nach langen Überlegungen den kühnen Entschluß gefaßt, den Angriff in der eigentlichen Mittelperiode des Monsuns zu beginnen. Das ist ungewöhnlich.
Vom Everest her sind es die Tigers gewöhnt, vor dem Einsetzen des schneereichen Südweststurmes die Unternehmungen möglichst schon beendet zu haben. Aber Bauer rechnet anders. Man wird viel Schnee haben, allerdings, aber er wird sich schon gesetzt haben, und Kälte und Wind sind weniger heftig als vor dem Monsun. Dem Sturm muß man entgehen, der alle Leute am Everest fast umgebracht hat. Das ist Bauers Hauptgrund. Und damit entgeht er auch der entnervenden bangen Frage, die alle Gipfelangriffe am Everest lähmte: Wann kommt der Monsun? Kann man noch einen Vorstoß wagen oder ...?
Bauer läßt sich Zeit, er hat sie ja, bis in den Oktober hinein. Und dann bleibt immer noch Zeit für den Rückweg. Aber noch sind sie auf dem Anmarsch. Im schwülen Urwald des Tistatals machen alle unangenehme Bekanntschaft mit den sikkimesischen Blutegeln. Zwirnsfadendünn, unheimlich flink schlängeln sie sich durch die Schuhösen, zwischen die Wickelgamaschen, durch die Nähte der Hosen. In riesigen Scharen überfallen sie die Karawane. Alles flüchtet zum Bach, eine Stunde lang rasen in wilder Hast Träger und Sahibs aus dem Bereich der scheußlichen Biester.
Dementsprechend ist am Abend alles mit dem Pflegen der Bißwunden beschäftigt, jeder flucht und ist in gereizter Stimmung. Die Kulis haben am meisten gelitten, weil sie sich mit hundertzwanzig Pfund auf dem Buckel nicht mit aller notwendigen Gewandtheit gegen die Plagegeister wehren konnten. Es ist wirklich eine Schinderei! Für eine Rupie pro Tag!
Die selbstbewußten Everestleute tun sich zusammen und wollen mehr Lohn als die gewöhnlichen Kulis haben. Gern möchte auch Chong Norbu mehr Lohn bekommen. Doch wo soll er hingehen, wenn die Sahibs zornig werden und sagen: Alle, die streiken, sind entlassen! Bei Tom Murray kann er nicht mehr um Dienst nachfragen. Er will bei den Germans bleiben, er muß bleiben, auch wenn der Bauer-Sahib keinen Anna zulegt. Aber er darf seine Gedanken den anderen nicht sagen. Sie würden ihn nicht anhören. Die Tigers beraten sich ohne ihn.

Pemba und Kitar sollen zum Sirdar gehen und die Forderung der Träger vorbringen. Sie brauchen gar nicht zu gehen. Ein richtiger Sirdar hat seine Ohren überall und ist schon bei ihnen.
Er wiegt vielsagend seinen Knüppel in der Hand. Vielleicht denkt er, noch seine Rekruten aus der Kolonialarmee vor sich zu haben? Mit den Everest-Tigers ist er noch nicht viel in Berührung gekommen. Lauernd steht er vor den Trägern. Da kommt Bauer dazu. Am ersten Tag schon hat er den Namen „General-Sahib" bekommen, weil die scharfsichtigen Augen der Sherpas seinen Hang zum Militärischen bemerkt haben.
Lohnerhöhung?
„Auf dem Gletscher gibt es vier Annas Zulage!" läßt er den Sirdar dolmetschen. „Hier im Tal macht ihr Arbeit wie gewöhnliche Kulis und habt auch nicht mehr Geld zu verlangen!"
„Vier Annas – das ist noch nicht eine viertel Rupie mehr! Gebt sie uns schon jetzt, nicht erst, wenn wir im Eis sind!"
„Nein", entscheidet Bauer, „wer nicht zum vereinbarten Lohn bleiben will, kann gehen!" Als wolle er den Sherpas zeigen, wie man fortgeht, so dreht er sich um und läßt sie stehen. Mit schnellen Schritten geht er zum Sahib-Zelt.
Die Tigers handeln noch mit dem Sirdar – es geht über Stunden hin, und im Lager entsteht eine richtige Streikstimmung, die immer mehr Kulis ergreift.
Vor Bauers Zelt gibt es plötzlich ein Handgemenge. Lepchas schleifen einen Sherpa am Boden hin, die Sirdare sind mit ihren Knüppeln dazwischen. Brüllen, Befehle, Flüche.
„Die Prügel werden seinen bösen Sinn vertreiben!" sagt ein Lepcha-Kuli zu seinem Nachbar. Und grinst schadenfroh. „Unsern Lohn wollte der Kerl schmälern!"
„Was ist denn mit ihm gewesen?"
„Alle Darjeelingleute wollten mehr Geld, er nicht!"
„Er nicht? So ein Dummkopf!"
„Nun haben sie ihn erwischt, wie er zum General-Sahib gegangen ist und gesagt hat, er würde auch für den alten Lohn mit den Sahibs gehen, und hat gesagt, er fände jetzt keine andere Arbeit! Der Narr! Er hat es auf englisch gesagt, weil er wohl dachte, daß ihn keiner von den Kulis versteht!"
„Und es hat einer verstanden?"
„Freilich, du Dummkopf, sonst wüßte ich es ja nicht. Einer von den Tigers hat es gehört."
„Schweig – da kommt er!" tuschelt der Alte. Sie messen ihn mit mißtrauischem Blick, den Vorbeikommenden. Es ist Chong Norbu.

Er wischt sich die Nase, als heulte er.
„Waren das seine Leute, die ihn verdroschen haben?" forscht der alte Mann weiter.
„Nein", lacht der Lepcha-Mann leise, „die Männer aus meinem Tal! Sie hatten zuerst Furcht im Leibe, weil sie dachten, die Tigers würden für ihren Mann die Fäuste gebrauchen. Aber sie haben dabeigestanden und nur ein Lachen im Gesicht gehabt!" Kichernd rückt er sein Bündel zurecht. Im Lager wird es ruhig.
Als neblig der Morgen heraufzieht, entläßt General-Sahib die paar Leute, die ihm gestern abend mißfallen haben.
„Du kannst auch gehen", sagt er sehr ruhig zu Chong Norbu, der gerade dabei ist, seine Last zu schultern.
Bittend sieht ihn Chong Norbu an. Kein Wort bringt er heraus. Gehen? Die weißen Sahibs nehmen ihn nicht, obwohl er mit dem alten Lohn zufrieden war?
Bauer reicht ihm seinen Lohn. Chong Norbu macht keine Miene, seine Hand aufzuhalten.
„Da – nimm! Ein Bakschisch dazu, kannst es nehmen, die andern haben es auch bekommen!"
„Ich möchte hierbleiben, Sir!" sagt Chong Norbu.
„Das geht nicht. Ich möchte keinen Unfrieden unter den Kulis, es ist besser, wenn du gehst. Am Berg brauche ich eine unzertrennliche Gemeinschaft, die anderen mögen dich nicht" – er macht eine hinweisende Bewegung mit dem Arm – „du siehst ja selbst!"
Drüben bei dem Lastenstapel stehen die Darjeelingleute, die Lepchas, die Sherpas, die Tigers. Stumm blicken sie herüber, die Hände in den Taschen, Feindseligkeit, Spott drückt ihre Haltung aus. Ganz mechanisch streckt Chong Norbu die Hand vor. Nimmt das Geld. Und wendet sich, ohne Gruß.
Fünf Jahre hat er gewartet, fünf Jahre geschuftet, sich erniedrigen lassen, um zu lernen – für die nächste Expedition! Und die jagt ihn davon!
Der junge Herr in Darjeeling wird sich eins lachen, wenn er hört, daß sein fortgelaufener Diener für einen Hungerlohn auf der Teeplantage arbeiten wird.

Der wilde Grat der „Fünf Schatzkästchen"

„Deckung!" schreit Allwein. „Steinschlag!"

Die drei andern haben das Poltern von oben schon vernommen. Sie pressen die Körper an die Wand, den Kopf möglichst unter einen Vorsprung geschoben. Da kommt die Steinlawine schon an, krachend, funkensprühend. Kubikmetergroße Blöcke fliegen vorbei, schlagen irgendwo auf, zerspringen in unzählige Splitter. Pfeifend saust das kleine Zeug nach allen Seiten. Kreuzfeuer.

Mit dem Gleichmut der Streckenarbeiter, die den donnernden Eisenbahnzug vorbeilassen, um sich nach der notwendigen Unterbrechung wieder der Arbeit zuzuwenden, setzen die Bergsteiger ihren Weg fort.

Der Weg führt senkrecht nach oben. Da, wo eben noch die Hand Halt suchte, stehen jetzt die Füße. Zäh und verbissen hakken sich die Bayern und Tigers in schwindelnder Höhe im Eis einen Pfad.

Sie hacken seit vierzehn Tagen. Und gewannen bisher nur wenige Meter. Kitar und Pasang, Chettan und Lewa kämpfen mit in der vordersten Gruppe. Bauer, Kraus und Thoenes haben mit ihnen in den Steilabstürzen des Nordostgrates den Gebrauch von Steigeisen und Pickel geübt. Es machte ihnen Spaß, und sie waren so eifrig bei der Sache, daß sie sich bald an kühnste Quergänge wagten. Den Sahibs standen dabei die Haare zu Berge; soviel Kühnheit trauten sie sich selbst noch nicht zu und brachten den vier braunen Gefährten schleunigst Sichern und Seilbehandlung bei. Sie brachten schon etwas mit, vom Everest, aber die Deutschen verlangten mehr, sie waren gründlicher und sehr streng, vor allem beim Einhalten der Abmarschzeiten.

Der Nordostgrat! Immer mehr ist er zum zentralen Angriffspunkt geworden. Simvu-Sattel, Twinsgletscher und Zemu-Gap haben sich als ungünstige Zugangswege zum Kantschgipfel erwiesen. Blieb der Nordostgrat – der fürchterliche, von Eistürmen gekrönte steile Sporn. Wer ihn zum erstenmal sah, schauderte bei dem Gedanken, daß dies der einzige Weg auf die „Fünf Schatzkästchen des großen Schnees" sein sollte. Jetzt hat Bauer alle Bergsteiger in der Steilwand unter dem Grat zusammengezogen. Der Angriff beginnt! Der langsame, systematische, sehr sorgfältig überlegte Angriff auf den Nordostsporn.

Kitar hat am Morgen mit verlegenem Lächeln umständlich einen weißen Schleier aus der Brusttasche gezogen und ihn dem General-Sahib um den Hals gehängt. Das soll ihm Glück bringen, ihm und den anderen weißen Bergsteigern, die den Tigers Freunde geworden sind. Alle wissen: Heute muß die Entscheidung fallen. Aus der Südwand des Nordostsporns ziehen blanke Eisrinnen zum Grat hinauf. In ihnen tobt der Steinschlag, donnern die Lawinen. Aber die Rinnen müssen bezwungen werden. Wenn es sein muß, im Sprung zwischen zwei Steinkanonaden.

Die Eisrinnen, die die Wand durchfurchen, sind durch hohe, zersägte Rippen getrennt. Mal sind sie messerscharf, mal von mächtigen Wächtenbuckeln gekrönt. Bresche um Bresche wird in die Rippen geschlagen. Der erste Mann, gut gesichert, hackt eine Stunde. Ist er erschöpft, tritt der zweite an seine Stelle. Dann der dritte. Das ist ihre Methode.

So leisten sie, was die Tigers am Everest bei den Briten nie erlebten – nur Mallory war dazu fähig –, ununterbrochen schwerste Eisarbeit in 6000 Meter Höhe.

Am Nachmittag des 16. September gelangen Aufschnaiter, Bauer, Beigel und Kraus mit Karmi und Lewa zum erstenmal auf den Grat!

Die Südwand ist bezwungen!

Aber was sich ihren Augen bietet, läßt sie bei aller Kühnheit verzweifeln. Zwei Handbreit Platz, um die Füße voranzusetzen, nirgends ein Fleckchen, wo das Zelt stehen könnte. Ein paar Meter balancieren sie noch auf dem Grat aufwärts, dann kehren sie zurück ins Lager VII b, das sie „Adlerhorst" getauft haben.

Vier Tage darauf endlich schlafen Bauer und Beigel erstmals auf dem Nordostgrat. Das „Little Camp" ist auf einem schmalen Stück des Sporns in den Schnee gemeißelt. Links hinunter stürzt die Südwand auf den obersten Zemugletscher, einen Meter weiter beginnt der Steilabsturz zum Twinsgletscher. Tausend Meter Abgrund zur Rechten und Linken, so legen sich die Männer zum Schlafen nieder.

Immer mehr Bayern und Tigers kommen herauf, immer weiter schwindeln sich die Spitzentrupps empor. Sich gegenseitig tageweise ablösend, hacken sie sich durch die Eistürme auf dem Grat, mit unwahrscheinlicher Zähigkeit durchbrechen sie Wächte um Wächte, treiben Tunnels von unten nach oben durch die Eistürme. Der eine Turm wird durchbohrt, der andere zwingt dazu, rundherum ein schmales Band auszumeißeln; einer beugt sich schon einem Steilanstieg im Zickzackweg, aber ein ganz besonders hartnäckiger Gendarm auf dem Grat wird so

lange von unten angehackt, so lange unterhöhlt, bis er donnernd zum Twinsgletscher hinabkollert. Zwei Tage gefährliche Eisarbeit erfordert allein eine Wächte, durch die sie einen senkrechten Schacht bohren.
Aber wohin mit den Zelten auf dem schwindelerregenden Grat? Da hat Bauer eine glänzende Idee: Ins Innere der Eistürme wird eine Höhle vorgetrieben, die für sechs bis acht Mann Platz bietet! Die Sache bewährt sich, weiter oben hämmern sie noch eine Höhle aus. Erst sind die Tigers mißtrauisch und wollen sich nicht in der Höhle zum Schlaf niederlegen, dann lassen auch sie ihre Zelte in der Bärenkälte allein und kriechen durch den schmalen Höhleneingang, den ein Kleppermantel verdeckt.
Nicht weniger als 3 Grad unter Null zeigt drinnen das Thermometer – und das ist warm, wenn draußen 30 Grad minus sind!
So überstehen die Männer – Sahibs und Sherpas – vier volle Wochen auf dem sturmumtosten, fußbreiten Nordostgrat, pendeln zwischen den Hochlagern mit Proviantkisten, Benzin, Seilen, Zelten. Zäh und unerschütterlich wühlen sie sich dem Sporngipfel entgegen. Der Nachschub klappt, die Stimmung ist heiter, selbst bei dickstem Wetter. Alle sind frisch und gesund – bis auf das Ungeziefer, das die Männer im Tal so plagte. Brenners letzter Floh, „Heinrich XXXI., jüngere Linie“, hat schon längst knackend das Zeitliche gesegnet, und Fendt muß seiner letzten Laus, dem „Mariandl“, betrübt die Grabrede halten.
„Das rauhe Leben hier oben hat das arme Viech ruiniert – ich hatte mich schon so an sein liebes Zwicken gewöhnt!“
Mit unverwüstlich guter Laune arbeiten Kitar und Pasang schon an der Eishöhle Nummer III – sie haben sich schon so an die verdünnte Luft gewöhnt, daß sie beim Hacken laut ihre Lieder schmettern, ohne außer Atem zu kommen.
Jetzt könnte sich der Grat endlich beugen und die wochenlange Eishackerei mit einem freien Weg zum Nordgrat, dem leichten Gipfelgrat, belohnen!
Da fallen an einem Tage eineinhalb Meter Schnee, am nächsten Tage zwei Meter! Unter unsäglichen Schwierigkeiten kämpfen sich die Besatzungen der Hochlager wieder hinunter zum Little Camp, zum Adlerhorst, ins Tallager. Lewa hat sich alle Fingerspitzen erfroren, Beigel muß getragen werden, weil seine Füße vom Frost blau und schwarz sind. Dennoch, was die neun Bayern mit ihren fünfzehn Tigers auf dem Nordostsporn an Schwierigkeiten erwartete, hätte leicht mehr Opfer fordern können.
Im Standlager hocken sich die lamaistischen Träger um Tenchedar, den Koch, Dolmetscher und Lamapriester zugleich. Sie beten und danken den Göttern, daß sie nach dieser kühnen, ans

Waghalsige grenzenden Eiskletterei, die in allen Bergen des Himalaya ihresgleichen sucht, wieder gesund in ihre Heimat zurückkehren dürfen, daß sie ohne Unfall aus dem todbringenden Bereich der „Fünf Schatzkästchen des großen Schnees" dem Leben zurückgegeben werden.
Über ihnen flattern an einem Zweig die bunten Gebetswimpel, ziehen die Wolken um das Haupt des unbezwungenen Kantsch, des dritthöchsten Berges der Welt.
Von seinen 8586 Metern konnten sie ihm mit ihren Sahibs nicht mehr als 7400 abtrotzen – aber alle sind sich darüber einig: Sie haben mehr geleistet, als wenn sie am Everest auf 8500 Meter gestiegen wären. Der ungeheuer schwere Nordostsporn hat den Wagemut der Tigers geweckt, hier sind sie zu Alpinisten geworden.

Chettan geht einen weiten Weg

Noch nicht ein halbes Jahr lang haben die „Fünf Schatzkästchen des großen Schnees" vor den Menschen Ruhe. Wieder stehen die Zelte der Belagerer in der Flanke des Kantsch.
Noch nicht ein halbes Jahrhundert ist verstrichen, seit Forscher und Bergsteiger zum erstenmal ihre Schritte zum Kangchendzönga lenkten. Engländer, Schweizer, Italiener und wieder Engländer, in immer schnellerer Folge, immer kürzeren Abständen kamen die ehrgeizigen, wissensdurstigen und manchmal sensationsgierigen Menschen zum Berg.
Erst im vorigen Jahr die Deutschen, die Bayern, mit der Elite der Everest-Tigers! Und allein – eine Wahnsinnsidee – ein junger Amerikaner, den der mächtige Berg nicht mehr aus seinen weichen weißen Armen ließ.
Über die Zelte auf dem Kantsch-Gletscher streicht der Morgenwind. Knatternd schlägt die kleine Fahne hin und her – auf rotem Tuch ein weißes Kreuz. Wo der Schnee nicht die Zeltwände überpudert hat, leuchten weithin die Buchstaben: I. H. E.
Der gütig lächelnde Tenchedar mit dem Zwirbelbart ist als erster aus seinem Küchenzelt gekrochen. Ehe er seine Arbeit be-

ginnt, sitzt er mit untergeschlagenen Beinen auf einer Felsplatte und erwartet betend die ersten Strahlen der aufgehenden Sonne. Seine Augen suchen den Gipfel des heiligen Berges Kanchenshau, im Osten, über dem sich langsam der glühende Ball emporhebt. Die Blicke unzähliger Gläubiger vereinigen sich in diesem Augenblick auf der Spitze des Berges, der seine segenbringenden Wasser in alle Täler des Landes sendet und die Äkker der Bauern bewässert.

Aus den Trägerzelten kommen die Männer und bereiten für ihre Sahibs den Morgentee. Es ist die alte Garde: Lewa, der Umsichtige, Harte mit dem zerfurchten Gesicht; der schlanke, flinke Chettan; Ondi, ewig zwiebelessend, voll strotzender Kraft; der polternde Pemba mit den Händen eines Riesen; Pasang, blaßgesichtig, straff und drahtig, der schwungvollste und leidenschaftlichste Arbeiter; Nima Dorje, beispielgebend in seiner Sauberkeit; Nima Thondup, ein Bhutia, bäuerlich-behäbig, das lange fettige Haar zum Zopf geflochten, und Kitar, der Stupsnasige, der eitel auf sein Bärtchen und auf Lob bedacht ist. Sie kennen den Berg schon, wie sie sich untereinander kennen. Der ewig pelzbemützte Gurkha-Feldwebel Nursang ist ihr Sirdar, wie im vorigen Jahr. Wie im vorigen Jahr trottet einer abseits, von allen Tigers gemieden: Chong Norbu. Die Gefährten haben nicht vergessen, daß er sich dem Bauer-Sahib zum niedrigen Lohn angeboten hat, sie wissen, daß es aus Not geschah, und hätten es jedem anderen verziehen, aber Chong Norbu mögen sie nicht verzeihen.

Die Sahibs sind nicht alle aus einem Land, und sie sprechen auch verschiedene Sprachen. Lewas Sahib ist der Leiter der Expedition, Professor Dyhrenfurth – Bara-Sahib nennen sie ihn. Bara-Sahib macht ihn zum Sirdar – endlich! Sirdar für die Bergmannschaft! Drunten im Tal befehligt Nursang.

Der immer gutaufgelegte, rührige Chettan ist der Orderly des kleinen drahtigen Erwin Schneider aus Österreich. Der Engländer Johnson läßt sich von Ondi bedienen und ist zufriedener mit ihm als der Polizeichef in Darjeeling, mit dem Ondi eigentlich immer auf dem Kriegsfuß steht. Wegen der Gesetze, mit denen die Briten in seiner Heimat regieren.

Charles Duvenal läßt seine Filmapparate von Rinchi und Sonam tragen. Sonam, der alte Everestmann, ist nun schon fünfunddreißig geworden. Aber noch immer strahlen seine enggekniffenen Augen vor Vergnügtheit.

Chong Norbu ist dem Landvermesser zugeteilt, einem Franzosen, und hilft ihm bei den topographischen Messungen. Er ist froh, nicht im großen Trägertroß zu sein, zu deutlich zeigen ihm

die Tigers, daß sie mit ihm nichts mehr im Sinne haben. Kaum zwei Tage war er bei seinem Herrn, da nannte er ihn schon den „baumlangen Sahib". Der Franzose ist fast zwei Meter groß. Riesengelächter seitens der Sahibs.
Chong Norbu macht ein verdutztes Gesicht. „Warum müssen die Sahibs lachen? Ist er nicht ein langer Mann?"
Bara-Sahib klärt ihn auf. Es ist etwas verwickelt. Der französische Topograph hat einen deutschen Familiennamen. Der „baumlange Sahib" heißt Marcel Kurz! Ein Glück, daß Chong Norbu englisch versteht; den deutschen Namen des Franzosen vom Englischen ins Nepali zu übersetzen, wäre dem Bara-Sahib nie gelungen!
Wirklich international ist die I. H. E., die „Internationale Himalaya-Expedition 1930". Wieland, Hoerlin und Richter sind die deutschen Teilnehmer, außer Johnson sind noch die britischen Alpinisten Hannah und Smythe dabei – und eine ganz große Überraschung für die Tigers: eine weiße Frau! In Darjeeling wäre das nichts Ungewöhnliches. Aber hier in der Heimat des großen Schnees?
Memsahib sagen die Tigers zu Hettie Dyhrenfurth, der Frau des Professors. Sie hat sich Kippa, den naiven siebzehnjährigen Sherpa mit den heiteren, wimperlosen Augen, zum Leibdiener gemacht. Kippa überschlägt sich vor Diensteifer für Memsahib. Sie leitet mit Energie und Umsicht den Nachschub, kommandiert das Hauptlager, pflegt Kranke, schreibt Berichte, schneidert, kocht. Die Sherpas lieben sie alle. Ihr zu Ehren bauen sie sogar ein separates stilles Örtchen aus Steinen. Wenn Memsahib im Dunkelkammerzelt badet, stehen sie draußen alle Wache – damit kein Mann sich nahe!
Memsahibs zähneklapperndes „Huuuh!" ist auf die 15 Grad minus zurückzuführen. „Geschieht ihr ganz recht!" brummt der Professor. „Hier oben badet man nicht. Hier pflegt man wärmende Dreckschichten mit Bedacht!"

Dieses Mal wird der Kantsch von der anderen Seite her angegriffen. Die andere Seite, das ist der Kangchendzönga-Gletscher auf nepalischem Gebiet. Dyhrenfurth ist es als erstem Forscher nach Jahrzehnten gelungen, die Regierung des abgeschlossenen Landes Nepal zu einer Einreisegenehmigung zu bewegen.
Wird er mehr Glück haben als Bauer im Vorjahr?
An der Nordwestflanke setzten Smythe, Wieland, Schneider und Hoerlin am 1. Mai den Angriff an. Über einem riesigen Eisbruch zieht sich zwischen dem Twins und dem Kantsch-Gipfel ein mäßig ansteigender Grat hin. Die fünf Gipfel des Kantsch

liegen alle auf einer Linie, die ungefähr von Nordwesten nach Südosten verläuft. Da, wo das Kantschmassiv vom Hauptgipfel gekrönt wird, mündet der vom Twins kommende Grat in die Gipfellinie. Hat man den Grat, dann hat man den Berg! Aber dreimal müssen bis dahin Eismauern von jedesmal zweihundert Meter Höhe bezwungen werden – jedesmal unterbrochen von einer verhältnismäßig leichten Terrasse.
Eine Woche vergeht, aber die erste Eiswand ist noch nicht gefallen. Stufen, nicht zu zählen, sind schon geschlagen. Seilgeländer, Eishaken müssen in schwerster Arbeit angebracht werden. Die Männer krallen sich in der Wand fest, bewältigen Meter um Meter mit übermenschlicher Anstrengung.
Duvenal filmt. Was sich hier seiner Kamera bietet, ist einmalig. An einer zehn Meter hohen Eiswand steht Smythe auf den Schultern von Wieland. Hoch reckt er sich, schlägt einen Haken ins Eis, hängt sich mit dem Karabinerhaken ein, Wieland zerrt ihn hoch! Weiter, der nächste Haken steckt, noch einer! Immer wieder steigt er auf die Schultern Wielands, bis ihnen die Luft ausgeht. Aber wieder ist ein kraftraubendes Stück der großen senkrechten Wand überwunden.
„Verdammt, diese Eishackerei!" stöhnt Smythe. „Ich muß erst mal verschnaufen!"
„Wir sind ja auch schließlich fünfzehnhundert Meter über Montblanc-Höhe!" sagt Wieland lächelnd.
Der Kameramann Duvenal hat die Kurbelei eingestellt. Er schiebt die Sonnenbrille vor die Augen und horcht hinüber in die Wände jenseits des Gletschers. Plötzlich reißt er die Kamera auf dem Stativ herum. „Schnell! Die lange Tüte!" ruft er Sonam zu.
Der greift in den Koffer, springt zu Duvenal. Schon sitzt das Teleobjektiv in der Kamera, und Duvenal dreht, dreht, dreht!
Jetzt sehen es auch die anderen, was die scharfen Augen des Kameramannes erspäht haben. Eine gewaltige Eislawine hat sich drüben in der Wand gelöst und donnert auf den Gletscher hinunter. Da kommt auch schon der Schall herüber. Und mit ihm der Luftdruck. Er wirft sie fast aus dem Stand. In undurchdringlichen Schneewolken versinkt die Landschaft, Sonam kann gerade noch eine Decke über die wertvolle Kamera werfen, dann senkt sich ein feiner Schneestaub auf alle und alles. Duvenal strahlt. Er hüpft vor Freude, weil ihm eine so großartige Aufnahme gelungen ist.
Smythe kratzt sich am Hinterkopf. „Wenn uns diese bewundernswerte Naturerscheinung in dieser Wand hier beehrt – na, dann haben wir keine Zeit mehr, ein Testament zu machen!"

Sie drehen alle die Köpfe nach oben. Ja, da hängen über ihnen drohend die Eismassen. Aber so schlimm wird es schon nicht kommen.
Lewa, Chettan und Kitar sind schon wieder dabei, die Stufen zu verbessern, die die Bergsteiger vor ihnen geschlagen haben.
„Werden die Träger hier mit den Lasten aufsteigen können?" fragt Dyhrenfurth. Lewa nickt. „Es müssen noch mehr Seile in den Weg. Die Stufen schlagen wir dann schon richtig aus."
Der Bara-Sahib sieht ihnen zu, wie sie weiterhacken. Was ist mit Chettan? Der flinke Bursche gefällt mir heute gar nicht, denkt er. Seit den ersten Tagen des Marsches hat er ein enges Verhältnis zu den Tigers gefunden. Um all ihre Sorgen kümmert er sich, auch wenn sie von den Trägern nicht ausgesprochen werden. Er versteht es, in ihren Gesichtern zu lesen.
„Was ist mir dir, Chettan?" fragt er geradeheraus.
Chettan richtet sich auf, rückt die Brille auf die Stirn und sagt mit bekümmertem Gesicht: „Bara-Sahib, das ist kein guter Weg! Der Weg ist nicht natürlich. Zuviel Eisen und Hanf, zuwenig fester Boden!" Er macht eine Pause, hebt seinen Pickel gegen die überhängenden Eismassen und sagt besorgt: „Und dort ...?"
Das Eis! Eben haben sie von der gegenüberliegenden Wand eine Warnung empfangen – doch sie fühlen sich hier nicht unsicher. Sie glauben nicht an ein Unglück, weil sie es nicht erhoffen. Unbekümmert steigen sie wieder ab nach Lager II.
Der Freitag beginnt mit einer trüben Nachricht. Der Transport im Tal klappt nicht. Dyhrenfurth muß zwei gute Bergsteiger, Hannah und Johnson, hinunterschicken. Sie sind sprachkundig und sollen mit den Bauern und Hirten aus dem Tal reden. Es sind keine Tigers, die Kulis, die unten den Proviant heranschaffen sollen, und die fürchten sich, ins Eis zu gehen, wo kein grünes Blatt das Auge erfreut und nur trostloses Einerlei an die Gewalt der bösen Schneegeister mahnt.
Tenchedar ist von großer Trauer erfüllt. Heute erfuhr er, daß seine Mutter gestorben ist. Seine Stimmung überträgt sich auf die Tigers. Ziemlich unlustig geht es an die Arbeit. Schneider steigt mit Chettan. Der „Kunstweg" durch den Eisbruch liegt schon hinter ihnen. In weitem Abstand folgen Duvenal mit seinem Filmtroß, Lewa, Kippa, Chong Norbu und die anderen Träger mit ihren Sahibs.
Langsam bricht sich die Sonne durch die Wolken Bahn und erwärmt die Eiswand. Die Sahibs schwitzen unter ihren Tropenhelmen. Selten, daß ein Wort gewechselt wird. Schweigend klettern sie den schweren Weg hinauf.
Da zerreißt ein dumpfer, weithin hörbarer Knall die Stille. Als

Chong Norbu nach oben blickt, kann er eben noch erkennen, wie sich eine riesige Eiswand vornüberlegt und mit gewaltigem Getöse umkippt.
„Deckung!" brüllt einer der Sahibs.
Deckung? Wo? Sekunden werden vergehen, ehe die Eisklötze sie erreicht haben – oder geht der ganze höllische Segen zur Seite in den Kessel ab?
Nein! Die Eislawine kommt genau auf sie zu! Mit mächtigen Sätzen versuchen die Männer zu flüchten – zur Seite – aus der Schußbahn – vielleicht gelingt die Rettung! Duvenal, Sonam und Rinchi erreichen einen schützenden Eiswall. Aber Schneider – wo ist Schneider? Und Chettan? Ihr Götter – mittendrin!
Polternd wirbeln Schnee und Blöcke aus Eis. Mit lähmender Kälte wälzt sich der Eisstaub heran – dann tritt ganz überraschend große Ruhe ein. Die Lawine ist zum Stillstand gekommen.
Wieland ist als erster wieder auf den Beinen. Er sieht mit einem raschen Blick, daß die unteren Partien nicht zu Schaden gekommen sind. Erwin Schneider sprang noch, kurz bevor ihn die Lawinenfront erreichte, zur Seite und entschwand Wielands Blikken hinter einem Vorsprung. Nach ein paar Minuten fieberhaften Suchens sieht er an der Stelle, wo Chettan verschüttet sein kann, zwischen den Lawinenbrocken eine braune Hand herausragen. Chettan!
Wieland wühlt mit den Händen, endlich hat er das Gesicht frei.
Lebt er noch?
Die Stirn blutet stark.
Da kommen Lewa, Chong Norbu und Sonam, Hoerlin und Duvenal. Sie graben Chettan weiter aus. Uli Wieland stürzt weiter, Schneider zu suchen. Wenn er ihn nicht hinter diesem Absatz sieht, dann ist der flinke Österreicher ein Opfer der Eislawine geworden, vor der Chettan gestern so besorgt warnte. Endlich kommt Schneider über den Buckel herauf – er hat den rettenden Sprung zur rechten Zeit getan!
Als sie zu Chettan und den anderen zurückkommen, sind sie am Ende ihrer Kräfte. Schwer atmend setzt sich Schneider neben den Leblosen. Nach einer kleinen Schnaufpause kann er Hoerlin ablösen, der schon lange versucht, Chettan durch künstliche Atmung zu retten.
Zischend strömt die Luft aus dem Brustkorb – weit die Arme zurück – einatmen, vor mit den Armen! Kreuzen über dem Bauch – ausatmen! Ein – aus …

„Wenn er sterben soll, dann können es auch die Sahibs nicht hindern." Lewa sagt es zu seinen Freunden. Der Gott des Kangchendzönga hat ihren alten Gefährten Chettan zu sich genommen, er hat ihn schon fest in seinen Armen gehabt, warum graben die Sahibs ihn wieder aus?
Kitars Blicke gehen immer wieder ängstlich nach oben. „Die Schneegeister werden neue Lawinen auf uns schütten, damit wir ablassen, ihnen Chettan zu entreißen", sagt er leise zu Lewa.
Lewa wendet sich an die Sahibs: „Chettan ist schon tot. Wen die große weiße Hand schon einmal zugedeckt hat, den kann man nicht mehr aufwecken!"
Schneider läßt sich nicht beirren – er versteht sowieso nicht, was Lewa sagt. Fünf Viertelstunden machen sie mit dem leblosen Chettan Atemübungen – er wird immer blasser. „Die Stirnwunde blutet nicht mehr", sagt Wieland, „aber er hat sicher auch durch die Eisbrocken Quetschungen erlitten. Sieh mal, hier an den Rippen!"
„Es hat wohl keinen Zweck mehr" – Schneider läßt Chettans Arme los. Sie sind schon kalt geworden. Vor der Starre soll man es nicht aufgeben, denkt er. Doch laut widerlegt er sich selbst: „– aber er ist ja verletzt, wer weiß, wie schwer!"
Langsam erhebt sich Erwin Schneider aus der knienden Haltung – sein Chettan ist tot! Die Träger bringen ihn hinunter.
„Ein Tiger ist er gewesen, ein sehr tüchtiger", sagt er mit warmer Stimme im Abwärtsgehen, „wenn wir daheim doch viele solcher Bergsteiger hätten ..."
Lewa und Karmi, Chettans beste Freunde, haben in der Lawine auch etwas abbekommen, sie müssen ins Lager zum Doktor-Sahib Richter. Und weil Tenchedar heute schon um seine Mutter trauert, bestimmt der Bara-Sahib, daß Chong Norbu die Bestattung leiten soll.
Längst hat der Professor gespürt, daß die Kulis einen Bogen um Chong Norbu machen, und wenn es geht, einen großen. Vielleicht bessert sich das Verhältnis, denkt Dyhrenfurth, wenn wir allen Kulis zeigen, daß die Sahibs Chong Norbu schätzen. Vielleicht vergessen die Tigers eine alte Feindschaft, wenn sie gemeinsam am Grab eines Kameraden stehen?
Nicht weit vom Lager II legen die Tigers ihren Gefährten ins Eis. Der Bara-Sahib gibt ihm seine alte Eisaxt mit ins Grab, Chong Norbu wirft die Wegzehrung dazu: eine Handvoll Reis, eine Handvoll Gerste. Für den weiten, weiten Weg ...
Chettan, Freund und Gefährte an der Chomolungma in jener schrecklichen Nacht, als der „Nimmermüde" uns herausholte

aus dem sicheren Verrecken, jetzt gehst du, wie der nimmermüde Sahib, wie Irvine, den weiten, weiten Weg, mit Mingma, dem großen Bruder.
In Gedanken versunken steht Chong Norbu immer noch da – warum findet er sich nicht so drein wie die anderen, die einfach sagen: Es war so bestimmt, daß Chettan hier starb, und damit gut! In Chong Norbu nagt etwas, er kann noch nicht sagen, was. Aber er will sich nicht damit abfinden, daß einfach alles von den Göttern bestimmt wird – nein, man kann dem Schicksal auch ausweichen, bestimmt kann man das ... Wenn nur Bhalu hier wäre, er würde Trost wissen.

Der „Siebentausender-Schneider"

Die Schweizer Sahibs haben die Berge in ihrer Heimat, die Österreicher auch. Die deutschen Sahibs erzählen von großen Strömen, und die Briten haben nur kleine Berge in ihrem Land.
Die Memsahib, die Frau des Professors, hat es Chong Norbu erzählt. Sie bestellt Chong Norbu oft zu sich ins Lager, wo er ihr Worte in Nepali sagen muß. Memsahib will wissen, wie die Leute in Nepal für „Haus" sagen und für „Hütte", für „laufen" und für „gehen". Sie schreibt die Worte auf – ein ganzes Buch voll hat sie schon davon gesammelt. Und Chong Norbu erzählt gern und lernt viel. Es sind schöne Tage.

Die Bergsteiger arbeiten mit den Tigers am Westgrat. Nach Chettans Tod hat Bara-Sahib den Weg durch die Eiswand aufgegeben. Auch den Westgrat gibt er auf. Hoerlin, Schneider und Smythe sind von einer Erkundung zurückgekommen und sagen nur: „Chaina!"
Um zu erfahren, daß dieses Wort „Nichts!" bedeutet, braucht Memsahib ihr Wörterbuch nicht aufzuschlagen, sie kann es an den langen Gesichtern der drei ablesen.
Hat damit der Kantsch wieder einmal gesiegt?
Ja. Bara-Sahib sieht ein, daß es besser ist, die Zeit bis zum Mon-

sunbeginn – vier Wochen noch, vielleicht nur drei – nicht mit ergebnislosen Erkundungen am Kantsch zu verbringen.
Er hat ein neues Ziel: den Jongsang Peak!
Bis zum endgültigen Abmarsch vom Kantsch „macht" Schneider mit Smythe noch „schnell nebenbei" einen Siebentausender: den Ramtang Peak (7105 Meter) oberhalb des Lagers II.
Damit nicht genug, nimmt er sich mit Wieland den Nepal Peak vor. Den 7145 Meter hohen SW-Gipfel greifen sie vom Standlager aus über den Hirtenlagerplatz Pangpema an. Unterhalb des Sattels mit dem Namen Nepal Gap läßt Schneider die sechs Tigers und den unpäßlichen Wieland zurück und steht nachmittags im Schneesturm auf dem Gipfel seines dritten Siebentausenders – den Pik Lenin im Pamir hatte er 1928 unter den Füßen, vor ein paar Tagen den Ramtang Peak und jetzt den Nepal Peak!
Drei Siebentausender – diese Erfolgsliste hat kein anderer Bergsteiger der Welt aufzuweisen!
Der Haupttrupp ist schon zum Jongsang Peak unterwegs. Von Nepal wechseln sie wieder nach Sikkim über, von Sikkim nach Tibet. Sie sind in der Dreiländerecke des Osthimalaya.
Dann endlich – am 3. Juni ist es soweit! Nicht mehr der Trisul, sondern der Jongsang Peak ist der höchste bisher bezwungene Gipfel! 7493 Meter hoch stehen zwei Männer, die sich auf dieser Expedition als die besten Bergsteiger gezeigt haben: Hoerlin und – selbstverständlich – der kleine zähe Tiroler Erwin Schneider. Er kann den vierten Siebentausender in seine Rekordliste eintragen.
„Wir werden die Besteigung wiederholen!" sagt Bara-Sahib bei der kleinen Siegesfeier. Die letzten Sektflaschen kreisen – der Erfolg scheint sich an die Fahnen der Expedition zu heften. Erst die Niederlage am Kantsch, dann aber drei Siebentausender! Darunter den höchsten Gipfel, den Menschen bisher betraten!
„Die Träger nehmen wir mit, so hoch es geht" – sagt Marcel Kurz, der Topograph, „am liebsten mit auf den Gipfel. Mein Chong Norbu liegt mir schon dauernd in den Ohren, warum ich immer mit meinen Apparaten im Tal herumsteige. Diesmal soll er auf seine Rechnung kommen!"
„Ist das der Mann, der mit Mallory im höchsten Lager am Everest war?"
„Ja – er ist eigentlich mit Nima Dorje der Rekordhalter unter unseren Tigers. Warum haben wir ihn nicht schon längst vorn eingesetzt? Ich wäre für meine Arbeit auch mit einem anderen Mann zufrieden gewesen!"
Bara-Sahib krault sich seinen Vollbart, nimmt noch einen

Schluck aus der Sektflasche und sagt: „Mir hat der Sirdar Nursang da eine dumme Geschichte aus dem vorigen Jahr bei Bauers Reise erzählt. Ich habe ihn deshalb etwas zurückgehalten."
Marcel Kurz ist erstaunt. „Ich kann nicht klagen! Hat er geklaut?"
„Nein, nein! Ich bin nicht ganz klug geworden aus der Sache. Es war so eine Eigenbrötelei, die anderen Tigers haben ihn deswegen mal verdroschen!"
Durch das Zelt der Sahibs dröhnt Lachen. „Finde ich gut! Handfeste gegenseitige Erziehung! Haha!"
„Aber intelligent ist der Bursche!"
„Das ist er!"
Bara-Sahib ordnet noch an, wer von den Trägern zur zweiten Besteigung mitgeht, dann ruhen sich alle vor dem schweren Angriff aus. Die „Elite" hat den Gipfel schon in der Tasche, wird ihn die „zweite Garnitur" auch schaffen? Im Einschlafen denkt Dyhrenfurth daran, daß er schon vierundvierzig ist.

Barfüßler im Schnee ohne Tarif

Im Lager II, 6320 Meter hoch, hat der Sturm das große Trägerzelt eingedrückt. Durch die Verschnürungen wirbelt der Flugschnee herein. Wenn die Kulis zusammengedrängt unter dem losen Tuch liegen, ist es noch am erträglichsten. Sie kauern im warmen Halbdunkel. Da reißt einer von draußen den Eingang auf, daß die Männer vorn am Loch mit Schnee überschüttet werden.
„Wollt ihr faulen Hunde nicht euer Zelt aufrichten?" brüllt der Mann. Es ist Lewa. Seine hellen Augen sind zornig. Bei jedem Wort brechen aus seinem Bart und vom Kapuzenrand die kleinen Eiskristalle.
Die andern schweigen stumpfsinnig.
„Vorwärts – 'raus! Packt euren Kram auf die Schultern. Es geht weiter!"
Die Kulis rühren sich nicht. Vorn am Loch sagt ein Mann ruhig zu Lewa: „Sage dem Bara-Sahib, wir gehen heute nicht."

Sie sind keine Tigers, nur einfache Lastträger, die einen Dienst annehmen, wo auch immer es sei. Sie kommen in die Berge, weil bei den Sahibs, die die Heimat des Schnees durchforschen, guter Lohn winkt. Gerade soviel Lohn, daß man die Strapazen in der Kälte auf sich nimmt, aber nicht die Gefahr, die Glieder zu erfrieren. Die Not treibt sie in die Berge und nicht, wie die Tigers, der Reiz des Abenteuers, und schon gar nicht der Ehrgeiz, wie ihn die Sahibs haben. Wozu auch?
Die Tigers haben es besser. Sie schlafen nie im Freien, zwischen rieselndem Schmelzwasser auf den Steinen, wie die Kulis. Die Kulis bekommen keine Jacken, Windblusen und Stiefel. Die bekommen nur die Tigers, die Freunde der Herren. Diese essen auch besser und tragen weniger. Was oben, über der Kuligrenze, im steilen Eis von den Tigers verlangt wird, darum kümmern sich die Kulis nicht. Sie haben genug mit sich selbst zu tun: die Lasten richtig verteilen, daß der Rücken nicht wund wird und das Stirnband nicht scheuert, die zerrissenen Fußsohlen heilen, Essen kochen, ein windfreies Biwak herrichten. Hier im Schnee haben sie mal ein Zelt bekommen. Acht Mann drängeln sich auf dem eisigkalten Boden.
Der frischgebackene Sirdar Lewa versucht es mit Bitten.
Die Kulis bleiben unbeweglich.
Er beschwört sie, mahnt sie an das Versprechen beim Anwerben. Die Götter werden sie strafen, und die Lamas in ihren Heimatdörfern werden ihnen den Segen verweigern, wenn sie den Sahibs nicht treulich dienen! Sie hören seine Worte und halten die Augen geschlossen.
Der Wortführer am Zelteingang schützt mit den Händen das Gesicht vor dem hereinstäubenden Flockenwirbel. „Laß uns jetzt. Du siehst ja, die Männer wollen nicht. Und höre meine Worte: Ich will auch nicht! Wenn Schneegeister pfeifen, bleibt man im Zelt, und wenn sie noch lauter brüllen, gräbt man sich ein, und wenn die Sonne sticht, steigt man ab. Unsere Mägen verlangen satt zu werden!"
Jetzt wird sein Nebenmann lebendig, der langzöpfige Bhutia. Er schiebt sich auf den Ellenbogen gegen den knienden Lewa vor: „Wir warten auf die Stunde der Essenausgabe! Wollt ihr uns immer noch hungern lassen?"
„Es wird Proviant heraufgebracht", beruhigt Lewa ihn. „Ihr wißt doch, daß die Lager von der ersten Partie leergefressen wurden – ist das unsere Schuld?"
„Ohne Essen gehen wir nicht!"
Ein dritter mischt sich ein: „Und bei Sturm auch nicht!" Es ist Kehar, der immer von seinen fünf Kindern erzählt. „Sollen wir

da oben verrecken? Und wer sorgt dann für unsere Kinder, he?"
Lewas letztes Mittel: er droht. Wie falsch das ist, merkt er sofort, aber einmal angefangen, ereifert er sich immer mehr. Der Lärm lockt die anderen Tigers, sie verdunkeln mit ihren Köpfen den Eingang des eingefallenen Zeltes, die Kulis drinnen stützen die Plane mit Köpfen und Händen.
Jetzt kommt Lewa mit den streikenden Kulis noch schlechter voran. Die Anwesenheit der bevorzugten Tigers reizt sie noch mehr zum Widerstand. Zu allem Überfluß hänselt Kippa, ausgerechnet der Jüngste, die Kulis noch!
„Ich werde deinen dummen Mund mit meiner Faust schließen!" kriegt er zu hören. „Die Sahibs lassen euch gut leben, geben euch Matratzen und Schlafsäcke! Unsere Arbeit aber belohnen sie nicht einmal mit einer Zigarette!"
„Und wir müssen euch noch den Kram hier heraufschleppen, damit ihr euch faul strecken könnt!" sagt empört der Bezopfte.
Chong Norbu versucht eine lange Erklärung, warum das so sein muß und daß es von den Sahibs sehr klug eingeteilt sei, wenn die Männer für die höchsten Lager weniger zu arbeiten hätten als die Kulis, und daß die Sahibs überhaupt nicht zu arbeiten brauchten, weil sie alles bezahlen, und, und, und ...
Er merkt gar nicht, wie sich die Feindseligkeit zuspitzt.
„Du Speichellecker, du liebst wohl die Herren, was?" fragt einer scharf.
„O ja!" gibt Chong Norbu überzeugt zurück.
„Wir hassen die Herren nicht", sagt der Wortführer mild, und Lewa nutzt gleich die Chance: „Dann kommt also!"
Vergeblich. Die Kulis sind nicht zu bewegen, aufzustehen. Sie wollen liegenbleiben oder absteigen. Morgen kann der Monsun kommen und sie einschneien. Und zu wenig Lebensmittel sind im Lager! Keiner wird ihre Familien ernähren, wenn sie hier umkommen. Oder gar noch höher steigen müssen! Bei dem Hundewetter! Aus dem schweigenden Sträuben ist offener Widerstand geworden!
Bara-Sahib läßt bekanntmachen: „Wer zum Basislager absteigen will, mag gehen! Jeder wird notiert, der die Sahibs jetzt verläßt – bei der großen Abrechnung in Darjeeling bekommt er es dann zu spüren!"
Ein paar Kulis werden schwankend, als Wieland sich mit gewichtiger Miene daranmacht, eine Liste der Streikenden aufzunehmen. „Was sollen wir tun?" fragen sie ihren Wortführer.
Der zuckt nur die Achseln.

Wer wird ihnen in Darjeeling helfen, zu ihrem Geld zu kommen? Es gibt keinen Tarif, es gibt keine Vorschriften, bis zu welcher Höhe über dem Meeresspiegel ein Kuli für eine Rupie am Tag Lasten zu schleppen hat, bei wieviel Grad Kälte er seinen geschundenen Körper im schützenden Zelt bergen darf. Niemand hat festgestellt, daß ein Mann keinen Schritt mehr tun kann, wenn der Sturm mit einer Geschwindigkeit von 25 Metern in der Sekunde daherbraust und der Mann fast einen Zentner Gepäck am Stirnband hängen hat. Niemand wird dem Kuli sagen können, wie hoch sein Anteil an dem Ruhm ist, den weißen Sahibs zum Sieg über den ersten Gipfel von 7500 Meter Höhe verholfen zu haben, niemand wird ihm ein bestimmtes Entgelt zumessen, weil mit seiner Hilfe ein Steinsammler namens Dyhrenfurth für die Wissenschaft die Entdeckung machte, daß auf dem eroberten Gipfel Meeresablagerungen zu finden sind, die beweisen, daß der Himalaya aus dem Meer emporwuchs und das jüngste Gebirge der Erde ist. Nichts weiß der Kuli von der Ehre für den Wissenschaftler, vom Ruhm für den Sportler, für ihn gilt nur eins: Er ist arm, so arm, daß er seinen Rücken verkaufen muß! Dem Plantagenbesitzer, dem Tuchhändler, dem Forschungsreisenden. Geht er dabei zugrunde, dann hungert die Familie, wenn das Sterbegeld, das manche Expeditionsleiter zahlen, verbraucht ist. Kommt er als Krüppel, mit amputierten oder erfrorenen Gliedern heim, dann vergrößert er den Hunger in seiner Hütte.
Der große blonde Wieland zeigt mit dem Bleistift auf diesen oder jenen Kuli. Die Namen will er wissen. Für die Lohnkürzung.
Lewa steht dabei und fühlt sich nicht wohl. Seine schmalen Lippen zucken, unruhig flattert der Blick von einem zum anderen. Es ging doch bisher so gut. Die Sahibs waren besser und großzügiger als alle anderen, die vorher in die Heimat des Schnees gingen. Sie kehrten nie die Herren heraus und suchten die Freundschaft der braunen Männer. War die Freundlichkeit nur ein Mittel, um anzuspornen? Ist die Drohung der Lohnkürzung ein gleiches Mittel, weil die Freundlichkeit nicht mehr ausreicht? Lewa legt seine braune Hand auf Wielands Liste.
„Warte, Sahib!" stößt er schnell hervor und rennt zum Zelt des Bara-Sahib hinüber. Bald ist er wieder da.
„Bara-Sahib läßt allen verkünden: Wer mit weitergeht, bekommt für die Jongsang-Tour doppelten Lohn und ein besonderes Bakschisch!"
Wieland kann seine Liste nehmen und gehen. Alle Kulis geben nach – bis auf Kehar, der es nicht riskieren will, seinen fünf

Kindern den Ernährer zu nehmen. Mit ihm steigt noch Tadin mit den verkrüppelten Füßen zum Standlager hinunter. Und niemand verübelt es ihnen!

Auf den Gipfel kommt es an!

„Ein Aufstieg führt auch mal abwärts!" sagt lachend der Bara-Sahib zu dem „Baumlangen". Sie stehen am Steilhang, der zum Sattel zwischen dem Vorgipfel und dem Jongsang Peak zweihundert Meter tief abfällt. Wieland und Smythe sind schon dabei, einen Pfad für die schwerbeladenen Träger zu hacken. Hier oben stand das letzte Lager Schneiders, bevor er mit Hoerlin trägerlos zum Gipfel hinaufstürmte. Er konnte sich das leisten, bei seiner sprichwörtlichen Schnelligkeit. Dyhrenfurth muß noch ein weiteres Lager anlegen – er will mehr aus wissenschaftlichen Gründen mit Kurz auf den Jongsang Peak. Den sportlichen Ruhm der Erstersteigung haben schon Schneider und Hoerlin vorweggenommen.
Die zweihundert Meter bis zur Gletschermulde sind eine elende Schinderei für die Träger. Am letzten unteren Teil haben die Sahibs mit den Tigers einen versicherten Stieg angelegt. Hundert Meter Geländerseil, unzählige Stufen. Die Sherpas hangeln daran abwärts. Bara-Sahib hat sich an der gefährlichsten Stelle als Aufpasser postiert. Nach und nach leitet er mit ruhigen Anweisungen alle Träger aus der Felswand ins Eis – ein unangenehmer Übergang.
Noch drei Mann – dann wird es geschafft sein! Pasang, der schwungvolle Dreißigjährige, ein Kuli aus Bhutia und als letzter der kleine Kippa.
„Ruhig! Rechtes Bein in den Riß. Greif mit beiden Händen das Seil!" befiehlt der Bara-Sahib.
Pasang geht es wieder einmal nicht schnell genug. Als er die Hand wechselt, sieht Dyhrenfurth zum erstenmal, daß an Pasangs linker Hand zwei Finger verkrüppelt sind. Warum gehst du ohne Handschuhe, will er ihm gerade zurufen, da bekommt Pasangs schwere Last Übergewicht und dreht ihn kopfüber!

Aber die Hand klammert noch am Seil, die verkrüppelte Hand!
Pasang ist völlig hilflos. Die Traglast drückt seine Nase ins Eis, die Steigeisen kratzen wild, es hilft nichts – er kommt nicht herum.
Da tastet sich Bara-Sahib ungesichert unter den zappelnden Sherpa, packt ihn samt Traglast und wuchtet ihn mit Ächzen herum. Die Lungen der beiden keuchen – noch einmal abstützen – so! Hochrot vor Anstrengung sind ihre Gesichter. Das war wirklich ein Kraftakt für den hünenhaften Bara-Sahib! Unten auf dem Gletscher umhalst Pasang dankbar lächelnd seinen Retter.
Noch ein Sprung über den Bergschrund, dann ist die Steilwand überwunden! Smythe verfehlt den Tritt und stürzt beinahe in die Spalte. Zappelnd läßt er sich am Seil hochziehen.
Am Abend stehen sie auf dem Joch, suchen sich einen windstillen Platz für die Zelte und beziehen das letzte Lager unter dem Gipfel – knapp 6500 Meter hoch! Noch tausend Meter bis zum Ziel! Jahrelang hat Chong Norbu vom Sieg über einen Hochgipfel geträumt. Bekommt er morgen endlich eine große Bergspitze unter die Füße? Der lange Sahib hat es ihm versprochen.
Marcel Kurz hält Wort. Die vier Sahibs nehmen jeder ihren Orderly mit. Das Wetter ist gut, am klaren Morgenhimmel recken sich die Spitzen der Pauhunri-Gruppe empor. Ehe sich der morgendliche Sturm gelegt hat, steht die Sonne schon hoch im Blau. Mit leichtem Gepäck ziehen die acht Männer den immer steiler werdenden Schneehang gipfelwärts. Als sie zum Fels kommen, der in breiten Bändern nach oben zieht, stößt Bara-Sahib einen Freudenruf aus.
„Kalk!" ruft er. Mehrere Steine bricht er heraus, zeigt sie dem langen Sahib und spricht mit ihm. Chong Norbu versteht sie nicht, weil sie in der Heimatsprache des Franzosen sprechen. Aber als Bara-Sahib seine fragenden Augen sieht, erklärt er ihm den Grund seiner Freude.
„Diese Steine zeigen mir, daß sie vom Meeresboden kommen! Denke dir, hier war einmal tiefes, großes Wasser!"
Chong Norbu hat in Tom Murrays Büchern viele Bilder vom Meer gesehen – weiß, daß es so tief ist, wie die Berge seiner Heimat hoch sind. Aber hier war einmal Meer? Ungläubig lächelnd sieht er dem Professor in die strahlenden Augen.
„Das habe ich entdeckt, Chong Norbu! Kurz! Welche Freude für mein Geologenherz!" Und dann nimmt er sich Zeit, Chong Norbu mit einfachen Worten zu erklären, daß sich die Felsen aus dem Meere gehoben haben.

„Erdbeben?“ fragt Chong Norbu. Er denkt an Toms Bilder und Bücher.
„Nein – langsam. In vielen tausend Jahren. Ganz langsam.“ Dyhrenfurth schiebt den Stoff seiner Hose zu Falten zusammen. „So, immer höhere Falten, so ungefähr! Tibet schiebt sich auf Indien auf. Und alles war Meer. Daraus hob sich die Heimat des Schnees, deine Heimat, Chong Norbu, der Himalaya!“
Er ist verwirrt, aber er glaubt Bara-Sahib jedes Wort. Während der lange Sahib zum Weitergehen mahnt, sinnt Chong Norbu nach. Wie vieles die weißen Sahibs wissen! Wird er das alles lernen können, nicht alles, ein wenig, eine winzige Kleinigkeit?
Der eisige Wind auf dem Grat ruft ihn aus seinen Gedanken. Bara-Sahib und sein Träger Lewa sind schon weit hinter ihnen. Der steinsuchende Professor hat es nicht so eilig, auf den Jongsang Peak zu kommen. Die Zeichen vom Meeresgrund sind ihm jetzt wichtiger.
Voran gehen Wieland und Smythe. Ihre beiden Träger sind schon umgekehrt. Kippa, der Kleine, ist ja noch ein halbes Kind – für ihn ist die Sache zu schwer. Ondi hätte es eigentlich nicht nötig gehabt, mit abzusteigen. So bärenstark und unverwüstlich – aber er wollte die Gelegenheit nutzen und erbot sich, Kippa hinunterzuführen. Ihn lockt der Gipfel nicht sonderlich.
Chong Norbu denkt nicht an Aufgeben. Was der lange Franzose kann, ist nichts Besonderes. Chong Norbu hat bessere Bergsteiger gesehen. Er will ja auch nur hinauf, um oben zu fotografieren, mit dem kleinen Instrument die Berge anzuvisieren und Punkte in seine Karte einzutragen. Chong Norbu hat kein Verständnis für solche Motive. Auf einen Berg steigen, weil er schwer ist, weil man kämpfen muß, mit dem Berg und mit sich selber, ja, das versteht er! Zu sehr hat ihn selber immer das Abenteuer der Berge gelockt. Aber nur um Bilder zu machen und um zu messen – nie und nimmer würde er deswegen auf einen Berg gehen! Zu viert betreten sie den Gipfel – Wieland, Chong Norbu, Kurz und Smythe. Sie schütteln sich die Hände und umarmen sich. Chong Norbu denkt an Bhalu-Sahib, an die vielen Gipfel damals …
Einen Augenblick scheint es ihm, als sei seine Freude damals größer gewesen. Da tippt Smythe ihn auf die Schulter. Er zieht ihn lächelnd zu der kleinen britischen Fahne, die am Eispickel flattert.
„Du bist der erste Sohn deines Landes, der auf dem Jongsang steht!“ ruft Smythe ihm durch den Sturm ins Ohr. „Das muß man fotografieren! Halte still!“ Er macht ein paar Aufnahmen.

Kurz kommt dazu und Wieland. „... damit hast du auch den Rekord für deine Landsleute – der höchste Gipfel, auf den Menschen stiegen!"
Chong Norbu wendet ein, daß er an der Chomolungma doch schon viel höher war, und mit größerer Last.
„Auf den Gipfel kommt es an, mein Junge, auf den Gipfel! Aber wenn du so weitermachst, stehst du eines Tages auch noch auf dem Everest! Hast das Zeug dazu!"
Weit in der Runde glänzen die Gipfel des Osthimalaya unter ihm – ganz fern dunkeln die braunen Ebenen Tibets. Und drüben der Kantsch mit seinen wilden Eisgraten, und weit, weit hinten die gütige Göttinmutter der Erde ...
Da packt Chong Norbu der heiße Wunsch, sein Leben damit zu verbringen, gegen die beiden Riesen anzurennen, gegen den Kantsch und den Everest, die beiden höchsten, bis sie sich seinem Stiefel beugen. Von allen Tigers hat er die höchste Stelle an der Chomolungma erreicht, jetzt hat er einen Siebentausendfünfhunderter als erster Sherpa erobert. Jetzt weiß er, daß er nicht mehr loskommen wird vom Gipfelfieber!
Wenn es nur nicht von der Gnade der Sahibs abhängen würde, ob er in die Berge gehen kann oder auf den Plantagen eintönige Arbeit verrichten muß. Er möchte auch so reich sein wie die Sahibs, die hundert und mehr Träger bezahlen können. Aber er wird immer arm sein ...
Und dann geht er zu seinem Sahib und drückt wortlos dessen Hände – ihm muß er danken, für den Sieg, für den Gipfel.
Der schneidende Wind jagt sie von der Spitze des Jongsang Peak. Beim Abstieg begegnen sie Lewa und Bara-Sahib, noch weit unterhalb der Kuppe.
Wollen die beiden heute noch hinauf?
Ja – Bara-Sahib will. Es ist sein Sehnsuchtsziel, und dafür riskiert er alles. Und sein Lewa ist ihm treu ergeben.
Mit unbehaglichen Gefühlen lassen sie die Verspäteten weitersteigen – die vier sind vor dem Dämmern im Lager auf dem Sattel und schlürfen, erschöpft, mit zitternden Händen, heißen Tee, den Willkommenstrunk der Lagermannschaft. „Nicht schwierig war der Aufstieg, aber ein Schlauch, sakra!" sagt Uli Wieland zu den anderen Sahibs und läßt sich von Kippa, seinem Diener, die Stiefel von den erstarrten Füßen zerren.
Im Zelt des langen Sahib hockt Chong Norbu und massiert seinem Herrn die Zehen. Er richtet ihm das Lager, bereitet ihm das Abendessen, ist mit dem Streichholz zur Hand für die Pfeife, erneuert die Kerze in der Laterne – dann kriecht er, mit einer Zigarette beschenkt, todmüde ins Zelt der Tigers.

Das war sein Tageslauf: den Sahib wecken, ihm beim Ankleiden helfen, das Frühstück bereiten, die Sachen für den Aufstieg pakken, alle Last für den Herrn tragen, ihn sichern, führen – hinauf und hinunter, ihn bedienen vom Erwachen bis zum Einschlafen und dabei einen Hochgipfel bezwingen.
Niemand kocht Chong Norbu Tee, niemand schnürt ihm den Rucksack, der seine und des Sahibs Ausrüstung birgt. Niemand massiert Chong Norbu die erstarrten Füße und bereitet ihm Decke und Lampe. Und dennoch – die Tigers sind keine Kulis, sie nehmen teil an dem Leben der Sahibs, deren Leibdiener sie sind. Und oft genug sind sie nicht nur Seilgefährten, sondern der Führende in Fels und Eis.
Der gemeinsame Weg gipfelwärts; das ist der Lohn, den die Tigers am höchsten schätzen! Die paar Rupien könnten sie auch mit einigem Geschick in Darjeeling verdienen. Aber Bergsteiger zu sein, besser, schneller, höher zu gehen als die anderen – das unterscheidet die Tigers von den Lastenkulis.
Chong Norbu liegt noch nicht lange im Schlafsack, da rappelt er sich wieder hoch. Er muß sehen, wo Lewa bleibt – Lewa und Bara-Sahib! Es ist doch schon stockdunkle Nacht! Der Wind hat sich gelegt, vielleicht hört man sie rufen, sieht man Lichtzeichen? Wieland und Smythe sind aus ihren Zelten gekommen und starren mit Chong Norbu in die Finsternis, in der sich der Gipfel des Jongsang Peak und der steile Grat verbergen. Unruhig flackern die Sterne.
Lewa, der eisenharte Tiger, kämpft sich droben mit seinem Sahib vorsichtig Meter um Meter hinab. Er ist nahezu am Ende.
Bara-Sahib ist völlig „fertig". Ein um das andere Mal möchte er sich hinsetzen, schlafen, ausruhen – es dauert nicht lange, der weiße Tod ist gnädig. Aber immer wieder bäumt sich der Lebenswille trotzig auf.
Sauerstoff müßten sie jetzt haben. Aber die beiden kleinen Stahlflaschen mit Luft, die sie zum Gipfel mithatten, sind längst verbraucht. Sie kämpfen mit Atemnot, die beiden. Schwindelanfälle wechseln mit schweren Beklemmungen.
Der Wind frischt wieder auf, leise treibt er den Schneestaub vor sich her. Schwer ringt Bara-Sahib nach Luft.
Aufgeben? Nein – Kampf! Noch ist der Wille nicht versiegt, noch können sie die Zelte finden. Bald muß der Mond heraufkommen.
„Lewa, go on!" keucht er. Die Felsen, die tagsüber trocken waren, sind mit einer dünnen Decke von Pulverschnee überzogen. Sie stecken noch mitten in der Wand – bei Tage wäre es noch eine Stunde bis zum Lager. Aber in ihrem Zustand?

Lewa steigt als erster ab, läßt sich an der steilen Wandstufe vorsichtig hinunter. Dunkelheit – Glätte – Erschöpfung – er verfehlt einen Griff, rutscht, stürzt, fliegt!
Bara-Sahib kann den Ruck nicht halten – er ist auch gar nicht darauf vorbereitet. Das Seil ist nur noch Symbol der Verbundenheit – nichts mehr. Jetzt reißt es den, der den vorsteigenden Kameraden sichern soll, selber in den Abgrund.
Ein abschüssiges Felsband fängt die beiden auf. Gleich einem Skispringer auf dem schrägen Aufsprung schlittern Lewa und sein Sahib auf das Geröll. Schmerzhafter Aufprall.
Nach ein paar Sekunden kommen sie zu sich. Ob alles heil sei, will der Sahib wissen.
Lewa erhebt sich brummelnd und sucht schon wieder einen Abstieg. Langsam, das Gesicht zur Wand, tastet er sich hinunter, mit sicherem Gefühl für den Weg zu den rettenden Zelten. Es geht um das Leben – jetzt kann sie nur der Instinkt des berggewohnten Tigers retten. Nach zwei Stunden haben sie das Schneefeld!
Da endlich kommt der Mond hinter dem Langpo Peak hervor – sie taumeln zum Joch hinunter. Drei Männer kommen ihnen entgegen. Es sind Chong Norbu, Wieland und Smythe.
Den beiden Erschöpften versagen die Knie, sie fallen den Kameraden in die Arme. Vor dem Zelt dreht sich der müde, zerschlagene Bara-Sahib noch einmal um. Seine Augen suchen Lewa, den Kameraden – und den mondhellen Gipfel. Er legt sein bärtiges Gesicht an die eisnassen, stoppligen Wangen des Tigers und flüstert heiser: „Das werde ich mein Lebtag nicht vergessen: dich und diesen Berg!"
Und fällt der Länge nach ins Zelt.

Die Gefahr läßt sich überlisten

Es scheint kein Jahr mehr zu vergehen, in dem nicht eine Gesellschaft von Sahibs aus Europa nach Darjeeling kommt. So hat es sich Chong Norbu gewünscht!

Er ist kein unbekannter Kuli mehr. Seine Zeugnisse von Mallory, Bruce und Dyhrenfurth braucht er gar nicht mehr vorzuweisen. Mister Laden La, der immer die Expeditionen mit Trägern versorgt, kennt ihn auch ohne die Dokumente. Sie sind auch kaum noch zu entziffern.

Dafür steht um so deutlicher Chong Norbus Name in dem Trägerverzeichnis des Himalaya-Clubs, den die britischen Offiziere in Darjeeling gegründet haben. Und vor dem Namen eine Nummer, wie in einem Katalog eines Versandgeschäftes. Alter, Betragen, Charaktereigenschaften, gute und schlechte. Und ganz zum Schluß die Leistungen, die Gipfel, die Rekorde. Mit genügend Platz für Nachträge ...

Chong Norbu ist Berufs-Bergsteiger geworden. Nicht der einzige in Darjeeling – die Garde vom Kangchendzönga, vom Everest und vom Jongsang Peak ist vollzählig mit ihren Namen im Trägerkatalog zu finden. Gewissenhaft numeriert: Nr. 139 Pasang I, Nr. 140 Pasang II, Nr. 141 Pasang III. Pasangs gibt es viele, ebenso Pembas und Mingmas, manchmal sogar in einer Familie. Daran sind die Mütter schuld. Sie geben ihren Kindern gern den Namen des Wochentages, an dem sie geboren wurden. Die Pasangs sind am Freitag geboren. Die Sonntagsjungen heißen alle Nima. Sie sind so zahlreich wie Jackies, Pjotrs, Kims und Willis in anderen Ländern. Wer nicht ganz so bescheiden ist, gibt seinem Sohn noch einen zweiten oder dritten Namen. Lewas Mutter meinte, daß ihr Junge besonders gut aussah, und nannte ihn Lewa, den Hübschen. Sie hat recht behalten. Lewa ist wirklich ein ansehnlicher Mann geworden. Als Nima Thondup geboren wurde, wünschte die Mutter ihrem Sonntagsjungen viel Erfolg für das Leben und nannte ihn Thondup, den Erfolgreichen. Die Mutter Chong Norbus gab ihrem Jüngsten zärtlich und stolz den Namen „kleiner Edelstein". Und sie ist heute noch stolz auf ihn, mit Recht. Sie hat es verlernt, um ihn zu zittern, nachdem die Götter ihr den Alten und Mingma genommen haben. Wenn die Berge ihn behalten wollen, wird er nicht wiederkehren – jedem

ist von Schiwa das Schicksal bestimmt. Die Götter werden es wohl besser mit ihm meinen als mit seinem Vater und seinem Bruder. Jedesmal kommt er mit gutem Lohn nach Hause und mit reichen Geschenken für seine großen Taten auf den Götterthronen. Bis auf das eine Mal vor zwei Jahren, als der deutsche Sahib ihn wegschickte. Und das mußte wohl sein – vielleicht wäre er unter den schrecklichen Eistürmen geblieben …
Mit demselben Sahib geht Chong Norbu wieder – zum selben Berg! In diesem Jahr, 1931, ist der bayrische Notar Paul Bauer mit seiner Mannschaft schon zu Anfang des Monsuns gekommen. Wieder mit neun Mann, fünf der Sahibs kennt Chong Norbu schon, vier sind neu. Mit ihnen gehen wieder die Tigers, die schon vor zwei Jahren mit am Nordostsporn kämpften. Ja – der Nordostsporn! Der wilde, ausgezackte Grat ist noch abschreckender als die Westseite, an der die Tigers im vorigen Jahr mit dem Bara-Sahib und dem sehnigen Schneider herumhackten.
Bei den Bayern gibt es ein großes Hallo beim Wiedersehen mit den alten Tigers, mit Karmi, Pemba, Kitar und Pasang. Nursang macht wieder den Sirdar – sie sind schon alle aufeinander eingespielt. Viele neue Kulis sind auch angeworben worden, aber die Bergmannschaft ist doch wieder der „Stamm". Im Handumdrehen ist mit „Sakrament!" und „Kruzitürken!" der Kontakt zwischen den Sherpas und den Germans hergestellt – es flucht sich so schön mit den Sahibs, und sie sind gar nicht so steif wie die Briten in Darjeeling. Obwohl die meisten Sahibs kaum ein Wort Englisch oder Nepali, die am häufigsten in Darjeeling gebrauchten Sprachen, verstehen und schon gar nicht Tibetisch oder die sehr ähnliche Sherpasprache – die Tigers können sich so wunderbar mit ihnen unterhalten, daß das Lachen um das Lagerfeuer springt.
„Sakrament! Karmi, hast ja immer noch deine Pusteln im Gesicht!" deutet Allwein auf Karmis marmorierten Teint.
„Yes – Kruzitürken!"
„Wo ist denn der alte Thondup? Ist sein Zopf noch so lang?"
„Sakrament. Die Krankheit steckt in seinen Gelenken! Vielleicht geht er mit den Briten!"
Der überraschte Hartmann aus Berlin möchte sich ausschütten vor Lachen; wenn er alles erwartet hat, aber nicht so herrlich bayrisch fluchende Sherpas!
Am Morgen des 14. Juli kann der Angriff beginnen. Vom Lager VI am Fuße des Nordostsporns zieht die Kolonne der Tigers los.
„Gehma – Gehma!" schreien sie im Chorus.

„Hörst du es, was sie schreien?" fragt der Kitzbüheler Aufschnaiter den Schaller-Hermann. „Das ist bayrisch – auf hochdeutsch heißt das: gehen wir! Haben sie alles von uns gelernt! Aber die können nicht nur bayrisch-tirolerisch reden, die können akkurat so mit dem Eispickel umeinanderschlagen! Wirst staunen!"

Auf dem Weg zum Adlerhorst geben die Tigers die erste Probe ihres Könnens. Das alte Lager von 1929 kann nur mit äußerster Kaltblütigkeit erreicht werden. Ununterbrochen donnern die Steinkanonaden aus der 600 Meter hohen Wand herunter.

Es dauert nicht lange, dann haben die Tigers mit ihrem feinen Gehör heraus, ob der Brocken, der da angeflogen kommt, ihnen gilt oder vorbeigeht. Wer hilflos hin und her hastet, ist im heimtückischen Trommelfeuer rettungslos verloren.

Bauer ist die Geschichte zu riskant. Er ist ein Mann der Systematik – wie sich vor zwei Jahren die fürchterlichen Eisgendarmen auf dem Grat einer neuen Eistechnik beugen mußten, so überlistet er hier das Kreuzfeuer mit einem ausgeklügelten Zeit- und Routensystem.

Tagelang sitzen die Sahibs mit den Tigers auf dem Gletscher und beobachten die Wand unter dem Nordostgrat. Jede Lawine, jeder Eisrutsch, jeder Steinschlag wird notiert.

Für jeden Fleck in der Wand, für jede Stunde des Tages weiß Bauer nun, wann und wo er mit Lawinen und Steinschlag zu rechnen hat. Nun kann er seine Sicherheitsroute legen, einen Tagesplan machen.

Bis zur Mittagszeit kann man diesen Abschnitt ohne große Gefahr betreten, zwei Stunden länger noch jenes Wandstück – hier darf man sich nach zehn Uhr nicht mehr sehen lassen, und dort kann man den ganzen Tag hin, weil der Steinhagel abgelenkt wird. So und ähnlich lauten die Ergebnisse der Beobachtungen.

Chong Norbu hat etwas gelernt: Wenn man einer Gefahr ausweichen will, muß man genau zusehen, was die Gefahr macht, wo und wann sie besteht! So kann man die Gefahr überlisten! Ist das Forschung? Wissenschaft?

Klug haben die Sahibs das gemacht. Durch die immer lebendige, donnernde Wand führt jetzt ein Weg. Wer ihn mit Ruhe und kühlem Kopf geht und die Tageszeiten genau beachtet, kann sich monatelang in dem Steinschlag-Gebiet sicher bewegen.

Der Geist triumphiert über den heimtückischen Feind des Bergsteigers, den Steinschlag. Wird er auch über den Gipfel triumphieren?

Ein Seil zerreißt

Dort, wo 1929 der Weg aus der Südwand den Gratrücken des Nordostsporns erreichte und auf einem waagerechten Stück zum Little Camp führte, sind Karlo Wien und der kleine Hartmann seit ein paar Tagen bei der Arbeit. Vom Gratlager aus stoßen sie immer wieder vor, um den Weg zum Lager VIII zu spuren.

Endlich geben sie von oben ein Signal, daß die Lasten für das neue Lager VIII heraufgebracht werden können. Vom Gratlager zum Little Camp geht es noch auf dem luftigen Grat voran, aber dann zwingt der faule Schnee zum Ausweichen in die südliche Eisflanke. Hartmann und Wien haben schon eine gute Stufenreihe geschlagen, ein kühner Quergang führt durch die Eisrinne zur Terrasse hinauf.

Nun sind die beiden Freunde, die unzertrennlichen, schon oben vor dem Lagerplatz und warten auf den Nachschub. Der Nebel hüllt den Grat ein und verwehrt ihnen den Blick nach unten.

Zwei Seilschaften stoßen nach: immer zwei gute Eisgänger mit einem schwächeren Mann in der Mitte. Bisher war es so, daß zwischen zwei Sahibs ein Sherpa ging. Hermann Schaller versucht es mit seiner Seilschaft einmal anders – er läßt Chong Norbu als letzten gehen, der Tiger hat schon das Format eines erfahrenen Alpinisten. Den zappligen Pasang nehmen sie in die Mitte, sicher geht er dann ruhiger. So betreten sie den Quergang. Vorsichtig setzt Schaller seine Eisen in die Stufen, auf seinem Rücken schwankt eine mächtige Traglast. Er hat sich alles aufgeladen: Schlafsack und Primus, Bündner Fleisch und Zwieback. Zwanzig Schritte, dann ist das Seil aus, und Pasang muß folgen. Sein Rucksack ist nicht minder schwer. Chong Norbu hackt noch einen Sicherungsblock aus der Eisrippe. Um diesen mag das Seil laufen, dann kann nichts passieren, wenn einer ausgleitet.

Langsam gibt er Pasang das Seil nach. Hartmann ist schon hinter der Rippe verschwunden. Als Chong Norbu sich mit der linken Hand ein wenig Seilvorrat schaffen will, merkt er, daß er mit den Steigeisen beim Hacken des Sicherungsblockes auf das Seil getreten hat. Die langen, scharfen Spitzen haben sich in den Hanf gebohrt – verdammt! Wie ein blutiger Anfänger! schimpft

er im stillen mit sich selbst. Daß ihm das passieren muß! Das Seil wird reißen, wenn einer von den beiden stürzt.
Noch fünf Meter, dann kommt die zerstochene Stelle. Soll er jetzt rufen, die beiden zurückholen? Das Seil auswechseln? Woher jetzt ein neues nehmen?
Ratlos wendet er sich zu Bauer um. Der steht mit dem Pircher-Sahib hinter ihm. Ihr Träger Nima Badge kauert zwischen den Eisblöcken.
Sicher haben die drei noch nichts bemerkt, sonst hätte Bauer-Sahib schon längst eingegriffen. Der aber sieht stirnrunzelnd zu dem gefährlichen Quergang. „Das ist ja erschreckend", sagt er auf deutsch zu Pircher, „der Weg ist zu schwer für die beladenen Träger, zu ausgesetzt. Wenn nur alles gut geht ..." Und dann in englischer Sprache zu Chong Norbu: „Nimm deine Augen nach vorn. Du mußt die beiden sichern!" Seine Stimme ist väterlich streng.
Das Seil ist kaputt! möchte Chong Norbu schreien. Ich habe es zertreten! Pasang und Schaller müssen umkehren! Aber er bekommt keinen Ton aus der vertrockneten Kehle.
Wenn er die beiden jetzt zurückruft, werden sie nur unsicher – dann vergrößert er nur die Gefahr. Ach, wenn Schaller doch schon einen guten Stand hätte. Sie können ihn hinter dem Vorsprung nicht sehen. Sicher steht er noch mitten im Hang, ohne Schutz, ohne Sicherungsblock. Langsam läuft das Seil durch Chong Norbus Hände. Jetzt liegt es still.
Warum läuft das Seil nicht weiter?
Da – plötzlich ein Ruck! Lautlos fegt ein Körper abwärts durch die Rinne, hinter ihm klappert der verlorene Pickel auf dem Eis, fliegt über einen Vorsprung ins Leere. Pasang stürzt immer schneller – und der Sahib? Himmel – er ist mitgerissen worden! Er versucht, sich im Sturz zu drehen und den Pickel ins Eis zu drücken ... immer rascher rast er abwärts! Blitzschnell hat Chong Norbu das schlaffe Seil um den Sicherungsblock geworfen – doppelt! Vielleicht hält es? Ein winziger Hoffnungsfunke! Oder wird er mitgerissen, wenn der Sicherungsblock bricht?
Knack!
Ein gräßlicher Knall! Das Seil zerreißt! Chong Norbu sieht es mit starren Augen. Es war die zertretene Stelle! Er wirft den Kopf in die Hände, stöhnt lauf auf. Tränen füllen seine Augen. Er sieht nicht mehr, wie Schallers Körper in immer schnellerem Überschlag Pasang überholt, wie beide unten an der Wandstufe aufprallen, noch ein Stück kollern und dann hinter dem Vorsprung verschwinden – in die bodenlose Tiefe, auf den Gletscher hinunter.

Atemlose Stille.
Das Blut rauscht in den Schläfen. Die Männer sind erstarrt. Da schreit plötzlich Nima Badge wild auf, springt hoch, als wolle er sich in den Abgrund werfen, der die beiden Kameraden verschlungen hat.
Der Bauer-Sahib drückt ihn mit sanfter Gewalt in den Schnee und meint: „Wir dürfen jetzt keine Torheiten begehen!" Sie merken es alle an seiner Stimme, wie sehr er sich zur Ruhe zwingt.
Chong Norbu klammert sich noch zitternd an seinen Block – niemand weiß, daß es nicht Angst ist, was ihn schüttelt. Wie es immer in solchen Augenblicken ist – in seinem Kopf beginnt das Maß seiner Schuld zu wachsen, wird riesengroß, wird zur Lawine. Er kann nicht mehr ermessen, wieviel er zu dem Unglück beigetragen hat, ob er es hätte verhindern können.
So kauert er noch, als Pircher-Sahib und Bauer mit ein paar Eishaken und Seilschlingen Nima Badge festgebunden haben, damit er nicht in seiner Kopflosigkeit abrutscht. So bleibt Chong Norbu, das Gesicht in den Händen, schluchzend hocken, als die beiden Sahibs ihm sagen, sie wollten nach oben, um Hartmann und Wien aus dem Nebel herunterzuholen. Er gibt keine Antwort. Es ist alles so fürchterlich! Wie gelähmt hockt er im Schnee – er ist so allein! Nima Badge schluckt hin und wieder laut seine Tränen hinunter. Wäre doch der Bauer-Sahib nicht fortgegangen. Chong Norbu vermißt seine beruhigende, feste Stimme. Nie hat Chong Norbu schlecht von ihm gedacht, auch damals nicht, als er ihn fortschickte. Das war, so scheint ihm heute, eine väterliche Ermahnung gewesen. Strenge und Güte wohnen so dicht bei dem Bauer-Sahib beisammen! Wie sorgt er für seine Männer und für die Kulis! Nun hat Chong Norbu zwei gute Leute aus der Mannschaft schlecht gesichert – in den Tod stürzen lassen. Kann er dem Sahib noch in die Augen sehen?
Nach ein paar Stunden sind die Sahibs wieder da, zu viert. Und erst jetzt, nachdem sie den gefährlichen, tödlichen Hang hinter sich haben, gesteht Bauer seinen beiden Kameraden vom Lager VIII, was vorgefallen ist. Erst jetzt.
Chong Norbu versteht ihre Worte nicht, aber er sieht mit nassen Augen ihre Gebärden, ihre Erschütterung, die Trauer. Er begreift nicht, wo der Sahib die Härte gegen sich selbst hernimmt. Zweimal ist er durch die Stufen gestiegen, aus denen Schaller und Pasang in den Tod stürzten. Erst jetzt, wo alle wieder auf sicherem Gelände sind, sagt er, was zu sagen ist. Er wollte den Gefährten den Abstieg leichter machen. Chong Norbu bewundert den starken Mann, den Vater der Mannschaft. Kann er ihm

sagen, daß er die Schuld am Tode der beiden Gefährten trägt? Ist er auch schuld an ihrem Ausgleiten, ihrem Absturz? Wäre das Seil nicht sowieso gerissen? Mallory hat damals drei Mann mit dem Seil abgefangen – aber hier ist es wohl steiler. Vielleicht ist das Seil auch gar nicht da gerissen, wo er es mit den Eisenzacken durchbohrt hat? Bauer-Sahib hat sich das zerfetzte Stück angesehen – und hat nicht ein Wort gesagt!

Immer findet Chong Norbu noch eine Entschuldigung – doch zugleich wächst die Mauer, an der alle Entschuldigungen zurückprallen: Du wolltest keinen strengen Blick vom Bauer-Sahib einfangen, weil du ein Seil wie ein Dummkopf zertrampelt hast, und ließest darum die beiden Gefährten am schadhaften Seil vorausgehen!

„Go on, my boy, danke deinen Göttern, daß du noch am Leben bist!" sagt Bauer-Sahib aufmunternd zu ihm und führt ihn behutsam zu Tal. Die Sahibs nehmen ihn in die Mitte.

Nima Badge ist kaum vorwärtszubringen. Bald hat Chong Norbu sich beruhigt, auch die Sahibs sind ernst und schweigsam, sie bleiben Männer und jammern nicht. Er hat sich schon so oft die Weißen zum Vorbild genommen und tut es auch hier.

Trotz seines vereisten Zeltes auf dem Rücken geht er sehr gut. Noch am Abend sind sie mit der traurigen Botschaft im Adlerhorst.

Zwei Tage darauf sind die formlosen Bündel auf dem Zemu-Gletscher gefunden. Der tausend Meter tiefe Sturz hat die Körper der beiden Kameraden erbarmungslos zerschlagen.

„Sie waren jedenfalls sofort tot, der Xaverl und der Pasang", sagt Hartmann.

Er sucht noch nach den verstreuten und zerfetzten Kleinigkeiten, findet einen verbeulten Primus, Reste des Tropenhelms von Schaller, oben auf dem Schuttkegel liegt noch die Schaumgummiunterlage des Schlafsacks – aber die Hauptsache findet er nicht: das Tagebuch des Kameraden. Beim Hinabschaffen der Toten geben alle ihr Letztes her. Die Sherpas pumpen sich förmlich aus, der Gletscher ist tief aufgeweicht, und die Spalten sind breit, die schmalen Schneebrücken brüchig. Auf einer kleinen Felseninsel schichten sie ein hohes Steinmal für die beiden Männer, die im Kampf um den schwersten Berg des Himalaya fielen.

Früh am Morgen vor der Beerdigung steigt der kleine Hans Hartmann noch einmal hinauf zum Gletscher. Der Neuschnee setzt ihm hart zu. Seine Füße brennen vor Schmerz. Sie sind ja nur noch Wracks, seit er sie sich damals am Piz Bernina erfror.

Die Zehen mußte er opfern, aber es geht noch – mit den Stummeln. Da – unter dem Schnee ragt ein Tuchfetzen hervor! Schallers Jacke? Ja – die Jacke! Er hackt sie in fieberhafter Eile aus dem gefrorenen Firn – ein Griff in die Tasche – das Buch, das Tagebuch! Mit zitternden Händen schlägt er die letzte Seite auf: „8. August 1931 ... wir hoffen, daß es morgen besser wird!“ Die letzten Worte schrieb der Freund, als sie sich vornahmen, den Quergang zum Lager VIII hinauf zu spuren.
Nachmittags steigen alle hinauf zur Grabstelle.
Tenchedar mit dem gütigen Gesicht und dem schütteren Bart leitet die Gebete mit Gesang ein, lange singen die Sherpas, verbrennen Kräuter zu Häupten des toten Pasang. Im leichten Wind flackern die Kerzen.
Alle Blumen, die sie fanden, häufen sie auf das Grab. Tenchedar hat einen Kranz für den toten Sahib geflochten und ein Kreuz – das Zeichen des fremden Gottes der Weißen – auf dem Grab errichtet.
Dreitausend Meter über den schweigenden Männern blitzt in der Sonne der höchste Gipfel der „Fünf Schatzkästchen des großen Schnees“. Drei Adler kreisen im Blau, als wüßten sie von dem Feierlichen des Augenblicks, in dem die beiden Kühnen ins Bergsteigergrab gesenkt werden. Wie eine Pyramide aus Kristall glitzert im Osten der Siniolchu mit seinem filigranen Eismantel. Bis tief in die Nacht tönt aus dem Trägerzelt der melodische Totengesang der Tigers.
15. August – Ruhetag. Morgen soll es wieder an den Berg gehen. Die Sahibs meinen, es den Toten schuldig zu sein, nicht aufzugeben. Chong Norbu findet keine Ruhe mehr. Zu jeder Stunde fällt ihm das Bild des Absturzes ein, hört er den Knall des zerreißenden Seiles.
Auf dem Jongsang Peak hat er sich gewünscht, diesen Berg besiegen zu helfen – jetzt haßt er den eisigen Koloß und weiß selbst nicht warum. Er kann sich nicht überwinden, den Kampf noch einmal zu beginnen. Trotz ist ihm fremd – er weicht lieber aus.
Er geht. Er kehrt dem Berg den Rücken, läßt sich entlohnen und geht. Die Sahibs stellen keine Fragen, sie wissen, daß er ein guter Tiger ist und nicht allen Mut verloren hat. Es hat keinen Zweck, jemand zu halten, der den Berg haßt. Wer mit Haß im Herzen steigt, steigt blind. Am Kantsch braucht man beide Augen.
„Eigentlich schade, daß er geht“, sagt Hartmann zu seinen Freunden. „Aber etwas stimmte nicht mit ihm. Er hat sich nie richtig angestrengt, obwohl er am besten von allen Tigers im

schweren Gelände geht. Er kann mehr. Und nie hat er sich so richtig eingesetzt, hat sich immer leichte Lasten genommen und es sich bequem gemacht. Dabei ist er der Kräftigste von allen!"

Bauer entsinnt sich des Streiks vor zwei Jahren. „Er wollte schon mal eine Extrawurst gebraten haben – deswegen schneiden ihn die anderen Kulis auch. Wenn so ein Eingeborener immer bei Weißen im Dienst ist und ihre Wohnung teilt, steigt ihm das bald zu Kopf!"

„Man merkt es! Soviel er auch weiß und kann, soviel bildet er sich auch darauf ein!"

Bauer beschließt das Gespräch: „Einfache Kulis sind bequemer!"

Er muß jetzt seine Gedanken auf den neuen Angriff konzentrieren. Mit Pemba, Kitar und Karmi hausen sie dann noch vier Wochen auf dem Nordostgrat, gewinnen den Sporngipfel, stehen in 7700 Meter Höhe, schinden sich, plagen sich, vollbringen Taten, kühn und schwungvoll wie nie zuvor. Doch eines Tages müssen sie erkennen, daß der Kangchendzönga alpinistisch der schwerste Achttausender und – mit ihren Mitteln – unbezwingbar ist! Das ist schon spät im September.

Zwei schwere Jahre am Kantsch, Mühen, Kosten, Opfer – alles vergeblich! Aber die Kameradschaft ist gewachsen in den einsamen Nächten in den Eishöhlen auf dem wilden Grat, ein neuer Kampfgeist ergriff Europäer und Sherpas. Warum aber Chong Norbu, der beste der Tigers, sie verlassen hat, haben sie nie erfahren.

Zwiebeln, Polizisten und kein Bittbrief

Ondi ist nicht mehr einer von denen, die sich alles gefallen lassen. Vor drei Jahren hatten die Polizisten ihn einfach abgeholt, als auf einer Plantage drei Ziegen von Unbekannten abgestochen wurden. Der Richter diktierte ihm ein Jahr Gefängnis zu. Von den Ziegen wußte Ondi nichts. Man hatte ihn auch gar nicht danach gefragt. Das Gericht brauchte aber einen Übeltäter. Ondi zeterte nicht über die Haft. Die Prügel, die er im Gefängnis bekam, waren nicht ärger als die des Aufsehers auf der Teeplantage. Und hier wie dort mußte er arbeiten, doch im Gefängnis gab es regelmäßig Essen, und er hatte keine Sorgen um den kommenden Tag. Und das bedeutet viel für einen armen Kuli.

Als sich die Haft ihrem Ende näherte, überdachte Ondi, wie er nun in der Freiheit, die ihm wieder winkte, seinen Hunger stillen werde. Er kam gerade zur rechten Zeit aus dem Gefängnis, als Träger für einen weißen Sahib gesucht wurden, der in die Heimat des großen Schnees gehen wollte. So kam er zum Bara-Sahib, marschierte mit vielen Männern zum Kangchendzönga, wo Chettan starb, und folgte seinem Sahib zum Jongsang Peak.

Lewa, Kippa, Chong Norbu und all die anderen waren schon oft mit weißen Sahibs in die Welt der Schneegeister gestiegen und fürchteten sich nicht mehr. Es war eine lustige und abenteuerliche Reise, das Essen war gut, sein Sahib freundlich, und das Bakschisch war groß. Da fand Ondi Gefallen an dem Dienst für weiße Sahibs in den Bergen.

Seitdem ist er ein paarmal mit Reisenden in die Berge marschiert, nicht so weit wie damals und auch nicht so hoch, sondern in die Schluchten und Bergwälder. Dort sammelten die Sahibs Steine und Blumen, fingen mit weißen Netzen Schmetterlinge, Zikaden und anderes Getier. Jedesmal hat Ondi viel Geld verdient und Geschenke erhalten. Er suchte sich eine verlassene verfallene Hütte im östlichen Teil von Darjeeling, kaufte sich eine Tür und flickte die schadhaften Wände.

Und dann fand sich auch eine Frau, eine fleißige, die Teppiche knüpfen konnte und ein Rind mit in die Ehe brachte.

Aber die Polizei ließ ihm keine Ruhe mehr.

Sooft irgendwo in Darjeeling eingebrochen wurde, stelzten ein paar Polizisten aus der Garde des Mister Laden La zu dem kleinen Vorort Bhutia Bastie hinunter und durchstreiften mit argwöhnischen Blicken die Gassen zwischen den armseligen Hütten. In Bhutia Bastie wohnen die „Farbigen", die Kulis, die Plantagenarbeiter, die Lastträger und Rikscha-Läufer. Aus Tibet und Bhutan, aus Nepal und Sikkim sind die Leute hierhergekommen, haben sich angesiedelt und bilden ein buntes Durcheinander aus allen Stämmen der Bergvölker des Himalaya.
Für alle haben die weißen Sahibs nur einen Namen: Bhutias. Ohne Bhutias können die Weißen in ihrem Sommerkurort nicht mehr leben. Braune Füße traben über das Pflaster der Straßen vor den Rikschas, in denen weiße Herren sitzen, braune Rücken schleppen die kostbaren Waren herbei, die den britischen Militärs die Erholung in Darjeeling verschönen, braune Hände bauen die Mauern der Sanatorien und Hotels, in denen die Weißen sich von braunen Schuhputzern, Köchen, Kellnern, Liftboys und Zimmermädchen bedienen lassen. Und braune Polizisten wachen über die Bhutias, daß sie die Gesetze der Weißen einhalten. Es sind Gurkhas aus Nepal. Die Uniform, die Besoldung und der notwendige Haß auf einen anderen Volksstamm gleicher Hautfarbe werden ihnen von den Briten verabreicht.
Die Gurkhas mustern die Häuschen, gehen da und dort hinein und stöbern in den Habseligkeiten der Kulis herum. Was sie suchen, finden sie nicht.
Ondi ist dabei, das Dach des Stalles auszubessern. Gestern hat er einen alten Petroleumkanister gefunden. Das aufgeschnittene Blech paßt gut auf die Löcher im Stalldach.
„He – du! Komm mal da 'runter!" ruft eine scharfe Stimme. Ondi blickt auf die Gasse hinunter. Er kennt sie schon, die beiden Polizisten. Wie oft waren sie schon bei ihm und haben ihn verdächtigt, etwas gestohlen zu haben! Sie kommen immer wieder zu ihm. Wer einmal hinter Gittern saß, bleibt immer verdächtig, auch wenn er damals ohne Grund eingesperrt war.
Wie er so auf seinem Dach sitzt, breit und behäbig, den runden Kopf auf viel zu kurzem Hals, ist er für die Polizisten unangreifbar. Ringsum liegen Steine, die er zum Beschweren der Dachbleche hinaufgeschleppt hat. Den können wir nicht herunterholen, denken sich die beiden Uniformierten. Ondi mißt sie mit abwägenden Blicken. Die tiefliegenden Augen gehen ruhig von einem zum anderen. Sein Weib steht dabei, sie hat noch den Gurt um den Leib, mit dem sie das Kettenholz ihres einfachen Webstuhls strafft, und ihre Hände suchen verwirrt nach bunten Fadenresten auf ihrem Gewand. Hilflos blickt sie nach oben.

Die jugendliche pralle Schönheit ihres Gesichts ist nach der Landessitte unter einer schwarzen Rußschicht verborgen, ihre Augen leuchten fragend aus dem dunklen Oval.
Ich kann hier nicht ewig sitzen bleiben, wägt Ondi seine Chancen ab. Die da unten haben mehr Zeit. Oder sie nehmen die Frau mit. Um einen Braunen einzusperren, braucht man keinen Haftbefehl. Aber er hat nichts verbrochen und klettert umständlich vom Schuppen herunter.
Die Gurkhas halten ihm die Reste des zerschnittenen Blechkanisters unter die Nase und wollen wissen, woher das stammt. Ondi ist sich keiner Schuld bewußt. Hinter den Militärbaracken liegen auf den Abfallhaufen genug davon; jeder kann sich die verbeulten Kanister holen, das ist nicht verboten. Ondis Entgegnung scheint die Polizisten zunächst zu entwaffnen.
Dann kramen sie in der Hütte herum.
Da steht ein Säckchen mit Zwiebeln. Der eine der Gurkhas hebt es fragend vom Lehmboden auf.
„Ich esse gern Zwiebeln", sagt Ondi.
Der Polizist sieht die Frau an. „So viel?"
Ondis junge Frau hat die Lippen zu einem ratlosen Lächeln geöffnet. Im Dunkel der Hütte leuchtet die Perlenreihe ihrer Zähne.
„Seine Zunge ist immer gierig danach!" beeilt sie sich zu beteuern.
Ondi zeigt dem anderen Polizisten das Gärtchen hinter dem Haus. Da wachsen Zwiebeln, genug für ein Jahr.
Die beiden Uniformierten schnüffeln weiter. Da wird es Ondi zu bunt, er will endlich wissen, was hier vorgeht.
„Das weißt du ganz genau!" sagt der Ältere ruhig und hebt gleichmütig eine Matte auf. Es liegt nichts darunter. Auch im Boden ist kein Loch, in dem etwas verborgen sein könnte. Wortlos sucht er weiter.
„Nein!" gibt Ondi ehrlich zurück.
„Du weißt auch nicht", fragt der andere Gurkha, „daß im Lewis-Jubilee-Hospital eingebrochen wurde?" Sein Gesicht hat sich zu einem ironischen Grinsen verzogen. „Im Lagerraum? Nein? Petroleum, Konserven, Mehl, Zucker? Davon weiß du nichts – von Gewürzen nichts und auch nichts von Zwiebeln – he?"
„Ich weiß nichts davon! Eure Worte lassen mich rätseln. Ich war nicht im Lewis-Jubilee-Hospital!"
Das hätte Ondi nicht sagen dürfen – er merkt gleich, daß er in die Falle gegangen ist. Ratlos fährt er sich mit der Hand an den Hinterkopf und blickt auf seine Frau. Erschrocken sieht sie zu ihm herüber. Der lange Polizist sagt höhnisch: „Du führst fal-

sche Rede! Das kennen wir. Du warst gar nicht im Hospital? Schön!"
„Doch – ich war da!" stößt Ondi schnell hervor. „Aber bei einem Kranken! Der Lewa – ihr kennt ihn, den Sirdar."
„Na also! Dann komm schön ruhig mit! Wozu vorher das Gezeter?" Sie schieben ihn beide zur Tür, vorsichtig, denn er könnte es gut mit den beiden aufnehmen, der starke Ondi. Aber er wehrt sich nicht. Er hat sich selber gefangen und ist doch unschuldig. Unterwegs, auf dem Weg nach Darjeeling hinauf, versucht er, ihnen die Sache begreiflich zu machen. Aber die Polizisten hören nicht zu und sehen nur spöttisch zur Seite, wo die Leute stehen und sagen: „Der Ondi muß immer und für alles seinen Buckel hinhalten! Die sollten mal oben in Darjeeling nach den Spitzbuben suchen!"
Ondis Frau rennt hinterher, bittet den einen und andern der Leute, ihr zu helfen. Sie blicken sie nur schulterzuckend an oder ballen stumm die Fäuste. Die drei sind schon weit voraus, aber die Frau gibt es nicht auf, ihnen zu folgen. Sie hat sie schon aus den Augen verloren, aber sie weiß, wohin Ondi geführt wird. Sie wird den Weg abschneiden und über den Basar laufen. Da, wo die Teppichhändler sitzen und die bunten Kaschmir-Schals vor den Buden hängen, die Felle von Tigern und Rinderhäute, rennt sie fast einen Mann um. Erst will sie weiterhasten, dann besinnt sie sich, daß sie ihn doch kennt – ist das nicht der Sherpa, mit dem Ondi oft in Dienst bei den Fremden war? Der, welcher lesen und schreiben kann? Sie wendet sich um und ruft ihm nach – das darf eine Frau nicht tun, aber sie ist doch so in Not! Der Mann dreht sich um. Ja, es ist Chong Norbu! Er wird ihr helfen können.
Schnell sprudelt sie hervor, was mit Ondi geschehen ist und daß die Polizisten ihn doch nicht einfach fortbringen dürfen.
„Die Polizei ist dazu da, für gute Ordnung zu sorgen", sagt Chong Norbu kühl.
„Du nennst es gute Ordnung, wenn sie unschuldige Leute einsperren! Du solltest voller Zorn sein über das Unrecht!" keucht die Frau erregt. Sie ist noch ganz außer Atem.
Chong Norbu verspürt keine Lust, mit der Polizei Scherereien zu haben, eines Mannes wegen, der zufällig mal in seiner Kolonne marschiert ist. Solche Geschichten schaden einem, der vorwärtskommen will.
„Man wird schon seine Gründe haben..." wehrt er ab und wendet sich schon wieder zum Gehen. In jedem anderen Falle hätte die Frau einen, der so wenig Mitgefühl für seine Landsleute zeigte, stehenlassen. Aber hier geht es um ihren Mann.

„Er ist doch unschuldig! Du glaubst es nicht? Er war doch nur im Hospital, um den kranken Lewa zu besuchen. Dem haben sie doch die Zehen abgeschnitten. Und den hat er besucht! Sonst nichts! Nicht im Keller war er und nicht im Lager! Er hat nichts gestohlen!"
Chong Norbu ist plötzlich interessiert. Lewa wurden Zehen amputiert? Warum? Hat es ein Unglück gegeben in den Bergen?
Er will jetzt alles ganz genau wissen.
„Bist du nicht auch in den Schneebergen gewesen? Warst du nicht dabei, als das Unheil über Lewa kam?" fragt die Frau erstaunt. Sie hat Chong Norbu nur einmal gesehen und weiß nur, daß er Gewalt über Buchstaben und Zahlen hat, daß er bei dem gleichen weißen Sahib in Dienst war, mit dem Ondi auf den hohen Berg gegangen ist. Ondi hat dann nie mehr von Chong Norbu gesprochen; woher soll sie wissen, daß viele Tigers ihm aus dem Wege gehen? Und was haben Lewas abgenommene Zehen mit den Polizisten, mit Ondis Verhaftung zu tun?
„In diesem Sommer nahm mich ein anderer Sahib in Dienst", erklärt Chong Norbu. „Doch erzähle mir, wie Lewa in das Jubilee-Hospital gekommen ist!" Der Frau ist es, als rede sie an Chong Norbu vorbei. Ja, es sei schon so, Lewa liege im Jubilee-Hospital, wo sonst nur die reichen Inder gesund gemacht werden. Eigentlich gehöre er ja ins Hospital für die Armen, die kein Geld für den Doktor haben. Der britische Sahib wollte ihn sogar in das Krankenhaus für die Weißen bringen, aber da hätte man Lewa nicht aufgenommen.
„Welcher britische Sahib?" fragt Chong Norbu.
„Smythe-Sahib."
„Derselbe, mit dem Ondi am Jongsang Peak war?"
„Ja, ich glaube, es ist derselbe."
Chong Norbu forscht weiter, er hat Ondis Schicksal ganz vergessen.
„Und an welchem Berg waren sie?"
„Sie waren bis zur Spitze des Berges! Lewa, der Sahib und noch ein paar andere. Es ist der höchste Berg!"
Chong Norbus Brust durchzuckt ein Schmerz. Der höchste? Das ist unmöglich. Davon hätte er längst erfahren. Die Frau muß sich irren. Oder sollte Lewa ihm den Ruhm weggenommen haben, zuerst auf dem Everest gewesen zu sein?
„Wie heißt der Berg? Chomolungma?" fragt er.
Die Frau ist ärgerlich. Sie hoffte, daß Chong Norbu für ihren Mann einen Bittbrief schreiben kann – und nun fragt der merkwürdige Sherpa, der in den Kleidern der Weißen vor ihr steht, nach den Namen von Bergen! „Ich weiß es nicht genau – es ist

doch auch dumm, in dieser Stunde den Namen zu erforschen! Die Polizisten haben Ondi fortgeführt! Hilf mir jetzt! Oder geh!"

Chong Norbu ist in seine Frage vernarrt. Was aus Ondi wird, ist ihm gleichgültig. Noch kann er die Frau für ein Wort aufhalten.

„Wie ist denn Ondi in das Hospital hineingekommen? Haben ihn die Pfleger nicht hinausgeworfen?"

„Er hat lange bitten müssen, weil sie schmutzige Leute nicht hereinlassen wollen."

„Und hat Lewa erzählt, wie der Berg heißt?" fragt er rasch.

Die Frau sieht ihn entrüstet an. „Frag doch den Lewa selber! Ich habe keine Geduld für deine einfältigen Worte!"

Wütend dreht sie sich um und rennt fort.

Chong Norbu stakst mit langen Schritten durch die Basarstraßen. Was er eben gehört hat, davon bleibt nur eines in seinem Hirn: Lewa ist mit Smythe-Sahib auf einem sehr großen Berg gewesen! Ja – es ist gewiß der Kamet, der höchste Berg, den Menschen bisher betreten haben! Und damit hat Lewa ihm den Ruhm genommen, der ihm auf dem Jongsang Peak zugefallen war.

Lewa auf dem Kamet!

Siebentausendsiebenhundert Meter! Wenn er nicht noch höher ist! Wäre er doch nicht mit den Germans zu dem fürchterlichen Kantsch gegangen, den doch nie einer bezwingen kann! Zur gleichen Zeit war Lewa mit Smythe unterwegs und kam mit Ruhm nach Hause!

Der Schmerz in der ehrgeizigen Brust will nicht weichen.

Lewa denkt anders

Die Tür des Lewis-Jubilee-Hospitals bleibt für Chong Norbu nicht verschlossen. Er ist reinlich gekleidet und hat von Tom Murray gelernt, wie man höflich und mit Bestimmtheit einen Wunsch äußert – so bestimmt, daß jeder Dienstbote ihn für einen Befehl nimmt. Und ein paar Sätze in englischer Sprache helfen über die letzte Schranke.

Die weißen Fliesenreihen der Korridore münden in den großen Saal. Rechts und links liegen die Zimmer der wohlhabenden Patienten brauner Hautfarbe. Händler, Grundherren, Plantagenbesitzer. Die neugierigen Blicke stören Chong Norbu nicht. Er ist nicht so wohlhabend wie die Männer, die sich hier auskurieren lassen, aber er fühlt sich nicht unterlegen. Er trägt die gleiche Kleidung wie die weißen Männer, er spricht englisch und kann leidlich lesen und schreiben. Und er ist sein eigener Herr. Kommen Reisende nach Darjeeling, die in die Vorberge wollen oder in die Bergschluchten, dann ist er der Führer. Er fühlt sich den Weißen näher als den Leuten seines Landes und weiß, daß sich die reichen Sikkimesen, Inder und Tibeter, die ihn hier so anstarren, für ihr Geld auch kein anderes Gesicht kaufen können.

Da steht ein Mann in Krankenkleidung am Fenster, nicht groß, fast zierlich. Die hellen, klaren Augen unter den buschigen Brauen grüßen lachend zu Chong Norbu herüber.

Lewa, der Sirdar der Tigers.

Er darf schon aufstehen. So sehr freut er sich über den Besuch, daß er Chong Norbu umarmt. Ja, die Wunden sind gut verheilt, er kann wieder vorsichtig Fuß vor Fuß setzen. Bald wird er entlassen. Mit dem Klettern ist es vorläufig freilich aus. Die schöne, ebenmäßige Nase zuckt ein wenig, als er das Chong Norbu berichtet.

Und dann muß er von der Bergfahrt mit Smythe-Sahib erzählen.

Mit zusammengekniffenen Lippen hört Chong Norbu zu. Was Ondis Frau berichtete, stimmt also. Lewa hat mit Smythe den höchsten Berg im Zentralhimalaya bezwungen. Mehr als dreihundert Meter ist er ihm jetzt voraus. Ob Smythe bald wiederkommen will, fragt Chong Norbu.

„Ja – im nächsten Jahr! Zur Chomolungma soll eine Karawane ziehen. Der Dalai-Lama in Lhasa hat den Weißen eine Geleitschrift durch Tibet geschrieben. Aber meine Füße vermögen den weiten Weg noch nicht zu gehen!“

Zur Chomolungma! denkt Chong Norbu. Acht Jahre sind seit dem letzten Angriff verflossen – acht Jahre schon schlummern der nimmermüde Sahib Mallory und sein junger Freund an der Schulter der Göttinmutter. Vor zehn Jahren verschlang die Lawine den großen Bruder. Wie lange das zurückliegt ...

Die beiden Tigers Lewa und Chong Norbu, die besten, die im Himalaya zu finden sind, sitzen sich stumm gegenüber. Ihre Gedanken fliegen zu den Gletschern, zu den Gipfeln, um die jetzt die Wolkenfetzen huschen, fern, weitab, ihrem Auge durch einen undurchdringlichen Schleier der wallenden Monsunnebel verborgen. Wenn sie jetzt jemand fragen würde, warum sie sich in die eisige Sturmwelt versetzt wünschten – sie wüßten keine Antwort. Vielleicht sagt der eine, dem die Berge den Bruder nahmen, daß er keinem anderen Braunen den Ruhm gönnen will, höher gestiegen zu sein als er. Den weißen Bergsteigern wird er nie den Rekord der Höhe abnehmen können, meint er, aber er will der Rekordmann unter den Tigers sein. Das will sein ehrgeiziges Herz. Das würde Chong Norbu sagen, wenn er ehrlich wäre.

Lewa ist anders. Er hat seine Zehen nicht seinem Ehrgeiz geopfert. Der Sahib Smythe brauchte ihn, wie ihn der Professor auf dem Jongsang Peak brauchte, um wieder ins Leben zurückzufinden. Und da ging er mit, bis zur letzten Kraft. Treue, Kameradschaft, für einen Weißen? – oder für einen Sherpa? Das ist gleich. Wenn sie gemeinsam den Kampf und das Abenteuer gesucht haben, müssen sie auch durchstehen! Stehen, wenn einen der Sturm anrempelt und aus den Stufen schleudern will – stehen, wenn die lockenden Stimmen der Geister aus dem Abgrund rufen: Komm, spring! Du schwebst ins Traumland! Hier schläfst du in weichen Armen! – Sie müssen gemeinsam stehen, Tigers und Sahibs, wenn mit molligem warmem Mantel der Schlafgeist kommt und mit seinen klebrigen dicken Fingern die Augenlider herabziehen will. Keiner darf weichen, kein Sherpa und kein Sahib, wenn wie eine eklige schleimige Kröte die Kälte an den Körper des Gefährten kriechen will. Der erfrorene Finger eines Sherpas ist genauso blau wie der eines Briten. Und wenn Briten, die Deutschen, Schweizer, Österreicher und wie sie alle in diesen Ländern der Abendsonne heißen, in den Himalaya kommen und Schluchten durchschreiten, die noch nie jemand durchschritten, Wände erklimmen, die noch nie erklommen, Bergspitzen unter ihre Füße nehmen, auf denen noch nie ein Menschenfuß stand, dann müssen die braunen Männer mit ihnen gehen. Braune Männer sind nicht weniger mutig als weiße. Einen unbekannten Berg zu erforschen und zu ersteigen, das ist eine gute Sache. Und wenn es um eine gute Sache geht, dann müssen Braune und Weiße zusammen gehen. Keiner ohne den anderen.

So denkt Lewa.

Sie sprechen noch vom Kantsch, von Bauers neuem Mißerfolg.

„In meinem Kopf waren noch Zweifel", sagt Chong Norbu, „und darum bin ich auch fortgegangen. Der Weg ist unten schon zu schwer. Keiner weiß, wie es oben aussieht. Sicher noch schwerer. Und wenn du nicht mehr genug Luft bekommst, sooft du auch den Mund aufreißen magst, dann kannst du nicht mehr über so schwere Stellen gehen. Zuletzt war ich ganz ohne Freude. Ich wage meine Knochen nicht, wenn ein Berg nicht zu schaffen ist. Der Kantsch ist nicht zu schaffen – das sage ich!"

Lewa ist anderer Meinung. Er hat von dem Tod Pasangs gehört – warum schweigt Chong Norbu darüber? Aber da kommt der Krankenpfleger und bringt einen Neuen ins Zimmer. Chong Norbu muß jetzt gehen. So in der Tür sagt er noch zu Lewa, was Ondi widerfahren ist und welches Gezeter seine Frau angestellt hat.

Mit einemmal freut sich Lewa gar nicht mehr so sehr über den Besuch wie zu Anfang und ist froh, daß Chong Norbu fort ist.

Schade um den Mann, denkt er.

Kaum, daß Chong Norbu den Besuch bei Lewa hinter sich hat, macht er sich an die Arbeit, einen Brief nach London zu schreiben. An das Everest Committee, an Mister F. S. Smythe. Dreimal schreibt er den Brief neu, bessert ein paar Worte aus, überlegt lange, ob er diesen und jenen Satz richtig geschrieben hat. Dann glaubt er, daß er es nicht besser kann und daß die Sahibs verstehen, was er mit dem Brief will. Wann sie wieder zur Chomolungma gehen – er wartet darauf. Er will der beste der Tigers sein.

Auch schlaue Füchse gehen in die Falle

Lewas erster Weg nach der Entlassung aus dem Hospital führt nach Bhutia Bastie hinunter. Mühsam ist der lange Weg zu Ondis Hütte für einen, der keine Zehen mehr hat.
Die Frau hockt mit untergeschlagenen Beinen im Freien und webt. Die Webekette ist um zwei Hölzer geschlungen, eines hängt am Pfahl, das andere hat die webende Frau an ihren Leibgurt gebunden. So zieht sie mit dem Körper die Kette stramm. Abwechselnd schiebt sie von links und rechts die Bambusstäbchen mit den verschiedenfarbigen Garnen durch die Kette. Sie sieht kaum auf, als Lewa sie sittsam begrüßt. Es ist nicht üblich, daß ein Mann ein Weib besucht, das allein ist – aber Lewa sagt gleich, warum er kommt.
Die Frau ist ganz niedergeschlagen – sie hat schon alles versucht, aber Ondi wird nicht freigelassen.
Nach einer Stunde ist die bunte Decke fertig, auf zinnoberfarbenem Grund reihen sich zartgetönte Muster. Lewa lobt ihre geschickten Hände und fragt nach diesem und jenem. Als er in der Dämmerung die Straße nach Darjeeling hinaufhumpelt, weiß er, wie er Ondi helfen kann.
Anderntags läßt er bei einigen Händlern auf dem Basar durchblicken, daß er, der Sirdar Lewa, für einen Sahib Reiseproviant zu kaufen wünsche, möglichst Konserven, Fruchtkonserven. Es kann ein Gelegenheitskauf sein – ein wenig Provision für den Händler wird schon abfallen. Der Sahib wünscht günstig zu kaufen.
Der kluge Lewa hat sich nicht verrechnet. Nach zwei Tagen läßt ihm ein Händler sagen, er habe einen Posten Konserven aufgetrieben, eine günstige Sache, sehr günstig.
Ob er ein paar Probebüchsen haben könne, fragt Lewa. Einen Augenblick zögert der Händler – die Konserven kommen aus nicht ganz ehrlicher Hand, das weiß er – aber das Geschäft lockt, es ist viel daran zu verdienen. Und dem Lewa kann man schon vertrauen, das ist ein kurzentschlossener Mann. Sicher will er auch einen guten Verdienst haben nach der langen Krankheit.
Gut, zwei Büchsen von jeder Sorte soll er haben.
Lewa nimmt die Büchsen und geht schnurstracks, so schnell es

seine verkrüppelten Füße erlauben, zum Lewis-Jubilee-Hospital. „Sind das die Sachen, die man euch vor zwei Wochen gestohlen hat?“ fragte er den Lagerhalter.
Der besieht einen Augenblick die bunten Aufkleber, dreht und wendet die Büchsen und starrt Lewa verständnislos an.
„Ja oder nein? Du mußt das doch wissen. Da sind Nummern eingelocht – und Stempel auf dem Schild! Halte die Büchsen neben die anderen, die du noch hast. Sind sie nicht von gleichem Aussehen?“
Mit dem Lagerhalter kommt Lewa nicht weiter, der will ihn fortschicken. Aber Lewa läßt sich nicht abweisen, geht zum Administrator, mit diesem zur Polizei, und kaum ist ein Tag vergangen, da sind die Diebe gefaßt: der Lagerhalter, zwei russische Emigranten, die sich schon lange in Darjeeling herumtreiben, und ein persischer Händler.
Dann läßt er sich vom Polizei-Officer versichern, daß Ondi nun freigelassen wird, und begibt sich zerschlagen in sein kleines Haus. Es war ein wenig zuviel, was er seinen armen Füßen gleich in den ersten Tagen zugemutet hat.

Om manipadme hum

Sechzehn Europäer.
Dreißig Darjeeling-Träger.
Sechzig Kulis aus Sikkim, Tibet, Nepal.
Zweihundertfünfundneunzig Yak-Ochsen und Ponys.
Das ist die Karawane, die sich am Ostersonntag des Jahres 1933 nach einem 500-Kilometer-Marsch vor den gelbroten Lehmmauern des Rongbuk-Klosters zu einem riesigen Knäuel anstaut. Nicht mehr als zwanzig der Männer waren schon einmal hier: 1924, vor neun Jahren, als sich die Göttinmutter der Erde mit tödlichem Eishauch gegen die kleinen Menschen wehrte, die ihr Silberhaupt anrührten.
Wie nah sind doch die Grate! Die Aprilsonne strahlt aus klarem Himmel auf die Felsschulter der Chomolungma, nackt, ohne Schnee ist sie schon, die Nordwinde haben die schwarzbraunen

Platten zwischen der Nordostflanke und dem Gipfeldiadem blankgefegt, grellgelb leuchten die eingesprengten Felsbänder in der obersten Pyramide. Und ganz oben hängt an dünnem Faden eine lange Fahne, wirbelndes Eis, zur flatternden Wolke verdichtet, mit dem ausgefransten Schwanz südwärts weisend, nach Nepal hinüber.

Vor der Klosterburg flattern auf Türmchen und Zinnen Gebetswimpel, grüne, rote. Der Talwind bläst in die Gebetsmühlen, unentwegt beten Wimpel und Mühlen, jede Drehung, jedes Flattern ist soviel wie ein Lallen von den Lippen der Mönche.

„Om manipadme hum", flüstern die Fähnchen, plappern die Mühlen.

Tausendmal steht der Zauberspruch auf den seidenen Streifen geschrieben, die im Winde wirbeln. Tausendmal zeigt die rotierende Gebetsmühle die heilige Inschrift „Om manipadme hum". Tausendmal dreht sich am Tage die Mühle, windet sich das Fähnchen. Tausendmal sind dir tausend Sünden vergeben! „Om manipadme hum", murmeln die Lamas.

„Preise, o Pilger, die Schönheit der Lotosblüte!" ruft der Oberlama. „Erblicke in der Blume und der Schneeflocke, in der Lawine und dem Sturmwind die Wunder Buddhas! Om manipadme hum! Tausend Sünden sind euch vergeben!"

Die Priester segnen die Männer, die zur Chomolungma aufsteigen wollen. Alle – die Sherpas, die Hindus, die Briten.

Der kluge Hugh Ruttledge, der Leiter des vierten Angriffes auf den Gipfel der Welt, weiß, daß die braunen Träger die Gebete der Lamas als ein gutes Omen für ihr Tun werten.

Langsam trottet die Karawane zur Zunge des Rongbuk-Gletschers hinauf, mit jedem Schritt, den sich die Träger von dem heiligen Kloster entfernen, weicht ihre fromme Versenkung fröhlicher Gelöstheit. Vor ihnen liegt das große Abenteuer.

Nur drei der weißen Sahibs hat Chong Norbu schon einmal gesehen: Smythe-Sahib und Wood-Johnson; vor drei Jahren kämpften sie zusammen um den Jongsang Peak. An Smythe hat Chong Norbu nach London geschrieben. Und da ist Crawford, der immer ruhige Mann, der die Sprache der Sherpas, Gurkhas und Tibeter zu reden weiß, der Mann, der damals ausgehöhlt vom Berg herunterkam und Chong Norbu behutsam sagte, daß der donnernde Schnee seinen Bruder Mingma begraben habe.

Die anderen sind neu am Everest: Shipton, Harris, Wager, Ruttledge, Birnie und die übrigen sieben englischen Bergsteiger, Ärzte, Funker. Rascher, als die Briten dachten, überwinden die Sherpas das Staunen über die Funkgeräte und Telefonapparate. Die Expedition hat eine dauernde drahtlose Verbindung mit

Darjeeling und eine Telefonleitung vom Standlager bis zum Nordsattel. Die Briten haben ihre Mannschaft verstärkt, ihre Angriffstaktik verbessert, ihre Ausrüstung modernisiert.
Aber auch die Tigers sind erfahrener und mutiger, als sie es 1924 waren. In den neun Jahren seither sind viele von ihnen zu perfekten Eisgehern geworden. Sie wissen, worum es geht. Keiner braucht sie mehr morgens lange zum Aufbruch zu überreden, jetzt treibt sie der eigene Ehrgeiz und die Freude an der Aufgabe hoch! Ruttledge ordnet an: Keiner darf zu einem höheren Lager aufsteigen, ehe er sich nicht zwei Tage, besser noch drei, an die Höhenluft gewöhnt hat. Die Methode der langsamen Anpassung bekommt allen gut. Obwohl in jedem Lager ein paar Tage Ruhepause eingelegt werden, stehen die Zelte mit der Nummer V auf der alten Route von Norton schon am 20. Mai, 125 Meter über dem Lager V des Jahres 1924, in 7833 Meter Höhe!
Vier Sahibs und acht Tigers kampieren vier volle Tage in den kleinen grünen Zelten auf der Nordostschulter des Everest. Noch nie hat ein so großer Trupp so nahe dem Gipfel, bei fast 8000 Meter Höhe, zum Angriff bereitgelegen.
Die Kälte ist fürchterlich; kaum daß die Männer in den Schlafsäcken die erstarrten Glieder wärmen können. Schon längst sollen die zwölf weiter vorstoßen, Lager VI einrichten und wieder absteigen, aber der Sturm fesselt sie an die Zelte. Immer wieder müssen sie zur Sicherung Seile spannen, damit die leichten Tuchhäuser nicht von den schmalen, abschüssigen Felsplatten heruntergefegt werden.
Nima Dorje ist wieder dabei und Kitar, auch der dicke Nima Thondup, der kleine Kippa mit dem schiefen Mund und der polternde Pemba, Chong Norbu, kühl die Mitte zwischen Vorsicht und Kühnheit suchend, und zwei „Neue“, die sich als unermüdlich entpuppen: Da Tundu und Tsering.
Unten, beinahe tausend Meter tiefer auf dem Nordsattel, sitzen noch andere Tigers, die sich schon einen Namen gemacht haben. Lhakpa Chedi, der damals mit Norton den schweren Weg ging, Ang Tharke, 1922 aus der Lawine entkommen, und noch weiter unten hütet Sirdar Nursang ganz allein das Lager III am Fuße der Eiswand, die zum Sattel hochzieht. Ondi, der starke, gutherzige Mann aus Bhutia Bastie, der mit allem Schwung die ersten Lager einrichten half, ist krank, schwerkrank. Die Sahibs meinen, man kann keinen Anna mehr für ihn geben – er speit Blut, und es wird wohl nur seine Qual verlängern, wenn man ihn zur Erholung ins Khartatal bringt. Sicher stirbt er unterwegs, es müßte denn ein Wunder geschehen.
Das Wunder geschieht. Nach einer Woche schon ist Ondi wie-

der den Händen des Arztes entflohen, geht auf eigene Faust zum Hauptlager hinauf und meldet sich beim Ruttledge-Sahib durch das Telefon.

Ruttledge pendelt zwischen dem Lager III und dem Nordsattel hin und her; für einen achtundvierzig Jahre alten Mann eine gewaltige Leistung. Er ist voller Sorge um die Leute im Lager V! Gestern hat er noch Smythe und Shipton hinaufgeschickt. Aber auch diese beiden kommen nicht wieder. Wenn der Nebel nur einmal, eine Stunde nur, aufreißen würde, damit man sich mit Winkzeichen verständigen könnte! Sechs Tage schon schweigt der Berg! Brauchen die vierzehn Männer dort oben nicht schon längst Hilfe?

Ruttledges Ruf geht durch den Draht nach unten, an die Sahibs in den Lagern auf der Gletschersohle: „Alles, was irgendwie marschfähig ist, Sahibs und Kulis, sofort nach oben! Lager V meldet sich seit sechs Tagen nicht mehr! Wir brauchen Träger für Lebensmitteltransport und für Krankentransport!"

Da meldet sich Ondi, selber noch halbkrank, und steigt mit Crawford und Longland zum Nordsattel, über die scheußliche Eiswand, vorbei an den Spaltenabgründen und über die Lawinenhänge. Im Lager IV auf dem Chang La schließen sich Harris, Wager und Ruttledge an. Mit zehn Trägern schinden sie sich die tausend Meter höher.

Es ist für alle eine riesige Anstrengung – einem aber wird es schwarz vor den Augen, er wankt, doch will er es die anderen nicht merken lassen: Ondi. Vor zwei Wochen haben ihn die Gefährten mit einer Lungenentzündung sterbenskrank talwärts getragen ...

Stimmen kommen durch den Nebel, von oben. Den ersten Männern in der Kolonne schlittern platte Steine vor die Füße – da – Poltern – Tritte! Die Leute kommen! Sie kommen zurück!

Langsam schält sich eine Gestalt nach der anderen aus dem Nebel – fünf, sieben, neun, da noch drei!

Erschöpft lassen sich alle im Schnee nieder, die Abwärtskommenden und die Aufwärtssteigenden.

Mit keuchender Stimme berichten sie: Dort oben ist die Hölle los! Der Angriff ist fürs erste abgeschlagen. So grausam war die Kälte da oben, daß sich die Träger, kaum daß sie die Handschuhe einmal ausgezogen, um die Lasten aufzuschnüren, gleich die Fingerspitzen erfroren. Doktor Greene wird im Tallager viel Arbeit bekommen. Aber wo bleibt die letzte Seilschaft?

Rittmeister Birnie und Chong Norbu?

Ondis Augen sind schon längst die Reihe der Tigers durchgegangen – Chong Norbu fehlt!

Ruttledge entscheidet, daß alles absteigt, voran die Mannschaft vom Hochlager – nur Wager und Longland sollen hier auf die beiden warten. Notfalls sollen sie hinaufsteigen; für die andern wird der eisige Wind unerträglich.
Unschlüssig macht Ondi ein paar Schritte abwärts, dann ruft er Ruttledge an: „Sahib – Chong Norbu ist mein Freund, ich will mit Sahib-Wager gehen! Wenn es möglich ist – please, Sahib!"
Der sturmgewohnte englische Alpinist sieht dem Kuli ins Gesicht. Er versucht durch das Braunblau der Brillengläser den Blick des Mannes zu fassen. Nichts weiß er von dem Zwiespalt, den Chong Norbu zwischen sich und Ondi aufgerissen hat; er glaubt Ondi, daß er einem Freund helfen will. So erlaubt er ihm aufzusteigen, trotz der Schwäche, die im Gesicht des Tigers geschrieben steht. Aber wer sich nach solchem Fieber wieder aufrafft und freiwillig zur Arbeit meldet, der hat den Willen zum Kampf! Beneidenswert, diese unverwüstlichen, prächtigen Kerle, denkt er und entläßt Ondi mit einem freundschaftlichem Schlag auf den Rücken.
Langsam entschwindet Ondi in der Spur Wagers und Longlands, die aufsteigen, um die letzte Seilschaft zu suchen.
Abwärtssteigend trifft Ruttledge auf den jungen Kippa. Er ist von dem Aufenthalt in der Höhe ganz benommen, redet immerzu krauses Zeug und will zurückbleiben. Die anderen Sahibs haben sich schon um ihn bemüht, aber Kippa setzt sich einfach in den Schnee und behauptet, er sei schon gestorben, sie sollen ihn liegenlassen.
„Tote Sherpas dürfen nicht ins Tal gebracht werden!" lallt er wirr. Dann erzählt er etwas von einer Linie, die Leben und Tod trennt. Die Sahibs müssen ihn mehr tragen, als daß er selber geht. Er fletscht die kleinen Zähne, reckt seinen Hals, den jugendlichen schlanken Hals, als würge ihn einer. Mit einem Mal stößt er sich wild ab, rast ein paar Schritte zur Seite, kommt ins Fallen und purzelt in einen Schneekessel. Er hat die Brille verloren; niemand nimmt sich die Zeit, sie zu suchen, und so führen sie den Kranken hinunter. Kippa ist jetzt ganz willig, er hat die wimperlosen Augenlider geschlossen und brabbelt vor sich hin: „Der Kuli Kippa ist gestorben – da ist der Strich – er ist drüben! Dort die Toten, hier die Lebendigen – Kippa liegt tot …"
Spät am Abend erreichen alle Kranken und ihre Helfer das Lager IV auf dem Nordsattel. Auch Kippa kommt wieder zu sich und dankt den Sahibs, daß sie ihm gesagt haben, er sei noch nicht tot. In dieser Nacht wacht keiner – auch nicht vor Kälte. Die Müdigkeit drückt allen die Augen zu. Das Zelt, das Ruttledge für die fünf Nachzügler freigelassen hat, bleibt leer.

Motoren dröhnen über dem „Dritten Pol"

Der Motor des kleinen Houston-Westland-Doppeldeckers dröhnt seit einer Stunde und läßt das Flugzeug leicht vibrieren. Seit dem Start in Purniah hat sich die Maschine gleichmäßig steigend 3000 Meter über die braunen Ebenen Indiens gehoben. Zwischen den Verstrebungen kommen langsam die Berge in Sicht. Immer noch steigt die Maschine und hält dabei genau Nordkurs.

Fünftausend Meter Höhe. Da – jetzt hebt sich rechts aus dem Wolkenmeer der Gipfel des Kangchendzönga. Major Steward Blacker schiebt vorsichtig das Dach der Beobachtungskabine zurück und richtet sich auf. Der Propellerwind dringt selbst durch die unförmige Rüstung. Eine spitze Sauerstoffmaske verdeckt das Gesicht, Schläuche und elektrische Kabel laufen vom Kopf und der Kleidung zum Armaturenbrett. Zum ersten Mal versuchen Menschen das gewaltigste Gebirge der Erde zu überfliegen, zum ersten Mal sollen die Augen der Flieger und die Objektive der Kameras auf die jungfräulichen Gipfel des Himalaya hinunterschauen.

Blacker hat die Filmkamera herausgehoben und richtet sie nach vorn. Neben dem Motor wird eine Bergspitze mit einer langen Wolkenfahne sichtbar, alle umliegenden Berge überragt die kühne Pyramide – der Mount Everest! Noch 120 Kilometer! Jetzt zeigt der Höhenmesser 6000 Meter. Der Pilot zieht die Maschine höher und höher. In kurzem Abstand folgt das zweite Flugzeug mit den Filmleuten der Gaumont British Picture Corporation. Im Film soll der Welt gezeigt werden, wie Aeroplane britischer Herkunft von wagemutigen Offizieren, unterstützt durch alle wissenschaftlichen und technischen Hilfsmittel des Weltreiches, den „Dritten Pol" bezwingen. Nord- und Südpol sind überflogen oder von Menschenfuß betreten; zu gleicher Zeit, da zum vierten Mal britische Bergsteiger den Everest berennen, sollen auch britische Flieger den Gipfel aus der Luft besiegen!

Kein Flugzeug war bislang in der Lage, in solche Höhen außer dem Piloten noch einen Beobachter, die schweren Apparate zur Luftbildvermessung, die Filmkameras, Heiz- und Sauerstoffgeräte hinaufzutragen – jetzt gibt es die Pegasus-Motoren mit Gasgebläse! Ein paar gelangweilte Militärs und einige waghalsige Abenteurer, die ihr Leben lang weiß Gott andere Dinge für erstrebenswerter hielten, als sich mit alpinen Problemen herumzuschlagen, stellten die Houston-Everest-Expedition auf die Beine. Und eine millionenschwere, spleenige Lady, mit eben jenem Namen Houston, gab das Geld dazu her. Es ging ja um den Ruhm Großbritanniens …

Blacker hat jetzt die Bodenklappe geöffnet. Unter ihm tut sich etwas auf, was er nicht mehr mit „gähnender Tiefe“ bezeichnen kann – es ist mehr. Blacker hat fast das greifbare Empfinden, in den endlosen Raum zu stürzen. Unten dräut ein unfaßbares Gewirr von Kämmen, Bergketten und schwarzen Felsnadeln, durch die an manchen Stellen das charakteristische Gelbrot des meißelförmigen Everestgipfels schimmert. Fast um Haaresbreite, so scheint es Blacker, reißt der Pilot das Flugzeug über die Bergspitze hinweg. Nur dreißig Meter hinter ihnen donnert die zweite Maschine mit dem Kameramann über den Gipfel der Welt.

Major Blacker hantiert mit den Kameras, mißt die Abtrift, verständigt Douglas, den Piloten, wechselt Filmspulen. Immer wieder ziehen die beiden Maschinen zurück zum Everestgipfel, umkreisen ihn, jagen durch die „Feder“, die gewaltige Garbe sausender kleiner Eisstücke, die der Aufwind aus den Bergflanken reißt und mit ungeheurer Gewalt kilometerweit leewärts über den Gipfel schleudert.

Krachend splittert das Zellon-Fenster in Blackers Kabine! Ein mörderischer Eishagel, dann wieder Ruhe – vorbei – durch! Unter der gespensterhaften Maske, die den lebenspendenden Sauerstoff nicht entweichen läßt, verbirgt Blacker ein breites Grinsen. Wieder ein Abenteuer mehr in seinem abenteuerlichen Leben! Seit 1911 ist er Flieger, jetzt dient er in der Kolonialarmee als Major. Interessante Arbeit an der Grenze. 1917 war er in Rußland, da gab es während der Oktoberrevolution der Bolschewiki für England allerhand Wichtiges zu tun. Und dann blieb er in „geheimer Mission“ gleich da – es war nicht ganz leicht, sich in die Rote Armee zu schmuggeln! Dann Freikorpsführer in Mittelasien; selbst nur im Range eines Hauptmannes, befehligte er das Kommando eines Obersten und schlug 1920 in Kurdistan einen Volksaufstand nieder.

Der Pilot, der vor ihm am Steuerknüppel sitzt, steht ihm an Unternehmungslust in nichts nach; er ist noch jung, aber er bringt die besten Vorbedingungen für ein Räuberleben mit: Marquis von Douglas und Clydesdale ist sein voller Name, Sohn und Erbe des vornehmsten Peers von Schottland, Geschwaderkom-

modore des Bombergeschwaders Glasgow, ein Schläger, der manchem übel mitspielte. Auf dem Flugplatz werden sie von den Organisatoren der „streng wissenschaftlichen Expedition" erwartet: Air Commodore P. F. M. Fellowes, ein Mann mit Fernost-Erfahrungen, Spezialist für die Anlage von Militärflugplätzen im Gebirge, Praxis in der Türkei und Persien, und Oberst P. T. Etherton, kein unbekannter Reisender. Er hat Asien zu Fuß durchquert von Indien bis Rußland. Dabei sah er so viel, daß das britische Auswärtige Amt ihn schnurstracks nach Zentralasien zurückschickte, diesmal nicht zu Fuß. Denn jetzt hieß sein Ziel nicht mehr Rußland, sondern Sowjetunion. Später wurde Mister Etherton Generalkonsul im Chinesischen Turkestan.
Die Zeitungsreporter stürzen sich auf die Flieger. „Welchen Eindruck hatten Sie vom Gipfel?" Fragen über Fragen. Auf alles geben die Herren geduldig Antwort. Was dachten Sie über dem Everest? Haben Sie die Bergsteiger beobachtet? Wurde Ihnen zugewinkt? Wurde Ihnen übel?
Auf jede Frage eine Antwort.
Bis einer ganz naiv herausbringt: „Dienten die Flüge auch noch anderen als sportlichen und wissenschaftlichen Zwecken?"
Die Herren Freikorpsführer, Generalkonsuln und Marquis lächeln und schweigen.

Wer Freunde hat, kann immer hoffen

Als Longland, Wager und Ondi eine Stunde ohne Unterbrechung gestiegen sind, drückt wärmende Helle durch den Nebel. Mit keuchendem Atem und vor Anstrengung zitternden Gliedern verharren sie zu kurzer Rast.
Da durchbricht die Sonne das wallende Wolkengewebe und verjagt die letzten Schleier. Zu Füßen der drei senkt sich die Decke rasch und tief, wie der brodelnde Schaum in einem Waschfaß, das von unten abgezapft wird.
Der Blick zum Gipfel ist frei. Da oben, auf dem Gratrücken, winzig und halbverdeckt von Steinen, ducken sich die Zelte des Lagers V an den Fels.

Wenn Birnie und Chong Norbu nicht bald hinter einem Buckel auftauchen, sind die beiden Mannschaften im Nebel aneinander vorbeigelaufen.
Zu dritt schreien sie in die Höhe hinauf.
Pause. Lauschen und Spähen.
Wieder Rufe im Chor. Leise rascheln im Wind über die Platten Eiskörner. Longland glaubt, links, zwischen den schneegefüllten Rinnen, eine Bewegung zu erkennen. Ondi wischt über die Gläser der Sonnenbrille, bohrt seine Blicke in die Ferne. Nichts. Und links? Winken – ein winkender Arm! Da, ganz deutlich!
Über die schräggeschichteten Platten hasten die drei, alle Vorsicht vergessend. Hinüber – schnell!
Birnie hockt zähneklappernd hinter einem Block. Sein Bein liegt merkwürdig seitab, wie ein Fremdkörper. Wager labt ihn aus der Thermosflasche, gierig schlürft er den warmen Trunk.
Ondi sieht sich fragend in der Umgebung um. Wo ist Chong Norbu, wo das Seil? Sie sind doch angeseilt gegangen?
Stockend, mit vielen Pausen für Trinken und Stöhnen, berichtet Birnie seinen beiden britischen Kameraden. Longland schient mit Riemen und Eispickel das zerschlagene Bein.
„Beim Abfahren auf einem glatten Schneefeld – dort, nahe dem Lager – ich ließ mich gleiten. Zu schnell! Beinahe über die Wand gefahren! Chong Norbu sah es, sprang herzu, warf sich über mich. Da kollerten wir in eine Schneewehe und waren gerettet! Der gute Junge – sucht ihn, schickt den Bhutia, weiter unten muß er liegen, dort!"
Wager beruhigt den aufgewühlten, zitternden Freund.
In abgehackten Sätzen spricht Birnie weiter, von dem verletzten Fuß, wie Chong Norbu die Last fortwarf, ihn auf den Rücken nahm, wie sie wieder stürzten, weit hinunter – er bis hierher, der Sherpa noch weiter, viel weiter.
„Er ist sicher tot", flüstert Birnie, „ich bin auf den Ellenbogen und dem gesunden Knie herumgekrochen. Aber ich habe ihn nicht gefunden!" Dann wischt er sich schwerfällig über die Stirn. „Ich bin noch ganz benommen. Vorhin wurde ich fast ohnmächtig vor Schmerz in dem Bein, phantasiert habe ich – das Blut brummte mir in den Ohren, daß ich glaubte, ein Flugzeug flöge vorbei, und dann bildete ich mir ein, zwei Maschinen kreisten immer um den Gipfel herum … ach, das verfluchte Bein! Wie wollt ihr mich denn hinunterschaffen? Kommen noch mehr, mich holen?"
Wager meint, es würde schon gehen. Über die schweren Stellen müßte ihn dann der Träger auf den Rücken nehmen, am Seil gesichert. Der Ondi ist ein starker Bursche.

Unten am Felsabsatz turnt der Träger herum. Vorsichtig läßt er sich über die Platten hinab, langsam, verklemmt den Pickel, tastet sich in die tiefe Rinne. Jetzt ruft er herauf!
Es ist fast windstill, aber sie verstehen ihn nicht. Wager steigt ab und birgt mit Ondi einen schneeverkrusteten Mann. Das Gesicht ist arg zerschunden, ein Handschuh fehlt, die Hosen sind vom Steigeisen zerfetzt. Aber er lebt!
Rufe fliegen hinauf und herunter. Zum Abstieg nach Lager IV ist es zu spät – zu gewagt wäre es mit den Verletzten!
Die Zelte oben sind nicht weit. Erst schleppen Wager, Longland und Ondi den Sahib, dann Chong Norbu mit unsäglicher Mühe hinauf, betten sie in die Schlafsäcke. Im Trägerzelt liegt noch ein wenig Proviant. Als die Nacht auf die Zelte sinkt, sind die Kranken versorgt, verbunden. Das Wetter bleibt ruhig – Chomolungma ist mild gestimmt. Nur unten im Tal branden weiße Wogen im Mondlicht. Ondi hat die Verschnürung des Trägerzeltes festgezurrt und streckt sich neben Chong Norbu.
Der atmet schwer. „Die Hand ist gestorben!" stößt er hervor. Ondi entgegnet, daß nur die Finger erfroren sind. Aber was das Knie macht, will er wissen, das Knie, in das sich Chong Norbu mit dem Steigeisen gehackt hat.
„Nicht schlimm! Das heilt wieder. Aber die Hand, verflucht, die brennt!"
„Dann ist es gut. Wenn sie brennt, wird sie wieder! Hast du nicht Feuer in der Hand verspürt, als wir mit Schnee gerieben haben?"
Chong Norbu antwortet nicht. Lange liegen sie schweigend. Zu aufgewühlt von dem Erlebten sind sie, daß der Schlaf nicht kommen will. In Chong Norbu ist Aufruhr, er will sich nicht helfen lassen von einem, dem er auch nicht geholfen hat, als es not tat zu helfen. Er spürt genau, daß es nicht Zufall ist, daß Ondi neben ihm liegt und nicht irgendein anderer Träger. Als Ondi mit wunden Lungen ins Tal getragen wurde, sagte der Doktor-Sahib, Ondi würde sterben – jetzt ist er wieder hier, im höchsten Lager! Und tut so, als sei nie die Geschichte mit dem Gefängnis gewesen. Wäre Lewa nicht, dann säße Ondi noch heute drin. Lewa hat ihn herausgeholt. Ich habe statt dessen einen Brief nach London geschrieben aus Angst, nicht am Ruhm der Everest-Bergsteiger teilzuhaben, denkt Chong Norbu. Ondi hat ihn mit seinen Händen aus dem Schnee gewühlt, auf seinem Rücken ins Zelt geschleppt – zahlt er so zurück, für den unterlassenen Freundschaftsdienst in Darjeeling? Rächt sich Ondi mit einer guten Tat für eine schlechte? Chong Norbus verworrene Gedankenkette zerreißt – eine Stimme klingt an sein Ohr.

„Warum hast du nicht gerufen? Birnie-Sahib hat dich gesucht, wir suchten, du gabst kein Zeichen!"
„Es wäre ja doch keiner gekommen", entgegnet Chong Norbu.
Ondis Stimme ist frisch und eindringlich: „Wer Freunde hat, kann immer hoffen." Chong Norbus Körper bebt. Freunde, hat Ondi gesagt! Freunde! Jetzt zahlt er zurück. Chong Norbu läßt die Gedanken laufen, sie stürzen aus seinem Mund. Seine Lippen formen Worte, die er ihnen nicht befiehlt: „Verrecken lassen solltest du mich. Warum hast du mich da herausgegraben? Ich habe keine Freunde mehr! Keinen einzigen mehr! Warum bist du gekommen? Deine Lunge hättest du gesund machen sollen – was kümmerst du dich um mich! Du hilfst mir und siehst mich mit bösen Augen an – wie die anderen! Ich will keine Freunde – ich will nicht!" Er wirft sich wild herum, daß das Knie schmerzt. Jetzt müßte Tag sein, heller Tag – fliehen, weit fort, allein sein! Jede Minute neben Ondi ist wie ein brennender Hieb.
„Ein alter Mann hat mir einmal eine Geschichte erzählt", hebt Ondi bedächtig zu sprechen an. Die Dunkelheit rückt ihn weit fort, die Ohren könnte sich Chong Norbu mit den Händen verschließen, aber er hört, was die Stimme von fern her sagt: „Eine Herde Wildpferde graste auf satter Weide hinter der Heimat des großen Schnees. Das schnellste der Pferde hatte auch die härtesten Hufe, wenn die Wölfe die Herde anfielen. Aber der Ruhm genügte dem stolzen Pferd nicht. Es wollte viel lieber ein heiliges Rind sein, wie die weißen Kühe im Tempel. Da rieb das Pferd seine Flanken an den weißen Felsen, nahm knorrige Wurzeln auf den Kopf, um für ein gehörntes Rind zu gelten. Seinen Leib fraß es voll und riß die Haare aus seinem Schweif, damit die anderen dächten, es sei ein Kuhschwanz.
‚Ach', sagten da die anderen Wildpferde, ‚es ist ein jammervolles Bild! Erst warst du unser schnellster Bruder, jetzt bist du noch nicht einmal eine lahme Kuh. Wieviel besser wäre es, du kämst wieder in unsere Herde. Wir brauchen deine scharfen Hufe, um uns der Wölfe zu wehren, und deine schnellen Füße, um frische Weide zu finden!'"
Draußen um das Zelt huscht der Nachtwind. Das Schweigen hat sich wie ein Vorhang zwischen die beiden Männer gesenkt, jeder ist mit sich allein. Der Vorhang fällt immer weiter, deckt den einen wie den anderen wärmend zu.
Das Knie schmerzt nicht mehr und nicht die pochende Hand. Leises Wehen des Zelttuches flattert in Chong Norbus Traum. Von weit heran trabt ein Wildpferd und mischt sich unter die grasende Herde.

Ein Eispickel gibt keine Auskunft

Longland ist noch nicht eine Stunde fort, um von unten Hilfe zu holen, da kommen die Kolonnen vom Nordsattel schon über die Felsrippen auf das Lager zu.
Vier Sahibs und ein langer Troß. Bei strahlendem Sonnenlicht geht der Haupttrupp nach kurzem Imbiß und Verschnaufen gleich weiter. Heute noch soll Lager VI bis dicht unter den Gipfel verlegt werden.
Die absteigenden Männer bringen die Verletzten sicher nach unten. Shipton und Smythe bleiben in Reserve – für den Nachstoß. Vorn stürmen Wyn Harris und R. L. Wager. Bis auf 8350 Meter gehen diesmal die Tigers, bepackt mit Lasten für das Gipfellager. Nima Dorjes Lustigkeit steckt an, heute ist das richtige Wetter zum Steigen! Der kluge Ang Tharke lächelt sanft vor sich hin, er geht heute auf seine höchste Höhe. Auch Pintso Norbu war noch nie so hoch. Mit Dakchi und Gay-Lay, Kikuli und Nima Tashi holen sie sich heute den Ehrentitel von der Chomolungma: „Tiger!"
Der Weg wird steil, aus dem Schrofengelände geht es in zerklüftetes Gestein. Was schon von fern als helles Band sichtbar ist, nehmen die Männer jetzt unter die Füße: die gelben Kalksandsteine, die sich durch die ganze Nordflanke ziehen.
Im Zickzackkurs aufsteigend, sucht Wyn Harris einen Platz für das Lager. Ist denn nirgendwo auch nur ein schmaler Absatz für ein winziges Zweimannzelt? Da könnte es gehen – schräg abwärts geneigt ein kleiner Vorsprung.
Der Zeltboden ragt noch über die Kante – das wird eine unbequeme Nacht für Wager und Harris! Aber das Lager steht 200 Meter höher als 1924 – noch 800 Meter Wegstrecke bis zum Gipfel, nur 800 Meter! Aber 500 Meter Steigung! Das wird Luft kosten und Muskelkraft!
„Good-bye!" Longland zieht mit den Tigers abwärts – bis zum Lager IV auf dem Chang La ist noch ein weiter Weg.
Nach schlecht verbrachter Nacht brechen aus dem höchsten Zelt, das je unter dem Gipfel stand, Harris und Wager am Morgen des 30. Mai 1933 um 6 Uhr zum letzten Angriff auf. Durch den langen Aufenthalt in den Hochlagern sind sie gut an die dünne Luft gewöhnt. Sie verzichten deshalb auf Sauerstoffatmer

und kommen schneller voran als ihre Vorgänger vor neun Jahren. Ganz allmählich kommt der Kamm des Nordostgrates näher. Oben reckt sich die berühmte Steilstufe, die „second step“. Wird sie wieder, wie damals für Norton, ein „Stop“ bedeuten? Ist Mallory weiter gestiegen, vielleicht gar bis auf den Gipfel, und beim Abstieg umgekommen?
Knapp unter dem Kamm sieht Wyn Harris einen Gegenstand liegen, einen Stab, ein Holz! Was mag das sein? Sie klettern seitwärts hinüber. Haben die Houston-Leute, die Flieger, etwas abgeworfen? Eine Fahne vielleicht – einen Fahnenstock? Da liegt das Ding.
Ein Pickel, ein Eispickel ganz solider Bauart, ein wenig Rost an der Haue, sonst unversehrt ...
Fragend sehen sich die beiden an.
„Hier waren nur Mallory und Irvine“, sagt Wager.
Harris liest am Schaftansatz drei Buchstaben ab: G. L. M.
„George Leigh-Mallory!“ Der Blick Wyn Harris' geht von den Initialen des großen Briten zum Gipfel hinauf. Feierlich nennt er den Namen des erbittertsten Gegners der Chomolungma, den der Berg für immer behalten hat. Sie suchen noch eine Weile mit den Augen die Umgebung ab, entdecken nichts Auffälliges. Sind die beiden hier abgestürzt, erfroren, verhungert?
Kein Bergsteiger läßt seinen Pickel je aus der Hand – was mag sich hier abgespielt haben?
Die „Göttinmutter“ schweigt – vielleicht gibt sie erst dem, der ihren Scheitel betritt, das Geheimnis preis. Irgendein Zeichen müssen Mallory und Irvine auf dem Haupt des Berges hinterlassen haben, wenn sie oben waren! Wenn ...!
Wager und Harris wenden sich wieder ihrem Ziel zu: der Wand! Nach drei Stunden kommen sie, wie Mallory vor neun Jahren, zum gleichen Schluß: Dies ist kein Weg, der von Menschen in 8500 Meter Höhe bewältigt werden kann. Auf den Bändern in der Nordwest-Seite queren sie dann zu den großen Rinnen und müssen an der breiten Schlucht, die sich vom Ostfuß der Gipfelpyramide steil in Fallinie nach unten zieht, unter überhängenden schwarzen Felsen einen gewagten Quergang machen. Eine tiefe, mit Lockerschnee gefüllte Rinne gebietet Halt.
8572 Meter!
So hoch stand auch schon Norton. Ist denn kein Meter mehr dem Berg abzutrotzen? Kein Meter!
Umkehr!
Shipton und Smythe sollen es leichter haben – mögen sie ohne Umwege und Versuche an der Steilwand direkt hierher steigen, dann kann das Couloir bezwungen werden!

Während Harris auf dem Rückweg seinen Eispickel holt, den er morgens gegen Mallorys Pickel eintauschte, klettert Wager zur Gratschneide. Er ist der erste, der die grauenvolle Tiefe des Südostabsturzes mit dem Auge erfassen darf. Ist der Grat, der sich zum Gipfel hochzieht, schon hier schmal und schartig, dann ist er oberhalb der ersten Steilstufe für sie ungangbar! Also ist der Weg, den sie Shipton vorschlagen wollen, doch der leichteste, den sie bisher gefunden!
Fünf Stunden früher als gestern Wager und Harris, steht Smythe an der gleichen Stelle, wo die beiden umgekehrt sind. Er ist allein – ganz allein. Sein bewährter Seilgefährte Shipton mußte zurückbleiben, schon auf den gelben Bändern. Magenkrampf, Luftmangel.
Ein Alleingang auf einen Achttausendneunhundert-Meter-Berg? Smythe will es wenigstens versuchen. Die Rinne, die Wager abgewiesen hat, liegt schon hinter ihm. Oben in dem schwarzen überhängenden Fels hat er ein schmales Band entdeckt – vielleicht gelingt es, von dort in die Nebenschlucht zu kommen? Die schmalen Vorsprünge der westlichen Schluchtwand sind meterhoch mit Schnee bedeckt. Bis zur Hüfte steckt Smythe oft im Pulver. Das zermürbt. Fast unbeteiligt blickt er zum Gipfel. Noch 300 Meter! In der letzten Stunde, zwischen zehn und elf, hat er noch nicht einmal fünfzehn Meter Höhe gewinnen können. Wenn er nur einen Kameraden zum Sichern hätte – aber hier muß er mehr als vorsichtig klettern, nie würde ihm geholfen, stürzte er auch nur ein kurzes Stück. Manchmal narrt ihn, von Einsamkeit und Atemnot gequält, die Einbildung, ein Seilgefährte sei sichernd bei ihm. Einmal teilt er einen Keks, will die Hälfte dem Kameraden reichen. Er erschrickt, kommt zu sich.
Verdammt – es geht nicht mehr!
In 8600 Meter Höhe bringt keiner mehr den Schneid für einen gewagten Alleingang durch eine überhängende Wand auf. Umkehr! Zurück! Abgeschlagen! – sollen das immer die letzten Wort am Everest sein? Fünf Seilschaften sind dem Gipfel bis auf dreihundert Höhenmeter nahegekommen. Fünfzehn Tote, viele Krüppel, unzählige Gerätschaften, Unsummen von Pfund Sterling hat die „allgütige Göttinmutter der Erde“ auf dem Gewissen, aber in ihr Allerheiligstes ist noch keiner eingedrungen. Das ist umgeben von einer Mauer aus schwarzem Gestein, gelb geädert, von Schneehauben gekrönt. Dreihundert Meter unter dem jungfräulichen Haupte.

Fünftausend Meter senkrechte Wand

Durch die enge, sonnendurchglühte Schlucht wälzt der Indus Steine aus dem Gebirge ins Tal. In das Donnern der lehmgelben Flut dröhnt vom Grunde des Flusses das Poltern der Felsbrokken, die von der Kraft des Wassers mitgerissen werden.
Gelb brodelt der Fluß, gelb sind die öden Hänge. Kein Halm Grünes ist von der Talsohle bis zum Kamm der nackten Felsrükken zu finden.
Hitzeflimmernd im Sonnenglast liegt die trostlose Urweltlandschaft; wäre nicht der Strom – die Einöde gliche den toten Mondgebirgen. Das Auge findet keinen Maßstab für die Weite des Tales, für die Tiefe der Schlucht. Die Wüste scheint grenzenlos, ohne Maß für Zeit und Raum.
Das einzig Bewegte ist der brüllende Strom. Und auch das Brüllen ist ohne Maßen, die Landschaft ist erfüllt davon, jeder andere Laut erlischt. Der Fluß ist lebendig, und dennoch duldet er in seiner Maßlosigkeit kein Leben. Kein Moospolster deckt die Ufersteine, kein grünender Streifen säumt die Wasserlinie, die heute steigt und morgen fällt. Wo heute reißende Wasser tosen, lastet morgen versengende Sonnenglut. Kein Fisch vermag in der braunen Lehmbrühe zu leben. Wovon auch? Durch die zeitlose, endlose Steinwüste haben die Menschen einen dünnen Faden des Lebens gezogen: die Karawanenstraße. Einem vielbeinigen Lebewesen gleich windet sich eine Kolonne auf ihr über die Hänge. Weit in der Ferne dämmern schneeige Berge; bis zu einer schnurgeraden Linie sind sie von oben bepudert, darunter ein schmaler Vegetationsgürtel und dann bis tief in die Täler hinein kahle, tote Geröllhalden. Das ist die Landschaft Kaschmirs, die in wochenlangem Marsch durchschritten werden muß, wenn man zum westlichen Eckpfeiler des Himalaya gelangen will.
Näher rückt der Berg, den die deutschen Bergsteiger sich zum zweiten Male zum Ziel gesetzt haben.
Nanga Parbat!
In unvergleichlicher Schönheit reckt der Eisdom seine Spitzen in den blauen Himmel Asiens. So weit der Blick gehen mag, reicht kein anderer Gipfel auch nur an seine Schulter. „Diamir", König der Berge, nennen ihn die Menschen, die diesseits der

Eisgrate wohnen, „Nanga Parbat", den „Nackten Berg", die anderen jenseits der Wetterscheide.
Wo die Gletscher in die Talschluchten münden und die Sonne das Eis zu wilden Bächen schmilzt, schießen dunkle Tannen empor. Sie säumen eine Wiese – die Märchenwiese nannten sie die Deutschen bei ihrem ersten Besuch, vor zwei Jahren, 1932. Ein Bild, das jedem Vergleich mit anderen überwältigenden Gebirgspanoramen des Himalaya standhält!
Darüber baut sich die Nordostwand des Nanga Parbat auf – ein Bild wie keines wieder auf der Erde!
Der Everest ist arm an Schönheit; sein ungefüger Klotz überwältigt das Auge durch die ungeheure Masse von Gestein und Eis. Der Everest ist Wucht. Wildheit zeigt der Kantsch! Grauen und Erschrecken befallen den, der ihn zum erstenmal erblickt. Fast zu einem Zauberberg formen die blitzenden Filigranschneiden den Siniolchu. Edle Linien zeigt die Makalu-Pyramide, behäbig breitet sich der Jongsang Peak auf dem Kamm. Aber der Nanga Parbat ist Wucht und Wildheit in einem, ist Würde und Schönheit!
Vom Flußbett des Indus nahe dem Fuße des Berges bis hinauf zum 8125 Meter hohen Nanga-Parbat-Gipfel sind 7000 Meter Höhenunterschied. Nirgendwo auf der Erde gibt es so tiefe Abgründe – denn die Südwand stürzt 5000 Meter fast senkrecht ab! Fünf Kilometer senkrechte Wand! Nach Norden fällt die Bergflanke in mäßiger geneigten Flächen, sanft geschwungenen Graten ab. Bis auf die eigentliche Nordostwand; sie wird für viele Bergsteigergenerationen unbezwingbar bleiben wie die Südwand. Aber über den Rakiot-Gletscher, entlang der Steilflanke des Rakiot-Peak, des einzigen Siebentausenders in diesem Gebirgsstock, gibt es einen Weg – den erprobten die Männer schon vor zwei Jahren.
Diesmal, 1934, sind sie mit einer stärkeren Streitmacht gekommen. Dreizehn Sahibs aus Deutschland und Österreich, davon drei Wissenschaftler.
Willy Merkl und Uli Wieland waren schon Monate zuvor nach Darjeeling gefahren und haben 35 Tigers, geführt von Lewa, für ihre Sache gewonnen. Nach einer Eisenbahnfahrt quer durch Indien, 2000 Kilometer weit, trafen sie in Srinagar, der Hauptstadt Kaschmirs, mit den Sahibs zusammen.
Nun stehen sie auf der Märchenwiese. Die Zelte sind gebaut und die Kisten gestapelt, die Darjeeling-Leute haben ihre Hochträgerausrüstung bekommen und freunden sich mit ihren Sahibs an. Wer mit am Kantsch war, kennt einige von ihnen – den kleinen Schneider, der die meisten Siebentausender in der Ta-

sche hat, und Wieland-Sahib. Mit den Germans gehen sie gern, die Sherpas. Bei ihnen ist es lustiger als bei den kühlen Briten, und herzlicher sind sie, nicht so von oben herab. Schade nur, daß sie eine andere Sprache reden als die britischen Sahibs! Es gäbe doch so viel zu erzählen.

Der Sauerstoff kam zu spät

Tadellose Sachen haben die Sahibs für die Tigers zum Anziehen mitgebracht. Lewa verteilt mit ernster Miene die Pullover und Wollmützen, die neuen Sonnenbrillen und die Stiefel. Und Zelte haben sie – herrliche Zelte! Wenn die Sahibs abends gegessen haben und ihre Diener nicht mehr brauchen, klingen Lieder durch das Hauptlager auf der Märchenwiese, und am wärmenden Feuer finden sich bei den fröhlichen Sherpas die Weißen ein. Einige Sahibs blasen in kleine, metallbeschlagene Hölzer. Mal wehmütig, mal lustig klingen die Melodien. Wer kein Blasholz vor dem Mund hin- und herschiebt, singt. Berglieder mit vielen Jodlern hallen von den Wänden. Wieland-Sahib sagt den Tigers, daß es Lieder sind von der Freude über das Klettern, über die Schönheit der Berge in der Heimat der Weißen. Und dennoch weichen in Chong Norbu nicht die Zweifel.
Sind das die Deutschen, von denen Bhalu-Sahib erst kürzlich in seinem langen Brief geschrieben hat, sie würden die Männer einsperren, die mutig fordernde Worte für die armen Menschen sprechen? Sind es die, die nur herrschen wollen? Doch die Sahibs sind freundlich und sagen den Sherpas gute Worte, geben ihnen Kleidung und reichliches Essen. Chong Norbu kann niemand fragen – auch keinen von seinen Leuten.
Der Sahib, den Chong Norbu zu bedienen hat, ist nicht mehr jung. Weil er schon mit einem spitzen Bart nach Srinagar kam, sagten alle gleich Balba-Sahib zu ihm. Er ist fröhlich und hat es eilig, an den Berg zu kommen.
Aber die Lasten für die Gletscherlager sind noch nicht gepackt, und für die Sherpas fehlt noch immer der Höhenproviant, das Tsambamehl, um Chapattis zu backen. Oben, wo das Kochen

wegen der dünnen Luft schwerer wird, kann man Tsamba auch kalt essen, mit Milch vermengt und zu Kugeln geknetet. Aber wenn auch noch nicht alles so ist, daß man beginnt, den Gipfel zu berennen, so können doch schon die unteren Lager eingerichtet werden!

Über mangelnde Arbeit im Lager kann sich keiner beklagen. Finsterwalder, der Topograph, ist mit Nima Thondup in die Umgebung gezogen, Wieland-Sahib, der die Lastentransporte zu leiten hat, arbeitet fieberhaft mit Kikuli an den Marschvorbereitungen. Die beiden verstehen sich besonders gut, denn beide verschmähen die Zigaretten und naschen gern irgendwo zusammen, wenn es etwas Süßes gibt. Kitar, der im vorigen Jahr Orderly bei Ruttledge-Sahib am Everest war, ist wieder beim Expeditionsleiter, bei Willy Merkl, den sie alle Bara-Sahib nennen. Und Pasang ist wieder dabei. Bechtold, einer der Fotografen, hat ihn sich genommen. Nima Dorje gehört zu dem ruhigen Peter Aschenbrenner, der in seiner Tiroler Heimat Bergführer ist. Da ist das richtige Paar zusammen!

Fast alle Leute vom Everest sind mitgekommen: Gay-Lay, Da Tundu, Nima Tashi, Dakshi und Pintso Norbu – nur Ang Tharke, der Kluglächelnde, war schon mit den Briten fort zur Nanda Devi, als Wieland zur Anwerbung nach Darjeeling kam.

Am letzten Maitag wird das Hauptlager von der Märchenwiese zum Moränenwall verlegt. Dann beginnt der Angriff.

In tagelanger Arbeit wird durch den wildzerklüfteten Gletscher der Weg zum Sattel unter dem Rakiot Peak aus dem Eis herausgemeißelt. Haushohe Türme müssen überlistet werden. Lager II steht schon ganz in den Eisbrüchen, und mit Lager III dringt die Spitzengruppe bereits in den oberen Teil des Rakiot-Gletschers vor. Auf einem gerundeten Schneekopf unter dem Chongra Peak stehen am 2. Juni Zelte für die Sahibs und Tigers.

Aber der Weg von II nach III ist noch recht wenig ausgebaut und für beladene Träger zu anstrengend. Darum erkunden Balba-Sahib, Aschenbrenner und Welzenbach mit ihren Sherpas einen Abkürzungsweg. Zwischen den Eistürmen steigen sie den ganzen Tag herum und kommen am Abend ziemlich „geschlaucht“ wieder in das Lager III zurück.

Balba-Sahib ist sehr erschöpft und klagt darüber, daß ihm der Schädel brummt. Chong Norbu versorgt ihn mit besonderer Sorgfalt, denn er möchte nicht, daß sein Sahib krank wird. Aber am anderen Morgen erzählt Welzenbach, daß Alfred Drexel in der Nacht phantasiert hat. Er hat sich wohl ein wenig übernommen! Aschenbrenner und Welzenbach raten ihm gut zu, abzu-

steigen. Doch Balba-Sahib sitzt noch den ganzen Tag am Funkgerät und stellt die Verbindung zum Hauptlager her. Dann ist er aber wirklich am Ende.
Schleunigst bringt ihn Chong Norbu durch den Eisbruch zum Lager II – da wird es besser werden, morgen kann man ja notfalls noch weiter absteigen.
Schade um den schönen Vormarsch! Chong Norbu hat sich so gefreut, mit in der Spitzengruppe aufsteigen zu können, aber der Sahib ist nun schwerkrank. Er merkt es bei jedem Schritt. Mühsam quält er sich, auf zwei Skistöcke gestützt, auf die Zelte des Lagers II zu.
Zwischen den Seraks windet sich der Pfad steigend und fallend. Noch ein kurzer Anstieg. Um den Turm herum, dann geht es nur noch abwärts! Chong Norbu führt den Kranken am Seil. Kommen denn die Zelte gar nicht näher?
Drexel läßt sich mit Ächzen in die Knie sinken.
„Auf, Sahib! Es ist nicht mehr weit! Bald sind wir beim Lager!"
Als Chong Norbu zupacken will, merkt er, daß der Sahib alle Glieder willenlos fallen läßt. Im ersten Schrecken weiß er nicht, was er anstellen soll, dann versucht er, den Kranken auf den Rücken zu laden.
Drexel stöhnt entsetzlich.
„Laß mich ab – geh – lauf! Hol' den Doktor-Sahib! Lauf!"
Rasch bindet Chong Norbu sich aus dem Seil, stürmt in langen Sätzen zum Lager II. Da sitzen Müllritter und Pasang. Schnell sagt er, daß sie den Sahib holen sollen, und macht sich außer Atem daran, Tee zuzubereiten.
Bechtolt ist auch noch im Lager. Mit ihm beraten sie, als Balba-Sahib wohlversorgt im Schlafsack liegt, daß Müllritter heute noch absteigen muß, weil zu wenig Schlafsäcke im Lager sind.
In der Nacht hört Chong Norbu aus dem Sahib-Zelt das Husten und Röcheln Drexels. Als langsam der Morgen durch die Zeltwand dämmert, geht Chong Norbu hinüber und fragt Bechtold, was er tun könne, um zu helfen. Absteigen? Dazu ist Drexel nicht mehr fähig.
Bechtold schickt ihn hinunter, Ang Nima soll ihn begleiten, um den Doktor zu holen und Sauerstoff.
Die beiden holen das Letzte aus sich heraus. Vom Himmel jagt ein Hagelschauer herunter. Mit fliegendem Atem langen sie in Lager I an. Bernard, der Doktor-Sahib, ist sofort abmarschbereit – aber kein Sauerstoff ist da! Man muß ins Hauptlager hinunter!
Bara-Sahib überlegt nicht lange. Sofort bringt er zwei seiner besten Leute auf den Weg: Jigmay, den Sohn des berühmten Kochs

Tenchedar, und Kikuli, den Everest-Tiger. Es ist sieben Uhr abends. Bei Hagel und Sturm jagen sie hinunter ins Hauptlager, um die Sauerstoffapparate durch die besten Gänger noch in der Nacht nach oben tragen zu lassen.
Um zehn Uhr taumeln erschöpft zwei Mann mit der Sauerstoffkiste vor Merkls Zelt. Gay-Lay und Dakshi. Mit der Petroleumlampe sind die beiden in stockfinsterer Nacht durch die Spalten des Gletschers heraufgekommen – die Furcht vor den Nachtgeistern des Nanga Parbat haben sie abgeworfen, es geht um das Leben Balba-Sahibs! Ohne Zögern machen sich Wieland, Pasang und Palten auf den schweren Weg zum Lager II. Zuckend fährt der Lichtschein der Lampe über die verschneite Spur voraus. Dann verschwinden sie im Spaltengewirr, die Dunkelheit verschluckt ihre Stimmen. Hat ihre Eile noch einen Sinn?
Lange liegt Merkl wach in der Sorge um den todkranken Gefährten. Früh am Morgen machen sich alle zum Aufstieg nach Lager II bereit. Da kommen von oben in großer Eile zwei Träger. Merkl geht ihnen ein Stück entgegen.
Wongdi grüßt ernst und feierlich: „Salaam, Bara-Sahib! Balba-Sahib dead!" Und reicht ihm einen Zettel.
Bechtold schreibt, daß Drexel um 21.20 Uhr an einer Lungenentzündung verschieden ist. Um 3 Uhr in der Nacht waren Wieland und die Träger mit dem Sauerstoff da. Er kam zu spät.
Am Nachmittag des 11. Juni begraben sie ihren Kameraden auf dem Moränenhügel, der das Hauptlager überragt.
Den ganzen Vormittag über haben die Lawinen mit Donnern das Tal erfüllt – jetzt breitet sich Stille über den Gletscher.
Merkl hält dem Freund und Seilgefährten eine ergreifende Grabrede – Chong Norbu steht in der Reihe der Sahibs und kann sich der Tränen nicht erwehren.
Aus rauhen Kehlen klingt das Bergsteigerlied.
„Wir Kameraden der Berge ..."
Der Nanga Parbat hält schweigend Totenwacht.

Übermorgen fällt der Gipfel!

Ehe die vorderste Mannschaft wieder das Lager IV erreicht, vergehen fast vier Wochen.
Schneider und Aschenbrenner stoßen zur Steilwand des Rakiot Peak empor, legen eine lange, mit Seilen versicherte Treppe quer durch das Eis. Merkl kann mit Wieland und Welzenbach die Träger nachführen. So ausgesetzt ist die Wand, daß sie die Zelte des Lagers IV unter ihren Füßen erkennen. Aus unheimlicher Tiefe schimmert der Gletscherboden herauf. Nicht weit unterhalb des Rakiot-Gipfels erreichen sie den Grat, der sich in sanften Schwingungen zum Nanga Parbat hochzieht. Bis hierher waren Merkl und Aschenbrenner 1932 schon gekommen, was jetzt vor ihnen liegt, ist noch nie betreten. Fast genau in westlicher Richtung geht der Weg über den Grat. Unförmig wulsten sich Wächten von riesigem Ausmaß über die Gratkante. Mit mächtigen weißen Domkuppeln sind die Grate des gewaltigen Berges geziert, dessen größte Wand fünf Kilometer in einer einzigen Flucht abstürzt. Die Tigers sind den Anblick der Himalayariesen von Kind auf gewohnt, aber hier spüren sie doch ein leises Unbehagen – unwirklich glitzert durch die Wolkenfetzen ein hauchdünner Silberfaden herauf: der Rupalbach, 5000 Meter unter ihnen.
Und dann geht ihr Blick zum Gipfel hinauf. Eine dreikantige Kuppe, nicht allzu steil die Flanken, aber noch weit fort, sieben Kilometer Wegstrecke vielleicht oder mehr.
In mäßiger Steigung schwingt sich der Grat von ihrem Lager zum Mohrenkopf, dem schwarzen Felsen, läuft weiter, langsam abfallend zu einer riesigen Schaumrolle aus angewehtem Schnee, und steigt dann steil an zum Silbersattel. Das ist das Tor zu dem ersehnten Gipfel, eine silbrige Schneebrücke zwischen zwei dunklen Felszacken. Um die beiden Wächter des Nanga Parbat flattern die Nebelfahnen. Bechtold ist noch heraufgekommen mit weiteren Trägern. Nun sind 23 Mann hier oben auf dem luftigen Grat. Breit genug sind die Wächten für viele Zelte. Alle Leute schlafen gut im Lager VI, 6950 Meter hoch. Die Körper haben sich der Höhe angepaßt; nur vier der Träger bitten am anderen Morgen darum, zurückzubleiben. Alle anderen überschreiten den langen, langen Grat in einem Zuge und schla-

gen am Abend des 5. Juli auf einer breiteren Schneeterrasse in 7200 Meter Höhe das Lager VII auf. Der Mohrenkopf, die Schaumrolle liegen hinter ihnen, nicht weit von den Zelten winkt oben der Silbersattel!

„Morgen", sagen die Deutschen und Sherpas, „morgen liegt er hinter uns, dann steht dort unser letztes Lager unter dem Gipfel!"

Das Wetter ist beängstigend gut, wenn es nur nicht umschlägt! Zwei gute Tage noch für den Gipfel!

Und einen für den Abstieg!

Aber daran denkt jetzt noch keiner. Jeder ist überzeugt: „Übermorgen fällt der Gipfel!"

Wissen sie alle nicht, daß es im Himalaya kein „Übermorgen" für das Wetter gibt? Daß die Monsunwolken immer, in jedem Jahr, in den ersten Julitagen wie ein gieriges Wolfsrudel heranjagen? Daß die Tür morgen schon zugeschlagen sein kann?

Sie wollen es nicht überdenken, was ihnen droht, weil sie alle vom Gipfelfieber gepackt sind, die Weißen wie die Tigers! Allen Erfahrungen zum Trotz strahlt am anderen Morgen die Sonne, ruhen die Stürme. In langer Reihe spuren die Bergsteiger hinauf zum Silbersattel, überschreiten die letzte Hürde, voran der starke Peter Aschenbrenner und der kleine Schneider, die beiden zähen Tiroler.

Nur Bechtold kann nicht das verheißungsvolle Silberband des Sattels betreten, er ist unendlich traurig darüber, aber einer muß die beiden Bergkranken hinunterführen. Nima Thondup, der Stämmige mit dem Zopf unter der Wollkappe, und Wongdi sind zu erschöpft, um weiter zu steigen. Hier können sie nicht bleiben, also bringt Bechtold sie über den Grat zurück. Noch im Weggehen sagt er: „In vier oder fünf Tagen kann ich ja wieder oben sein. Die Proviantlasten müssen ohnehin noch herauf!"

In vier bis fünf Tagen!

Acht Tage schon strahlt die Sonne auf die Flanken des Nanga, länger hält selten eine Schönwetterperiode an!

Mit Mühe bringt er die Erschöpften bis kurz vor das Lager IV, dann brechen sie zusammen, Bechtold schleppt sich zu den Zelten. Bernard und Müllritter holen Wongdi und Thondup – es war höchste Zeit. Wongdi ist schon bewußtlos. Zwei Tage lang kommt er nicht zu sich.

Was noch an Trägern im Lager IV ist, kann kaum damit rechnen, den schweren Weg bis zum Lager VII oder gar zum Lager VIII auf dem Silbersattel zu bewältigen. Nur Angtenjing und Lewa, der Eisenharte mit den verkrüppelten Füßen, sind bereit, Lebensmittel nach oben zu tragen. Nach zwei Stunden kommen

sie zurück – sie sind noch nicht einmal bis zum Lager V gekommen. Tiefer Neuschnee, der in der Nacht gefallen ist, hat sie zurückgeworfen. Den ganzen Tag über schneit es. Am 8. Juli, morgens, nach sturmtosender Nacht, reißen ganz kurz die Schneewolken auf, alles stürzt vor die Zelte und starrt zum Silbersattel, zum Grat.
Wirklich – die Kameraden sind zu sehen, sie kommen, sie steigen abwärts! Da eine Gruppe und da, ein – zwei Leute!
Sie kommen zurück!
Mit dem Gipfel?
Als hier der Neuschnee die Zelte eindeckte, schien oben die Sonne, Bechtold selbst hat es erlebt!
Warum also soll der Sieg nicht errungen sein?

Fünf Mann und ein Schlafsack

Elf Darjeeling-Träger und fünf Sahibs haben das Lager VIII auf dem Silbersattel bezogen. Eigentlich hat Bara-Sahib noch 300 Meter höher zelten wollen, aber den Trägern ist einfach die Luft ausgegangen, und da blieben sie eben hier, 7500 Meter sind auch eine gute Ausgangsposition, um morgen den Gipfel zu holen. Noch gut 600 Meter!
Peter Aschenbrenner war heute mit seinem Freund Schneider schon recht nah an die Spitze herangekommen. Auf der Suche nach einem günstigen Platz für Lager VIII fehlten noch genau 425 Meter am Sieg. Und das war erst um die Mittagszeit, lange genug wäre es noch bis zur Rückkehr hell gewesen. Warum eigentlich hatte Merkl ihnen nicht gestattet, im kühnen Sturmlauf den Gipfel zu nehmen? Will er die ganze Mannschaft hinaufbringen?
Nun gut, dann eben morgen ...
Mit diesem Gedanken schlafen sie ein, fünf Sahibs und elf Träger aus Darjeeling. Der andere Morgen will nicht kommen. Um 10 Uhr ist es noch so dunkel wie in der Frühdämmerung an anderen Tagen. An einen Angriff ist nicht zu denken.
So wartet man eben. Wieland, Welzenbach und Merkl liegen in

dem einen, die beiden Tiroler in dem anderen Sturmzelt. In zwei großen Zelten kampieren die Tigers. Schlafsäcke sind für alle da, und der Proviant reicht für mehr als fünf Tage.
Man kann also warten.

Der Morgen des 8. Juli bringt keine Besserung.
Ein Vorstoß auf den Gipfel wäre Wahnsinn.
Mit dem Abstieg zu warten wäre Leichtsinn.
Darum zurück nach Lager IV und bei Wetterbesserung nochmal hinauf! Schade, so nahe vor dem Ziel umzukehren – aber was hilft es zu jammern. Merkl sagt es ruhig und bestimmt.
„Peter und Erwin gehen mit drei Trägern vor und treten eine Spur, wir kommen dann geschlossen nach!" ordnet er an.
Für den zweiten Angriff bleibt einige Ausrüstung in den Zelten.
Dann machen sich Schneider und Aschenbrenner auf den Weg.
An ihrem Seil gehen Nima Dorje, Pintso Norbu und Pasang. Sie gehen nicht gerade gut, die Tigers. Schneider hat sie schon in besserer Form kennengelernt. Am Silbersattel, wo es in die Steilflanke hinuntergeht, steigert sich der Sturm zum Orkan, er reißt die Luft vor dem Mund weg und dreht die Tigers mit ihren großen Packsäcken aus den Stufen, die Schneider ins Eis hackt.
Zäh krallen sie sich in die Wand hinein.
Wieder rast eine Bö über die Seilschaft.
Aschenbrenner geht als letzter, vor ihm windet sich Nima Dorje den Hang hinunter. Pasang ist noch in besserer Verfassung als seine beiden Gefährten. Darum geht er in der Mitte. Vorn sichert Schneider den müden Pintso Norbu. So schwindeln sie sich mit unendlicher Vorsicht über die Eisfläche, stecken die Eispickel in den Firn und lassen sichernd das Seil für den Vordermann um den Schaft laufen.
Es gelingt Pasang und Aschenbrenner mit größter Mühe, Nima Dorje im Sturz abzufangen, als ein Windstoß ihn überfällt. Aber die Last ist von seinem Rücken gerissen! In langen Sätzen hüpft der Sack wie ein leichter Federball in den Südabsturz der Gipfelwand.
Erst in dem leichteren Gelände an der Schaumrolle vor dem Lager VII begreifen sie, was geschehen ist: Für fünf Mann ist nur noch ein Schlafsack da!
Sie können nicht im Lager VII bleiben und nicht in VI. Wollen sie nicht erfrieren, dann heißt es heute für sie: Durchsteigen bis nach IV, dem Lager unter dem Rakiot Peak, durch die grauenvoll steile Rakiot-Wand!
Darum keine Zeit verlieren, keine Kraft vergeuden!

In zwei Seilschaften geht es sich leichter als zu fünft an einem Seil, und die schwierigen Stellen sind sowieso schon hinter ihnen! Als sie sich auf dem Grat aus dem Seil binden, verabreden sie, daß die beiden Sahibs vorspuren und Nima Dorje, Pasang und Pintso dichtauf folgen.
Keine zehn Meter weit sind Schneider und Aschenbrenner voraus, aber Nebel und Schneetreiben verbergen sie schon den Augen der Tigers. Einmal schiebt der Sturm die Wolken auseinander, fast schmerzhaft für die Augen bricht Sonnenlicht herein. Nach oben gibt es gute Sicht. Da kommen sie, die zweite Partie, den Silbersattel herab. Es ist nicht auszumachen, wer es ist, ob der Bara-Sahib oder Welzenbach die Gruppe anführt, oder der Wieland-Sahib. Da Tundu und Kikuli, Kitar, Gay-Lay und Chong Norbu, Nima Tashi, Dakshi und Nima Nurbu – das sind acht. Und drei Sahibs macht elf.
Pasang zählt es an den Fingern ab: elf. Aber oben am Silbersattel kann er nur zehn Männer entdecken.
„Da hinten geht noch einer, allein!" sagt Nima Dorje.
Der einzelne Punkt bleibt zurück. Hat sich der Kamerad da oben in den Schnee gesetzt und wartet? Hinter ihm kommt keiner mehr.
Pintso Norbu ist sehr erschöpft und möchte hier warten. „Die zweite Partie wird uns schon mitnehmen!" sagt er mit müder Stimme.
Aber Pasang hat eine finstere Ahnung. Die Männer da oben kommen so langsam voran, sie haben genug mit sich selber zu tun. „Wir gehen jetzt weiter!" entscheidet er. „Die Sahibs haben gut vorgespurt, und wenn wir uns beeilen, werden wir sie bald einholen!"
Zur Eile fehlt Pintso die Kraft; auch Nima Dorje ist nicht wiederzuerkennen. Wie lustig war er sonst in den härtesten Stunden. Wenn er lachte, dann steckte das an, alle, auch die Trübsinnigen. Der kleine Nima Dorje, der selbst im dicksten Wetter immer noch irgendwo einen Sonnenstrahl sah, er ist nicht mehr der anfeuernde Everest-Tiger. Die beiden letzten Sturmnächte auf dem Silbersattel haben ihm die Zuversicht geraubt. Apathisch trottet er hinter Pasang her. Pintso Norbu bleibt oft im Schnee hängen – umfallen kann er hier nicht, denn sie stecken bis zur Hüfte im Neuschnee.
Die Gegensteigung zwischen dem Lager VII auf der Schaumrolle und dem Mohrenkopf fordert ihre letzten Kräfte.
Nima Dorje hat sich wieder etwas erholt. „Komm", sagt er zu Pintso, und seine Kirschaugen haben wieder ein wenig Glanz der Hoffnung, „komm, bis zum sechsten Lager müssen deine

Füße noch Kraft haben! Da ist ein Zelt, da kannst du schlafen!"

Aber nur ein paar hundert Meter bringen sie den ermatteten Pintso Norbu weiter, dann haben sich auch Pasang und Nima Dorje verausgabt. Nicht mehr als fünf Schritte weit kann man sehen, die Spur haben sie längst verloren, irgendwo auf dem Grat sind sie noch. Vielleicht hundert Schritte noch bis zum schützenden Zelt – oder nur zehn? Sie wissen es nicht, sie tappen wie in der Nacht. Pasang schlägt mit dem Pickel eine Höhlung unter einer Wächte aus – es wird eine bittere Nacht! Den einzigen Schlafsack läßt er Pintso. Nima Dorje zwängt sich noch zu dem Gefährten in die spärliche Wärme.

Notdürftig schützt sie der Eishang gegen den Sturm. Mit gütiger Hand häuft der Nanga einen Schneewall um ihr Loch, dennoch legt sich bleiern die Kälte auf ihre zitternden Leiber.

Pasang bricht sich die Eisstückchen aus dem kleinen Bart und den krausen schwarzen Locken. In seinem Kopf ist kein Denken mehr. Langsam döst er in den Schlaf. Über den Grat stieben im dämmernden Licht unwirklich die Schneewolken.

Zwei flüchten zweitausend Meter tiefer

An diesem Abend, zur gleichen Stunde, hocken im Lager IV, wartend und grübelnd, die Sahibs und Sherpas.

Hier liegen sie gut. Der Rakiot Peak birgt in seinem Schoß das Basislager, von hier sind die Spitzengruppen aufgestiegen, bis hierher müssen sie wieder zurückkommen, hier sind sie geborgen. Hier ist der Arzt, hier liegt Verpflegung, von hier kann man mit dem Hauptlager über Funk sprechen. Träger und Sahibs stehen zur Hilfe bereit.

Aber zum Vorstoß nach oben, den absteigenden Kameraden entgegen, scheint es noch zu früh. Der Versuch, den Lewa und Angtenjing gestern unternommen haben, war eine Mahnung, nicht vorzeitig die Kräfte zu vergeuden. Es kann schlimmer kommen, dann muß zum Entsatz der Gipfelmannschaft alles bereit sein.

Heute früh sah man die Männer am Silbersattel absteigen – Bechtold hat deswegen versucht, mit dem Hauptlager Verbindung zu bekommen, aber die Verständigung war kaum möglich. Bechtolds Sendequarz ist defekt, und nach den unglaublichsten Mißverständnissen begreift Hieronimus, der unten im Hauptlager unter einem Berg von Decken in das ferne, leiseste Wispern der Kopfhörer lauscht, was Bechtold ihm mitteilen will – daß gestern wahrscheinlich der Gipfel gefallen ist und die Spitzengruppe sich schon im Abstieg befindet.

Ja, das war heute vormittag. Jetzt beginnt es schon zu dunkeln, und noch immer ist nichts von den Kameraden zu sehen. Weit geht der Blick sowieso nicht. Mit fürchterlicher Wildheit rast der Sturm, Schneefahnen vor sich hertreibend.

„Sicher sind sie in VI oder V geblieben", tröstet Müllritter ins dumpfe Warten hinein.

Bechtold hat die größten Sorgen wegen des Unwetters. „Wenn sie nun doch oben den gleichen Sturm haben wie wir hier unten?" Er will noch sagen, wie schwer es sein wird zu helfen, wenn es notwendig würde, aber dann verschluckt er doch die Worte.

Das tatenlose Warten zermürbt. Um auf andere Gedanken zu kommen, holt er eine Mundharmonika aus der Tasche, nimmt sie zwischen die klammen Finger und spielt ein Lied. Leise fallen die anderen mit ihren Stimmen ein. Fast gemütlich ist es im Zelt. Da reißt plötzlich jemand von draußen an der Verschnürung, hastig und voller Ungeduld.

Einer der Tigers? Aus dem Trägerzelt aber können sie doch rufen, wenn sie etwas wollen!

Der Müllritter-Peter schlägt den Eingang auf – draußen stehen mit zerfurchten, vereisten Gesichtern, über und über weiß, in voller Sturmausrüstung – Aschenbrenner und Schneider!

„Wir kommen ohne den Gipfel –" das ist das erste, was sie sagen, als müßten sie sich für das Mißgeschick entschuldigen. Acht bis neun Stunden, dann hätten sie den Gipfel gehabt – nun müssen sie noch einmal hinauf ...

„Die anderen? Wo sind Merkl und Uli?"

„Müssen bald kommen – sie waren hinter uns. Am Sattel sahen wir sie noch."

Es war vormittags, als sie sich von den Kameraden trennten, jetzt bricht die Nacht herein.

Schneiders und Aschenbrenners Füße werden unter den knetenden Händen der Sherpas wieder warm. Was sie heute hinter sich haben, ist schier Unmögliches: Fast zweitausend Meter sind sie hintereinander durch den Orkan abgestiegen.

Wo bleiben den die drei Tigers Pintso, Nima Dorje und Pasang? Wieder und wieder starren Dr. Bernard und Müllritter in die Nacht. Der Höhenkoch Ramona gießt zum fünften Male frischen Tee auf – für die, die er noch erwartet.
Doch in dieser Nacht bleibt der Tee ungetrunken.

Nur dreißig Schritte!

An diesem Abend, zur gleichen Stunde, als Aschenbrenner und Schneider das rettende Lager IV mit verzweifelter Anstrengung erreichen, als irgendwo auf dem Grat die drei Tigers sich abseits der Spur in ein Schneeloch wühlen, stecken die letzten noch oben am Silbersattel.
Das Lager VII können sie nicht erreichen. Die Sahibs sind zu schwach – sie bauen mit den Trägern ein Zwischenlager in der eiswirbelnden Flanke des Sattels.
Drei Schlafsäcke haben sie noch – einen für die drei Sahibs, zwei für die acht Träger. Nima Nurbu braucht keinen Schlafsack mehr. Mit weitgeöffneten Augen liegt er im Schnee und rührt sich nicht.
Die Geister des Nanga Parbat holten ihr erstes Opfer.
In dieser Nacht schläft Wieland mit Merkl in dem viel zu engen Schlafsack – sie erfrieren sich beide die Hände. Willo Welzenbach, der neben ihnen im bloßen Schnee die Nacht verbringt, ist am anderen Morgen noch am besten in Form. Mühsam bringen sie die Träger in Marsch. Im wütenden Sturm seilt Welzenbach die Sherpas die Steilflanke hinab. Langsam läuft das Seil um den eingerammten Pickel.
Gay-Lay, Chong Norbu und Dakshi wollen zurückbleiben. Alles Zureden ihrer Gefährten hilft nichts. Noch eine Nacht möchten sie sich in dem Zwischenlager erholen, dann glauben sie wieder genug Kraft für den rettenden Abstieg zu haben. Die drei halten Wacht bei dem toten Nima Nurbu.
Da Tundu, Nima Tashi und Kitar warten schon eine Stunde am Lager VII, als Merkl und Welzenbach im Nebel von oben kommend auftauchen. Sie stolpern durch den tiefen Neuschnee und

werfen sich neben den Trägern nieder. Das Zelt von Lager VII muß erst aus dem Schnee gegraben werden. Die Sahibs flüchten sich hinein, hinter ihnen bläst der feine Flugschnee her.
„Wir müssen hierbleiben – Willo", keucht Merkl. „Ich kann nicht mehr! Sag den Sherpas, sie sollen nach VI oder V absteigen, hier erfrieren wir sonst alle miteinander! Der Uli muß auch noch kommen."
Welzenbach übermittelt den Tigers den Befehl des Bara-Sahib. In den frostzerfressenen Gesichtern glaubt Welzenbach ein leises Leuchten zu sehen, weil der Bara-Sahib ihnen den Weg nach unten freigibt.
Da kommt eine schlanke Gestalt auf das Zelt zu. Ist's der Uli? denkt Welzenbach. Der ernstblickende Kitar mit dem runden Gesicht hat den Gefährten schon erkannt. „Kikuli kommt ohne Sahib Wieland", klingt seine Fistelstimme durch das dumpfe Brausen.
Die strähnigen Haare hängen Kikuli über die Brille bis auf die platte Nase herunter, sie sind nicht mehr schwarz. Sie sind zu Eisstäbchen geworden.
„Wieland-Sahib sitzt dreißig Schritte zurück!" keucht er. „Er kann nicht weiter – will warten, aber Chong Norbu und Dakshi kommen nicht!"
Bittend sieht er Welzenbach an, um Hilfe flehend für seinen kranken Herrn. Welzenbach, der starke blonde Münchner, wendet sich ab. Er kann nicht mehr helfen – er weiß genau, daß Wieland am Ende ist. Die furchtbare letzte Nacht ... Wenn er jetzt weinen könnte ...
Wortlos läßt er sich auf die Knie fallen, kriecht zum Zelteingang, dreht sich noch einmal um und sagt heiser: „Geh Kikuli, mit den anderen, rette dich!"
Kikuli ist fassungslos, er breitet die Arme aus, der eine weist zum Silbersattel – nur dreißig Schritte von hier stirbt sein Sahib, den er liebt wie einen Bruder –, der andere Arm zeigt ins Leben, ins Tal. Soll er gehen, hinunter?
„Go!" sagt Welzenbach. „Go to Camp IV, good-bye!"
Und windet sich ins Zelt zum Bara-Sahib mit den erfrorenen Fingern. Kikuli steht starr und sieht auf die Zeltbahn, die hinter dem Welzenbach-Sahib zugefallen ist. Er salutiert zum Zelt hinüber wie an einem offenen Grab.
„Good-bye, Sahib!"
Und dann stolpert er den dreien hinterher, die sich auf dem Grat die Steigung zum Mohrenkopf hinaufquälen.
Es wird eine Flucht vor dem Berg.
Das Lager V erreichen sie nicht und auch noch nicht einmal das

Lager VI an der Schulter des Rakiot Peak, dort, wo der lange Grat zum Silbersattel ansetzt.
Eine Nacht in einer Schneehöhle.
Seit fünf Tagen haben sie keine warme Nahrung, keinen Tropfen heißen Tee mehr über die Lippen bekommen, und jetzt ist auch das letzte Krümchen Tsambamehl verzehrt.
„Für jeden noch ein Biskuit", sagt Kitar feierlich. Er verteilt das Letzte, was sie haben, unter den Kameraden. Die Hoffnung auf Rettung ist in ihm noch nicht gestorben. Der Sechsundzwanzigjährige fühlt sich für die drei anderen verantwortlich – er muß, er wird sie durchbringen! Die großen Augen unter den vorstehenden Lidern gehen im schwindenden Licht des Tages von einem zum anderen: Nima Tashi, Da Tundu, Kikuli. Eng aneinandergerückt wärmen sie sich, klopfen ihre Hände und halten sich wach, die lange, fürchterliche Sturmnacht lang auf dem Grat in 7000 Meter Höhe.
Als sie am anderen Morgen in die Steilwand unter dem Rakiot-Gipfel hineinqueren, kleben drei Punkte vor ihnen in den Felsen. Dort, wo entlang dem Steilabsturz die Seile gespannt sind. Kommen ihnen vom Lager IV die Sahibs entgegen?
Nein, es sind drei wimmernde, kraftlose Bündel – die Sherpas, die vorgestern mit den beiden Tiroler Sahibs vorausgegangen sind: Pintso Norbu, Nima Dorje und Pasang. Zwei schlimme Freibiwaks im Eis haben sie hinter sich. Pintso ist so schwach, daß Kitar ihn kurz hinter sich ans Seil nehmen muß und ihn mit Pasang und Kikuli mit unendlicher Vorsicht bis kurz vor das Lager V bringt.
Drei Meter noch – da sind die Spitzen der eingeschneiten Zelte, da ist Essen im Zelt, vielleicht ein Primuskocher.
Die drei Schritte sind für Pintso ein zu weiter Weg – sein Leben verlischt vor dem schützenden Zelt. Die Knie knicken ein, rückwärts rutscht er ein Stück den Hang hinunter, dreht sich noch auf das Gesicht und bleibt reglos liegen. Tot.
Zu schwach sind die Gefährten, ihn losbinden. Sie schneiden das Seil ab und torkeln zum Zelt, um ein paar Dinge für den hungernden Magen aufzuspüren, einen Schluck Trinkbares für die Kehlen, die ausgedörrt sind vom Höhenwind und den Leiden der Flucht. Mit den Händen graben sie, aber es ist ja sinnlos. Kitar merkt bald, daß das Zelt unter dem Schnee zusammengedrückt ist. Ihre Kräfte reichen nicht mehr dazu aus, die Last zu heben.
Pasang und Kikuli drängen zum Weitergehen – aber Kitar will auf die drei anderen warten, die noch in der Steilwand stecken. Statt der drei kommt nur einer.

04160
APRIL 19.
1933
CAMERA:
29 31 33

Da Tundu.
Mühsam schleppt er sich heran.
„Nima Dorje und Nima Tashi sind in den Seilen gestorben!" ringt sich Da Tundu die Worte ab. „Ich habe mich losgebunden ..." Scheu dreht er sich nach den Toten um. „Los, weiter!" Sein junges Gesicht krampft sich zusammen, die kleinen Zähne beißen auf die Unterlippe, wie ein Betrunkener torkelt er, sich zu jedem Schritt zwingend, talwärts. Hinterdrein, die abgeschnittenen Seilenden nachschleppend, Pasang, Kikuli und als letzter Kitar, der Everest-Tiger. Ist er der letzte, den der furchtbare Berg aus seinen Klauen läßt? Drei Träger und zwei Sahibs sind noch oben, aber wohl keiner von ihnen wird noch leben! Der Sturm rast mit unverminderter Stärke. Ein mannstiefer Graben bleibt hinter den Fliehenden. Nicht mehr weit, da liegen die Zelte vom Lager IV unter ihnen. Männer laufen umher – jetzt kommen sie, langsam, viel zu langsam!
Im letzten Stück vor dem Lager versagen Kikuli die Füße. Er stürzt eine tiefe Serakwand hinunter.
Der Duft von heißem Tee schlägt Kitar entgegen.
Dann fällt er besinnungslos dem Doktor-Sahib in die Arme.
Als Kikuli von Sahibs und Trägern aus dem grundlostiefen Pulverschnee gezerrt und zu den Zelten geführt wird, springt Müllritter zur Hilfe herbei. Bevor er den Erschöpften erreicht, hebt er zu einem schnellen Schuß die Kamera.
Ein Dokument der Tapferkeit, was die kleine glitzernde Linse einfängt: Am Ende seiner Kräfte, wankend und kaum seiner Sinne mächtig, mit erfrorenen Gliedern, hängt Kikuli auf den Schultern der Kameraden – und lächelt! Lächelt müde und kindhaft, dem Leben wiedergegeben!
Die ganze Nacht über massieren die Männer im Lager IV die Hände und Füße der Zurückgekehrten. Bernard hat seine Augen überall, erteilt Anweisungen, greift zu. Von ihm hängt es jetzt ab, ob die Kranken ihre Glieder behalten. Um jeden Finger, jede Zehe wird hart gekämpft; bis zur Erschöpfung reiben die Retter die dickaufgeschwollenen, erstarrten Glieder.
Sechs Gipfelstürmer von sechzehn hat der Berg wieder herausgegeben. Fünf sind tot, das kann mit matter Stimme Kitar stokkend berichten. Fünf Kameraden kämpfen noch auf dem Gipfelgrat um ihr Leben! Wenn man nur helfen könnte!
Aber alle Hilfeversuche bleiben im hüfttiefen Neuschnee stekken.
Aschenbrenner, Schneider, Müllritter und Wongdi, Angtenjing und Lobsang rennen noch einmal gegen den Berg an. Aus dem „Rennen" wird ein Kriechen. Nach sechsstündiger Arbeit kom-

men sie bis Lager V. Das Zelt ist leer, unberührt, unter dem Schnee begraben. Keiner ist mehr von oben gekommen, um hier Rettung zu suchen.

Drei Schritte vor dem Zelt liegt Pintso Norbu.

Müllritter begräbt ihn still. Aschenbrenner und Schneider versuchen noch, die beiden toten Kameraden aus den Seilen herabzuholen, den kleinen, immer lustigen Nima Dorje, den Gefährten von Mallory am Everest, und den tapferen Nima Tashi. Es gelingt nicht. Mit brüllenden Böen jagt der Nanga alle zurück, die ihm die Toten entreißen wollen. Niemand kann glauben, daß oben noch jemand lebt. Es ist ganz undenkbar.

Braune Menschen sind treu

Der schneeblinde Dakshi ist zwischen Chong Norbu und Gay-Lay wimmernd eingeschlafen. Nach einiger Zeit spüren die beiden, daß ein Toter zwischen ihnen liegt. Aber noch ist der Körper des toten Kameraden nicht kalt. Selbst die schwindende Wärme des Leblosen muß ihnen helfen, sich gegen die klirrende Kälte des nächtlichen Sturmes zu wehren.

Die vergangenen Tage waren gleich Hammerschlägen. Was noch an Empfinden nach Hunger, Durst und frostigem Elend in Chong Norbu und Gay-Lay ist, muß der Brutalität des Lebenswillens weichen. Der Schlafsack Dakshis, noch warm vom versickerten Leben, eben noch Sarg, wird jetzt zum Schutzmantel gegen den Tod für zwei, die noch nicht abgeschlossen haben.

Der morgendliche Himmel ist nicht mehr grau und verhangen wie an den Tagen zuvor.

„Es hat umgeschlagen“, sagt Chong Norbu. „Ehe der Sturm noch einmal kommt, müssen wir unten sein!“

Über ihnen wischt leichter Wind die letzten dürren weißen Fäden fort, die Sonne wärmt durch das gefrorene Zeug.

Der tote Nima bekommt einen Weggenossen für die lange Reise. Neben ihm ausgestreckt liegt der blasse, pockennarbige Dakshi. Ehe Gay-Lay und Chong Norbu absteigen, streuen sie ein wenig Tsambamehl auf die Toten. Nicht zu viel, es kann ihr Leben ko-

sten. Der Weg ins Tal ist weit. So, wie die Götter sie zum Tode gebettet, ruhen Nima und Dakshi aus; über ihnen glitzert die silbrige Brücke zwischen den Felswächtern des Nanga.
Chong Norbu und Gay-Lay finden kurz vor dem Lager VII eine Gestalt im Schnee. An einer Wächte hat sich einer niedergehockt, die Arme auf den Knien, den Kopf auf den Armen. Der Körper ist fein überpudert, nur die Stiefel hat der Wind blankgefegt.
„Sahib-Stiefel …" Gay-Lay flüstert es voller Furcht in der Stimme. Wenn die Sahibs schutzlos im Schnee erfrieren, ist den Sherpas der gleiche Tod gewiß. Die Weißen sind mit Klugheit und vielen Büchern gekommen, sie haben Karten und Höhenmesser, sie befehlen über hundert Kulis und tausend Gefahren – nun stirbt einer allein, ohne Zelt, ohne Doktor, ohne Sauerstoffatmer, ohne Grabrede und Fahnentuch über dem erstarrten Körper – stirbt wie ein Kuli! Für Gay-Lay ist der Tod Dakshis und Nima Norbus wie ein zorniges Brüllen der Schneegeister gewesen, ein schmerzhafter Stich mit einer langen Nadel mitten in seine Brust – aber jetzt bricht für ihn eine Brücke ein.
Die Brücke, auf der er in das Leben zurückschreiten wollte.
Er fällt ins Bodenlose. Allein in der Nähe der Götter, ohne die Sahibs, die Unverwundbaren, denen er vertraute!
Ein Gefühl schrecklicher Verlassenheit überfällt ihn. Er blickt in Chong Norbus Gesicht. Das ist härter als zuvor. Chong Norbu hat den Kopf des Erstarrten hochgedrückt.
„Es ist Wieland-Sahib", sagt er gefaßt. Dann greift seine bloße Hand in die Taschen des toten Sahibs, findet kein Zeichen, keinen Zettel, nur einen kleinen Wecker. Den nimmt er und steckt ihn in seinen Anorak.
So gut es geht, bedecken sie die Leiche mit Schnee.
Dreißig Meter weiter stecken zwei Eispickel im Firn, und da, zuerst ihren suchenden Augen verborgen, kauert sich das Höhenzelt des Lagers VII hinter einer Schneewehe.
Als Chong Norbu die Hand zum Giebel ausstreckt, bleibt sie zögernd in der Luft hängen.
Unbeweglich steht er einen winzigen Augenblick lang, nicht unentschlossen, aber in dieser Sekunde werden seine Züge wie die eines steinernen Standbildes. In dieser einen Sekunde beschließt er, hart zu bleiben, sei in dem Zelt was mag – braune oder weiße Gefährten, einer oder viele, lebendig oder … Da ist die Sekunde Nachdenken vorbei, das letzte Wort bleibt ungeboren. Damit es nicht herausquillt aus Hirn und Mund, hat er die Lippen zusammengepreßt.

Seine Hand reißt das Zelt auf.
Hart sein, ruft es in ihm.
Ein Blick ins Halbdunkel: Bara-Sahib und Welzenbach-Sahib.
Merkl richtet sich mühevoll auf.
„Ihr kommt noch?" Ein kleines Leuchten huscht in den Augenwinkeln. „Wer ist's? Chong Norbu, Gay-Lay und …?"
Abgeschriebene sind wir, denkt Chong Norbu, schon Gestorbene, die sich wieder aufdringlich ins Leben drängen – dann sagt er fest: „Die anderen Kulis kommen nicht mehr. Sahib, wir sind die letzten. Dakshi ist in dieser Nacht zu den Göttern gegangen – wie Nima."
Die beiden Tigers sind schon im Zelt, kauern sich neben den Sahibs nieder, da sehen sie, daß Welzenbach, der stärkste aller Sahibs, kaum noch die Kraft hat, die müden Lider zu heben.
Mit einem Seitenblick auf Welzenbach sagt Chong Norbu leise: „Und das bringe ich dir, Sahib!" Aus der Tasche holt er den Wekker Wielands.
„Thank you!" Merkl schluckt einmal, dann ist es überwunden.
„Bara-Sahib – dreißig Schritte zurück liegt er!"
„Ja, ich weiß!"
Der Sahib weiß es – nur dreißig Schritte – und sie haben nicht geholfen! Und er sagt es noch einmal: „Nur dreißig Schritte …"
„Wir waren zu schwach – vorgestern schon. Seitdem liegen wir hier. Mach das Zelt sauber, Chong Norbu! Den Schnee hinaus!"
Jetzt erst sieht Chong Norbu, daß die Sahibs keine Schlafsäcke mehr haben, sie liegen nur auf den Schaumgummi-Matratzen. Und zum Essen sei auch nichts mehr da, sagt Bara-Sahib.
„Wir tragen jeder noch eine Handvoll Tsambamehl in der Tasche." Lächelnd, als prahle er mit einem Schatz, sagt es Gay-Lay.
Chong Norbu hat den Flugschnee vor dem Eingang geräumt. Sehr ernst und mit Nachdruck schlägt er den Sahibs vor:
„Ich werde hinuntersteigen, Bara-Sahib, sofort – und Leute schicken, schnell, ehe ein neuer Sturm kommt!"
Aber Merkl widerspricht. „Zwischen dem Lager IV und V waren heute vormittag Männer zu sehen – sie kommen schon. Warte, bis sie hier sind, dann werden wir uns stärken und zusammen absteigen."
Merkl ist der Bara-Sahib, der erste Mann der Expedition, ihm gehorchen alle anderen Sahibs. Und die Kulis, die Tigers.
Chong Norbu, eben noch festen Willens, nach eigenem Entschluß zu handeln, beugt sich dem Befehl. Das ist sein Dienst. Solange Bara-Sahib Befehle erteilen kann, muß er sie befolgen.

Aber er kann den Sahib vielleicht noch umstimmen – morgen, wenn doch keiner mit Proviant heraufgekommen ist.
In der Nacht muß sich Chong Norbu mit einer dünnen Kulidecke begnügen; der Schlafsack, den er mit Gay-Lay teilen möchte, ist vereist und verklebt.
Am Morgen des 13. Juli ist Welzenbach tot. An der Seite Merkls ist er eingeschlafen, der unnachgiebige, härteste Mann, mit dem Merkl je stieg. Europas bester Eisgeher bleibt im Eis – weit fort von der Heimat. Und keiner kann ihm ein Grab schaufeln. Willy Merkl zieht sacht das Zelt zu.
Der tote Kamerad bleibt allein zurück.
Gay-Lay und Chong Norbu helfen Merkl weiter – sie wollen heute noch das Lager VI erreichen. Der Hunger quält sie fürchterlich. Am Gegenhang unter dem Mohrenkopf, wo die Steigung beginnt, kann Bara-Sahib nicht mehr.
Nicht einen Schritt.
Und Gay-Lay ist auch am Ende. Nicht einmal die leichte Matratze kann er tragen. Chong Norbu wirft die Sachen in den Schnee, eine Matratze, eine Decke. Das ist alles für eine Nacht ohne Zelt in mehr als 7000 Meter Höhe. Bei 20 Grad Kälte!
Im flachen Sattel hackt Chong Norbu eine kleine Höhle aus dem Eis, der Pickel liegt noch in seiner Hand, wie in den Tagen des Aufstiegs. Der sonnige Tag heute hat ihm wieder Kraft gegeben. Allein wäre er noch zum Lager VI gekommen. Vielleicht noch weiter. Er spürt, daß die Füße noch stark sind und die Hände seinen Befehlen gehorchen, nicht mehr lange, aber es würde noch reichen, sich zu retten.
Morgen schon kann ein Windstoß ihn umwerfen, die Bergkrankheit wieder mit solcher Macht über ihn herfallen, daß alles Wehren umsonst ist. Aber er muß bei den beiden bleiben – ohne ihn kommen sie nicht einen Schritt mehr weiter.
Auf der Matratze liegen Merkl und Gay-Lay, vielleicht ist es ihr letzter Schlaf ...
Unter der steifgefrorenen Decke verbringt Chong Norbu zitternd die stürmische Nacht.
Zu schwach sind Gay-Lay und Bara-Sahib, um am Morgen auch nur den kurzen Weg zum schwarzen Felsen hinauf zu machen. Drei Schritte nur tut Bara-Sahib, auf zwei Eispickel gestützt, dann wirft er sich mit einem Blick zur Eishöhle hin.
Chong Norbu klettert auf die Grathöhe und legt die Hände um den Mund.
„Help!" Lang dehnt er das Wort, ruft den verzweifelten Notschrei in englischer und nepalischer Sprache, brüllt, so laut und lange seine Lunge vermag, tibetisch und deutsch.

Unten im Lager IV stehen ein paar Leute vor den Zelten – einer der Männer hebt die Arme, schwenkt sie.
Chong Norbu erkennt es genau, der Mann da unten hat ihn gesehen, winkt zurück! Wann kommen sie endlich herauf?
Ermattet läßt er sich zur Höhle hinunter. Vor seinen Augen flimmert es, eine Stunde fast liegt er luftringend im Schnee.
Die Sonne schielt über den Grat und wärmt die schlotternden, elenden Leiber.
Keinen Bissen haben die drei mehr in ihrem Besitz.
Was soll nur aus uns werden, was soll aus uns werden?
Ihre Augen streifen die Hänge ab, den steilen Weg von Lager IV zur Rakiot-Schulter, den Quergang, wo die Seile hängen – nichts!
Keiner steigt zu ihnen herauf.
Sie sind verlassen.
Sind aufgegeben.
Tot.
„Hilfe!" Jetzt ist es Merkl, der schreit. Halb hat er sich aufgerichtet, stützt sich auf seine Ellenbogen, ruft, immer hastiger, bellender, leiser. Bis er sich mit einem Röcheln zurückfallen läßt.
Vor Chong Norbu liegt der Eispickel. Da, wo die schlanke Stahlsichel sich mit dem Holzschaft vereinigt, sieht Chong Norbu eine Hand. Um das Gelenk läuft die Schlaufe. Die Hand packt fest zu. Ganz fest und energisch.
Es ist seine eigene Hand.
Automatisch schiebt sich sein Körper in die Höhe, die Knie strecken sich, die Füße machen Schritte. Sein Mund spricht, und er hört sich sagen: „Bara-Sahib, ich will gehen! Ich will die Männer holen! Niemand weiß, wie weit mich meine Füße tragen. Sterbe ich nicht in der Rakiot-Wand, so werde ich Rettung holen!" Und dann nimmt er soldatische Haltung an – irgendeine fremde Hand hebt seinen Arm, die Finger legen sich an die Schläfe, und seine Lippen formen die Worte: „Good-bye – Sahib! Good-bye – Gay-Lay!"
Da liegen die beiden, der Bara-Sahib, der erste von allen, der die riesige Ausrüstung zusammengetragen, jedes Stück für den richtigen Zweck, Tausende von Kleinigkeiten und Hunderte von wichtigen großen Dingen, und jetzt hat er nicht mehr als eine lumpige Kulidecke, die er mit seinem braunen Gefährten teilt.
Eine lumpige Decke.
Und da hockt mit sprechenden Augen, todwund Gay-Lay, der arme Kuli aus Darjeeling, angetan mit einer Kleidung, die er sich nie kaufen könnte, mit bester alpiner Ausrüstung – er wird sie nie mehr ausziehen. Seine geröteten Augen winken den

Freund noch einmal heran. Mit schwachen Armen umhalst er Chong Norbu. „Ich bleibe bei Bara-Sahib“, sagt er matt im heimatlichen Dialekt. „Der Sahib soll nicht allein sterben. Braune Menschen sind treu. Geh, mein Bruder, sage den Tigers, daß ich bei Bara-Sahib geblieben bin, hörst du? Du mußt es ihnen sagen, daß ich – nicht mehr kommen kann ...“ Er küßt ihn und wendet sich schluchzend ab.
Auch Bara-Sahib zieht Chong Norbus Kopf zu sich hinunter und küßt ihn. Bara-Sahib küßt den tapfersten der Tigers.
Und lächelt.

Am Rakiot Peak hängt der Tod in den Seilen

Hastig geht Chong Norbu davon. Es ist eine Flucht. Erst hinter dem Mohrenkopf dreht er sich noch einmal um. Die Höhle ist schon unter der Schneewoge verschwunden.
Nie wird er sie wiedersehen, die beiden!
Chong Norbu läuft wie im Rausch. Fuß voran – den dorthin, jetzt den anderen. Nun ein wenig nach links – und jetzt schräg hinauf. Eine Stimme hinter ihm kommandiert: „Du mußt hinuntergehen, du mußt den Tigers berichten! Der Kuli Gay-Lay verläßt seinen Herrn auch im Tode nicht!“
Mechanisch setzt er Fuß vor Fuß.
Am Lager VI, dicht vor der Rakiot-Wand, kommt der Nebel von Süden wieder über den Kamm herauf, aus dem unfaßbar tiefen Loch auf der Rupalseite. Und mit ihm kalter, beißender Wind.
Im Zelt findet Chong Norbu nicht viel – aber das Stückchen Hartbrot verschlingt er, bis ihm vom Schlucken die Kehle schmerzt.
In halber Bewußtlosigkeit erreicht er den Steilhang mit der Seilsicherung. Mit gierigen Armen greift der Sturm nach ihm, packt ihn im Nacken und reißt die Kapuze des Anoraks herunter.
Die Hände sind erstarrt – das Seil im Quergang entgleitet ihm, im gleichen Augenblick ist er hellwach und hakt sich mit der Pickelhaue ins Geländer. Atemlos verharrt er, bis er merkt, daß das Eisen festfriert. Mit Mühe bricht er den Eispickel los. Wie-

DHE

der zwanzig Meter weiter – eine Rast! Setzen, hinsetzen möchte er sich jetzt, ausruhen. Nur ausruhen – nein, nicht schlafen. So: die eingewinkelten Arme über das Geländerseil gehängt, ein wenig den Kopf vornüber, dösen, schlafen – nur ganz wenig, gleich geht es weiter ...
Schlafen ...
Ein heftiger Windstoß weckt ihn auf. Wo ist er, fragt er sich! Noch nie war er hier – es ist so fremd. Ist das die Norton-Traverse an der Chomolungma? Nein! Er weiß ja genau, da liegen die gelben Bänder im Stein, aus Sandkalkstein, Kalksteinsand – Sand – Sand rieselt, über die Arme, in den Hals, warmer Sand ... Die Mutter läßt die Teeblätter in den Korb rieseln – sie lacht, die Mutter, und der Sand rieselt immer weiter – Traumsand ...
Unfähig eines klaren Gedankens, beißt sich Chong Norbu auf die Zunge: Wach werden! Nicht schlafen! Er weiß nur eines: Du mußt weiter!
Mit schmerzender Müdigkeit schindet er sich weiter nach links, durch den Nebel, die Seile entlang. Nehmen die denn gar kein Ende? Es sind doch nur 180 Meter. Ihm ist, als hänge er schon einen Monsun lang im Quergang.
Linken Fuß nach links rücken, rechten nachsetzen!
Chong Norbu hebt kaum den Blick.
Träumt er schon wieder? Ein paar Schritte vor ihm steht ein Mann – nein, er steht nicht – er pendelt hin und her. Chong Norbu schreit auf!
Sie kommen ihm entgegen!
Die Gestalt im Nebel verschwimmt, jetzt ist sie wieder da – schaukelt, aber kommt nicht näher! Näher heran hangelt sich Chong Norbu.
Das ist ein Tiger, Nima Dorje, der Kamerad vom Everest!
Verkrümmt hängt sein Körper im Seil, erstarrt, mit grauenvoll verkrampften Armen, verzerrtem Gesicht.
Dahinter noch einer. Nima Tashi! Nie würde Chong Norbu ihn erkennen, sähe er nicht den roten Pullover, den einzigen, den Lewa an die Tigers ausgegeben hat. Zwei Tote hier in der Wand? Sie versperren ihm den Weg ins Leben – er käme um ihre Körper beim Weiterklettern wohl herum – aber in ihren Leibern wohnen die Todesgeister. Berührt er die erstarrten Gefährten, dann reißt ihn der Tod in den Abgrund!
Lange klebt Chong Norbu an dem Mauerhaken – zwei Meter trennen ihn noch vom toten Nima Dorje, von Tashi. Hinter ihnen winkt das Leben. Er muß vorbei! Als er sich zentimeterweise, voll schmerzender Furcht, an die Leichen heranschiebt,

fällt ihm ein, was Bhalu-Sahib einmal zu ihm und Karmi sagte. Ganz klar klingen die Worte in seinem Ohr, als hinge Bhalu neben ihm am Seil: „Der Weg in eure Freiheit führt vorbei an Aberglauben und Entsetzen, den Weg müßt ihr selber gehen, niemand anders geht ihn für euch."
Merkwürdig, gestern – oder war es vorgestern, vor einer Woche? – hat er die Taschen des toten Wieland-Sahib durchsucht, ohne Scheu! Ist ein weißer Toter weniger tot als ein brauner?
„Om manipadme hum!" Gebt den Weg frei, ihr Götter! Chong Norbus Lippen murmeln unablässig Gebetsformeln, als er sich mit entsetzt abgewandtem Gesicht an den Toten vorbeizwängt. Nima Tashis Füße hängen frei in der Luft, der Kopf ist im Todeskampf weit hintenübergefallen, und die Arme krallen sich um das Seil.
Vorbei!
Sie kommen nicht hinter ihm her, die gestorbenen Tigers, aber Chong Norbu hastet das kurze Stück des Querganges, bis er wieder die breite Schneefläche unter die Füße bekommt. Hier versagen sie jetzt ihren Dienst. Auf dem Bauch rutschend, kollernd, rücklings abfahrend, langt er vor dem Zelt V an. Der Nebel ist wieder verflogen, die wärmenden Sonnenstrahlen verjagen die gespenstigen Bilder. Um das Zelt herum sind Fußtapfen. Fruchtsalat und Keks sind gleich am Zelteingang niedergelegt – mit Gier schlingt Chong Norbu, die bloßen Hände wühlen in den offenen Dosen. Vor Erregung vermag er nicht mehr zu schlucken. Ermattet dreht er sich auf den Rücken. Aber gleich zwingt er sich wieder hoch – so kurz vor dem Ziel darf er sich nicht zum langen, langen Schlaf hinstrecken.
Er muß zu den Sahibs ins Lager IV, von den toten Sahibs berichten und von der Not auf dem Grat. Und den Tigers muß er sagen, was Gay-Lay, der treueste aller Kulis, ihm aufgetragen hat, erst dann kann er schlafen …
Jeder Schritt wird zur tausendfachen Qual, die Luft will nicht mehr in den Mund hinein, die Augen brennen wie im Rauch, und im Kopf sitzt ein großer Bohrwurm, nagt, bohrt an den Knochen – o nagende, bohrende Qual!
Dann sind Stimmen um ihn, schwarze Flecken, erst klein, dann größer. Noch einmal vermag er ganz deutlich die Zelte von Lager IV vor sich zu sehen. Menschen wühlen sich durch den Schnee zu ihm hinauf – heben ihn aus dem Schnee. „Bara-Sahib oben – und Gay-Lay, allein! Help!" flüstert er. Weit fort klingen seine eigenen Worte im Brausen, das durch seinen Schädel geht.
Kann er jetzt schlafen? Oder narren ihn wieder die Gesichter?

Ist er schon am Ziel? Niemand kann er fragen, alles kann Traumtrug sein. Erst als ein Mann vor ihm steht, der ihm Tee und Rum einflößt, weiß er, daß er gerettet ist. Der Doktor-Sahib, den er vor zehn Tagen zum letztenmal sah, hat inzwischen graue Haare bekommen. Was hinter dem silberhaarigen Kopf liegt, erkennt er nicht mehr. Es ist ja alles so weit, weit fort.
Die Toten im Seil und der Grat, der mörderische.
Und Bara-Sahib – die Höhle – Gay-Lay –

Schnell schmilzt der goldene Schein

Keiner der Kranken im Hospital in Darjeeling kann sagen, warum die indische Ärztin von allen mit dem tibetischen Namen Tsomu gerufen wird. Sie ist der Trost der Schwerkranken, gibt mit Blick und Wort und helfender Hand den Genesenden Kraft. Die Ärztin Tsomu ist die Heilende für alle, die ohne Hoffnung auf Genesung ins Hospital getragen werden. „Mit einem Blick schon", sagen die braunen Patienten, „kann Tsomu die Geister der Krankheiten verscheuchen!"
Seit vielen Wochen schon hört Chong Norbu solche Worte, mit denen die Kranken die Kunst der braunen Ärztin preisen. Er schweigt dazu. Er widerspricht den anderen Patienten nicht und stimmt ihnen nicht zu. Er schweigt nur. Und überlegt. Noch nie ist er so nachdenklich gewesen wie jetzt.
Nicht das Unglück, das ihn betroffen hat, macht ihn so still. Er weiß es schon, daß an seiner linken Hand zwei Finger fehlen werden, wenn die dicken Verbände fallen. „Deinen Fuß wirst du behalten können", sagt Doktor Tsomu, „die Zehen waren nicht zu retten, aber du wirst wieder gehen können. Und am rechten Fuß brauchen wir noch nicht einmal den kleinen Zeh abzunehmen! Du wirst wieder gehen können! Warum bist du so traurig?"
Chong Norbu lächelt hilflos. Da sitzt vor ihm eine Frau, die alle Kastenschranken durchbrochen hat, die in Europa studiert hat und die ärztliche Kunst der Weißen beherrscht. Eine braune Frau im Arztkittel. Ohne Scheu geht sie unter den Männern um-

her und macht sie gesund. Und nun sitzt sie am Bett des Kulis Chong Norbu und macht ihm Mut zum Weiterleben. Sie spürt, daß er ihrer Frage ausweichen will. Aber einer, der gesund werden soll, darf nicht Unausgesprochenes mit sich herumschleppen, was sich der Kontrolle des Arztes entzieht. Tsomu will alle Leiden ihrer Patienten kennen. Tsomu forscht weiter.
„Möchtest du mir nicht antworten?“
Mit einem Seufzer wirft sich Chong Norbu herum. „Ach, es ist alles so schwer!“
„Was ist so schwer?“ In ihrer Stimme schwingen Vorwurf und Herausforderung zu gleichen Teilen nebeneinander, sie will den Widerspruch Chong Norbus auslösen, will ihn zum Reden zwingen; darum fragt sie fast heftig: „Was ist so schwer? Weiterleben zu müssen? War es nicht schwerer, lebend von einem Berg herunterzukommen, der sechs andere Sherpas behalten hat und ein paar weiße Bergsteiger dazu? Das hast du geschafft. Du lebst und wirst wieder arbeiten können!“
Aber Chong Norbu vermag noch nicht zu antworten. Er beginnt, die Gedanken zu ordnen, die er in wochenlangem Nachdenken angehäuft hat, bunt durcheinander. Da sind Gedanken über die Frau, die man Tsomu nennt – von ihnen darf man nicht reden. Auch davon darf er nicht sprechen, daß Tsomu für ihn der erste Mensch gleicher Hautfarbe ist, der Bildung besitzt, ohne eingebildet zu sein. Kein Brauner begegnete ihm bisher, der klug war und nicht zugleich ein Gauner, keiner, der Hilfe gewährte, ohne nicht gleichzeitig Wucherzinsen zu fordern. Wissen und Güte, gab es das nur bei den Weißen, nur bei Mallory, Bhalu-Sahib, Bara-Sahib?
Erst stockend, dann immer lebhafter spricht Chong Norbu, leise und zögernd beginnend – dann sprudelt er immer heftiger und voller Ungeduld die Worte hervor. Tsomu sitzt schweigend dabei und sieht, wie die Qual seinem Munde entrinnt und ihm mit jedem herausgeworfenen Wort leichter wird. „Tom Murray hatte mich gelehrt, daß man alle Farbigen verachten muß, und ich tat es – bis Ondi mich beschämte. Der Ondi, der so arm war, daß er mit seiner Frau nur einen gemeinsamen Löffel besaß!“
Keuchend gibt er Bericht von der Geschichte mit Ondi, dem er in Darjeeling Hilfe verwehrt hatte und der sich als Todkranker freiwillig erbot, Chong Norbu aus dem Sturm zu retten. Damals begann es, das Zweifeln an sich selbst. Er hat zu den Weißen aufgesehen, weil sie klug und mächtig sind und er von ihnen Lesen und Schreiben und manches andere gelernt hat. Daß die Weißen ihm zugleich beigebracht haben, auf seine braunen Brüder geringschätzig herabzusehen, ist ihm erst viel später in den

Sinn gekommen. Er hat nur immer gespürt, daß die Sherpas und Bhutias ihn schief ansahen, weil er es mit den Weißen hielt. Ja, als Ondi ihn vom Nordostrücken des Everest herunterschleppte, gab es mit einemmal einen Sherpa, der wider Erwarten gut war und obendrein nicht hinterher die Hand aufhielt. Damit begann es. Und dann rückte er langsam seinen Rassegenossen näher, immer näher, und Lewa, der sorgende Vater der Trägerkolonne, öffnete ihm die Augen. In der Eishöhle, als Gay-Lay ihm zuflüsterte: „Geh, sage, daß ich nicht mehr kommen kann", da war er wieder ganz bei den Seinen. Gay-Lay hat ihn ins Leben zurückgeschickt, nicht die Sahibs. In den langen Wochen des Krankenlagers hatte er in seinen Gedanken abgewogen, wer das größere Maß an Mut und Kraft, an Opfer und Leiden während der Tragödie am „Nackten Berg" getragen hat – die Sherpas oder die Sahibs? Es war ihm gewiß geworden, daß die einen den anderen nicht nachstanden.
Je mehr aber Chong Norbu begann, seine braunen Gefährten zu achten, um so schneller schmolz der goldene Schein, den er selbst in seiner Einbildung den weißen Sahibs ums Haupt gelegt hatte. Er glaubt nicht mehr an ihre Unfehlbarkeit, nachdem am Nanga Parbat neun Menschen die Irrtümer und die Unwissenheit der Sahibs mit dem Leben bezahlen mußten. War es nicht schon oft so gewesen – damals, als Mingma starb oder als Chettan vom Eis erschlagen wurde? Warum hat er so lange in den Weißen Halbgötter sehen wollen?
„Wir brauchen die Europäer nicht", sagt Tsomu. „Du sollst sie nicht hassen, du sollst von ihnen nur lernen, was sie wissen. Das ist alles. Mehr sollst du nicht mit ihnen zu tun haben. Sie sind keine besseren Menschen als die Inder oder Tibeter. Wir brauchen sie nicht in unserem Land, wir wollen keine weißen Herrn – und auch keine braunen! Wir brauchen keinen Rana und keinen König, noch viel weniger einen englischen Gouverneur!"
„Aber wer soll dann herrschen?"
„Du. Und ich. Und die Männer, die hier neben dir liegen. Wir alle, die in unserem Lande leben. Aus jeder Gemeinde wird ein Abgesandter in die Hauptstadt gehen und die Geschäfte des Landes ausrichten, damit es allen Menschen gut geht."
Chong Norbu lächelt ungläubig. „Das wird nie sein."
„Doch, es wird einmal so sein! Wenn alle Menschen es wollen ..."
„Alle?"
„Nicht alle – ein paar werden nicht wollen, daß es anders wird. Sie möchten, daß es immer wieder Arme und Reiche geben soll.

Sie hetzen die Hindus gegen die Moslems, die Gurkhas gegen die Inder, die Armen gegen die Armen. Davon leben sie. Sie leben davon, daß die Armen ohne Wissen bleiben. Darum mußt du lernen, Chong Norbu, alle müssen lernen, dann werden die Herren eines Tages keine Macht mehr über die Diener haben. Und die Diener werden die Herren nicht mehr brauchen, weil sie selber die Herren im Lande sind!"
Sie erhebt sich schnell und zieht mit einer raschen Bewegung den Hocker vom Bett Chong Norbus fort. „So – nun mußt du ruhen!" sagt sie und ist wieder die Ärztin Tsomu. Mit leichten Schritten geht sie hinaus.
Noch oft darf Chong Norbu den Worten Tsomus zuhören. Noch immer bleibt er nachdenklich; es ist fast zuviel für seinen Kopf, was Neues gedacht, Altes begraben werden soll. Aber von seinem Gesicht weicht die Qual. Und oft, wenn Tsomu durch den Saal geht, von Bett zu Bett, für jeden freundliche Worte hat, dann ist Freude in seiner Brust.
Eines Tages ist Tsomu fort; die Patienten warten vergeblich auf den leisen Tritt ihrer Sandalen. Erst später erfahren sie, daß Tsomu versetzt ist, in ein anderes Hospital – sie durfte nicht einmal von den Patienten „ihrer Station" Abschied nehmen. Auch vor den weißen Ärzten hatte sie ihre Ansichten nicht verborgen, und man legte keinen Wert darauf, daß eine indische Ärztin die Patienten klüger machte, als es der „Ordnung" im Lande guttat.
Chong Norbu zehrt nach der Entlassung aus dem Hospital noch ein paar Monate von der Rente, die von den Deutschen für ihn ausgesetzt war, dann sucht er sich wieder Touristen, die in die sikkimesischen Täler wandern wollen. Die kurzen Märsche tun seinem Fuß gut. Fast, so scheint es ihm, kann er jetzt an steilen Hängen besser steigen. Nur wenn es durch einen eiskalten Bach geht, möchte er am liebsten aufschreien. Ob er noch einmal trotz der amputierten Zehen in die Heimat des Schnees gehen kann? An Lewa will er sich ein Beispiel nehmen! Der hat auch nicht gejammert, als er drei Jahre nach dem Verlust der Zehen bis zum Lager V am Nanga Parbat aufstieg.

Vielgefragte Tigers

In den zwei Jahren, in denen sich Chong Norbu mit kleinen Expeditionen ins Vorgebirge zufriedengeben muß, wächst die Gilde der Tigers rasch an. Neue Familien sind aus Solu Khumbu nach Darjeeling übergesiedelt, und fast das ganze Jahr über sind die Sherpas mit Sahibs unterwegs. Mancher von den jungen Gefährten hat sich schon einen Namen gemacht. Die stärksten Sherpas sind unter den Tigers. Da ist der zwanzigjährige Tenzing Norgay, ein zäher und immer lachender Mann. Als durch das Tal, in dem er Yaks hütete, die ersten Expeditionen zogen, sah der Hütejunge mit sehnsüchtigen Augen den britischen Bergsteigern nach. Heute wohnt er in Darjeeling, und kein Sommer vergeht, in dem er nicht mit den Briten in die Heimat des Schnees geht. Schon zweimal ist er gegen den Gipfel der Chomolungma angerannt. Mit Shipton hat er vor zwei Jahren, 1935, den Nordsattel erreicht, war aber abgeschlagen worden. Doch dafür waren drei Siebentausender und einige Gipfel von mehr als 6000 Meter Höhe von der Expedition bezwungen worden, und der junge Tenzing Norgay hatte sich bei diesen Unternehmungen als ein so talentierter Bergsteiger gezeigt, daß Ruttledge ihn im Jahr darauf wieder mit an den Mount Everest nahm. Auch für dieses Jahr hat er schon einen Auftrag: Als Sirdar geht er mit einer britischen Expedition in die Bergketten des Garhwal im westlichen Zentralhimalaya. Von den altbewährten Tigers, die gemeinsam mit Chong Norbu schon an mancher Bergfahrt teilnahmen, beginnen Kikuli und Ang Tharke nach vorn zu rücken. Als Odell und Tilman im vorigen Jahr den höchsten bis dahin bestiegenen Gipfel bezwangen, waren sie dabei: Der Nanda Devi im Garhwal mit 7816 Metern wurde mit ihrer Hilfe besiegt. Seit Ang Tharke 1922 aus der Eislawine am Everest geborgen wurde, die Mingma und Phurba getötet hatte, ist aus dem schlanken Mann mit dem kleinen Kopf und den schmalen, schönen Händen einer der gewandtesten Tigers geworden. Mit seiner Klugheit ist er den anderen Vorbild und Ratgeber zugleich. Kikuli ist mehr instinktiv in seinem Handeln, und wenn die Sahibs ihm einen Befehl erteilen, sehen die schmalen Augen unter den Haarsträhnen fast gelangweilt hervor, als wollte er sagen: Warum unnötige Worte? Wir werden

das Richtige schon zur rechten Zeit tun! Und Kikuli tut das Richtige: Wenn er am Berg ist, raucht er nicht und haushaltet mit seinen Kräften, daß er trotz seiner zierlichen Figur vielen Tigers etwas vormacht.
Immer, wenn die Tigers von einer großen Bergfahrt nach Darjeeling oder in ihr Heimatdorf zurückkehren, werden sie von ihren Landsleuten gefeiert. Die Bewohner der Länder des Himalaya sind stolz auf ihre mutigen Söhne. Sind sie doch meist die ersten, die mit ihren Heldentaten den Namen eines kleinen Bergvolkes in der Welt bekannt machen. Und einer der Ihren ist es, von dem auch die Sahibs voll Bewunderung sprechen müssen.
Immer mehr Tigers werden gebraucht; denn schon seit einigen Jahren starten von Darjeeling aus alljährlich mehrere Expeditionen gleichzeitig in die Berge. In der großen Zahl der Sherpas, Gurkhas und Tibeter, die nun zur Gilde der Tigers gehören, haben die Namen Lewa und Chong Norbu nicht an Glanz eingebüßt, aber viele sind zu ihrer Berühmtheit aufgestiegen und stehen gleichwertig neben ihnen oder übertreffen sie an Gewandtheit und Angriffsgeist. Chong Norbu sieht das ohne Groll. Er ist nicht mehr nur eitel um seinen Ruhm besorgt, seit die anderen Tigers ihn wieder zu ihrem Freund gemacht haben. Das große Unglück am Nanga Parbat hat sie alle fest zusammengeschmiedet.
Das Jahr 1937 bringt für die Tigers viel Arbeit. Zum Everest geht zwar nur eine kleine Expedition, ebenso in den Zentralhimalaya. Smythe will den Mana Peak im Garhwal angreifen. Unter den Tigers, die den britischen Bergsteiger F. S. Chapman zum 7314 Meter hohen Chomo Lhari in das Gebiet zwischen Bhutan und Tibet begleiten, ist ein Lama-Priester, jung, mutig, klug, ein Bergsteiger mit großem Können. In seinem Lächeln liegt die Weisheit der uralten Religion. Er will es nicht den weißen Sahibs allein überlassen, sich den Thronen der Götter zu nahen. Nur wenige Expeditionen hat er bisher mitgemacht, aber sein Name wird schon mit Respekt in der Liste der Tigers vermerkt: Pasang Dawa Lama. Da Tundu, einer der wenigen Überlebenden der Nanga-Parbat-Katastrophe, geht mit den Briten an die Sechstausender in Sikkim, und der von allen Tigers verehrte Paul Bauer engagierte schon im vorigen Jahr nach seiner erfolgreichen Fahrt ins Gebiet des Kantsch, wo seine Gefährten Wien, Göttner und Hepp den Siniolchu und den Simvu bezwangen, fünfzehn der besten Tigers. Chong Norbu ist wieder dabei.
Dieses Mal soll es wieder zum Nanga Parbat gehen, unter der Leitung von Dr. Karl Wien.

Wieder am „Nackten Berg"

Zum zweiten Male macht Chong Norbu die lange Eisenbahnfahrt durch Bengalen, entlang dem Ganges, immer südlich der langen Kette des Himalaya bis nach Kaschmir. Am 6. Mai 1937 erreichen die Tigers Srinagar. Die Deutschen haben Hunderte von Kulis aus Baltistan angeworben, um das Expeditionsgepäck über die Hochpässe ins Industal zur Rakiot-Brücke bringen zu lassen. Die Sherpas nehmen mit viel Schwung den Sahibs die Aufgabe ab, den langen Troß durch die Schneemassen des Tragbal-Passes zu leiten. 3600 Meter müssen die Kulis hochsteigen. Für die meisten ist der Weg ungewohnt, ihre Kleidung ist den Hochgebirgsverhältnissen nicht angepaßt, vom Schuhzeug ganz zu schweigen. Ein paar Lumpen sind es zumeist, die sich die Baltis zum Schutz gegen die Kälte um die Füße wickeln. Noch höher hinauf, auf 4200 Meter müssen sie, als es über den Burzil-Paß geht. Da räumt die Bergkrankheit unter ihnen auf, sie werfen einer nach dem anderen die Lasten fort und liegen schlapp am tiefgetrampelten Schneepfad.

Jigmay, der Sohn des Kochs und Lamapriesters Tenchedar, ist von den Deutschen als Dolmetscher angestellt und ganz das Gegenteil von seinem gütigen Vater. Er glaubt es seiner Stellung und den Weißen schuldig zu sein, die kranken Baltikulis voranzutreiben.

„Vorwärts, ihr faulen Hunde!" brüllt er. „Wer nicht sofort seine Bündel aufnimmt, der bekommt den Knüppel zu spüren!"

Die Baltis möchten umkehren, ihnen fehlt der Mut, weiterzusteigen.

„Zahle uns aus, Dolmetsch, und sage den Sahibs, wir wünschten umzukehren", sagt ein alter Kuli.

Ohne ein Wort zu erwidern, läßt Jigmay seinen Stock tanzen. Pasang, der vor drei Jahren Bechtolds Leibdiener war, tut es ihm gleich, auch Mingma Tsering und Monjo, ein paar von den neuen Darjeeling-Trägern, rennen prügelnd von einem Balti zum anderen. Widerwillig erheben sich die Kranken, Angtenjing packt einen kleinen Balti an den Kleidern und stellt ihn auf die Beine. Kraftlos sackt der Mann wieder zusammen.

Da stürzen sich alle vier Sherpas auf den Kuli.

Die anderen Baltis wagen es nicht, gegen die Sherpas laut zu

werden. Sie wissen, daß die Leute aus Darjeeling bei den Sahibs Sonderrechte genießen, weil sie die Elite der Träger sind.
Aber da kommt der dicke Nima Thondup über die Paßhöhe herauf. „Was ist hier los?" Seine Augen funkeln zornig. Seine ganze bäuerliche Behäbigkeit fällt von ihm ab, und er stiftet schnell und mit starken Fäusten Ruhe. Als Ondi und Chong Norbu die schimpfende Gruppe erreichen, steht Nima Thondup wie ein Baum unter den Baltis und Sherpas. Schutzsuchend und beschwerdeführend umgeben ihn die einen, polternd und rechthaberisch die anderen.
„Es ist niemand von Nutzen, wenn die Lasten hier auf dem Paß liegenbleiben", sagt Ondi, nachdem er eine Weile zugehört hat. „Aber es darf nicht sein, daß ihr die Baltis verprügelt!"
Chong Norbu redet den Baltis zu, noch ein Stück weiterzugehen, bald sei die größte Höhe erreicht, und es gäbe eine Rast und Essen. Und zu den Sherpas gewendet, sagt er streng: „Ihr seid die Knüppel der Weißen! Ihr Dummköpfe, wollt ihr die Leute schlagen, weil sie weniger stark sind als ihr? Wenn nun einer kommt, der mehr tragen kann als ihr, wollt ihr euch von dem prügeln lassen? Los, geht alle weiter – es ist nicht gut, wenn die Sahibs sehen, daß sich braune Menschen über den Buckel schlagen, um sich bei den Sahibs beliebt zu machen!"
Und Ondi setzt hinzu: „Wir sollten uns besser gegenseitig helfen!" Damit nimmt er die Last des kleinen Balti und setzt sich in Bewegung. „Komm – bis zu dem Telefonmast dahinten trage ich dir das Zeug!"
So ist Ondi. Er sagt, was er denkt, und zeigt mit Taten, wie man es besser machen soll.
Wie damals am Everest, denkt Chong Norbu und lächelt. Er ist so froh, daß Ondi sein Freund ist.
Als er die Traglast des alten Kulis auf den Rücken nimmt, will ihn der Alte daran hindern. „Gefällt es dir nicht, wenn ich deine Last nehme?" fragt er.
„Doch – doch", stottert der Mann. „Aber ich muß meine Löhnung mit dir teilen!"
„Fehlt es dir an Verstand? Wollen wir nicht alle vom Paß herunter? Und wenn einer zu schwach ist, müssen die anderen ihm helfen. Da – trage meinen Rucksack, der ist von geringerem Gewicht. Na, nun komm!"

Die Märchenwiese zu Füßen das Nanga Parbat wird am 19. Mai erreicht. Dunkel umsäumen die Tannen den verträumten und vertrauten Platz, über dem sich in kühnem Schwung der lange Ostgrat und der Silbersattel aufbauen. Droben liegen die Kameraden seit drei Jahren im Eis. Am Grabe Alfred Drexels auf dem Moränenwall befestigen die Sahibs eine Bronzetafel an den Felsplatten zum Gedenken an die Toten. In stiller Ergriffenheit stehen sie vor dem Grabmal, noch überwältigt vom ersten Eindruck der wilden Eisfestung, die sich drohend und lockend im Süden erhebt. Für die meisten der weißen Sahibs ist die überdimensionale Hochgebirgslandschaft von ungewohnter, fast erdrückender Wucht. Nur Peter Müllritter stand schon einmal hier, vor drei Jahren, als er die inhaltsschweren Telegramme in die Heimat verfassen mußte. Die anderen Gefährten sind neu am Nanga, wenn auch nicht ohne Erfahrung im Himalaya. Chong Norbu kennt ein paar von ihnen schon vom Kantsch her: Karlo Wien war 1931 mit seinem Freund Hans Hartmann dabei. Das böse Unglück mit Pasang und Schaller-Sahib hatten sie nicht miterlebt, aber beim Abstieg hatten sie Chong Norbu, den einzigen Überlebenden der abgestürzten Seilschaft, sorgsam ins Tal geleitet. Die beiden Berliner sind nach wie vor unzertrennliche Freunde. Chong Norbu fühlt sich Hartmann besonders verbunden, nachdem auch er die Zehen verloren hat und wie der Sahib besondere Schuhe bekommt. Von den anderen Sahibs waren Göttner und Hepp schon einmal im Sikkim-Himalaya, am Siniolchu und am Simvu gewesen. Nur Fankhauser und Pfeffer kamen als Neulinge nach Asien.

Der Doktor-Sahib heißt Uli Luft. Chong Norbu wird sein Orderly sein, weil er vorläufig seiner Füße wegen noch nicht in die Hochlager gehen soll. Mit leisem Bedauern schickt sich Chong Norbu drein – er gilt nicht mehr soviel wie einer mit gesunden Gliedern! Aber noch hat die Arbeit am Berg nicht richtig begonnen, oft genug – so denkt er – wird es noch eine Gelegenheit geben zu zeigen, daß ich noch der alte bin. Und selber möchte er es wissen, was er noch seinen Füßen zutrauen kann …

Fast an den gleichen Punkten wie vor drei Jahren entstehen die Lager I, II und III auf dem Rakiot-Gletscher. Das Basislager für den Gipfelangriff soll wieder das Lager IV werden. In der weiten Mulde unter der Nordflanke des Rakiot Peak richtet der Spitzentrupp am 7. Juni die Zelte für die Sahibs und Träger auf. Hier ist ein sicherer Platz, weitab von den Lawinenbahnen, auf festem Schnee, den keine Spalten und Eistrümmer zerreißen wie in den Lagern auf dem Gletscher. Hier kann man in aller Ruhe den Angriff auf den Gipfel vorbereiten. Vorläufig muß man noch warten, unablässig fällt der Schnee, die Zelte versinken immer tiefer in den ausgegrabenen Mulden. Aber damit wird es zugleich gemütlicher, weil nun der Wind nicht mehr auf die Zeltwände drückt.

Beinahe eine Woche hocken die Männer in den Zelten des Lagers IV, zum Vortrupp hat sich der Haupttrupp gesellt, 14 Tigers und 8 Sahibs warten darauf, daß sie weiter nach oben vorstoßen können. Am 12. Juni macht sich ein kleiner Trupp auf, um an der Schulter des Rakiot Peak vor der Steilwand das Lager V aufzuschlagen, aber die Schneemassen sind noch zu gewaltig; bei 6600 Metern beschließt man umzukehren und ein anderes Mal wiederzukommen.
Die lange Wartezeit und die tiefen Temperaturen im Lager IV haben die Sahibs und Träger schon arg mitgenommen. Fünf Tigers müssen in das Tal gebracht werden. Leutnant Smart von der britischen Kolonialarmee, der sich den Deutschen in Astor angeschlossen hat und mit ihnen bis zum Lager IV aufgestiegen ist, bringt die fünf Mann am Seil hinunter. Im Hauptlager will er Uli Luft ablösen, der dort als Verwalter sitzt und große Höhensehnsucht hat.
Auf dem Moränenhügel vor dem Hauptlager kommen Smart ein paar Männer entgegen. Es sind Dr. Luft und Chong Norbu mit ein paar Baltileuten.
„Hallo Doktor! Ich bringe Ihnen Patienten!" ruft Smart.
„Ist etwas passiert?" erkundigt sich Luft.
„No – nur Bagatellen! Sie haben ein bißchen schlappgemacht, die Boys, und können ein paar Tage Ruhe gebrauchen. Für den hier, den Kitar, müssen sie wohl in den Salbentopf mit der Frostsalbe greifen!"
Kitar streckt dem Doktor-Sahib die angefrorenen Finger entgegen; Luft besieht sich den Schaden. „Painful?" fragt er und sieht in Kitars ernste, große Augen.
„Tut's weh?"
Kitar schüttelt nur lächend den Wuschelkopf.
„Wie schaut es oben aus, Leutnant? Geht es voran?"
„Der viele Schnee!" Smart seufzt. „Es ist kein Vorwärtskommen; man muß erst warten, bis sich der Schnee etwas gesetzt hat. Heute vormittag sah ich vom Lager II aus, wie vier Mann zur Rakiot-Schulter aufsteigen wollten, hinter ihnen ein paar Mann mit Lasten, sicher die Träger. Aber dann kehrten sie bald wieder um. Doch sonst ist alles in bester Stimmung und Verfassung."
Im Hauptlager gibt es Hammelfleisch und Kakao und Konfitüre, der Platz ist schneefrei, und die Sonne wärmt die großen Steine zwischen den Zelten. Kitar und Ondi erholen sich schnell, Nima Thondup möchte sogar schon wieder am nächsten Tag aufsteigen. Die beiden anderen Sherpas, die Smart mit heruntergebracht hat, räumen mit den Baltimännern das Proviantzelt auf.

Als am nächsten Abend der Postläufer mit Briefen aus der Heimat eintrifft, beschließt Dr. Luft, anderentags mit allen sechs Darjeeling-Trägern, die noch im Hauptlager sind, zum Lager IV aufzusteigen.

In makellosem Blau strahlt am kalten Morgen der Himmel über den schwarzen Felsspitzen des Nanga Parbat, grünlich schillert die Eisflanke der gewaltigen Nordwand. Kaum, daß die ersten Sonnenstrahlen die Hängegletscher streifen, beginnen schon die Eislawinen niederzudonnern. Wie das Rollen eines fernen D-Zuges dröhnt es von den Wänden her.
„The Morning-Express!" sagt Smart lachend und begleitet Uli Luft mit seinen Trägern noch ein Stück zum Gletscher. „Neulich, als wir das Lager II einrichteten, hat uns aber der Luftdruck einer Lawine doch auf die Nasen geworfen! Sogar ein paar Zelte wurden eingedrückt!"
„Aber sonst ist der Weg sicher?" fragt Luft.
„Relativ sicher! Auch die Lager sind weit vom Schuß! Nur vor stürzenden Eistürmen warne ich. Lassen Sie sich von dem Krachen nicht nervös machen. Und wenn Sie erst oben im Lager IV sind, kann Ihnen gar nichts mehr passieren. Das ist ein absolut lawinensicherer Platz!"
Ruhig steigen die Tigers den verschlungenen Weg durch das Eislabyrinth. Außer Chong Norbu und dem Doktor-Sahib sind alle den tiefverschneiten Pfad in diesem Jahr schon einmal gegangen. Im Lager II bleiben sie zur Nacht. Als der 18. Juni anbricht, treibt die Ungeduld Uli Luft bald aus dem Schlafsack. Er steckt die Post für die Kameraden zu sich, gibt Nima Thondup das Kommando über den Trupp und steigt ohne Last langsam voraus.
Wie werden die Freunde im Lager IV sich auf die Briefe stürzen, denkt er, während er aufwärtsstapft. Fast alle Sahibs haben einen Brief von ihren Angehörigen zu bekommen, Paul Bauer hat an die ganze Mannschaft geschrieben und auch der Brenner-Julius. Schade, daß die alten Himalaya-Kämpen nicht mit dabei sind! Ob sie sich von ihren Berufspflichten frei gemacht hätten, wenn es zu ihrem geliebten Kantsch gegangen wäre? Zum Nanga Parbat sind sie ja doch nur gekommen, weil sie die Scharte von 1934 auswetzen wollen. Uli Luft klingen noch die hochtrabenden Worte der Abschiedsreden in München in den Ohren: „... Vermächtnis der großen Toten ...", sagte von Tschammer und Osten, der Nazi-Sportführer. „... der Nanga Parbat muß bezwungen werden, wenn wir weiter erhobenen Hauptes als Männer leben wollen ...!" So weit konnte sich nur

der Kriegsschriftsteller Edwin Erich Dwinger versteigen. Große Worte wurden gemacht, zu große. Uli Luft fühlt sich nicht wohl bei dem Gedanken an den Rummel, den die ordengeschmückten alten Herren des Alpenvereins und die braununiformierten Sportführer mit einer Expedition machten, die, ganz nüchtern betrachtet, sehr sachlichen Zwecken dient. Zwei Höhenphysiologen und ein Geograph sind nicht umsonst mitgekommen; auf ihre Forschungsergebnisse wartet man im Luftfahrtministerium in Berlin. Für diese Leute sind die Toten des Jahres 1934 „Gefallene", deren Tod „gerächt werden muß und den zornigen Stolz der heldischen deutschen Jugend herausfordert", wie Dwinger in seinem letzten salbungsvollen Brief an die Nanga-Parbat-Expedition schrieb. Aber haben die Sherpas nicht auch Opfer gebracht, sind sie nicht auch wieder zum Berg gekommen, ohne sich von dem Schrecken der Katastrophe am Mohrenkopf einschüchtern zu lassen? Uli Luft findet keine andere Erklärung für die Bereitwilligkeit der Tigers als die: „Es ist wohl ihr Broterwerb, als Träger in die Berge zu gehen ..."

Ganz allein geht er durch den wilden Gletscher, die Sherpas sind weit hinter ihm. Unten in den Seraks bei Lager III kommen sie in seiner Spur nach.

Bald muß er an den Zelten vom Lager IV sein. Hinter dem Schneebuckel mit den beiden Spalten, hat Smart ihm gesagt, kann er schon die Zelte sehen. Aber er sieht sie nicht. Sicher ist er noch nicht so weit. Nach einer Viertelstunde Aufstieg liegt das leichtgewölbte Plateau vor Uli Luft, das er von vielen Fotos kennt. Hier müssen die Zelte sein! Es ist kein Irrtum möglich! „Eine weite, glatte Schneefläche ist dort", gab ihm Smart mit auf den Weg, „das Lager kann man gar nicht verfehlen." Glatte Fläche? Was Uli Luft vor sich sieht, ist ein wüstes Feld durcheinander gewirbelter Eistrümmer. Hausgroß sind die Blöcke ...

„Mein Gott!" entfährt es ihm.

Nein! Das kann doch nicht sein! Ich muß mich verstiegen haben – das Lager kann doch nicht hier gestanden haben, hier, wo sich wirr die Reste einer fürchterlichen Eislawine auftürmen!

So schnell es geht, steigt er auf einen hohen Eisklotz, späht weiter nach oben, sucht vergeblich mit den Augen die Zelte des Lagers IV, schreit, winkt – und läßt dann matt die Arme heruntersinken. Das Entsetzen und der Schmerz packen mit würgender Faust an seine Kehle. Er steht wie gelähmt und starrt auf die halbverschneiten Eisblöcke. Ein bis zwei Tage liegen die Eistrümmer schon, daß sieht man am Schnee, der darauf gefallen ist. – Ja, gibt es denn keine Rettung mehr für die Kameraden? Karlo, Müllritter, der kleine Hatschi – sieben Sahibs und sieben

Träger – oder acht? Alle, alle begraben? Nein, es kann nicht, es darf nicht sein!
Wenn nur die Träger nachkämen! Sie wissen genau, wo die Zelte stehen müssen. Je länger Uli an der Trümmerstätte steht, desto klarer wird ihm, daß er sich nicht irrt, daß ein neues großes Unglück geschehen ist, fürchterlicher als alle Katastrophen im Himalaya zuvor.
Wie er da ratlos umhersteigt, kommt ein Mann den letzten Hang hinaufgeschnauft – Chong Norbu. Sein Gesicht strahlt – er möchte dem Doktor-Sahib sagen, daß der lange Weg hierauf, 2000 Meter Steigung vom Hauptlager aus gerechnet, seinem verkrüppelten Fuß nicht mehr Müdigkeit als dem gesunden bereitet hat. Das letzte Stück des Weges ist er sogar den anderen vorausgestiegen. Doch als er dem Doktor näherkommt, sieht er in ein von Schrecken und Schmerz entstelltes Gesicht.
„Chong Norbu – ach, du warst ja noch nicht hier!" sagt hastig der Sahib. „Hol' die anderen Sherpas, schnell, die schon einmal hier im Lager IV waren und wissen, wo die Zelte stehen – nein, bleib hier!" Uli Luft ist eingefallen, das Chong Norbu den Platz noch von den schrecklichen Tagen des Jahres 1934 kennen müßte.
„Wo standen vor drei Jahren die Zelte – doch nicht hier, wie?"
Chong Norbu versucht, sich zu orientieren. Seine Augen bleiben an den Eistrümmern hängen, er spürt mit merkwürdiger Deutlichkeit das Blut in den Halsschlagadern. Eine Lawine? Eis, riesig hoch aufgeschüttetes Eis? Wo ist das Lager? Es muß hier sein! Unter dem Lawinenkegel! Bestürzt wendet er sich zum Sahib um, mit halboffenem Mund, keines Wortes fähig.
Jetzt weiß Uli Luft, daß die Kameraden hier verschüttet liegen. Er dreht den Kopf zur Seite, damit der Sherpa nicht sieht, daß einem Sahib Tränen in die Augen steigen können. Still für sich sagt er ihre Namen her: Karlo Wien, der Kopf der Mannschaft.
Hartmann, sein Freund, mit den verstümmelten Füßen.
Die Gefährten vom Sieg über den Siniolchu: Adolf Göttner und Günther Hepp.
Die beiden Jungen, die zum erstenmal zum Nanga kamen, der starke Pert Fankhauser und Martin Pfeffer.
Und Peter, der alte Nanga-Parbat-Mann! Vor drei Jahren dem Bergtod entronnen, diesmal jämmerlich erschlagen, armer Peter Müllritter!
Sieben Mann – sieben –
Und wie viele Träger?

Die Kolonne ist inzwischen herangekommen. Chong Norbu hat den Gefährten mit einer einzigen schmerzlichen Geste gesagt, was geschehen ist. Schweigend stehen die Tigers und wagen sich keinen Schritt weiter an die Todesstätte heran.
„Und wie viele Träger?" ruft Uli. „Wie viele waren hier oben?"
In die zusammengesunkenen Gestalten kommt Leben. Einer nach dem anderen hebt langsam die Arme bis zur Brust und beginnt murmelnd an den Fingern abzuzählen – es ist, als ständen sie betend.
Nima Tsering, Chong Karma – das sind zwei – Pasang Picture, Jigmay, Angtenjing – fünf!
„Monjo, Jim Tsering, Mingma Tsering", zählt Ondi leise auf.
„... und Karmi!" setzt Chong Norbu traurig hinzu.
Neun Träger. Sieben Sahibs.
Der „Nackte Berg" hat einen vernichtenden Schlag getan. Es ist sinnlos, noch an eine Rettung für die Verschütteten zu glauben. Aber Uli Luft will dennoch mit dem Ausgraben beginnen. Die Sherpas wissen ebenso wie der Sahib genau, daß sie keinen Kameraden lebend ans Licht bringen werden, aber sie wühlen mit den Eispickeln stundenlang in den festgefrorenen Schneeklumpen. Graben sie überhaupt an der richtigen Stelle?
Nima Thondup meint, etwas weiter zum Eisbruch hin hätten die Zelte gestanden, fünfzig Schritt vor der feinen Spalte, die sich fast bis zur Mitte der Firnmulde zieht.
Alle verlassen den alten Platz und ziehen zwanzig, dreißig Schritte weiter, ohne Schaufeln, ohne Lawinensonden, mit denen man wenigstens die Schneekegel systematisch abfühlen könnte. Unendlich mühevoll ist es, nur mit den Eispickeln die Eisblöcke fortzuräumen. Ein Suchen ohne geeignetes Werkzeug, in fast 6000 Meter Höhe, gequält von Schmerz und Ungewißheit. Sie müssen immer längere Schnaufpausen machen, die Männer.
Da stößt Kitar plötzlich auf einen dunklen Gegenstand – ein Lederriemen ist es! Die Pickelhauen der anderen räumen sofort die nähere Umgebung des Riemens vom Eis – ein Rucksack!
Uli zerrt ihn hervor, bricht die gefrorene Verschnürung auf.
Hartmanns Rucksack – der Inhalt zusammengepreßt, Blechdosen verbeult. Der Rucksack muß weit gekollert sein, man sieht es an den abgerissenen Taschen und den vielen kleinen Rissen.
Der Fund hat die Sherpas angespornt, sie graben mit vergrößertem Eifer, aber Uli sieht die Sinnlosigkeit seiner „Rettungsaktion" ein.
„Aufhören!" befiehlt er. „Macht euch fertig zum Abstieg!"

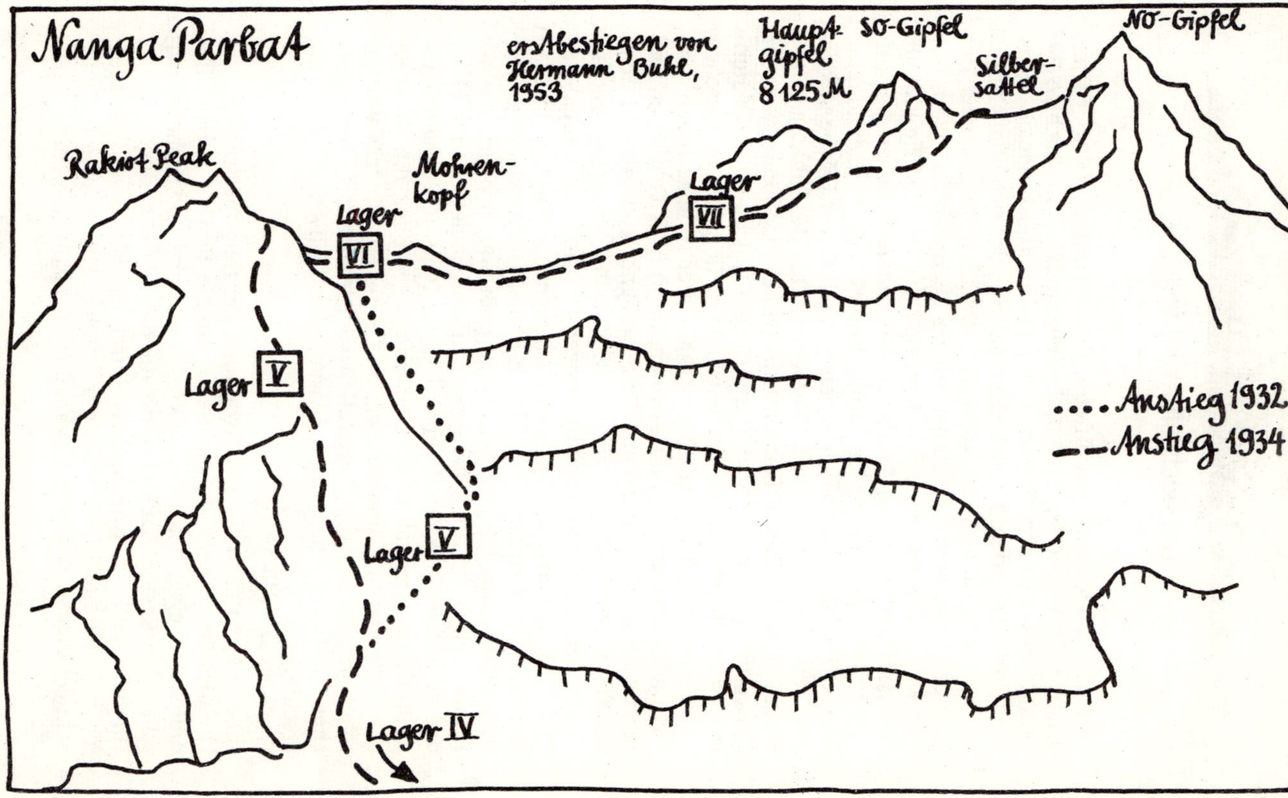
Nanga Parbat
erstBestiegen von
Hermann Buhl,
1953
Haupt-
gipfel
8 125 M
SO-Gipfel
NO-Gipfel
Silber-
sattel
Rakiot Peak
Mohren-
kopf
Lager VI
Lager VII
Lager V
Lager V
Lager IV
.... Anstieg 1932
-- Anstieg 1934

Die Sechzehn vom Lager IV

Aus dem wilden und zerklüfteten Eislabyrinth des Rakiot-Gletschers wächst ganz im Süden eine ebenmäßige dreiflächige Pyramide mit scharfen Graten. Einer Haifischflosse gleich ragen die Umrisse aus dem Rücken des Kammes, der sich vom Chongra Peak zum Rakiot Peak wölbt. Der dreikantigen Spitze hat der Schnee einen weiten weißen Umhang übergeworfen, glatt, nur von wenigen Falten unterbrochen, fällt das Gewand steil hinab. Nur ganz unten, wo der Saum des Pyramidenkleides an den aufgewühlten Gletscherboden stößt, breitet sich einladend eine Mulde. Ein paar Stäubchen haben sich auf dieser Fläche niedergelassen, ein paar winzige Stäubchen. Dunkle Pünktchen auf einem ausgebreiteten Leinentuch. Wenn die Sonne aus der Spitze der Pyramide einen Steinbrocken löst und ein Eisklumpen vom Sturm abgestoßen wird, dann holpert das Geschoß lange und unaufhaltsam über verharschten Schnee hinab, kollert und springt durch die Eisrinnen, hüpft über Felsrippen und fährt schließlich pfeifend auf die Firnfläche. Rollt, rutscht noch ein Stück und liegt still: vor den Zelten der Menschen, die als Pünktchen, als Stäubchen am riesigen Gewand der namenlosen Pyramide kleben. Dann sehen die Menschen besorgt zu der Haifischflosse und zu dem Eisgürtel in halber Höhe des Berges empor. Blöcke, aus Eis und Schnee gepreßt, von der Größe eines Hauses, einer Festung, hängen vornübergeneigt an der Hüfte der Pyramide. Vor vier Wochen hat der Berg sich geschüttelt – unmerklich nur, kaum wird ein flüchtiger Blick die Veränderung offenbaren – und aus seinem Gürtel ein einziges Wurfgeschoß auf die winzigen Fremdkörper geschleudert. Die Stäubchen sind weggefegt, fortgeblasen, die Menschen zermalmt, erschlagen.

Das war vor vier Wochen.

Einen Monat nach der Katastrophe ist der Bergungstrupp an der Unfallstelle. Wieder stehen kleine dunkle Punkte in der Firnmulde, bewegen sich lebende Wesen grabend und suchend zwischen den Resten der Eislawine, die das alte Lager bedeckt.

Unendlich schwer war der Weg durch die Seraks und Schluchten hier herauf, in sengender tropischer Hitze, über brüchige Schneebrücken, zwischen wankenden Eistürmen, die augenblicklich einstürzen können. Die Besten der Baltiträger sind beim Bergungstrupp, die wenigen Tigers, die nicht in der Lawine umkamen, und die deutschen Sahibs. Kaum zwölf Tage nach dem Notruf von Dr. Luft kamen Paul Bauer, Fritz Bechtold und Karl von Kraus mit dem Flugzeug aus Deutschland nach Indien, gelangten in Eilmärschen zum Hauptlager und stießen in zwei Wochen über den Rakiot-Gletscher vor.

In gleichmäßigen Abständen fühlen die Lawinensonden in dem Schnee, fressen sich die Schaufeln durch das Trümmerfeld.

Als Karlo Wien das Lager IV anlegte, hatte er eine Sicherheitsspanne von einem halben Kilometer zwischen den Zelten und dem Steilhang gelassen, aber die Lawine, durch einen Bruch im Hängegletscher ausgelöst, hatte auch diese große Entfernung übersprungen und die sechzehn Bergsteiger überrascht.

Nach vier Tagen mühevollen Wühlens – drei Meter tiefe Gräben quer durchs Eis zu treiben unter glutheißer Sonne, in 6000 Meter Höhe, ist harte, härteste Arbeit! – findet Uli Luft einen Trägerpickel! Endlich scheint die richtige Stelle gefunden zu sein! Spannungsvolle Minuten: Die Schaufeln fahren schneller in den Schnee, da – ein Zelttuch! Zerbrochene Stäbe, ein Kochgeschirr, ein Handschuh. Dann unter dem zerfetzten Zeltstoff ein Körper! Vorsichtig räumen Luft und Kraus den Schnee fort, schweigend stehen die Träger oben am Rand des Grabens. Dem Toten wollen sie nicht nahe sein.

Die Kleidung des Toten verrät einen Darjeeling-Träger.

Es ist Karmi.

Unschlüssig sieht Luft zu den Sherpas und Baltis hinauf.

Der ehrwürdige Nima Thondup sagt mit leiser Stimme, die Sahibs möchten Karmis erstarrten Körper nicht weiter ausgraben – er soll liegenbleiben, wo der Tod ihn traf.

„So wollen es die Götter!"

Mit einem Gebet treten sie zögernd näher an Karmi heran, die Sahibs stehen abseits, sehen zu, wie die Sherpas ihren toten Kameraden mit einer Wegzehrung Tsambamehl bestreuen und wieder mit Schnee bedecken.

Karmi, der alte Gefährte vom Everest! Chong Norbu ist wohl am meisten von allen Tigers mit ihm zusammengewesen; und damals mit ihm ganz allein bei Bhalu, als sie bei ihm lernten und einen Weißen nicht mehr zum Herrn, sondern zum Freunde hatten.

Karmi!

Am nächsten Tag finden die Tigers, seitab von dem Zelt, in dem Karmi ruht, ein Sahib-Zelt. Martin Pfeffer, Hans Hartmann und Günther Hepp liegen friedlich nebeneinander in ihren Schlaf-

säcken. Die letzten Tagebucheintragungen sind vom 14. Juni. Ihre Uhren sind alle zwanzig Minuten nach 12 stehengeblieben. Nach Mitternacht muß es also gewesen sein, als das große Eis sie zudeckte. Noch ein Zelt finden sie am gleichen Tage, aber erst am anderen Vormittag gelingt es, die Körper der beiden Verschütteten freizulegen. Karlo Wien und Pert Fankhauser sind die Toten. Auch ihre Gesichter sind ruhig und entspannt, wie die der drei Toten vom anderen Zelt, als habe sie die Lawine im tiefen Schlaf überrascht und ihnen alle Qualen des Erstickungstodes erspart.
Die Filmkamera Peter Müllritters und sein Rucksack mit belichteten Schmalfilmen können noch gefunden werden, aber den toten Gefährten, der sicher mit Adolf Göttner im gleichen Zelt liegt, können sie nicht bergen.
Der Bergungstrupp ist am Ende seiner Kräfte. Er hat seine Aufgabe erfüllt. Die Forscher und Bergsteiger in aller Welt, die mit Erschütterung vom größten Unglück in der Geschichte des Kampfes um den Himalaya vernahmen, werden nun auch erfahren, wie die sechzehn vom Lager IV gestorben sind.
Die Tagebücher der Verschütteten und Peter Müllritters Filmchronik werden den Menschen daheim davon berichten, wie Deutsche und Sherpas mit gleicher Leidenschaft gegen die eisgepanzerten Throne der Götter anrennen. Vor drei Jahren hatten die Bergsteiger ihre Kräfte weit überschätzt und dafür mit dem Tode bezahlt; diesmal hatte sich ein Lagerplatz trotz großer Vorsicht doch nicht als lawinensicher erwiesen. Für diese Erfahrungen haben die Darjeeling-Träger und die deutschen Bergsteiger schmerzliche Opfer zahlen müssen. Würde nun bald der Gipfel des Nanga Parbat besiegt werden? Noch war keine Bergspitze, die mehr als 8000 Meter in den Himmel ragt, von Menschen betreten worden. Vielleicht wird der Nanga Parbat der Berg sein, der sich nach vielen Opfern den Wagemutigsten, Stärksten und Erfahrensten als erster Achttausender beugt …

… als wären sie gestern gestorben

Den armen Hirten im Kagan-Tal ist es nur recht, daß die britische Kolonialregierung der deutschen Nanga-Parbat-Expedition 1938 nicht gestattet hat, den altgewohnten Anmarschweg über den Burzil-Paß zu benutzen. So kommen die Männer und halbwüchsigen Jungen aus dem Kagan-Tal zu Arbeit, lassen sich als Träger anwerben. Sogar aus Bunji, 140 Meilen von Kagan entfernt, sind einzelne gekommen, denn sie sind arm und brauchen die paar Rupien. Wer sich einzeln verdingt, ist immer besser dran als die Masse der Träger aus Kaschmir. Um die Hälfte des Lohnes, den die Sahibs dem Kontraktor vor dem Abmarsch zahlen müssen, werden die Kulis betrogen, und murren sie, dann schwingen die Sirdare, die mit dem Kontraktor und der Polizei unter einer Decke stecken, ihre Knüppel. So gibt es immer ein jammervolles Palaver zwischen Kulis und weißen Sahibs. Aber die Deutschen zucken nur mit den Schultern; ihnen kommt es nur darauf an, möglichst bald die Traglasten an der Rakiotbrücke zu haben. Sie halten sich an die Kontraktoren und ihre despotischen Sirdare.
Beinahe wäre der Lastentransport zum Nanga schiefgegangen, weil eine amerikanische Karakorum-Expedition des „American-Alpine-Club" zum zweithöchsten Berg der Welt, dem Chogori, auf den Karawanenstraßen östlich des Nanga Parbat alle verfügbaren Träger in Anspruch nahm. Nach der Bergung der verunglückten Kameraden hat Paul Bauer mit den Vorbereitungen für einen neuen Angriff auf den „Berg des Schreckens" begonnen. Nursang, der alte Gurkha-Feldwebel und Sirdar der Darjeeling-Träger auf vielen Expeditionen, ist mit 15 Tigers verpflichtet und trifft mit den 10 Deutschen in Rawalpindi zusammen. Sonam ist wieder dabei, Da Tundu und Chong Norbu, der erprobte Himalaya-Koch Ramona und eine Gruppe „Neuer", die zwar schon in Sikkim schwere Fahrten hinter sich hat, aber noch nicht am Nanga Parbat war.
Schnell, sehr schnell entstehen wieder die Lager auf dem Rakiot-Gletscher. Der Pendelverkehr mit den Trägerlasten wird durch fleißige Baltileute verstärkt, die von Jahr zu Jahr mehr Erfahrungen im Hochgebirge bekommen.
Von den Sahibs ist Fritz Bechtold wohl der treueste Anhänger

des Nanga. Er kommt nun schon zum viertenmal an den Berg, der den Bergsteigern bisher nur einmal durch das Tor zum Gipfel, den Silbersattel, Einlaß in den Vorhof seiner Eisburg gewährte. Mit allen Mitteln der modernen Technik wollen die Deutschen dieses Mal dem trotzigen Riesen zu Leibe gehen. Außer den Funkgeräten, die ja schon im Jahre 1934 gute Dienste leisteten, haben sie für die Unterstützung der Hochlager ein Flugzeug eingesetzt. Lex Thoenes, den Chong Norbu und die anderen Sherpas schon vom 29er Angriff auf den Kantsch her kennen, fliegt die Maschine.
Uli Luft, der einzige überlebende Sahib der Katastrophe vom Vorjahr, gehört mit zur Bergsteigermannschaft und mit ihm fünf junge Tiroler, Münchner und Schwaben: Schmaderer, Rebitsch, Zuck, von Chlingensperg und Ruths. Und da die Briten die Deutschen in ihrem Einflußgebiet nicht gern unbeobachtet lassen, hat man den Fliegerleutnant McKenna und Major Hadow als Begleiter beordert. Die beiden erweisen sich als hervorragende Helfer, und Hadow steigt mit bis in die Hochlager.
Das Lager IV steht etwas weiter vom Bergschrund ab als im vorigen Jahr. Früh am Morgen setzt Thoenes aus seiner zweimotorigen Maschine Lasten ab. Am Fallschirm baumelnd, segeln sie herunter auf die weite Firnmulde. Dennoch wird den Trägern und Sahibs nicht die Mühe genommen, die Zelte und Seile für die Hochlager selbst nach oben auf den Grat zu schleppen. Durch den wildzerrissenen Eisbruch unter dem Rakiot Peak steigen Uli Luft und Fritz Bechtold zur Steilwand empor, die seit 1934 niemand mehr durchquert hat. Ihren Augen bietet sich ein überwältigendes Bild, als langsam mit der gewonnenen Höhe der Chongra Peak zurückbleibt. Hunderte von Kilometern weit sehen die beiden alten Himalaya-Bergsteiger hinüber zum Karakorum, Pamir und Hindukusch. Die mächtigsten Gebirge der Welt können sie hier vom Lager V aus mit einem Blick übersehen. Weit in der Ferne, wie Zuckerhüte, die unzähligen Gipfel des Pamir, die wilden Türme im Karakorum, der Chogori, an dem jetzt die Amerikaner steigen. Und links hinauf geht der Blick auf den Grat, auf dem Merkl, Welzenbach und der treue Gay-Lay schlafen. Weiter oben, am Silbersattel, wo sich mit unvergleichlicher Schönheit eine Firnbrücke zwischen zwei schwarzen Felszacken spannt, liegen noch zwei tote Tigers; knapp darunter, ruhte sich Uli Wieland aus …
Fritz Bechtold möchte sich eben losreißen von den trüben Erinnerungen an die mörderischen Sturmtage von 1934, als Stefan Zuck, der in der langen Traverse vorspurt, laut den Kameraden zuruft: „Über uns hängt ein Toter!"

In den alten Seilen, die noch von 1934 hängen und an denen sich Schneider und Aschenbrenner, Kikuli, Kitar, Pasang, Da Tundu und der todwunde Pintso Norbu und zuletzt Chong Norbu hinunterhangelten, ist ein Körper festgebunden. Bechtold, der alle Träger des Angriffs genau kennt, kann an dem verdorrten, von der Sonne gebleichten Gesicht nicht erkennen, ob es Nima Dorje, der alte Everest-Tiger, oder Nima Tashi ist. Der Körper ist hartgefroren, alle Kleider sind gut erhalten, nur am linken Bein hängt in Fetzen die Unterhose heraus. Es kostet Überwindung, die Taschen des toten Gefährten nach einem Zeichen der letzten Ereignisse auf dem Grat zu durchsuchen. Die ganze fürchterliche Ohnmacht der wenigen, die sich damals retteten, während oben hilflos die Kameraden starben, wird ihm wieder bewußt. Luft und Zuck erleichtern Bechtold die schwere Arbeit, den Toten in eine Gletscherspalte abzuseilen. Keiner der Träger, die Herbert Ruths heute zum Lager IV heraufgebracht haben, darf den gestorbenen Tiger zu Gesicht bekommen, sonst ist ihre ganze Kampfesfreude mit einem Schlag hin. Morgen werden sie mit dem ganzen Troß durch die Mulde zum Grat hinaufsteigen. Der schwierige Weg durch die Steilflanke wird in diesem Jahr auf Bauers Anweisung nicht mehr benutzt. Mit vielen Seilen wird ein anderer Weg ausgebaut, und am 21. Juli stehen Bauer, Zuck, Luft und Bechtold mit ihren vier Trägern auf dem Grat und haben die grauenvoll tiefen Südabstürze vor sich. In einer einzigen Flucht schießt vom Hauptgipfel des Nanga Parbat die Wand bis in das Rupaltal hinab – fünftausend Meter!
Langsam arbeiten sich Bauer und Chong Norbu zum Mohrenkopf vor. Pemba sichert seinen Sahib Stefan Zuck über den Grat; Bechtold filmt. Sein Träger Pinzu hat sich von ihm eine Handvoll Tabak geben lassen und aus Zeitungspapier eine dicke Zigarette gedreht. Als Bechtold durch den Sucher seiner Kamera die Bewegungen Bauers verfolgt, wundert er sich, daß es plötzlich oben am Mohrenkopf nicht weitergeht. Unschlüssig tritt Bauer auf der Stelle herum, dann schickt er Zuck mit den beiden Trägern zurück.
Als Stefan bei Bechtold ankommt, sagt er: „Ich werde den Pinzu auch ein Stück mit hinunternehmen – die Sherpas brauchen nicht zu sehen, daß oben am Mohrenkopf zwei Tote liegen!“
„Zwei Träger?“ Bechtold spricht mit Zuck in deutscher Sprache.
Chong Norbu weiß schon, was geschehen ist. Er hat genau in Bauers Gesicht gelesen, als er dem Zuck-Sahib zurief, er soll die Sherpas zurückbringen.

„Wir müssen ein Stück absteigen", sagt Zuck zu den Trägern, „hier ist der Platz nicht günstig, um ein Lager aufzuschlagen!" Chong Norbu spürt genau, daß der Sahib nur eine Ausrede gebraucht. Der Ernst in den Augen der Deutschen und ihre veränderte Stimme sagen ihm, daß oben am Mohrenkopf etwas gefunden wurde, was an das große Sterben vor vier Jahren erinnert.

Aber er widerspricht nicht. Die Sahibs haben befohlen abzusteigen und die Zelte aufzuschlagen.

Mit Uli Luft klettert Bechtold zum Bauer-Sahib hinauf.

Da liegen zwei Körper übereinander, halb vom Schnee verdeckt. Ein Felsklotz hat ihnen Schutz gewährt vor dem Sturz in die vergletscherte Bergflanke.

Zwei tote Gefährten – der Schnee und die Kälte haben die Körper erhalten, das Gesicht des einen ist mumifiziert, der Kopf des zweiten Mannes ist noch unter dem Schnee verborgen.

Zwei Tigers? Der obere Körper ist mit Trägerausrüstung bekleidet, über den anderen ist eine Schaumgummimatratze gebreitet, darunter sehen Schuhe hervor, wie sie die Sahibs damals trugen …

„Der Willy?" fragt Bauer mit heiserer Stimme.

Zuerst bestatten sie den Sherpa in einer Schneegrube nahe dem Mohrenkopf. Dann steigen sie wieder zu dem anderen Toten hinauf, wischen mit behutsamen Bewegungen den Schnee aus dem Gesicht des Sahibs. Langsam erkennt Bechtold die Züge des alten Freundes; unverändert und ohne die qualvolle Verzerrung des Todes leuchtet unter dünner Eisschicht das Antlitz des Leiters der ersten beiden Nanga-Parbat-Expeditionen: Willy Merkl! Der Bara-Sahib – als sei er gestern erst gestorben! Bloßen Hauptes beugt sich Bechtold über den toten Freund. Ein Brief von Welzenbach, ein Hilferuf an die Sahibs in den unteren Lagern, findet sich noch in den Taschen, dann ein kleiner Wekker. Eine Drehung am Aufzug: er tickt. Uli Wielands Wecker, den Chong Norbu damals ins verschneite Lager VII brachte …

Uli Luft bricht als erster das Schweigen. „Der tote Sherpa kann doch nur Gay-Lay gewesen sein! Der gute Junge hat sich noch auf den Bara-Sahib gelegt, um ihn zu wärmen …"

„Aber allen Anzeichen nach ist Willy vor ihm gestorben", sagt leise Paul Bauer.

Wie bei einer kurzen Rast liegen noch Willys Handschuhe auf den Schenkeln.

Fritz Bechtold kann noch nicht sprechen, er muß die Lippen zusammenpressen und den Blick abwenden. Dann sieht er zur Südwand und zum Gipfel. Der strahlende Willy – daß er ihn noch einmal wiedersehen durfte! Da ruht er aus, der Bara-Sahib, unter dem Gipfel, immer dem Gipfel nahe, mit einem Berggefährten aus Darjeeling, der ihm bis in den Tod die Treue hielt.

Nachdem Chong Norbu die beiden am 14. Juli 1934 verließ, sind Merkl und Gay-Lay noch von der Grateinschartung bis zum Mohrenkopf hinaufgekrochen. Wie viele Tage sie dazu brauchten, welche Qualen sie dabei litten – niemand wird es je erfahren. Schweigend gehen die drei Männer wieder zum Zelt zurück, in dem Zuck und die Sherpas hocken. Bechtold möchte Chong Norbu von seinem toten Gefährten Gay-Lay und seiner Treue erzählen, aber noch kann er es nicht, und vielleicht, so denkt er, ist es besser, wenn die Tigers nie erfahren, daß wir die Toten gefunden haben.

Drei Tage darauf machen die Sahibs einen Vorstoß fast bis zum Silbersattel; sie spuren für die Träger vor, die am nächsten Tag das Lager VII einrichten. Da werden sie in 7300 Meter Höhe von einem Gewitter überfallen. Die Eispickel surren, Schmaderer verbrennt sich die Haut an der Sonnenbrille, alles Metall ist elektrisch aufgeladen, und nur im Schutz einer Eispyramide können die Männer in dem Orkan ausharren. Die Träger sind am Ende ihrer Kräfte. Pasang muß sich dauernd übergeben, und Nima muß schleunigst zu Tal gebracht werden. Nur der unerschütterliche kleine Pinzu ist noch in Form. Aber mit so wenigen Kräften kann unmöglich der Vorstoß zum Gipfel gewagt werden. Sollen sie es wagen, bis zum Hochplateau über dem Silbersattel aufzusteigen und auf das Flugzeug mit der Lagerausrüstung zu warten? Das ist zu riskant! Drei Tote, die schon vier Jahre in Frost und Sonne bleichten, haben sie mit eigenen Augen gesehen, sechs liegen noch unter Eis verborgen zwischen dem Silbersattel und der Rakiot-Steilwand, sechzehn ruhen in der Firnmulde beim Lager IV – das ist eine zu deutliche Mahnung.

Am 26. Juli läßt Bauer im Lager V an der Rakiot-Schulter einen roten Fallschirm auslegen, das ist der Befehl für alle: „Sofort absteigen!" Wieder hat der Berg gesiegt, aber ohne Verluste kehren Sahibs und Träger ins Hauptlager zurück.

Bruno Balke hat mit Mühe den Sherpa Tuden hinuntergeleitet, Chong Norbu kommt völlig ausgepumpt aus dem Lager V zurück, Pemba kann wegen eines großen Furunkels kaum noch stehen, Sonam hat sich eine Lungenentzündung geholt, Ramona hat böse Beinödeme, und Chikade leidet an einem schweren Erschöpfungszustand – es geht nicht mehr. Acht Wochen schwere Eisarbeit zeigen bei allen ihre Folgen.

Darum schlägt auch der letzte Versuch Bauers fehl, am 3. August noch einmal über das Lager V hinaus vorzustoßen. Fürchterliche Kälte und wechselvolles Wetter machen überdies einen Angriff auf den Gipfel unmöglich. Acht schöne Tage – ja, dann wäre es zu schaffen, vielleicht ... Mit weniger erschöpften Männern ...
Es ist nicht das erstemal, daß sich die Bergsteiger beim Abschied von den bizarren Eiswänden des Nanga wie mit einem Versprechen gegenseitig Hoffnung machen: „Vielleicht im nächsten Jahr!"

Ein gutes Jahr

Es ist schon spät im Jahr, wenn die Tigers aus allen Winkeln des Himalaya von den Expeditionen nach Darjeeling heimkehren. Die Frauen warten und die Mütter; sie zeigen ihre Ungeduld nicht gern, aber sooft ein Trupp Darjeeling erreicht, gehen sie fragend durch die Hütten, ob die Heimgekehrten nicht unterwegs ihren Männern begegnet sind. So war es, als die Sherpas noch alle in ihrer Heimat im Dhud-Kosi-Tal lebten und die Männer über die Hochpässe mit Tauschwaren nach Tibet gingen, und so ist es noch jetzt, da die meisten von ihnen den weißen Sahibs in die Heimat des Schnees folgen.
Im vorigen Jahr, als Chong Norbu nur mit wenigen seiner Gefährten vom Nanga Parbat zurückkam, war ein stetes Kommen und Gehen in der kleinen Hütte, die Chong Norbu mit seiner Mutter in der Straße nach Bhutia Bastie bewohnt. Karmis Frau kam und die Brüder Monjos, und alle mußten von Chong Norbu die traurige Botschaft hören, ebenso wie der grauhaarige Tenchedar mit dem Zwirbelbart, der seinen Sohn Jigmay beweinte.
Aber das Jahr 1938 ist ein gutes Jahr für die Tigers gewesen. Alle sind sie wieder zurückgekehrt: die gesamte Mannschaft vom Nanga Parbat, die Männer, die im Karakorum waren, aus Sikkim und dem Garhwal. Statt der neugierig oder ängstlich fragenden Frauen kommen die Tigers selber und erzählen sich von ihren Bergfahrten. Es war ein gnädiges Jahr für die Tigers, aber

kein erfolgreiches. Nicht ein einziger namhafter Gipfel hat sich dem Ansturm der vielen Expeditionen gebeugt. Überall wurden die Sahibs und die angriffslustigen Sherpas zurückgeschlagen.
„Bei uns waren die Wettergeister freundlich", sagt Kikuli, der mit einer kleinen Mannschaft des „American-Alpine-Club" unter Charles Houston am K2 im Baltoro-Gebiet war. Die Sahibs waren nicht feige, aber so unentschlossen. Als alle Lager standen und jeder am Himmel ablesen konnte, daß die Sonne noch eine Woche scheinen würde, sind sie wieder umgekehrt!"
„Waren sie schon schlapp?" fragt Chong Norbu.
„Niemand war am Abend schwächer als am Morgen. Keiner hatte erfrorene Füße, jeder war noch gesund und stark! Alle Sahibs und alle Träger. Einer der Sahibs, Mister Paul Petzoldt, stieg sogar bis fast auf 8000 Meter. Meine Leute hätten nicht so schnell aufgegeben!"
Er sagt nicht ohne Stolz „meine Leute", seit er Sirdar geworden ist. „Mir kam das Verlangen, mit den Besten allein auf den Chogori zu steigen, wenn es die Sahibs erlaubt hätten! ‚Der Monsun kommt!' haben sie nur immer gejammert! Zwei Wochen warmes Wetter kamen dann noch, aber die Zeit war nutzlos vertan!" Trotzdem ist Kikuli von der Fahrt begeistert – nicht wegen der Sahibs, sondern weil der Berg ihn gelockt hat wie noch kein anderer. Der Chogori, der K2, der zweithöchste der Welt!
„Goddam, ist das ein schöner Berg!" Kikulis Hände formen eine steile Pyramide, die schmalen Augen leuchten begeistert. „Very dalra – sehr steil! Und darum so schön!"
„Und ist er zu schaffen?" Jetzt bekommt auch Chong Norbu Lust, mehr über den Berg im Karakorum zu erfahren. Warum soll es nicht möglich sein, unter den Expeditionen zu wählen und dorthin mitzugehen, wohin der eigene Wunsch ihn treibt. Das ist der Unterschied zum einfachen Kuli, daß sich ein Tiger den Herrn und den Berg aussuchen kann.
„Würdest du wieder mitgehen, wenn die American-Sahibs wiederkommen?"
Kikuli fährt sich mit den Fingern durch das strähnige Haar und wiegt bedächtig den Kopf. „Wenn sie nur ein wenig standhafter sind als in diesem Jahr ... und wenn sie nicht so viele schwache Männer nach oben holen wie die Germans vor vier Jahren am Nanga – ja, dann kann man gut auf die Spitze steigen. Mitgehen? Das würde ich gern tun! Aber man muß seine Vorsicht behalten und viel Verstand gebrauchen, wenn man bei solchen Sahibs in Dienst geht!" Dann steht er auf und geht. Als er sich gebückt zur Tür hinausdreht, sagt er noch einmal: „Es ist ein sehr steiler Berg, aber schön!"

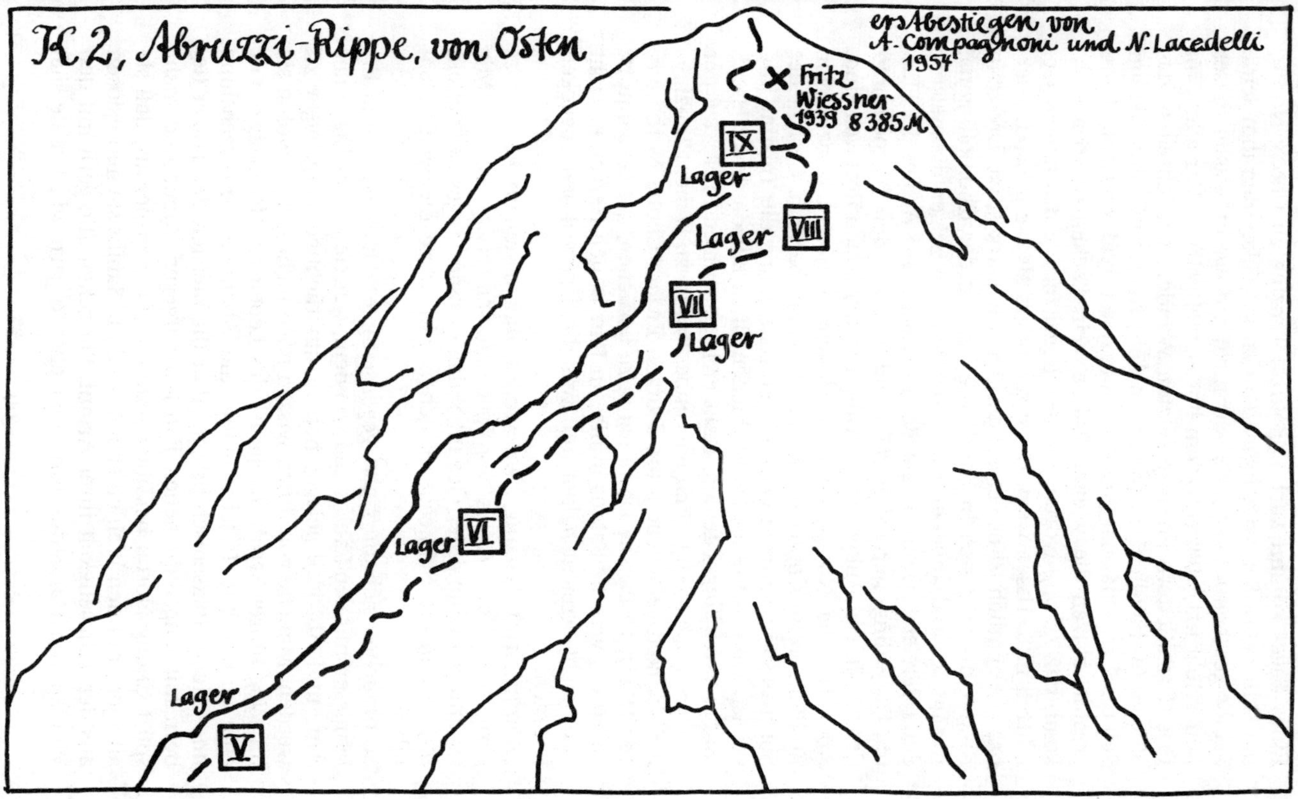

K 2, Abruzzi-Rippe, von Osten
ersAbestiegen von
A. Compagnoni und N. Lacedelli
1954
Fritz
Wiessner
1939 8385 M
IX
Lager
VIII
Lager
VII
Lager
VI
Lager
V
Lager

Eines Tages kommt auch der junge Tenzing zu Chong Norbu, um sein neues Seil zu zeigen und den Eispickel, den ihm seine Sahibs geschenkt haben. Es war nicht aufregend, was er dieses Jahr erlebt hat, aber trotzdem hat er viel gelernt. Vor allem im Fels. Das Klettern an ausgesetzten Wänden, das Abseilen, das Steigen an handbreiten Rissen im Fels, fallende Quergänge am Seil machen – das hat ihm Freude bereitet. Während er lachend erzählt, blitzen die weißen Zähne, sein Lachen ist so ansteckend, daß Chong Norbu von der Begeisterung des jungen Gefährten mitgerissen wird. Er ist so anders als die meisten Sherpas – eigentlich ist es verwunderlich, wie stark er ist. Dreizehn Kinder drängen sich in der Hütte jenseits der Chomolungma. Die lustige und unbekümmerte Art Tenzings zeigen die meisten der Tigers erst, wenn sie aus der bedrückenden Armut der Hütten Darjeelings herauskommen und fern von den Tempeln und der demütigen Anbetung der Götter in der freien Bergwelt sind. Aber Tenzing Norgay ist auch daheim frei und unbefangen. Freilich, wenn Chong Norbu in das volle, bartlose Gesicht des Sherpas sieht, spürt er deutlich die zehn Jahre, die Tenzing jünger ist. Und mit einem verstohlenen Blick auf die linke Hand, an der zwei Finger fehlen, stellt er leise seufzend fest, daß der Jüngere noch allen Grund hat, unbeschwert zu lachen. Tenzings Fröhlichkeit verscheucht die Seufzer. Er lädt Chong Norbu ein, den frommen Pasang Dawa Lama zu besuchen, der gespannt ist zu hören, was die Sahibs in diesem Jahr in den Bergen erreicht oder nicht erreicht haben und was die Tigers ihnen abgucken konnten.

„Komm", ruft Tenzing, „wir wollen ihm erzählen! Er hört es gern, wenn die Tigers von den Weißen etwas lernen! Mir kommt manchmal der Gedanke, daß er eines Tages ganz allein mit uns in die Schneeberge gehen will, ohne die weißen Sahibs!"

So besuchen sich die Tigers gegenseitig, erzählen von ihren Erlebnissen mit den Sahibs und von dem, was sie in den Tagen der Auf- und Abstiege gelernt haben, um tüchtige Bergsteiger zu werden. Manche von ihnen wissen noch nicht genau, wohin sie ihr Weg führen wird; für sie ist das Leben als Hochträger nur eine gutbezahlte Beschäftigung, die Abenteuer, Abwechslung und reiches Bakschisch bringt. Aber die meisten der Träger fiebern mit Ungeduld neuen Fahrten entgegen. Mehr und mehr spürt Chong Norbu bei allen seinen Gefährten heraus, daß sie alle gern mit den Weißen gehen, weil die Sahibs sie herauslösen aus der Trübseligkeit ihrer Armut. Sie gehen alle gern mit den Weißen von Darjeeling fort, aber ebenso gern würden sie sich

einem klugen, unerschrockenen Sherpa anvertrauen, der mit ihnen in die Heimat des Schnees ginge und sie frei macht von der Furcht vor Geistern und Schneedämonen. Nur dunkel ahnt Chong Norbu, daß eines Tages die Weißen nicht mehr die Vorbilder für die Tigers sein werden, sondern braune Menschen, die Aberglauben und Feigheit, Unwissenheit und Unterwürfigkeit von sich geworfen haben. Wird der Priester Pasang Dawa Lama, der viele Bücher und Sprachen kennt, einer von denen sein, zu dem die jungen Träger aufschauen? Oder Tenzing Norgay, Kikuli oder Ang Tharke? Und er selber – Chong Norbu? Nein, das ist vorbei! Es genügt nicht, nur viel im Kopf zu haben und den Freunden gute Ratschläge zu erteilen. Am Berg, mitten im wilden Kampf auf Graten und an Steilhängen muß man bei den Gefährten sein können. Aber wem einmal nach schweren Frostschäden ein paar Finger und Zehen abgeschnitten wurden, der kann sich nicht mehr so bedenkenlos und unbekümmert ins Zeug legen und das Höchste wagen, das fühlt Chong Norbu so wie der alte Lewa.
Die Jungen, Gesunden, Unverletzten werden es sein!

Schlafsäcke kosten Dollars

Die Deutschen gehen im Jahre 1939 gleich mit zwei Bergsteigertrupps in den Himalaya: Ludwig Schmaderer, der Wigg-Sahib, der im vorigen Jahr am Nanga Parbat dabei war, greift mit zwei Kameraden den Tent Peak und den Nepal Peak in der Nähe des Kantsch an, und Aufschnaiter, einer der Gefährten Paul Bauers beim ersten Angriff auf den Kantsch im Jahre 1929, leitet eine kleine Expedition zum Nanga Parbat, die dieses Mal den gefürchteten „Berg des Schreckens“ von der anderen Seite, der Diamirflanke aus, anpacken will.
Viele der besten Tigers stehen den Deutschen nicht mehr zur Verfügung, eine neue USA-Expedition zum Chogori, zum zweithöchsten Berg der Welt, hat schon sehr zeitig im Jahr die tüchtigsten der Träger verpflichtet. Der Chef der Forts von Bengalen, der gleichzeitig die Trägerlisten des Himalaya-Clubs in

Darjeeling verwaltet, hat für seine amerikanischen Freunde eine Elitetruppe zusammengestellt. Klug und erfahren nach der Katastrophe am Nanga Parbat und schon im Vorjahr mit der zögernden Mannschaft des „American-Alpine-Club" am Chogori, ist Kikuli zum Sirdar bestimmt worden.
Mit ihm gehen Pasang Dawa Lama, nach dem Erfolg am fernen Chomo Lhari ein bevorzugter Begleiter weißer Bergsteiger, Kitar und Chong Norbu, der flinke Pinzu und der behäbige Nima Thondup. Sie kennen sich alle, die neun Sherpas, wenn sie auch nicht immer gemeinsam bei einer Expedition dabei waren, wie Da Tundu und der starke, aber sehr abergläubische Thendrup, die zum erstenmal mit den Everest-Tigers die weite Reise von Darjeeling in den Karakorum machen. Sie werden empfangen von einem indischen Lehrer namens Chandra, dem Dolmetscher, und von Leutnant Trench, der den Amerikanern als Transportoffizier helfen wird. Groß ist die Freude, als sie erfahren, daß der Expeditionsleiter ein Bergsteiger ist, der schon einmal im Himalaya war. Ein wendiger, nicht sehr großer, nicht mehr sehr junger, immer freundlicher Mann mit lustigen, aber manchmal auch sehr ernsten Augen: Fritz Wiessner, ein Deutschamerikaner. Kikuli kennt ihn noch von der ersten Fahrt zum Nanga Parbat im Jahre 1932. „Der German-Sahib ist ein großer Mann im Eis", sagt Kikuli zu seinen Männern. „Und an den Felsen klebt er wie eine Fliege an der Wand!"
Sie können nicht wissen, daß Wiessner eine harte Schule der Felskletterei in seiner Heimat, dem Elbsandsteingebirge bei Dresden, hinter sich hat, ehe er 1929 nach den USA ging. Die Tigers können nicht ahnen, daß der German-Sahib eigentlich der einzige Bergsteiger der Gruppe ist. Zwar haben die drei Studenten Sheldon, Durrance und Cranmer schon Berge in den Rocky Mountains bestiegen, aber sie sind doch nicht viel erfahrener als der 42jährige Cromwell, der einige Alpengipfel am Bergführerseil erstiegen hat.
Keiner der Tigers weiß das, doch sie spüren instinktiv: Mit denen wird's nicht leicht werden! Am besten gefällt ihnen noch der breitschultrige, fröhliche Dudley Wolfe, der, auch nur Gelegenheitsbergsteiger, von sportlichem Ehrgeiz erfüllt scheint. Zu seiner Trophäe als Atlantiksegler möchte er noch den Ruhm eines K-2-Bezwingers haben. Er packt überall mit zu, drückt sich im Gegensatz zu den anderen Amerikanern vor keiner Arbeit – dabei hätte er das gar nicht nötig: Er, der Dollar-Millionär, hat die ganze Expedition bezahlt, freut sich auf das teuer erkaufte Abenteuer und bleibt als einziger an der Seite des sächsischen Kletterexperten, als es in die Hochlager geht.

So kommt es, daß der Angriff auf die gewaltige Pyramide des Chogori mit den abschreckend steilen Felswänden nur von Wiessner und Wolfe, unterstützt von den Sherpas, geführt wird. Das achte Lager steht an einer ausgesetzten Felsnase in 7711 Meter Höhe, die unteren Lager werden von den Tigers versorgt – keiner der weißen Sahibs führt sie. Hier werden die Tigers zum erstenmal zum selbständigen Handeln gezwungen, und es zeigt sich, daß sie noch nicht in allen Lagen von sich aus entscheiden können. Noch sind sie zu sehr daran gewöhnt, Befehle zu empfangen und zu gehorchen. Die Lager sind zu weit auseinandergezogen, als daß der Sirdar Kikuli über alle Arbeiten der Tigers die Übersicht behalten könnte. Chong Norbu könnte ihm helfen, aber die Amerikaner halten ihn unten im Basislager fest. Ganz oben, mit Wiessner an der Spitze, kämpfen Pasang Dawa Lama und Wolfe um den Gipfelsieg.
Sosehr sich die Sherpas freuen, allein in den Zwischenlagern arbeiten zu können, sosehr sie mit Eifer die Spuren von Lager zu Lager treten, den Proviantnachschub regeln, Seilsicherungen an den schwierigen Stellen legen, die Sahibs fehlen. Oder einer, der ihnen vernünftige Befehle gibt. Das Unternehmen steht auf sehr wackligen Füßen! Mehr als jemals zuvor zeigt es sich, wie sehr doch ein Angriff auf einen Achttausender ein Rechenexempel ist, eine organisatorische Riesenarbeit, ein Unternehmen mit festem Programm und wohldurchdachtem Kampfplan. Aber nichts davon ist bei den Amerikanern zu spüren, der German-Sahib hat zwar exakt geplant, aber er ist ganz auf sich allein angewiesen. Jetzt ist er oben im Lager VIII, vielleicht schon im Lager IX, und unten, wo die weniger bergtüchtigen American-Sahibs den Nachschub und die Rückendeckung für den Gipfeltrupp sichern sollen, ist nichts! Nichts als unverständliche Gleichgültigkeit und etwas, was die Tigers noch nie erlebt haben: heimliche Niedertracht!
Wie sollten sie anders denken, wenn die Sahibs Cromwell und Sheldon einen Boten nach Askole schicken, damit bald Baltiträger kommen, um alles Gepäck abzutransportieren? Die Expedition schon abbrechen, ehe sie richtig begonnen hat? Gewiß, es gab Sturmtage, an denen man nichts unternehmen konnte, mag sein, daß die Sahibs sich nicht verstellen und außer Wiessner und Wolfe die Höhe nicht vertragen. Aber da waren ja die zaghaften Leute vom vorigen Jahr besser!
Wie sollten die Tigers anders denken, wenn Cromwell sagt, er habe es nicht nötig, Lasten auf 7000 Meter Höhe zu tragen, wenn der Sirdar Kikuli von Durrance in den unteren Lagern festgehalten wird, statt der Spitzengruppe mit Nachschub zu

helfen, wenn Durrance ihm schließlich befiehlt, die Lager I bis IV zu räumen, damit die Beendigung der Expedition bald erfolgen kann? Hat man die Gipfelgruppe schon abgeschrieben?
Mit dem indischen Lehrer, mit Chong Norbu und Ramona, dem Koch, geht Kikuli noch einmal zu Durrance und verlangt, daß sie zum Lager VIII aufsteigen dürfen, um nachzusehen, wie es dem Gipfeltrupp geht. Dann könne man immer noch die Lager räumen. Die Leute dort oben müssen wissen, daß sie beim Abstieg auf leere Zelte stoßen werden!
Aber Durrance läßt sich nicht auf die Vorschläge Kikulis ein und befiehlt, unverzüglich zum Räumen der unteren Lager abzumarschieren.
Kikuli und Chong Norbu machen sich mit Da Tundu und Pinzu auf den Weg. Das Basislager ist kaum aus der Hörweite, da sagt Chong Norbu schon: „Durrance ist einfältig. Er mag befehlen, was er will, zuerst müssen wir den Leuten oben Bescheid sagen. Wissen wir Tigers es nicht besser als diese Narren, was jetzt not tut? Laß uns bis zum höchsten Lager steigen, Kikuli!"
Ohne lange zu überlegen, willigt Kikuli ein.
Im Lager IV treffen sie zu ihrem Erstaunen Thendrup und Kitar. Sie sind vom Lager VIII heruntergestiegen.
„Weil es oben so kalt ist!" antworten sie auf Kikulis strenge Frage, warum sie ihren Posten verlassen haben.
Thendrup und Kitar haben von den Männer in den Hochlagern seit Tagen nichts mehr gehört, so berichten sie, aber das Wetter war immer gut, und German-Sahib, Wolfe und Pasang Dawa Lama hätten vor drei Tagen das Lager IX eingerichtet.
Kikuli möchte den beiden eigentlich verschweigen, daß Durrance die Räumung der unteren Lager befohlen hat, weil er fürchtet, daß der Gipfeltrupp umgekommen ist, aber Pinzu hat Thendrup schon davon erzählt. Ausgerechnet dem Thendrup, der zwar ein starker Mann ist und nicht so schnell schlappmacht, der aber ein Herz hat wie ein Hase. Doch Thendrup zeigt sich noch nicht ängstlich, und so befiehlt Kikuli ihm und Kitar, sofort wieder zum Lager VIII aufzusteigen und auf die Rückkehr der Leute vom Gipfel zu warten
„Wir kommen morgen nach, aber ihr sollt nicht auf uns warten! Es kann sein, daß wir nur bis Lager VII steigen, wenn unsere Augen von dort schon etwas sehen! Heute wollen wir erstmal unsere Füße und Schultern ausruhen – vom Base-Camp bis hierher haben wir viel Kraft verloren!"

Schwierigkeit „sechs" bei 8400 Meter

Unbesorgt um alles, was hinter ihnen liegt, steigen Fritz Wiessner und Pasang Dawa Lama am 19. Juli vom Lager IX, schon 7940 Meter hoch, gegen die Gipfelpyramide des Chogori an. Dudley Wolfe hat gestern die Anstrengung der Kletterei nach dem Lager IX zu sehr mitgenommen; er ist zum Lager VIII abgestiegen.

So ein Gespann wie den Dresdener und den Lama-Priester aus Darjeeling hat der Berg noch nie zum Gegner gehabt. Pasang Dawa Lama bleibt dem behenden Felsgeher auf den Fersen, sichert ihn, geht mit ihm schwere Steilwände an, daß in Wiessner der Sieg über den Gipfel zur festen Gewißheit wird. Noch einen Überhang, dann liegt nur noch mittelschweres Gelände vor ihnen!

Aber dieser Überhang! Soll man einen Dülfer-Quergang versuchen? Sich langsam am Doppelseil von Haken zu Haken unter dem Überhang durchschwindeln? Geht das noch – in achttausend Meter Höhe?

Wiessner überlegt: Noch 15 Meter hinüber durch die ausgesetzte, aber kletterbare Wand. Noch 15 Meter, dann haben wir den Ausstieg zum schneeigen Gipfelgrat, noch 230 Meter ohne Schwierigkeiten auf dem Wächtengrat. Er weiß, wenn er jetzt umkehrt, wird er das sein ganzes Leben lang bedauern. Es ist windstill, er kann ohne Handschuhe klettern, es ist nicht kälter als 3 bis 5 Grad minus, in der Dämmerung zum letzten Anstieg werden sie Mondschein haben, Morgensonne für den Abstieg – nie, niemals wieder wird es eine so günstige Gelegenheit geben!

Vorsichtig schiebt er sich weiter. Da strafft sich das Seil. Der sichernde Kamerad, der in allen schwierigen Passagen ohne Zögern folgte, gibt ihm keinen Zoll Hanf mehr nach.

Pasang Dawa Lama, der kühle, rechnende, berggewohnte Mann erkennt die Tollkühnheit des Versuches zuerst.

„Seien Sie vernünftig, Mister Wiessner! Uns kostet die Sache das Leben und der Expedition den Gipfelsieg! Morgen, dann bin ich auch bereit. Heute ist es schon zu spät."

Wiessner sieht dem braunen Gefährten voll in die Augen. Nicht eine Spur von Angst kann er darin finden, nur Ruhe und Beherrschung. Unbeweglich stehen über der schönen geraden Nase die Augenbrauen, hochgeschwungen in edler Linie. Blickt dieser Priester auch so streng und gütig zugleich, wenn er seine Gläubigen vom falschen Wege abbringen will? Dawa Lama weicht dem Blick nicht aus, nur unmerklich beginnen feine Linien um den Mund zu spielen – er ist Sieger über Tollkühnheit, aber ihm schaudert vor der nächtlichen Begegnung mit den Göttern am Gipfel.

„Gut!“ sagt Wiessner. „Aber morgen!“

„Dann aber weiter östlich!“

18.30 Uhr! Es ist höchste Zeit, abzusteigen. Noch eine Messung mit dem Aneroid: knapp 8400 Meter. Wiessner wirft noch einen abschätzenden Blick auf die Wandflucht und sagt, daß die Schwierigkeiten auch nicht größer seien als fünften oder sechsten Grades. „Und Fünfen und Sechsen haben wir heute schon mehrmals unter den Fingern gehabt!“

Er ist fast wie ein Kind, denkt Dawa Lama, das sich von einem geliebten Spielzeug nicht losreißen kann, aber der Weg zum Lager IX ist noch weit! Noch steht die Sonne über den Bergketten im Westen und wärmt durch die Kleidung. Schnell gelangen die beiden tiefer, aber in der Schattenzone wird es empfindlich kalt und windig. Der Sturm nimmt zu und macht ihnen das Atmen schwer. Bald müssen sie sich behutsam um einen Vorsprung zwängen, bald an einem steilen Wandstück mit Seilsicherung absteigen. Sie steigen in die Dunkelheit hinunter und in die Nachtkälte.

Plötzlich bleibt das Seil an Dawa Lamas Rucksack hängen. Mit kurzem Schwung will Wiessner es herunterwerfen, da klingt Metall auf dem Fels! Beide Steigeisenpaare sind verloren!

Unendlich langsam, mit ermüdendem Stufenschlagen in der nachfolgenden Eiswand kommen sie abwärts. Das lange Stehen im Wind kühlt die Körper beim Sichern aus, und um sich warmzutrampeln, fehlt ihnen die Kraft und der Platz. Nur fingerbreit sind manche Tritte!

Die Kehlen brennen vom Höhenhusten, vom Spähen in der Finsternis schmerzen die Augen, die keinen Brillenschutz mehr gegen den Wind haben. Als sie endlich zweieinhalb Stunden nach Mitternacht erschöpft ins Zelt kriechen, ist ihnen nicht mehr klar, wie sie das Lager gefunden haben …

Ein Tag voller Sonne und Wärme, voller Behaglichkeit folgt, ein erfrischender Ruhetag! Fritz Wiessner nimmt völlig entkleidet auf dem Schlafsack in 8000 Meter Höhe ein Sonnenbad. Morgen werden sie auf dem Gipfel stehen!

Weiter östlich als beim ersten Versuch steigen Pasang Dawa Lama und Fritz Wiessner am 21. Juli noch einmal auf, aber sie kommen nicht weit. Die Steigeisen für Pasang fehlen! Also Umkehr? Ja, Ausrüstung und Verpflegung ergänzen und dann mit frischen Kräften noch einmal hinauf.
Wie Dudley Wolfe sich freut, als sie ins Lager VIII kommen! Er hat sich gut erholt, aber die verfluchte Einsamkeit, immer allein!
„Kein Träger, kein Sahib hiergewesen?" fragt Wiessner.
„Keine Seele hat sich sehen lassen!"
„Das ist eine Gemeinheit! Ich würde nicht schimpfen, wenn das Wetter anders gewesen wäre – aber man kann uns doch nicht einfach im Stich lassen! Wir brauchen neue Seile, Steigeisen, Proviant! Nun müssen wir morgen hinunter! Verdammte Schlamperei! Was denken die sich da unten?" Wenn doch nur Kikuli heraufkäme!

„Seht nur! Was haben die Männer da unten im Sinn?" ruft erschrocken Kikuli, als er sich, zum Lager VI aufsteigend, umblickt. Pinzu, Da Tundu und Chong Norbu sind ihm dichtauf gefolgt – jetzt sehen alle hinunter zum Lager V. Ein paar Gestalten haben eben die Zelte verlassen und wanken hochbeladen talwärts.
„Die Schlafsäcke! Sie schleppen alles weg!"
Pinzu tritt ratlos im Schnee herum. „Wo denn?" fragt er.
„Na da! An der Felsrippe zur Linken! Warte, bis der Nebelfetzen weg ist! Dort, seht ihr? Die Schufte!"
Wie auf Verabredung schreien sie gleichzeitig hinunter: „He! Halt!"
Chong Norbu rafft schon das Seil zusammen. „Schnell! Kommt! Ich will hinter ihnen her!"
„Mit deinen Füßen?" sagt Da Tundu.
Kikulis schmale Augen werden zu engen Schlitzen. Erbittert macht er ein paar Schritte abwärts. „Nein, wir müssen uns teilen!" entscheidet er dann. „Zwei Mann gehen weiter 'rauf, sagen Thendrup und dem German-Sahib Bescheid! Du – Pinzu! Und du auch, Da Tundu! Ich gehe mit Chong Norbu hinter den anderen her und versuche sie aufzuhalten!"
„Und wenn einer von den Sahibs dabei ist?" fragt Chong Norbu.
„Auch dann! Sicher ist einer von den Sahibs dabei – so viele Träger waren ja gar nicht mehr im Base-Camp, und Cranmer ist ja schon mit Sheldon abgehauen!"
Und während er sich aus dem Seil bindet und das Ende Pinzu

zuwirft, fügt er noch schnell hinzu: „Sagt den Männern oben alles, was eure Augen hier gesehen haben! Alles, hört ihr? Und kommt bald alle nach unten – niemand weiß zu sagen, ob wir euch noch einmal entgegenkommen können!"

Als Chong Norbu und Kikuli nach unten stürmen, klingt ihnen Da Tundus Ruf nach: „Accha rasta – guten Weg!" Dann sind die beiden da oben hinter dem Schneerücken verschwunden.

Steil in eine Mulde führt Chong Norbus und Kikulis Weg, mit weiten, gewagten Sprüngen stürzt Chong Norbu vornweg; sie gehen unangeseilt, um schneller zu sein. Aber der Vorsprung der anderen ist zu groß, er wird noch größer, als Kikuli plötzlich mit einem schrillen Schrei hinter Chong Norbu in einer schmalen Spalte verschwindet. Im schnellen Umwenden kann er noch sehen, wie Kikulis Eispickel eine ganze Schneebrücke mitreißt, an die er sich geklammert hat.

Kikuli ist nicht tief gestürzt. Zum Glück verengt sich die Spalte nach wenigen Metern, Kikuli hat Halt gefunden und kann das Seil fassen, das Chong Norbu ihm zuwirft. Als Chong Norbu ihn hochziehen will, schneidet das Seil tief in den Spaltenrand ein. Eine Stunde mühen sich die beiden, dann endlich kriecht Kikuli über den Spaltenrand. Es ist noch glimpflich abgegangen, nur das linke Knie Kikulis schmerzt. Sie haben kaum noch Hoffnung, die anderen einzuholen.

„Der Sahib hat uns also doch nicht getraut und noch ein paar Leute hinterhergeschickt", sagt Chong Norbu und schnauft noch von den Anstrengungen der letzten Stunde. „Was soll nun werden? Bis unten hin keine Schlafsäcke mehr!"

Kikuli setzt sich abwärts in Bewegung, niedergeschlagen sagt er: „So zwingt er uns, auch abzusteigen, dieser habgierige Sahib! Nicht einmal ein paar lumpige Schlafsäcke will er verlieren und hat keine Gedanken daran, daß oben alle Männer sterben. Aber in meiner Brust ist Gewißheit: Oben ist noch alles in Ordnung!"

„Du sprichst richtig, Kikuli, wir müssen hinunter! Oben sind zu wenig Schlafsäcke, zu wenig Zelte! Es hilft nichts – wir müssen schon bis zum nächsten Lager gehen, wo wir Schlafsäcke und Essen finden!"

„Ich fühle Furcht, daß sie alle Lager geplündert haben!"

„Dann heißt es: bis zum Hauptlager weitergehen! Vielleicht sind die feinen Sahibs auch schon dort fortgelaufen, diese Angsthasen!"

Lager VIII gibt keine Antwort

Als Pinzu und Da Tundu aufwärtssteigend das Lager VII erreichen, liegen Kitar und Thendrup in ihren Schlafsäcken und dösen.

„Na, ihr faulen Bären?" sagt Da Tundu scherzend. „Habt ihr euch schon einmal oben beim German-Sahib sehen lassen?"

„Noch nicht – wir müssen erst nach dem Aufstieg Kraft finden!"

„Ihr habt gar keinen Kummer um die drei da oben, wie?"

„Doch! Morgen gehen wir bestimmt – es ist alles so still da oben, als wenn keiner mehr zurückkommen wollte!" Thendrup läßt seinen Zopf durch die dicken Finger gleiten und flüstert geheimnisvoll: „Und nachts! Nachts höre ich die Geister rufen! Mit vielen Stimmen! Es ist bestimmt ein Unglück geschehen!"

Die anderen sagen nichts. Thendrup ist der Älteste und schon auf vielen Bergen gewesen, bestimmt versteht er sich auf die Stimmen der Geister! Sie wissen nicht zu unterscheiden zwischen Aberglauben und natürlichem Geschehen. Sooft ihnen auch die Sahibs oder ihre aufgeklärten Gefährten ganz deutlich sagen mögen, daß der Wind eine natürliche Luftbewegung ist – sobald sie mit einem abergläubischen Kuli zusammen sind, wie Thendrup einer ist, dann ist der Wind nicht Wind, sondern der Atem böser Geister.

Als am nächsten Morgen Pinzu und Kitar matt und apathisch sind, Da Tundu aber von einem erstickenden Höhenhusten geschüttelt wird, da ist es mit Thendrups Selbstsicherheit aus.

„Der Gott Chogori will uns töten!" jammert er. „Die Leute oben im Lager hat er schon erschlagen, und nun kommt er uns holen.

Zwischen zwei Hustenanfällen krächzt Da Tundu: „Verliere nicht deinen Kopf, du fetter Mops! Sei zufrieden, daß du nicht auch krank bist! Wir sind alle schon einmal von der großen Berghöhe krank gewesen, das vergeht wieder!" Zusammengekrümmt bellt er in die Decke; der trockene Husten treibt ihm das Wasser in die Augen. „Das war am Everest so und am Nanga – – wir sind – – nicht in Bhutia Bastie, sondern am Keh Tuh! In sieben –" wieder zwingt ihn der Husten in die Decken –

„– in siebentausend Meter Höhe kann man schon einmal krank werden!“ Da Tundu hat längst das Gruseln verlernt. Er ist schon zweimal an der Chomolungma gewesen, hat die Katastrophe am Nanga Parbat überlebt und hat die Sachlichkeit der Sahibs gegenüber Krankheiten angenommen. Er sagt auch nicht „Chogori“ zu dem Berg, der ihn jetzt in die Knie gezwungen hat, sondern wie die American-Sahibs nennt er ihn in englischer Sprache K2 – „Keh Tuh“.

„Wolltest du an diesem Morgen nicht zum Lager VIII gehen?“ wendet er sich wieder an Thendrup. „Du bist noch ohne Schwäche und Übelkeit – los, 'raus! Und sieh nach, ob die Sahibs und Pasang Lama unsere Hilfe brauchen.“

Thendrup folgt widerwillig, knetet seine Schuhe, zieht sich gemächlich an und krabbelt hinaus. Lange Schneefahnen wehen über den Hang, es ist nicht sonderlich kalt, und hin und wieder lugt die Sonne hinter dem K2 hervor. Sehr langsam stapft Thendrup aufwärts. Je weiter er vom Zelt mit den Gefährten fortgeht, um so ängstlicher wird ihm zumute. Bald muß das Zelt vom Lager VIII in Sicht kommen. Was erwartet ihn dort? Liegen Tote in den Schlafsäcken, oder wird er schon auf dem Weg nach oben über die erstarrten Körper der Gipfelleute stolpern. Immer mehr erschreckende Gedanken erfüllen ihn. Nein, er will keine Toten sehen, sie nicht berühren! Er denkt noch an den toten Karmi, den sie vor zwei Jahren im Firn des Rakiot-Gletschers fanden. Oh – wie hat er sich da gefürchtet! Aber das alles war nicht so schlimm, Sahibs waren dabei – und er war nicht allein. Aber jetzt ist er allein, ist ungewiß, ob er droben Lebende oder Tote findet.

Als er noch weitab vom kleinen Zelt zwischen den Eisbrüchen steht, beschließt er zu rufen. Er legt die Hände um den Mund und schreit, so laut er vermag: „German-Sahib! Pasang Lama – höre doch, komm aus dem Zelt! Sahib-Wolfe, hallooooh!“

Nichts rührt sich in dem Zelt, keine Hand öffnet den Verschluß – der arme, abergläubische Mann kann nicht ahnen, daß der riesige Dudley Wolfe fest schläft – er hat den Schlaf eines Bären! Wieder ruft Thendrup, wartet, ruft, schreit – bis er sich angstvoll wendet und mit hastigen Schritten dem Zelt im Lager VII entgegenstolpert.

„Alles ist tot – Lawinen haben alle getötet!“ stößt er hervor, seine runden Augen irren von einem der Träger zum anderen. „Kommt hinunter – wir müssen uns retten!“

„Alle sind tot?“ fragt Da Tundu.

„Nur die Geister springen da oben herum!“

Nach kurzer Erstarrung beginnen sich die anderen zu regen.

„Dann müssen wir alle Schlafsäcke und Luftmatratzen mitnehmen!" verkündet Da Tundu und rappelt sich mühsam hoch. Verständnislos sehen ihn Kitar und Thendrup an.
„Ja, eure Ohren haben richtig gehört – unter uns ist nichts mehr! Es ist alles ausgeräumt! Die American-Sahibs zeigten große Angst, daß sie viel Geld am Keh Tuh lassen müßten. Sie haben alle Säcke und Matratzen hinuntertragen lassen und befohlen, alle Lager zu räumen! Nur im Zelt vom Lager VI waren noch zwei Matratzen – und die haben wir uns ja 'raufgebracht, Pinzu und ich."
Fast überstürzt räumen sie das Lager. Niemand kommt auf den Gedanken, Thendrup zu fragen, wo und wie er die Toten gefunden hat, von denen er erzählt. Niemand, auch Da Tundu nicht. Bei aller Aufgeklärtheit ist er doch immer noch mit seinem lamaistischen Glauben verwachsen: Wenn einer gestorben ist, dann soll er so liegenbleiben, wie er starb. Niemand soll mehr daran rühren und danach sehen, was schon den Göttern gehört.
Mit allem, was Wert hat, beladen, gehen sie hintereinander in der schmalen Spur nach unten – nur das Zelt, das leere Zelt bleibt zurück. Warum Da Tundu die Anweisung gibt, das Zelt stehen zu lassen, weiß er selbst nicht zu sagen. Vielleicht kommt es doch noch einmal zu einem zweiten Angriff auf den Gipfel? Oder wenn die Sahibs auf den Gedanken kommen, die Toten zu holen, dann braucht man das Zelt – der Wille der Sahibs ist nie zu erraten.
Nach eineinhalb Tagen haben die vier Träger alle Zelte vom Lager VII bis zum Lager I leer vorgefunden, dort in den mitgebrachten Schlafsäcken geschlafen, sind weiter abgestiegen und hinterließen wieder überall nur leere Zelte.
Im Hauptlager herrscht Kriegsstimmung wie noch nie zwischen Tigers und Sahibs. Kikuli redet kein Wort, schießt nur haßerfüllte Blicke gegen die Amerikaner und sieht wieder und wieder zu den wolkenumwehten Flanken des Chogori hinauf, als warte er auf die Absteigenden – auf Wolfe, auf Wiessner, den tüchtigen Sahib, und auf Pasang Dawa Lama. Nein, er kann es nicht glauben, daß sie nicht mehr kommen! Er kann es Thendrup und den drei anderen nicht übelnehmen, daß sie vom Berg mit angstvollen Augen kamen; nein, nicht die Dämonenfurcht hat sie zur Flucht veranlaßt, sondern die Hinterhältigkeit der Sahibs im Hauptlager – ihre Worte und ihre Niedertracht hatten Macht bis in die höchsten Lager!

Sieben leere Zelte und ein Zettel

Zum gleichen Zeitpunkt, als Da Tundu und Thendrup mit Pinzu und Kitar die letzten Reste nützlicher Ausrüstung und Nahrung aus den Zelten nach unten schleppen, damit man ihnen im Base-Camp ihre Flucht verzeiht, machen sich die Totgeglaubten im Lager VIII zum Abstieg bereit. Die Nahrungsmittel sind verbraucht – und wenn vom Lager VII niemand heraufkommt, dann muß man eben hinuntersteigen! In den Zelten des Lagers VII müssen nach dem Plan genug Proviant und Ausrüstung, Brennstoff und Medikamente liegen.

„Schade!" ruft Wiessner seinen Kameraden zu, als sie das Lager VIII schon weit hinter sich gelassen haben. „Den Weg hätten wir uns sparen können, wenn die Leute unten ein bißchen mehr Schwung hätten!"

„Dann müssen wir eben nochmal hinauf!" meint Wolfe. Er ist wieder mit seiner Stimmung obenauf, seit er nicht mehr allein ist. Pasang Dawa Lama ist heute sehr ernst und verschlossen – er spürt schon längst, daß an der ganzen Geschichte mit dem Nachschub etwas nicht stimmt. Warum haben die unteren Lager die Verbindung abreißen lassen?

Als bei einem gefährlichen Ausrutscher das Bündel mit Wolfes Schlafsack davonweht, sind die beiden Sahibs nicht sonderlich erschrocken – sie wissen ja, daß sie heute abend in den wohlgefüllten Zelten von Lager VII sind.

Fern im Osten sind die weiten Ebenen Tibets schon in Dunkel getaucht. In der Kette der Gasherbrum-Gipfel leuchten noch im letzten Abendlicht die höchsten Spitzen; drei Achttausender warten, wie der Chogori, noch auf ihre Bezwinger. Der Hidden Peak, der Gasherbrum II und der Broad Peak ragen unberührt und unbesiegt über dem Godwin-Austen-Gletscher zwischen vielen Siebentausendern hervor. Aus den eiserfüllten Tälern springt rasch die Nacht herauf. Im letzten Licht der Dämmerung erreichen der German-Sahib, Pasang Dawa Lama und Dudley Wolfe das Zelt VII. Vergeblich stoßen sie mit den Stiefeln in den Schnee, um die Stapel der Vorräte vor dem Zelt zu entdecken.

„Die Leute werden alles ins Zelt getragen haben!" ruft Wiessner durch den Abendwind und hockt sich nieder, um die Verschnü-

rung des Zeltes zu öffnen. Er tastet mit den Händen ins Dunkel, schlägt auf den leeren Boden, stößt die Arme in jede Ecke. Ein beklemmendes Gefühl umschließt seine Brust.
Leer! Ausgeräumt!
Wolfe steht fröstelnd vorm Zelteingang und wartet darauf, daß sein deutscher Kamerad ihm die Proviantkisten herausreicht, um Platz zu schaffen für ihre wärmesuchenden Körper. Immer weiter verschwinden Wiessners Beine im Zelt.
„Was ist denn?" fragt Dudley. „Ist alles festgefroren?"
Der Kopf Fritz Wiessners erscheint zwischen den Falten des flatternden Zelttuches. Wenn es noch heller wäre, könnten seine Gefährten sehen, daß sein Gesicht bleich ist.
„Es ist etwas Schreckliches passiert! Wolfe! Pasang! Wir haben hier nur ein leeres Zelt! Nichts weiter als das Zelt – alles ist weg!"
Die grausame Tatsache wirkt verschieden auf die drei. Während Wolfe fassungslos ins Zelt fällt, wie wild mit den Armen nach Greifbarem sucht und schließlich doch die Wahrheit von Wiessners Worten erfahren muß, trampelt der Deutsche fluchend im Schnee herum. Aber an keine Kiste, an keinen gefüllten Sack stößt sein Fuß. Pasang Dawa Lama beginnt still die wenigen Habseligkeiten auszuschnüren, die sie aus dem Gipfellager mitgebracht haben. Nur einen Schlafsack haben sie noch zu dritt, kaum noch einen Imbiß – und nichts ist mehr hier im Ausgangslager, das für den Gipfelsturm angefüllt sein müßte bis unter die Zeltgiebel. Nichts! Er hat es geahnt. Sechs Tage vergingen, ohne daß ein Mann von unten zum Lager VIII oder IX aufstieg – da war schon etwas nicht in Ordnung!
Die drei erschöpften Männer verbringen eine schreckliche Nacht – ausgehungert, schlaflos vor Frost und Sorgen und Ungewißheit, vor Kummer über den verlorenen Gipfel. Zerschlagen von den Strapazen der Vortage und geschwächt von der Enttäuschung über das geräumte Lager, machen sie sich am frostkalten Morgen zum Abstieg nach Lager VI auf. Aber nur wenige Schritte vermag Wolfe den beiden Unverwüstlichen zu folgen. Er beschließt, hier oben zu bleiben. Wiessner und Pasang lassen ihm den Schlafsack, eine Handvoll Biskuits und eine Decke – dann versprechen sie wiederzukommen, mit Lebensmitteln und Ausrüstung, die ja nun wirklich im Lager VI zu finden sein werden.
Ihr „Good-bye" verklingt müde.
Wolfe schleppt das Wenige zum Zelt zurück.
Pasang Dawa Lama und sein Sahib sind sich nicht sicher, ob sie ihn noch einmal sehen werden, den riesigen, vierschrötigen

Amerikaner. Eine dunkle Ahnung kommenden Unheils steigt in ihnen auf, je näher sie dem Zelt am Lagerplatz VI kommen.
Das Zelt ist leer, das Lager von allem entblößt.
„Wir müssen, wie auch immer, ganz hinuntersteigen", sagt Wiessner bitter, „um zu erfahren, warum man uns das angetan hat."
Wolfe können sie nicht mehr helfen – mit leeren Händen zu ihm wieder aufzusteigen, ist sinnlos.
Da steht das Lagerzelt Nummer V.
Es ist leer!
Lager IV.
Ist leer!
III.
Leer!
In jedem Lager waren beim Aufstieg je zwei bis drei Schlafsäcke und eiserne Reserven an Nahrungsmitteln hinterlegt worden – was kann nur vorgefallen sein, daß alles geräumt ist? Pasang und Wiessner sind mit ihren Kräfte am Ende. Seit Tagen haben sie außer ein paar Biskuits nichts mehr gegessen, der Hunger reißt in ihren Därmen, die Not und die ohnmächtige Wut über das Verbrechen an ihnen machen ihre Wangen hohl und grau.
Noch eine Nacht – ohne Decken, auf dem nackten Zeltboden, gibt ihnen den Rest, den Menschen brauchen, um fast den Verstand zu verlieren. Sie hoffen, im Lager II endlich etwas Eßbares, eine Decke, Brennstoff zu finden, vielleicht sogar einen helfenden Kameraden.
Statt dessen erwartet sie Hohn.
Ein Zettel liegt im leeren Zelt, auf dem bloßen ausgeräumten Zeltboden. Ein höhnischer Gruß von unten. Durrances Handschrift: „An Mr. Wiessner. Von Camp VI abwärts finden Sie keine Schlafsäcke und Matratzen mehr vor. Ich habe alle Lager räumen lassen. Richten Sie Ihren Abstieg danach ein. Base-Camp, 1939 July 18. Durrance." Wiessner dreht den Zettel hin und her, lacht fremd und schrill und stürmt hinab.
„Opfert man so leichtfertig menschliche Wesen? Wegen ein paar Schlafsäcken, die die Kerle ihren Weibern schenken möchten!" schreit er wild und stürzt sich weit hinaus in den Steilhang.
Pasang hat ihn fest am Seil, seine Hände, die müden, erfrorenen Hände zittern, sein Atem fliegt, aber er hält den Sahib, läßt ihn nicht los.
Die Amerikaner haben sie um den Gipfel betrogen und wollen sie noch obendrein verrecken lassen, wie blinde Katzen ersäufen! Da hockt sich der junge Lamapriester Pasang Dawa nieder und betet zu seinen Göttern, fleht um Kraft für sich und seinen

Gefährten. Bis zum Hauptlager muß er noch aushalten, um den American-Sahibs seinen ganzen Haß ins Gesicht speien zu können!
Sechs Tage, nachdem sie den höchsten Punkt am Chogori erklommen haben, wanken Wiessner und Pasang ins Hauptlager. Sie vermögen die blasierten Gesichter Trenchs, Cromwells und Durrances nicht mehr zu erkennen, deren gestammelte Ausreden nicht mehr zu hören – sie fallen in bewußtlosen Schlaf.

Wieder letzter

Die drei Sahibs, die noch nicht wie Sheldon und Cranmer die Flucht ergriffen haben, sind vom Auftauchen der Totgeglaubten eher peinlich berührt, als erfreut. Cromwell war sprachlos, als ihm gestern auf dem Gletscher Wiessner und Pasang entgegenstolperten. Er hatte nach den Körpern der „Abgestürzten" Ausschau gehalten.
Der abergläubige Thendrup aber, der die Mär vom Lawinentod der Gipfelmannschaft erfunden hat, wird von den Tigers „Teufel" genannt. Er verläßt mit Cromwell, blamiert und beleidigt, das Base-Camp talwärts. Der unglückliche Durrance, vom schlechten Gewissen geplagt, versucht mit Da Tundu, Pinzu und Kitar einen Vorstoß nach oben, um Wolfe zu retten. Aber schon am Abend des nächsten Tages kommt er erschöpft zurück. Nur bis zum Lager IV haben seine Kräfte gereicht. Pinzu und Kitar warten im Lager IV besseres Wetter ab, sie wollen allein zum Wolfe-Sahib hinauf, mit Stärkungsmitteln, Medikamenten, Kocher und Brennstoff.
Jetzt stürmen Sirdar Kikuli und Chong Norbu nach oben. Vom Basislager bis zum Lager VI überwinden sie an einem einzigen Tage den langen, steilen Aufstieg, überspringen alle Zwischenlager, schinden sich schweratmend die ganze Abruzzi-Rippe hoch! Diese Höhendifferenz zwischen 5060 m und 7100 m ist noch nie von Bergsteigern während eines Tages zurückgelegt worden! Vom Lager IV aus begleiten Kitar und Pinzu die Aufwärtshastenden. Es gilt Wolfe-Sahib zu retten!

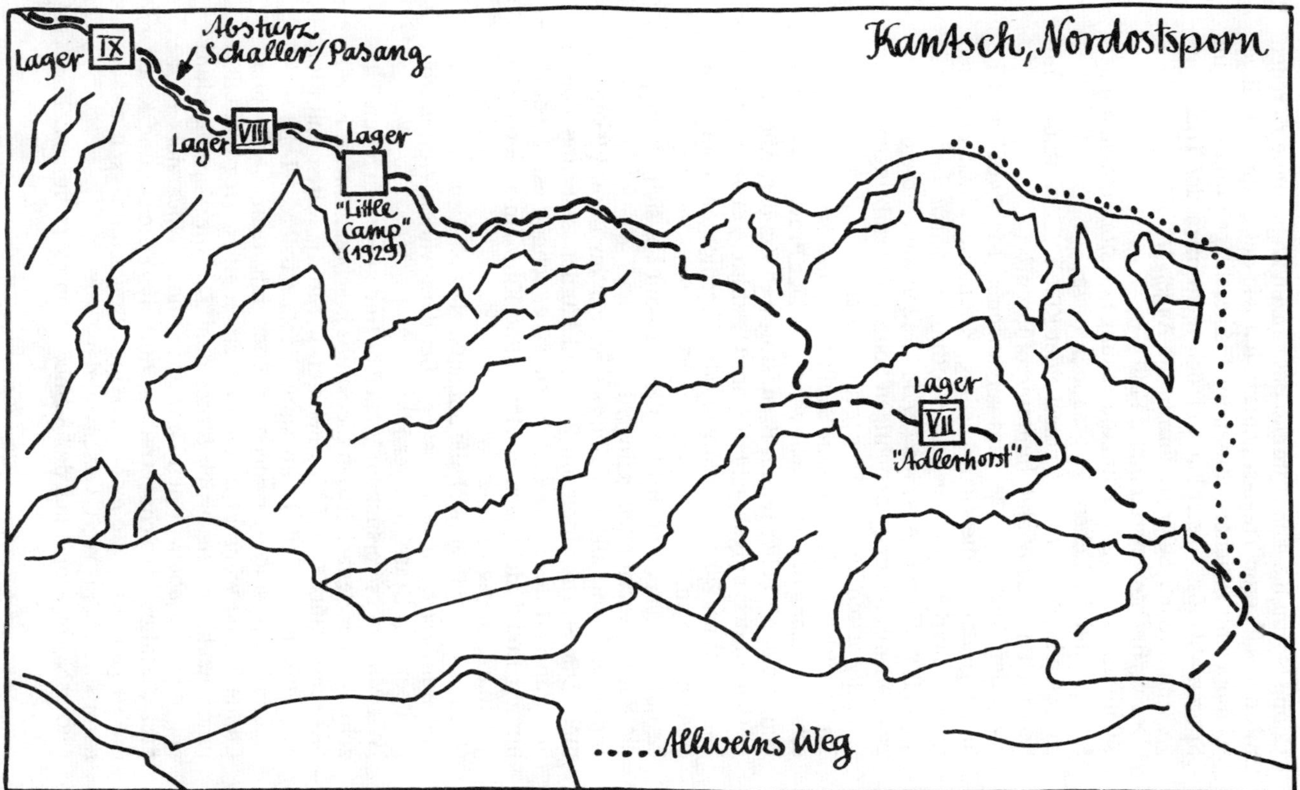

Kantsch, Nordostsporn
Lager IX
Absturz Schaller/Pasang
Lager VIII
Lager
"Little Camp" (1929)
Lager VII
"Adlerhorst"
.... Allweins Weg

Chong Norbu hat sich während des ganzen Tages ohne zu reden mit der schweren Traglast geplagt, hat wie der Sirdar Kikuli geschleppt und gesichert, Stufen ins Eis geschlagen und Kikuli im Spuren abgelöst – jetzt kann er sich nicht mehr der Tränen erwehren, die der Schmerz ihm in die Augen treibt.
„Der verfluchte verstümmelte Fuß!"
Kikuli und Kitar reißen ihm die Schuhe herunter, massieren den Stumpf und die Zehen des gesunden Fußes.
„Morgen bleibst du hier!" entscheidet Kikuli. „Drei Mann genügen auch, um den Sahib hinunterzuführen!"
Nach den Anstrengungen des vergangenen Tages vollbringt Kikuli tags darauf die Glanzleistung, Kitar und Pinzu über den messerscharfen Grat der Abruzzi-Rippe zwischen dem Lager VI und VII zu führen. Abschreckende Tiefe umlauert die drei Sherpas, nur mit äußerst vorsichtigen Seilmanövern bringen sie diesen schwersten Teil des Weges hinter sich.
Im Lager VII treffen sie den Sahib matt und krank an. Er hat schon tagelang das Zelt nicht verlassen. Der Proviant ist verdorben, für den Kocher fehlen Brennstoff und Zünder. Aber wenn er sich an den mitgebrachten Nahrungsmitteln etwas gekräftigt hat, meint er, würde er morgen oder übermorgen wohl mit absteigen können.
Er hat wenigstens noch Mut, denkt Kikuli bei sich, dann wird die Rettung wohl auch gelingen!
Am Abend sind alle vier Sherpas wieder im Lager VI versammelt. Der Sturm rüttelt am Zelt und kündet schlechtes Wetter an. Während des ganzen nächsten Tages schneit es – aber das hindert Kikuli nicht, sich mit Pinzu und Kitar am anderen Morgen marschfertig zu machen.
Chong Norbu pflegt noch die aufgeplatzten Narben an dem Fuß und erholt sich für den Abstieg. „Bei dem wilden Wetter wollt ihr über den Grat?" fragt er Kikuli.
„Wir müssen es versuchen! Vielleicht finden wir auch eine Umgehung, aber danach haben die Sahibs ja schon gesucht! Es wird uns schon glücken – Pinzu nehmen wir in die Mitte, und Kitar geht hinten am Seil. Dann kann nichts passieren! Lebe wohl! Nachmittags sind wir sicher wieder mit dem Sahib hier!"
Chong Norbu wünscht ihnen noch einen guten Weg und blickt ihnen nach, wie sie gleich hinter dem Zelt die Verschneidung angehen, die oben in den Grat ausmündet. Noch sieht er die drei Gestalten im Schneetreiben, hört die Fistelstimme Kitars, die so ganz und gar nicht zu seiner Breitschultrigkeit paßt – dann sind sie im Weiß verschwunden.
Chong Norbu klopft sich den Schnee ab und kriecht ins Zelt.

Mittags wacht er aus dem Halbschlaf auf. Donnern erfüllt die Luft, die Zeltwände flattern vom Luftdruck, und ein eisiger Hauch überfällt mit solcher Heftigkeit das Lager, daß Chong Norbu den plötzlichen Temperatursturz sogar im Innern des Zeltes verspürt.
Eine Lawine. Nicht weit von hier, denkt er, den Gefährten kann sie nicht geschadet haben – sie müssen schon höher sein.
Der Abend kommt, und Chong Norbu tritt vor das Zelt ins Schneetreiben und schwenkt die kleine Lampe. Er ruft in gleichen Abständen, dann horcht er.
Keine Antwort kommt durch den dicken, flockigen Vorhang.
Der Morgen kommt und wieder ein Abend – Chong Norbu ist noch immer allein. Das Lager ist eingeschneit – fast zwei Meter hoch hat sich weicher, flockiger Neuschnee seit gestern auf den alten Schnee geschichtet. Chong Norbu schaufelt noch einmal und noch einmal den Eingang frei – und wartet. Am Morgen läßt der Schneesturm etwas nach – aber das Wetter bleibt unsichtig, nur selten reißt der Nebel auf. Bis zum Felsvorsprung, wo der Weg in die ausgesetzte Wand hinaufführt, wühlt er sich hinauf, sieht, was er schon längst vermutet hat, und steigt traurig wieder ab.
Die vielen Lawinenbahnen, die er auf dem kurzen Anstieg gesehen hat, sagen ihm, daß die Kameraden nicht mehr wiederkommen, nicht Kikuli mit seinen Leuten und nicht der Sahib Wolfe. Das kurze Stück auf dem Gratrücken – ja, da mag es noch gutgegangen sein! Aber in den Wänden, wo der Neuschnee geballt herniedersaust, in hausgroßen Wolken, da ist kein Durchkommen; jetzt nicht und nicht in den nächsten Tagen.
Wenn die drei Gefährten nicht schon beim Aufstieg von einer Lawine hinabgefegt wurden, dann muß es beim Abstieg mit dem Sahib geschehen sein. Zweitausend Meter unter dem Grat endet die Steilflanke auf dem Gletscher.
Oder sie sitzen droben in der Falle – in der tödlichen Falle.
Und wieder kommt Chong Norbu als letzter Mann vom Berg – wieder kämpft er sich einsam, bedroht von hundert Gefahren und beschwert mit tausend traurigen Gedanken, durch den Sturm und mannshohen Neuschnee zurück ins Leben.
Wie damals am Nanga Parbat.
Und endlich nicht mehr allein in der Eiswüste, umgeben von hilfreichen Gefährten, geborgen im Hauptlager – kommt das Schwerste.
Wie damals am Nanga.
Aus seinem Munde bricht das Fürchterliche heraus: „Alle tot! Hinter mir kann keiner mehr kommen – ich bin der letzte!"

Der Linkshänder

Wie die Gliedmaßen einer Spinne breitet die Stadt Darjeeling ihre Straßen über die drei Hügel. Wo die Villen und Hotels Saugnäpfen gleich am Observatoriumshügel festkleben, geht bis in die tropenfinstere Nacht hinein das geschäftige Leben. Rikschas, Autos, Kutschen. Vom Bahnhof her kommen grölend ein paar Sherpas. Ihre Gesichter sind vom Trinken gerötet, ihr Gang ist unsicher. Die große Reise ist für sie zu Ende, die Löhnung ist in ihrer Hand – nicht mehr ganz, denn zu viele Schnapsbrennereien lagen schon an ihrem Wege.

Einer trottet in geringem Abstand hinter der Gruppe her. Sein Kopf und seine Füße sind schwer vom Schnaps, den er mit den Gefährten getrunken. Als die Freunde vor ihm plötzlich stehenbleiben, um mit lauter Fröhlichkeit einen Entgegenkommenden zu begrüßen, prallt er unvermittelt auf den Knäuel auf.

„He – der Ondi!" hört er Thendrup rufen. „Was treibst du hier in der Nacht, mein dicker Bruder?"

Unter Schulterklopfen und bierseligem Umarmen zerren sie den lachenden Ondi mit sich.

„Komm mit – wir müssen mit dir noch einen trinken! Auf unsere glückliche Heimkehr ..."

... auf die armen Boys, die am Chogori in den Schnee gesunken sind, möchte Da Tundu hinzufügen. Da drängelt sich Ondi an ihm vorbei nach hinten und nimmt den nachstolpernden Mann bei den Armen.

„Nanu! Chong Norbu! Was ist mit dir? Bist du krank?"

„Der ist genauso betrunken wie wir, haha!" versuchen die anderen Ondi aufzuklären, aber Chong Norbu schüttelt nur still den Kopf. Er spürt den festen Griff der Freundeshand an seinem Arm, und es ist ihm, als gingen durch Arm und Hand seine Gedanken wortlos zum Freund. Er ist immer noch mit der unbegreifbaren Art der Amerikaner beschäftigt, die wegen ein paar Daunensäcken das Leben Wiessners und Pasangs aufs Spiel setzten, ihren eigenen Kameraden, den Wolfe-Sahib, und drei mutige Tigers dem Tode auslieferten. Er hat versucht, seine tiefe Erschütterung zu vergessen. Nachdem der fromme Pasang Dawa Lama sich von ihnen getrennt hatte, zog er mit den Kameraden durch die Wirtschaften an der Straße. Aber was er verwi-

schen wollte, ist nur noch klarer vor seine Augen getreten: Die weißen Herren, zu denen er früher bewundernd aufschaute, haben ihr Gesicht verloren!
„Und jetzt hierherum!" kommandiert Thendrup und versucht, seine Freunde in eine Seitenstraße zu dirigieren. „Meine Kehle ist trocken! Laßt uns in Harrys Spelunke noch einen Schnaps verschlucken!"
Ondi und Chong Norbu können den anderen entweichen. Schnell sind sie aus dem Lichtkegel der Straßenlampe heraus, in der schmalen Gasse verklingt das Lachen und Singen der Gefährten.
Als habe Ondi auf das Alleinsein mit Chong Norbu gewartet, stößt er schnell hervor: „Mit deiner Mutter geht es zu Ende! Komm – mein Weib sitzt schon seit zwei Tagen bei ihr. Sie hat keine Sinne mehr und hustet nur Blut!"
Nicht einen Moment stockt Chong Norbus Schritt. Nur ein tiefer Atemzug. Mit einem Schlag verfliegt der Schleier.
„Seit wann?"
„Seit – es war vor einer Woche. Sie konnte ihren Rücken nicht tief genug beugen.
‚Reißen', sagte sie. Da hat der Aufseher sie geprügelt."
„Wer?"
„Der Linkshänder."
„Dinglefield?"
„Ja, ich glaube, so heißt er." Ondi zögert noch fortzufahren – aber der Freund muß alles wissen, jetzt schon, später erfährt er es doch, vielleicht von anderen.
„Immer mit dem Knüppel, ganz gleich wohin! Die anderen haben es erzählt, die sie von der Plantage zur Hütte schleppten. Den Lohn hat man ihnen sogar geschmälert, weil sie eine Stunde ausblieben. Und mit dem Stiefel hat der Schuft nach ihr getreten, als sie auf die Teepflanzen fiel."
Chong Norbus Lippen werden schmaler. Im Kies knirschen die Nägel seiner Bergschuhe, tapsen leise die bloßen Füße Ondis. Kein Laut sonst auf dem Wege nach Bhutia Bastie.
In der Hütte hält er sich nicht lange auf, der Mutter kann er jetzt nicht helfen. Nach einer kurzen Minute am Lager der Kranken erhebt er sich wieder und gibt Ondis Frau Geld. Soll sie morgen den Doktor holen – in der Nacht kommt doch keiner. Und wenn morgen einer kommt, wird er vielleicht doch nur noch einen weißen Zettel ausschreiben – den die Hinterbliebenen den Behörden vorweisen können. Todesursache: Unfall.
Im Morgengrauen, noch ehe die Arbeit auf der Plantage be-

ginnt, findet Chong Norbu die Baracke, in der der Linkshänder wohnt.
„Mister Dinglefield!" Er klopft an den Fensterladen.
Brummen, Gähnen, Rumoren. Dann: „Welcher Idiot holt einen so früh aus dem Nest?"
„Kommen Sie, kommen Sie heraus, es ist sehr wichtig!"
Die Tür wird zur Hälfte geöffnet, der breitschultrige Brite schiebt sich heraus, das Hemd stopft er sich in die Hose. Da kommt der Gürtel zum Vorschein. Links, an ganz ungewohnter Stelle, hängt eine dreieckige Ledertasche, aus der Metall blinkt.
Chong Norbu stellt nur eine Frage an den Schlaftrunkenen, dann weiß er, daß er den Totschläger vor sich hat.
Wer ist der Kuli, der so verdächtig gut englisch spricht, denkt der Linkshänder, und mitten in seine Gedanken hinein donnern ihm Fausthiebe und Ohrfeigen ins Gesicht.
„Das dafür, daß du dich an alten Frauen vergreifst – und das, weil du so ein erbärmlicher Hund bist!"
Chong Norbu hat noch nie eine Faust gegen eines Menschen Gesicht geschleudert, aber jetzt führt die ganze Wut gegen die weißen Herren seinen Schlag. Er weiß genau, daß der starke Brite ihn mit einer Hand in die Luft heben kann, daß er vor keinem Richter Recht finden wird – aber er schlägt zu!
Der Linkshänder ist mit dem Rücken an die Bretterwand getaumelt, jetzt schnellt er sich ab, springt mit weitabgespreizten Daumen an Chong Norbus Kehle und würgt ihn.
„Du braune Kanaille, du wagst es, einen Gentleman anzufassen?" schäumt er und weidet sich grinsend an Chong Norbus Röcheln. In verzweifeltem Schwung wirft sich Chong Norbu herum, reißt den schweren Körper des Aufsehers mit – sie kollern beide die Böschung vor dem Hause hinunter!
Da ein Strauch! Chong Norbu kann zupacken – hängt, kann auf die Knie kommen, sich wehren! Aber es ist nicht mehr vonnöten, der Linkshänder ist polternd den ganzen Abhang hinuntergeschossen. Unten, zwischen den Felsen, plumpst der Körper dumpf auf, noch ein Aufbrüllen, dann ist es still.
Oben, an der Baracke, werden Stimmen laut.
Tritte kommen näher.
Geduckt, zwischen den Teesträuchern kriechend, gewinnt Chong Norbu die Autostraße.
Über den Bergspitzen züngelt die Sonne hervor.
Die Straße führt nach Süden.

Die Flamme verlischt nicht

„Die Engländer haben in dieser Zeit anderes zu tun, als einen Raufbold zu suchen", sagt der alte nepalische Arbeiter zu Chong Norbu. Sie kennen sich nun schon fast ein Jahr, ein Jahr, seitdem Chong Norbu auf den Packhof der Jutespinnerei kam. In Bhatgang, der Stadt, die einen Tagesmarsch von der nepalischen Hauptstadt Katmandu entfernt ist, kommt ihnen selten ein Brite zu Gesicht. Nur wenn Chong Norbu hin und wieder mit einem Jutetransport nach Katmandu muß, wird er ängstlich. Der bärtige alte Arbeiter hat das längst gemerkt. Und dann hat er Chong Norbu direkt gefragt, wie es kommt, daß er so gut englisch spricht und dennoch so ängstlich die Begegnung mit Briten meidet.

Da erzählt Chong Norbu seine Geschichte.

„Glaube meinen Worten! Die Briten haben jetzt andere Sorgen!" meint der Bärtige.

„Wie soll ich deine Rede deuten?"

„Die müssen jetzt schießen – und rennen lernen!"

Wieder muß Chong Norbu fragen, und nun erfährt er, daß in Europa Krieg ist. Krieg zwischen Briten und den Germans, zwischen Germans und Franzosen, zwischen Briten und den Italienern. Der Bärtige, der keine Zeile Englisch lesen kann und kaum einen Satz in einer anderen Sprache als der seiner Heimat versteht, weiß mehr über die Länder der weißen Sahibs als Chong Norbu.

„Du verstehst die Worte der Weißen und kannst in ihren Büchern lesen, aber du weißt nicht eine Zeile in der Sprache deiner Heimat zu schreiben!" sagt er. „Ich habe kein Erstaunen darüber, wenn du nicht weißt, daß die Sahibs in ihrem Lande aufeinander mit Kanonen schießen. Sie werden es dir nicht sagen. Aber hast du nicht gemerkt, wie jetzt die Söldnerwerber einander fast umrennen, weil die Briten sehr viele Soldaten brauchen? Nein? Und hast du nicht einmal deinen Verstand gebraucht, um Rat zu finden? Ach – du hast nur deine Berge im Kopf! Große Reisen in die Schneeheimat! Für die Herren, die Weißen!"

„Ach, in die Berge komme ich mein Leben lang nicht mehr!"

„Warum nicht?" sagt verschmitzt lächelnd der Alte. „Gewiß

nicht für die Briten und die Germans und die Schweizer! Aber vielleicht für uns?"
„Wer – wen meinst du mit ‚uns'?"
„Das wirst du später begreifen. Zuerst mußt du es dir abgewöhnen, einzelne Briten auf eigene Kappe zu verprügeln!"
„Was soll das, sind sie nicht deine Feinde wie meine? Du hast zu mir schon einmal ‚Raufbold' gesagt. Soll es mir einfallen, die Schufte noch zu streicheln, was?"
Der Bärtige lacht, seine Schultern hüpfen. „Nein, du sollst sie weder streicheln noch um Gnade bitten. Aber wenn du allein einem einzelnen Briten in das Herrengesicht schlägst, nützt das gar nichts – das kann allen Kulis nur schaden! Du siehst es ja selbst – hast weglaufen müssen, statt dazubleiben und deinen Freunden mit deinem schlauen Kopf zu helfen. Sie werden dich schon bald in deiner Hütte suchen! Vielleicht vergeht kein Monsun mehr, und die klügsten Sherpas werden im Gouverneurshaus sitzen und die Geschäfte lenken, nicht die davongejagten Sahibs, die nur mit dem Knüppel regieren!" Chong Norbu sieht ein wenig verwirrt drein – er denkt an Tsomu, die Ärztin, die fast die gleichen Worte sprach wie der Bärtige. Ob sie sich kennen? Beide, damals die Ärztin und jetzt der Arbeiter, sind sich so gewiß, einmal frei zu sein von den weißen Herren!
Es kommt ein Morgen, an dem keiner der Kulis arbeitet; sie stehen vor den Häusern der Verwalter und verlangen höheren Lohn. Da nimmt der Bärtige seinen Freund mit nach Katmandu zu einer Zusammenkunft von vielen Arbeitern. Ein ernstblikkender alter Arbeiter spricht mit lauter Stimme über die Löhne der Kulis, über die Pachtabgaben der Bauern, über die Not der armen Menschen. Noch nie hat Chong Norbu so deutliche Worte gegen die Fabrikherren und Landbesitzer, gegen die Briten und ihre Söldnerwerber gehört. Die Kulis und armen Bauern, die aus den Tälern in die Stadt gekommen sind, hören gespannt der Rede des Alten zu, der ihnen berichtet, daß sich im ganzen Lande die Bauern gegen die Großgrundbesitzer erhoben haben. In vielen Städten haben die Frauen die Söldnerwerber davongejagt, die ihre Söhne und Männer in die englischen Gurkha-Regimenter schleppen wollen. Die Tore der Gefängnisse haben die Kulis und Bauern aufgebrochen und die Männer, die von den Feudalherren eingesperrt waren, herausgelassen – in die Freiheit!
Chong Norbu und der Bärtige kehren nicht mehr zurück auf ihren Packhof. Sie gehen dorthin, wo die Bauern die Grundherren verjagt haben, und helfen mit, den Soldaten des Rana den Zutritt zu den freien Äckern und Dörfern zu verwehren.

„Jetzt kannst du zeigen, was du in den Bergen gelernt hast!" sagt der Alte eines Tages zu Chong Norbu. „Die Unsrigen brauchen dich!"
„Mich? Habe ich nicht neben dir gestanden in all den Monaten, wenn wir die Uniformierten davonjagten? Bin ich nicht schon so lange, seit du mich hergeführt hast, bei den ‚Unsrigen' gewesen? Was soll ich mit ihnen in den Bergen?"
„Du sollst einen großen Trupp anführen."
„Bärtiger, ich kann nicht kommandieren!"
„Du sollst den Trupp nicht kommandieren – führen sollst du die Leute. Über die Pässe müssen sie gehen, aber nur wenige Männer kennen den Weg. Sie haben keine Zeichnungen, von denen sie die Wege ablesen könnten, und sie haben zuwenig Kundschafter. Ich soll dir sagen, daß du dich morgen abend dort hinstellen sollst, wo die Straße in den Fels gehauen ist. Da kommt der Trupp. Bring sie dahin, wohin sie wollen."
„Gehst du nicht mit?"
„Nein, ich muß nach Pokhra und Charang. Der Aufstand wächst, in den Städten streiken die Arbeiter."
So gehen sie auseinander, der eine in die Städte zurück, der andere über die Berge nach Westnepal. Überall schwelen Unzufriedenheit und Auflehnung, langsam wächst die Empörung zur Flamme, die über das ganze Land leuchtet.
Zwei Jahre später sieht Chong Norbu den bärtigen Alten wieder. In einem Dorf an dem Fluß Bishanmati haben die Gurkha-Söldner gewütet: Erschossen, gehängt, enthauptet sind die Bauern und ihre Anführer. Unter den verstümmelten Toten entdeckt Chong Norbu seinen alten Gefährten. Viele Tote sieht er – in diesem Dorf und an allen Orten, wo die Strafabteilungen der Uniformierten eingefallen sind. Fast ein Jahrzehnt kämpfen Chong Norbu und die aufständischen Bauern, aber sie müssen schließlich der Übermacht weichen.
In die abgelegenen Täler fliehen die Männer, die nicht mehr der Gewalt der Söldner Herr werden können. Aber auch hierher langt der rächende Arm der Reichen aus Katmandu – nur der Weg über die Grenzen bleibt den wenigen, die sich noch der Verhaftung entziehen konnten.
Zum zweitenmal in seinem Leben verläßt Chong Norbu sein Heimatland Nepal, zum zweitenmal wandert er nach Darjeeling.
Aber er ist ein anderer als der, der vor fast dreißig Jahren aus Dhimbup mit der Mutter fortging.

Der erste Achttausender

Zwölf Jahre hat Chong Norbu fern von Darjeeling zugebracht – zwölf Jahre sah sein Auge nicht die leuchtenden Spitzen des Makalu und der „Fünf Schatzkästchen des großen Schnees". In unverändert lockender Schönheit winken sie aus der Heimat des Schnees nach Darjeeling hinunter.

Die Stadt ist gewachsen. Neue große Häuser überraschen Chong Norbus Augen, aber auch vielen alten vertrauten Dingen begegnet er. Nach wenigen Fragen hat er das Haus gefunden, in dem einer der alten Tigers seine Wohnung hat.

Die Gastfreundschaft öffnet ihm die Tür.

„Schön, daß du wieder da bist!" sagt Ang Tharke, der Sirdar, und glättet seinen blauseidenen Anorak. Er mißt den Gefährten vieler Bergfahrten mit einem freundschaftlichen Blick. „Und kommst du wieder mit? Es gab vor diesem Monsun eine große Freude! Der erste Achttausender ist bestiegen worden – schön, nicht wahr?" Chong Norbu hat sich in Ang Tharkes wohnlichem Haus niedergelassen. Bei ihm kann er bleiben, bis er selbst wieder eine Behausung findet. Die schönen, schlanken Hände Ang Tharkes ordnen die Hosen und Stiefel, die Seile und Brillen, die er stolz seinem alten Weggenossen von der Chomolungma gezeigt hat. Die Sahibs, mit denen Ang Tharke im letzten Sommer ging, haben ihm die Sachen geschenkt. „Franzosen", bemerkt Ang Tharke kurz. „Sie waren gute Männer und bessere Bergsteiger, bessere als alle, die die Heimat des Schnees bisher besuchten!"

Das sanfte Lächeln, das fast immer um seinen schmalen Mund steht, weicht ernsten Zügen, als er sagt: „Aber es war ein bitterteurer Sieg für die Sahibs! Lachenal und Herzog, die allein auf dem Gipfel waren, haben alle Zehen und Finger verloren! Ich verspüre Trauer mit ihnen, sie werden nie mehr klettern können!"

„Und die Tigers?" Chong Norbus Frage gilt seinen Landsleuten.

„Nichts Schweres ist ihnen geschehen! Alle sind heil zurückgekommen – von denen, die du kennst, war Da Tundu am weitesten mit hinauf."

„Oh, der alte Da Tundu? Er hat doch schon oft den Monsun

kommen und gehen sehen; ich glaubte, er sei schon zu alt für die Berge!"
„Spricht dein Mund ohne Gedanken? Da Tundu ist auch nicht älter als wir beide! Leicht mag er noch zwei Jahre jünger sein als ich, vierzig, wenn mich das Auge nicht trügt!" Ang Tharke lächelt höflich und legt den zierlichen Kopf schief. „Bei dir muß man, glaube ich, fünf Jahre mehr rechnen, wie?"
„So ungefähr wird es sein. Es ist ja nirgends genau aufgeschrieben ... Doch nun erzähle, wo du in diesem Sommer getragen hast? Ein Achttausend-Meter-Berg? Mißt man hier die Berge nicht mehr nach Fuß?"
„Doch – aber die Sahibs reden von der Linie der achttausend Meter mit großer Ehrfurcht. Ein ganz unbekannter Berg war es: Annapurna."
„In Nepal!"
„Ja! Du kennst ihn? Wie ist das möglich? Wir waren doch die ersten, die dem Annapurna mit ihren Füßen nahegekommen sind!"
„Du sprichst nichts Falsches, Ang Tharke, aber der Name war ja schon oft im Mund der Leute. Wie hoch?"
„Nur ein paar Meter über achttausend, sagten die Sahibs. Aber schwer, sage ich dir! Was die French-Männer geleistet haben, ist sehr viel. Es war die Mühe vieler Wochen, den Berg zu finden. Fast einen Monat lang sind wir vorher am Dhaulagiri herumgeklettert, und dann, ganz kurz vor dem Monsun, haben wir uns dem Annapurna genähert. Beim Anmarsch durfte ich zum Kloster Muktinath eine Wallfahrt machen. Ich war sehr glücklich. Ich habe für die Sahibs gebetet. Aber die Götter waren nicht gnädig. Sie haben den Sahibs den Gipfel geschenkt, aber die Hände und Füße, mit denen sie den Thron berührten, haben sie ihnen genommen."
In schmerzlicher Erinnerung an die Leiden seiner Sahibs hat Ang Tharke die Hände vor die Augen genommen. Chong Norbu möchte sagen, daß er Schlimmeres gesehen hat, was die weißen und braunen Henker in Nepal an gefangenen Freiheitskämpfern verbrochen haben, aber da setzt Ang Tharke schon seinen Bericht fort.
„Die französischen Sahibs hatten Furcht, daß der Monsun ihnen den Rückweg abschneidet, und haben sich überstürzt an den Aufstieg gemacht. Wir sind jeden Tag bis zur Dunkelheit unterwegs gewesen. Und dann die Stürme. Der Annapurna liegt so frei! Oft genug sind uns in den Nächten die Zelte weggeflogen. Im höchsten Lager haben der Bara-Sahib – Herzog heißt er richtig – und Lachenal in der Nacht vor dem Gipfelangriff kein

Auge schließen können. Ich war vorher schon wieder hinuntergegangen."
„Krank?" unterbricht ihn fragend Chong Norbu.
„Nein, aber das Schuhzeug taugte nichts. Nur dünne Lederschuhe. Ohne Futter. Es war mir zu gefährlich. Bara-Sahib hat mir angeboten, mit zum Gipfel zu kommen. ‚Wir wollen den Sieg gemeinsam haben', sagte er. So sind die French-Männer! Das ist sehr gut."
Ang Tharke macht eine Pause und betrachtet seine Uhr, die Herzog ihm als Andenken gab.
Chong Norbu lächelt. „Ich habe es immer gewußt, daß es einmal so kommt!"
„Wie sollte es einmal kommen?"
„Daß die Sherpas nicht mehr Kulis sind, sondern ebenso gute Bergsteiger werden und mit den Sahibs zusammen die Gipfel betreten!"
„Ja, die Sahibs haben sich sehr geändert!"
Chong Norbu hebt ein wenig die Schultern.
„Ich habe zehn Jahre lang nur wenige weiße Sahibs gesehen – ich kann nicht viel sagen über die Weißen! Wir haben uns geändert – die Kulis, die Träger sind stärker geworden. Sie müssen uns mehr achten, sonst haben sie nicht mehr unseren Beistand für ihre Absichten."
Ang Tharke sinnt über die Worte Chong Norbus nach und sieht ihn mit seinen klugen Augen lächelnd an. „Wenn ich jetzt deine Worte höre, muß ich auch sagen: Wir haben uns sehr geändert! Du hast früher nicht solche Worte gesprochen. Du hast vieles gelernt und lehrst mich Neues! Wo bist du gewesen, Chong Norbu, in einer frommen Schule?"
„Ja – in einer Schule! Einer sehr harten! Aber da ging es nicht sehr fromm zu – es gab viele blutige Köpfe! Aber jetzt rede ich nicht von dieser Zeit! Später! Sage mir erst, wie es weiterging am Annapurna!"
„Ich bin genauso begierig, deine Taten zu wissen! Aber dann höre zuerst, was du wünschst. Ich habe nicht gern auf den Gipfel verzichtet, doch es wäre mir genauso ergangen wie den beiden Sahibs. Ich wußte es. Und konnte doch nichts gegen ihr Unglück tun. Sie sind zu Krüppeln geworden. Nie und zu keiner Zeit wären sie mit mir umgekehrt. Sie waren nicht zu halten! Du bist ja auch schon ohne Sauerstoff ganz hoch zur Chomolungma aufgestiegen – du weißt es, wie einem da ein Schleier vor den Augen hängt. Herzog hat beim Abstieg nicht mehr gewußt, was er tat; er hat seine Handschuhe ausgezogen und weggeworfen! So verrückt war er von den Tabletten!"

„Was für Tabletten und wozu?“
„Maxiton – oder so. Der Name ist in meinem Kopf, aber mein Mund weiß ihn nicht genau zu sagen. Ich habe gesehen, was sie anrichten. Für die letzte Quälerei in der dünnen Luft unter dem Gipfel sind sie sicher sehr gut, geben Schwung und lassen dich keine Schmerzen verspüren – das alles ist gut! Aber große Gefahr ist in den Tabletten. Die French-Sahibs wußten nachher nicht mehr, was sie taten! Als die vier Mann, die aus den obersten Lagern zurückkamen, in einer Eiskluft übernachten mußten, wollte Lachenal mit nackten Füßen absteigen, weil er seine Schuhe nicht gleich fand. Und alle waren schneeblind. Ihre Brillen hatten sie abgenommen, alles machten sie verkehrt – es war furchtbar, wie sie ankamen! Ich habe sie mit dem Doktor heruntergeholt, wir kamen noch in zwei Lawinen, trotzdem waren die Götter mild, alles ging gut, aber die beiden Männer vom Gipfel waren keine Menschen mehr. Ich habe schon viel Elend im Schnee gesehen, Chong Norbu, aber was die Franzosen gelitten haben, war ganz schrecklich. Die verfluchten Tabletten! Ja, für den ersten Berg über achttausend Meter wird den Sahibs großer Ruhm in ihrem Land. Aber es war ein sehr teurer Sieg!“ Ang Tharke steht auf und gießt Wasser in den Teekessel.
„Ich frage mich nur manchmal“, klingt seine Stimme durch den Raum, „warum machen wir das alles mit. Die Sahibs suchen sich einen Berg aus, zu Hause, in ihren Büchern, auf ihren Karten, kommen hierher in unser Land, und wir gehen einfach mit. Es ist doch schon längst nicht mehr wegen des guten Lohns! Ob es nur die Freude ist am Kampf?“
Chong Norbu antwortet nicht. Sicher erwartet Ang Tharke auch keine Antwort. Früher hätte Chong Norbu auch sicher eine Antwort gewußt – früher, vor zwölf Jahren.
Aber die liegen jetzt zwischen den Bergen und ihm.

Gibt es Schneemenschen?

Das Jahr 1950 brachte der Welt den ersten Sieg der Menschen über einen Achttausender. Es war das gleiche Jahr, in welchem viele Tigers die ersten großen Bergfahrten nach dem Kriege mitmachen konnten. Da Tundu, der mit Ang Tharke am Annapurna war, hatte nach dem Monsun noch mit drei anderen französischen Alpinisten einen 7355 Meter hohen namenlosen Berg an der tibetischen Grenze bestiegen. Tenzing Norgay war mit ein paar Briten reichlich spät im Jahr zum Nanga Parbat gefahren und hatte bald eingesehen, daß den recht unerfahrenen Sahibs kein Erfolg winken würde. Darum weigerte er sich mit seinen Tigers, den Sahibs auf den Rakiot-Gletscher zu folgen – und behielt recht. Zwei der Engländer blieben seit dem 21. November verschollen.
An der Chomolungma versuchte sich in diesem Jahr eine britische Bergsteigergruppe unter der Leitung des alten Himalaya-Trotters H. W. Tilman – zum erstenmal von der Südseite. Die Regierung von Nepal gestattete den Anmarsch durch das Dhud-Kosi-Tal, und Tilman konnte einen Weg finden, der bis zum Fuß des mächtigsten Berges der Erde führte. Nach den Mißerfolgen der vielen Everest-Expeditionen, die den Berg von der Nordseite her zu bezwingen versuchten, versprach die neue Route mehr Aussicht und Erfolg. Wie es auf dieser Route weiterging, das konnte man in diesem Jahr nicht mehr erforschen.
Die Zeitungen in den Hauptstädten der Welt bringen zum erstenmal nach einem Jahrzehnt wieder Nachrichten vom alpinen Geschehen im Himalaya.
„Neuer Weg auf den Mount Everest entdeckt!"
„Der erste Berg über 8000 Meter Höhe bezwungen!"
„Wieder zwei Tote am Nanga Parbat!"
„Neuer französischer Gipfelsieg an tibetischer Grenze!"
Auch etwas sensationell Aufgemachtes:
„Erdbeben hebt Asiens Berge um 25 Meter!"
Und noch sensationeller: „Geheimnisvolle Schneemenschen im Himalaya! Fußspuren erstmalig fotografiert!"
Bis an die Grenze der westlichen Zivilisation, bis hinauf nach Darjeeling gehen die Nachrichten, bis dorthin, wo sie ihren Ursprung haben. Was inzwischen – auf dem Wege vom Geschehen

über die Nachrichten-Agenturen bis in die Redaktionen – an Entstellungen hinzukommt, ist unübersehbar.
Die zerlesenen Zeitungsblätter machen die Runde unter den Tigers. Wer die Nachrichten nicht selbst entziffern kann, läßt sie sich vorlesen. Die Sache mit den Bergen, die um 25 Meter gewachsen sind, nehmen die meisten ebenso widerspruchslos hin wie die Schauergeschichten von den schrecklichen Schneemenschen. Das Erdbeben haben sie alle selbst erlebt oder verspürt. Oder die Folgen gesehen. In Tibet rissen die Straßen auf, in Nepal stürzten die Häuser der Städte ein, in Assam gab es gewaltige Bergrutsche – warum soll es nicht zutreffen, daß die Throne der Götter dem Himmel 25 Meter nähergerückt sind?
„Ist es wahr, was hier gedruckt steht?" fragen die Tigers Chong Norbu. Sie kommen zu ihm, weil er einer der Ältesten von ihnen ist, weil er wie kein anderer von ihnen die englischen Worte zu lesen versteht und weil sie schon längst spüren, daß er nicht nur einer von vielen tüchtigen Tigers ist, sondern einer, von dem sie immer und überall Rat annehmen können.
„Sind sie höher geworden? Mit einem Mal?"
Sie reden hin und her und lassen sich die Sache gründlich von Chong Norbu erklären. Er zeigt ihnen, wie er es damals von dem Schweizer Professor gelernt hat, wie sich das Gebirge gleich einem faltenreichen Stoff zusammenschiebt und aufwirft. Schön. Das erklärt Chong Norbu gern den Tigers. Aber die Sache mit den Schneemenschen? Die Spuren, die Shipton fotografiert hat, kennen sie selber, und den Shipton-Sahib kennen auch viele von ihnen.
„Auch ein weißer Sahib kann sich täuschen!" sagt Chong Norbu und besieht sich die Zeitungsbilder, auf denen Fußtapfen, so groß wie ein Eispickel, zu sehen sind.
„Wir haben sie aber selbst gesehen", beharren die Tigers.
„Das glaube ich euch – sonst hätte man ja auch keine Bilder davon machen können. Aber habt ihr nicht selbst oft genug eure eigenen Spuren angesehen, wenn sie eine Woche alt waren und die Sonne den Schnee breit zerfließen ließ? Waren eure Fußtapfen nicht so groß wie von einem Elefanten? Nein, die Bilder in der Zeitung sind kein Beweis! Es gibt keine Schneemenschen!"
Die Männer sind einen Augenblick still, und fast scheint es, als habe Chong Norbu sie überzeugt. Doch zu sehr umfängt sie noch Aberglaube und Geisterfurcht.
„Mein Vater hat die Schneemenschen getroffen – mit langen Haaren und einer Affenschnauze! Und Zähne, sage ich euch! Zähne so lang und spitz", tut sich einer wichtig.

Chong Norbu erwidert, daß der Wichtigtuer eben selbst die ganze Sache erklärt habe – es waren Affen! Warum soll der Langur-Affe nicht manchmal im Eis zu finden sein, wenn er sicht verirrt hat oder vor den Menschen aus dem Wald auf einen Gletscher flüchtet?
„Affen gehen nicht aufrecht, aber Metohkangmi, der abscheuliche Schneemensch, läuft auf zwei Beinen", beharrt der Sherpa.
Schnell stellt ihn Chong Norbu: „Hast du ihn gesehen? Wo? Wann? Wer war bei dir? Warst du gesund im Kopf oder fieberkrank? Wenn du mir auf jede Frage eine Antwort gibst, dann will ich dir glauben! Aber du kannst nicht antworten!"
Noch gibt sich der andere nicht geschlagen: „Warum drucken sie aber solche Kunde in der Zeitung, wenn sie nicht wahr ist?"
„Weil die, die die Zeitung machen, Geld damit verdienen! Eine aufregende Sache wird immer abgedruckt und gut bezahlt! Und dann ist das wenigste, was ihr in den Zeitungen lest – ob es nun britische oder indische sind – immer wirklich wahr. Die Leute, die die Zeitung drucken, sind genauso arme Arbeiter wie wir, aber die, denen die Druckerei gehört und die Worte für die Zeitung aufschreiben, wollen, daß die Menschen dumm bleiben, daß sie Angst haben. Oder sie wollen ihnen Aufregendes zu lesen geben, damit die einfachen Menschen nicht mehr daran denken, wie drückend ihre Not ist und wie sie sich von den lügenhaften Zeitungsschreibern, von den Fabrikherren und von ihrer Not befreien können! Das ist es, mehr nicht!" Die Tigers murmeln beifällig. Ein schlanker junger Träger faltet seine Zeitung und sagt: „Wir wissen dir Dank für deinen Rat. Du hast uns klüger gemacht!"
Es ist nicht das einzige Mal, daß die Tigers zu Chong Norbu kommen. Sie kommen zu ihm, als sie hören, daß die fremden Herren aus China und Tibet vertrieben wurden, und freuen sich mit ihm. Wann wird es hier soweit sein? Er weiß auf alles eine Antwort, und hat er nicht gleich eine Antwort, dann weiß er, wie man die Antwort finden kann. Und sie helfen ihm, die Antworten zu finden, sie denken mit ihm gemeinsam über das nach, was sie alle bedrückt, sie sind durch ihn wach geworden und schicken sich nicht mehr schweigend in ihr Los – sie haben begonnen, auf eigenen Füßen zu laufen.
Und einen eigenen Weg zu gehen.
Ohne weiße Vormundschaft.
Chong Norbu geht ihnen voran.

Versperrte Heimat

Im Trägerregister des Himalaya-Clubs sind viele neue Namen aufgetaucht. Die Blätter der alten Träger, vor zwanzig Jahren begonnen, haben sich gefüllt mit ehrenden Ergänzungen. Da sind ein paar Blätter dabei, auf die in fast jedem Jahr ein berühmter Bergname eingetragen wurde. Manches Mal auch ein Gipfel.

Oder ein Kreuz, ein Datum, eine kurze Notiz.

Und dann wurde das Blatt fortgelegt, weil es nie mehr beim Zusammenstellen einer Trägerkolonne gebraucht wurde.

Die Zahl der Blätter im Trägerregister mit einem Sterbetag als letztem Vermerk ist größer geworden. Es sind schon über fünfzig.

Und auch andere Blätter sind in der Kartei, die nicht mehr benutzt werden. Die Gründe sind verschieden. Mal ist ein Träger fortgelaufen in seine alte Heimat. Oder einer ist ins Gefängnis gewandert. Oder er hat den Sahibs nicht gefallen, weil er seinen Rücken nicht für eineinhalb Rupien verkaufen wollte, weil er auch für die anderen Tigers höheren Lohn verlangte und die Forderungen nicht mit der Expeditionskasse in Einklang kamen oder weil er nur eine geringe Last an sein Stirnband hängte, um nicht Schaden zu nehmen in der Todesregion des großen Eises. So viele Träger – so viele Gründe. Die Sirdare können manchmal einen Blick in die Kartei werfen – ungewollt enthüllen die Sahibs ihre Meinung über die, denen sie oft genug ihren Weltruhm als Gipfelbezwinger verdanken.

Ang Tharke weiß noch nicht, wie er es seinem Freund Chong Norbu beibringen soll, daß die Briten ihn in diesem Jahr nicht zur Chomolungma mitnehmen wollen. Die Bemerkungen, die er bei den Gesprächen der Sahibs über Chong Norbu aufschnappte, waren deutlich genug.

„Es geht nicht!" sagt er dann schließlich, als Chong Norbu ihm keine Ruhe läßt. „Nein, nicht deine verkrüppelten Füße sind es. Auch nicht, daß du dem Bauer-Sahib mal davongelaufen bist; das ist längst vergessen! Du weißt es selber: Katmandu."

„Was soll man hier davon wissen?"

„Vielleicht mehr, als dir lieb ist? Du hast den Briten nichts getan, aber du hast den fetten Säcken in Nepal Beine gemacht.

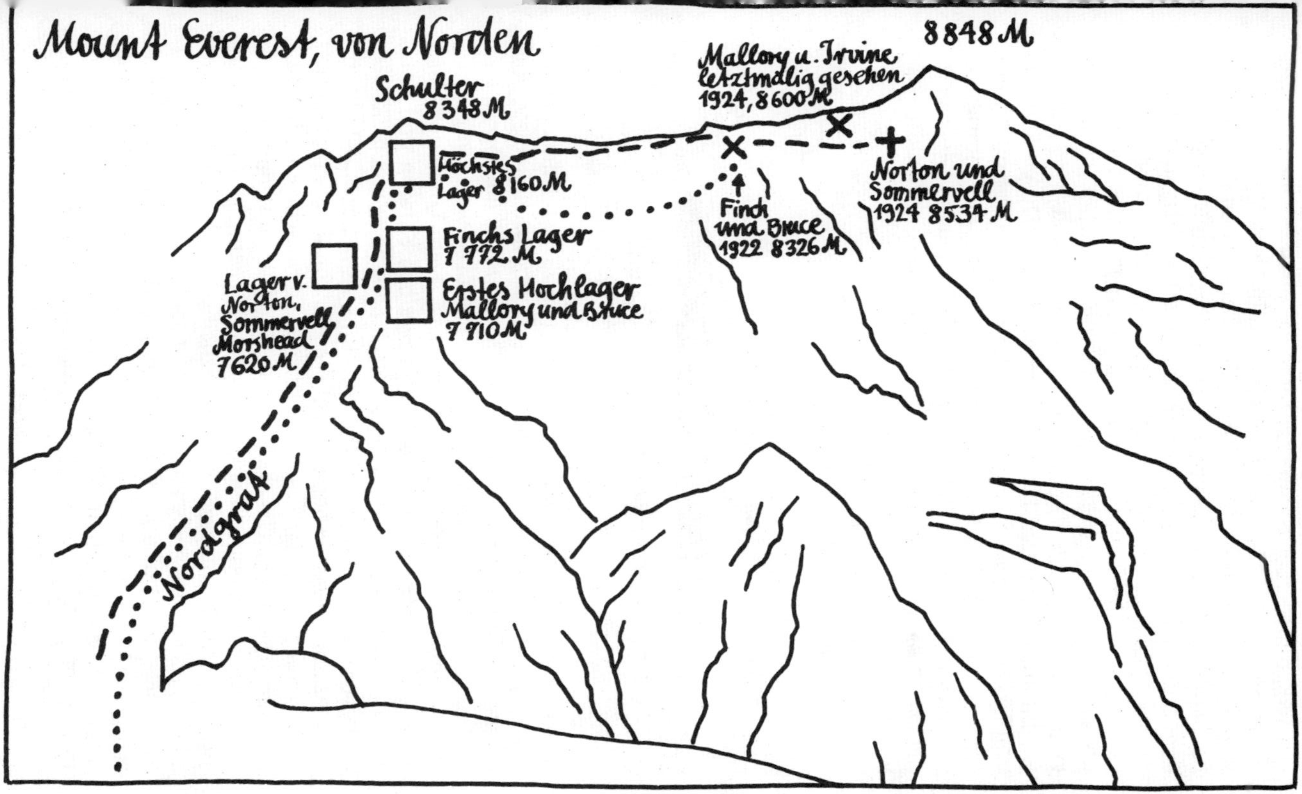
Mount Everest, von Norden
8848 M
Schulter 8348 M
Mallory u. Irvine letztmalig gesehen 1924, 8600 M
Höchstes Lager 8160 M
Norton und Sommervell 1924 8534 M
Finch und Bruce 1922 8326 M
Finchs Lager 7772 M
Erstes Hochlager Mallory und Bruce 7710 M
Lager v. Norton, Sommervell Morshead 7620 M
Nordgrat

Das paßt den weißen Sahibs ganz und gar nicht. Bleibe hier – es ist besser für dich. Sie suchen dich doch in Nepal!"
Nepal! Ja – es soll diesmal durch Nepal zur Chomolungma gehen, auf dem kürzesten Weg von Darjeeling zum Everest. Nachdem schon im Vorjahr die Briten die Erlaubnis bekamen, nepalisches Gebiet zu betreten, dürfen sie auch 1951 wieder durch das Dhud-Kosi-Tal marschieren! Die Heimat – das Land Solu Khumbu – die alten vertrauten Dörfer Namche Bazar und Dhimbup! Mit einem bitteren Lächeln wendet sich Chong Norbu ab. Die Heimat bleibt ihm verschlossen. Durch Sikkims Wälder kann er ziehen, mit Schmetterlingssammlern und Geologen! Doch den Bach aufwärts wandern, der am Elternhaus vorbeirauscht, der genährt wird aus den gleißenden Gletschern der allgütigen Göttinmutter der Erde, das bleibt ihm verwehrt …

Neue Wege – neue Schuhe

Noch in den letzten regenreichen Wochen des Monsuns bringt der unverwüstliche Shipton seine kleine Mannschaft bis dicht an den Mount Everest heran. Ang Tharke führt die Tigers an. Viel zu schnell geht ihnen der Vormarsch durch das Dhud-Kosi-Tal, das ihre oder ihrer Eltern Heimat ist. Dem Laufe des kleinen Baches Lobuya Khola folgend, gewinnen Shipton und sein talentiertester Begleiter, der neuseeländische Bienenzüchter und Bergsteiger Edmund Hillary, eine Aufstiegsmöglichkeit zum Pumori. Aber sie haben nicht die Absicht, den Gipfel dieses 7068 Meter hohen Nachbarn des Everest zu bezwingen. Sie wollen nur von einem Gratrücken aus Einblick gewinnen in das Heiligtum der Chomolungma: das Westbecken, das die Flieger 1933 mehrmals fotografierten. Es scheint Shipton nach langen Überlegungen der geeignetere Weg zu sein.
Wie viele Mühen und Opfer hatten britischen Bergsteigern schon die Versuche am Chang La, am Nordsattel, gekostet! Shipton suchte einen neuen Weg. Jetzt liegt er vor seinen Augen!
In fast 7000 Meter Höhe wälzt sich ein grandioser, von Spalten

wild zerrissener Gletscher an der Südflanke des Everest zu Tal. Wird es gelingen, durch dieses grauenerregende Eislabyrinth bis zum südlichen Sattel der Chomolungma vorzustoßen? Über dem Eisbruch zieht sich in sanftem Aufschwung vom Südgipfel des Everest ein Grat zur Pyramide des höchsten Berges der Welt empor – ein verlockender Weg!
Der Oktober hat schon begonnen, als Hillary und Shipton mit Ang Tharke, Pasang und Nima darangehen, einen Durchschlupf durch die schwankenden, sturzbereiten Eistore des Westgletschers zu finden. Unter ihren Füßen splittern die glitzernden Eisbrücken, zu ihrer Seite neigen sich schwankend Türme und Zacken, Eislawinen donnern nahe bei ihnen hernieder, überall und jederzeit umlauert sie ein jäher Tod. Wollen sie sich hier erschlagen, zermalmen lassen? Zweimal reißen Lawinen die Seilschaften in die Tiefe, aber die Göttinmutter entläßt sie zweimal unverletzt aus ihren eisüberkrusteten Krallen. Die Warnschüsse der Chomolungma haben den Briten und Sherpas den Atem verschlagen – sie müssen zurück!
Für dieses Mal zurück! Aber dennoch gehen die Männer mit einem sieghaften Lächeln wieder in die grünen Täler von Solu Khumbu hinunter – einen neuen, aussichtsreichen Weg haben sie entdeckt, haben ihn betreten, sind seinen tausend Gefahren auf die Spur gekommen. Die Gletscherbarriere ist durchbrochen, ein Loch aufgerissen, das zur Bresche werden kann. Noch ist es nur klein – aber es eröffnet den Ausblick auf einen hoffnungsvollen Weg.
Eric Shipton wird wiederkommen – der alte Widersacher des Everest, und sein junger Gefährte, der fast zwei Meter große „Ed“ Hillary; wiederkommen werden die Tigers, die immer furchtloser ins Reich der eisgekrönten Götterthrone eindringen.
Sie haben noch eine alte Rechnung zu begleichen.

Chong Norbu wiegt den Schuh in der Hand.
Im Kreis umstehen ihn die Tigers und sagen ohne Umschweife ihre Bedenken.
„Die Sohle ist nicht gut“, sagt Kedong geringschätzig. „Die Sahibs im Abendland haben wohl keine Nägel mehr nach ihrem Krieg?“
Chong Norbu hat es sich angewöhnt, jeder falschen Meinung oder Unwissenheit sofort zu begegnen. Er möchte dem Träger Kedong sagen, was er von den Schweizer Sahibs schon erfahren hat – daß nämlich in ihrem Lande gar kein Krieg war. Aber die Sohle liegt ihm jetzt auch näher als der vergangene Krieg. „Lauf

mal in dem Schuh! Komm, zieh ihn mal an! Paßt er dir?" Kedong sitzt schon neben ihm auf dem Lehmboden.
„Ein bißchen knapp!"
„Das ist jetzt nicht wichtig. Du kriegst ja selber welche. Die werden passen. Die Sahibs haben genug mitgebracht. Fertig? Na – sage mir mal, was an der Sohle schlecht ist!"
Kedong schurrt mit den Füßen auf dem glitschigen Lehmboden, klettert O-beinig auf einen Steinblock. Die Zehen zeigen steil nach oben, die Sohle rutscht nicht. Kedong steht fest und sicher.
„Siehst du! Kannst du das auch mit genagelten Schuhen?"
Kedong schüttelt den Kopf. Dann begehrt er, solche Schuhe zu besitzen. „Ob wir sie hinterher behalten dürfen?"
„Weiß ich nicht – mal abwarten, was Tenzing sagt."
Aus dem großen Materialzelt, in dem die Sahibs mit dem Sirdar Tenzing Norgay über die Verteilung der Ausrüstung an seine zwanzig Tigers gesprochen haben, kommt ein Mann in hellem Anorak auf die Gruppe zu. Er hat seine Fellkappe gegen eine Baskenmütze vertauscht. In seinem straffen Gesicht leuchtet eine Reihe untadeliger Zähne, ein leichter Anflug von Bart über der Oberlippe unterstreicht seine männlichen Züge.
„Ihr alle könnt euch Stiefel holen!" gibt er bekannt. „Anoraks und Hosen müssen noch ausgepackt werden."
Tenzing Norgay, der junge, bewegliche Sirdar, hockt sich zu seinem Freund Chong Norbu und betrachtet die Schuhe, die Kedong wieder ausgezogen hat. Sein Daumen fährt über die Gummistollen der Profilsohle. „Ich glaube, damit können wir besser gehen als mit Eisenstiften unter dem Schuh."
„So wird es sein!" meint Chong Norbu. „Es hat sich viel geändert, seit ich zum letzenmal ins Eis ging." Er prüft den Stoff von Tenzings Nylonjacke. „Schön leicht, nicht?"
Tenzing fügt hinzu, daß der Stoff ganz winddicht sei und die ganze Ausrüstung der Schweizer schon in den europäischen Gebirgen ausprobiert worden ist.
An die kümmerlichen Jacken und Hosen denkt Chong Norbu, die vor zwanzig Jahren den Tigers überlassen wurden, an die Ungleichheit der Ausrüstung von Sahibs und Trägern – ja, es ist vieles anders geworden!
Da zieht Tenzing ihn leicht am Ärmel heran und sagt ihm mit fast verlegenem Lächeln, daß die Schweizer Sahibs ihn, den Sirdar, eben zum gleichberechtigten Mitglied der Expedition erklärt haben.
„Das ist schön!" ruft Chong Norbu erfreut. „Das ist schön! Tenzing – du hast genausoviel zu sagen wie ein Sahib? Oh – sie

brauchen uns, sie können uns nicht mehr wie Kulis behandeln! Das ist schön, Tenzing! Alle Tigers werden stolz auf dich sein!"

Wer hätte vor zwanzig Jahren glauben mögen, daß ein Sherpa über den Ablauf der Expedition mitzubestimmen hätte? Gewiß, den Sirdar hörten sich die Sahibs an, folgten auch oft seinem klugen Rat – aber letzten Endes waren die Träger doch farbige Kulis, Lasttiere. Chong Norbu denkt lächelnd an die Ärztin Tsomu.

„Wenn die einfachen Menschen viel wissen, brauchen sie keine Herren mehr – dann wird es keine Kulis mehr geben!" hat sie damals gesagt. Sind die braunen Menschen schon am ersehnten Ziel? Noch nicht, noch lange nicht, aber die ersten Schritte sind getan! Sie sind unentbehrlich geworden – ohne sie geht es nicht mehr. Das wissen sie, und das ist ihre Kraft!

Ganz anders als vor dem großen Krieg der weißen Männer verhalten sich heute die Sahibs zu den Trägern. Den Anfang machten wohl die Franzosen, als sie 1950 zum Annapurna gingen. Die britischen Bergsteiger, die im gleichen Jahr den Nanga Parbat und 1951 ihre alte Bergfeste, den Everest, angriffen, waren zwar immer noch die sachlich kühlen Kolonialherren, aber schon zu deutlich spürten die Tigers, daß sie ein neues Verhältnis zu ihren braunen Gefährten suchten, suchen mußten, wollten sie sie auch weiter als ergebene Helfer haben.

Hundertjährige Unberührtheit

Die Schweizer, die unter dem erfahrenen Bergsteiger Dr. Wyss-Dunant 1952 in den Himalaya gekommen sind, verlassen sich bei den Vorbereitungen mehr auf ihren gesunden Menschenverstand als auf die snobistischen Vorurteile der Briten. So kommt es, daß sie den jungen, hoffnungsvollen Nachwuchsbergsteiger Tenzing Norgay zum Sirdar machen und dieser seine erfahrensten alten Freunde mitnehmen darf. So kommt es, daß Chong Norbu endlich, nach dreizehnjähriger Pause, wieder in die Eisregionen geht. Nicht für den Sturmtrupp, aber als der erfahrene

Mann der Etappe. Die größte Überraschung für die Tigers aber ist diese: Der geheiligte Berg der britischen Alpinisten, der Gipfel der Welt, den die Engländer entdeckt haben wollen, dem die Engländer einen englischen Namen gaben, wird zum erstenmal von Nicht-Engländern angegriffen! Ist den Bergsteigern anderer Nationen die Zeit zu lang geworden, auf den Sieg über die höchste Erhebung der Erde zu warten? Haben die Briten in den letzten Jahren keine großen Bergsiege mehr vollbracht? Sind sie noch imstande, den letzten Schleier um die Chomolungma zu lüften?

Shipton hat im vorigen Jahr die Tür aufgestoßen – warum ist er in diesem Jahr nicht zurückgekommen zu „seinem Berg"? Am Cho Oyu, dem Achttausender nordwestlich der Chomolungma, ist er in diesem Jahr mit seiner ganzen Mannschaft, die die Kundfahrt zum Everest mitmachte. Wollen sie mit ansehen, wie ihnen eine Schweizer Mannschaft den Ruhm des endlichen Besiegers des Everest wegnimmt? Der Weg, den Shipton entdeckt hat, ist auch der Weg der Schweizer Bergsteiger. Über dem Westgletscher errichten sie die Hochlager. Tenzing und Raymond Lambert stürmen voran.

Chong Norbu hat mit seinen Trägern die Nachschublager immer näher an den Spitzentrupp herangeschoben. Ende Mai sind über fünfzig Traglasten mit Proviant und Kletterzeug im Lager III.

Das ist noch zu niedrig, nur 6000 Meter hoch.

„Wir müssen wenigstens noch zwei Lager einrichten!" meint Tenzing.

„Ein Zwischenlager im oberen Cwm und ein größeres dort, wo die Steilwand vom Südsattel zum Cwm abfällt!" ‚Kum' sagt er, denn er hat schon von den Briten bei den vergangenen Expeditionen gelernt, daß das gälische Wort Cwm so ausgesprochen wird. Gletscher, Glacier, Ferner – nein, das sind auch nicht die richtigen Wörter für diese Eishölle. Keine gleiche ist im Himalaya zu finden. Der Eisbruch, das Cwm, ist ein lebendes Trümmerfeld!

Wenn in Manhattan die Erde erbebte und zwischen den stürzenden Wolkenkratzern die Menschen sich einen Pfad bahnen müßten, es könnte nicht schwerer, nicht gefährlicher sein als für die winzigen zweibeinigen Wesen, die hier zwischen den Mühlsteinen des allzeit brüllend-berstenden Cwm dem Tod entrinnen. Der Schleichweg zum oberen Ende des Gletschers ist ein ewiges Beiseitespringen. Die Sherpas und Sahibs werden es müde, Hunderte Mal am Tage zu sagen oder zu denken: Es ist gerade noch einmal gutgegangen! Sie gehen durch eine Gasse

sprungbereiter gieriger Raubtiere. Nicht die Gefahr, die sie umwittert, erfüllt ihr Denken – sie haben alle nur einen Gedanken: den Südsattel, den höchsten Paß der Welt, zu bezwingen, den noch nie Menschenfüße betraten!
Endlich ist der Paß erreicht. Am 26. Mai kampieren Tenzing und Lambert im winzigen Sturmzelt 7879 Meter hoch, am Tage darauf stoßen die beiden Sahibs Aubert und Flory zu ihnen, steigen mit den zwei Favoriten der Expedition mehr als 450 Meter höher, und dann steht bei 8330 Meter das Lager VII.
Fällt morgen der Gipfel?
Genau hundert Jahre sind vergangen, seit eine britische Vermessungsgruppe die Bergspitze Nummer XV in Mount Everest umtaufte, seit die Chomolungma, die allgütige Göttinmutter der Erde, auch in der Welt der Weißen zum Berg der Berge erklärt wurde. In diesem „Jubiläumsjahr" des Everest, den die Briten zu ihrem „Hausberg" machten, ist kein Brite auf den Gletschern zu Füßen der Göttinmutter zu finden – ein Schweizer Alpinist und der Beste der Darjeeling-Tigers sind dem Berg näher als alle anderen je zuvor!
Tenzing Norgay und Raymond Lambert können nicht schlafen. Die Sauerstoffatmer sind hinderlich, die Füße frieren, wieder und wieder müssen sie ihre Zehen massieren. Das Zelttuch knattert im heulenden Orkan. Gegen Morgen wird die Kälte unerträglich – nur um sich Bewegung zu machen, kriechen sie im fahlen Licht des Morgens hinaus. Über ihnen blitzen die ersten Sonnenstrahlen an den gelbgebänderten Felsen der Gipfelpyramide!
Sie blicken sich an, die beiden durchfrorenen Männer. Tenzings Augen blinken sieghaft-optimistisch. Die überraschende Wendung des Wetters gibt ihm Hoffnung. Ein Tag, wie er selten unter dem sturmumtosten Haupt der Göttinmutter den Bergsteigern beschert wird, steigt herauf.
„Komm!" Das ist alles, was seine ausgedörrte Kehle an Worten hergibt. Noch einen Schluck Apfelsinensaft. Die Gipfelflagge in die Tasche, das Gestell mit dem Sauerstoffgerät auf die Schultern, eine anregende Tablette Pervitin, dann stapfen sie vom Zelt fort, dem Grat entgegen. Dem Gipfel der Welt entgegen!
Lambert steigt voran. Fuß vor Fuß. Jeder Schritt wird zur Qual. Vor jedem Schritt, vor jedem Anheben des Fußes eine Willensanstrengung. Lambert befiehlt seinen Füßen: Jetzt die Zehen vom Boden lösen! Den rechten Fuß heben! Höher, nicht zu niedrig! Höher! So! Und nun den linken!
Den rechten! Den linken!
Fünf lange, entsetzliche Stunden.

Schweigend keucht Tenzing hinter ihm her. Dreimal schon haben sie in der Führung gewechselt. Die Stufen, die sie ins Eis hacken, sind nicht mehr zu zählen. Jetzt schwingt Lambert wieder den Pickel. Langsam, mit langen Pausen. Glashartes Eis bricht unter der Pickelhaue. Lamberts Gedanken sind wirr. Sein Arm stockt plötzlich mitten im Schwung. Es ist ja alles Wahnsinn, denkt er, jede Stufe führt dich meilenweit vom Leben fort! Es gibt keine Wiederkehr! Die letzte Kraft für eine Treppe in die Ewigkeit? Keine Umkehr? Nur vorwärts, ins Nichts? Halt! Nicht weiter! Hinab!

Hinter ihm zerrt Tenzing am Seil und versucht sich verständlich zu machen. Weit ausholend weist er mit dem Arm hinunter. Mit verglasten Augen sieht Lambert, wie der Tiger sich umwendet und eine Stufe tiefer klettert. Noch einmal winkt er mit dem Arm.

Hinab! Zurück ins Leben!

Fünf, sechs Schritte abwärts, dann ist Lambert bei dem Gefährten.

Tenzing hat einen Überhandschuh ausgezogen und kramt in der Tasche. Der kleine Wimpel mit dem Spinnrad auf den Farben Indiens fällt in den Schnee. Ehe der Wind ihn fortblasen kann, hat Tenzing seinen Fuß daraufgesetzt. Mit klammen Fingern reicht er Lambert eine Tablette: „Damit wir wieder Kraft haben, bis zum Sattel zu gehen."

Das teuflische Zeug! Die winzige Tablette bedeutet Lebenskraft und Auslöschen zugleich. Ein paar Stunden hält die belebende Wirkung an, dann aber bricht der Lebensstrom jäh ab. Wirre Gedanken, unsinniges Handeln begleiten die Stunden des Aufgepulvertseins. Keiner, der einmal Pervitin nahm, tut es wieder, ohne es zu müssen.

Lambert und Tenzing müssen es.

Sie müssen den nahen Gipfel lassen und abwärts steigen. Wie nahe waren sie dem Sieg? Fehlten hundert Meter? Fünfzig? Bis zum Südsattel sind es jedenfalls noch gut sechs Stunden; denn im Sturmzelt des Lagers VII können sie nicht noch einmal zur Nacht bleiben. Dann hätten sie gleich zum Gipfel weitergehen können, um nie wiederzukehren.

Unter Tenzings Fuß flattert immer noch ein Zipfel der Flagge, die für den höchsten Punkt des Planeten gedacht war. In aller Ruhe streift der Sirdar Tenzing Norgay wieder seinen Handschuh über. Sein sonst so fröhlicher Mund hat sich zu einem Spalt verengt. Resigniert preßt er die Lippen aufeinander.

Der Gipfel ist verschenkt, aber das Leben darf nicht verschenkt sein.

„Geh!" bedeutet er seinem weißen Kameraden. „Nur Wahnsinnige würden anderes tun!" Er beugt sich noch zum Wimpel hinunter, legt einen Stein darauf und folgt dann dem voranstolpernden Raymond Lambert. Am obersten Lager schleppen sie sich ohne Pause vorbei.
Nur wenige Meter unterhalb des Sturmzeltes werden Stimmen von unten laut – die Kameraden kommen! Behutsam leiten sie die beiden Männer hinab. Lambert ist so benommen von der Dosis Pervitin, daß er wie ein Kind stolpert. Niemand fragt nach dem Gipfel. Die Haltung der beiden sagt genug.
Durch den wilden Gletscher hat Chong Norbus Mannschaft einen Pfad wie durch den Dschungel gehauen. Seilgeländer umrahmen die Spiegelwände der Eistürme, daran sich die Sherpas mit Riesenlasten über dunkle Spalten hangeln. Über schnell gezimmerte Leitern tasten sich sich, unter ihnen droht tiefblaue Leere. Für Tenzing und Lambert ist das Cwm die letzte erregende Strapaze. Nach der Flucht aus der Todeszone frißt die lauernde Gefahr des Eislabyrinths den Rest ihrer Nervenkraft.
Im Basislager überfällt sie mit voller Wucht das Bewußtsein ihrer Niederlage.
Auch im hundertsten Jahr seiner „Entdeckung" bleibt der Berg der Berge Sieger über die himmelstürmenden Menschen.
Wie schon so oft, fehlten 300 Höhenmeter am Sieg.

Jetzt fürcht' ich den Nanga nimmer!

Zur gleichen Zeit, als die Schweizer vom Mount Everest absteigen, kämpfen in den Schweizer Bergen neun Männer um ihr Leben. Sie stecken in einer Wand, die berüchtigt ist wie keine andere in den Gebirgen aller Kontinente. Die Beobachter und Zeitungsleute im Berghotel auf der Kleinen Scheidegg wissen mehr als die neun Bergsteiger: Drei Seilschaften aus drei Nationen stecken in der Eiger-Nordwand!
Unter dem Hinterstoisser-Quergang, einer Schlüsselstelle der 1800-m-Wand, treffen die beiden Deutschen Maag im Morgen-

grauen auf die österreichische Seilschaft, die nicht weit von hier biwakierte. Zwei hervorragende Kletterer meistern vor den Augen des deutschen Brüderpaars die schwierige Traverse mit solcher Leichtigkeit, daß es mit ehrfürchtigem Staunen zu ihnen aufblickt. Vor allem den Kleinen, Flinken mit dem hübschen Gesicht bewundern sie.
„Das ist Buhl!" sagt Otto Maag zu seinem Bruder Sepp.
Für die nachfolgenden Deutschen lassen die Österreicher das Geländerseil hängen. Dann wird das Seil abgezogen – der Rückweg ist damit unmöglich. Doch keiner der vier denkt an einen Rückzug. Zügig geht es aufwärts, Sepp und Otto folgen den beiden Österreichern ohne Zögern.
Am Vormittag tönen französische Laute zu ihnen herauf. Noch eine Seilschaft in der steinschlagdurchtobten Wand? Oder gar zwei? Fünf französische Alpinisten stemmen sich durch die Verschneidungen zu ihnen herauf, alle fünf an einem Seil. Der vorsteigende Österreicher grüßt freundlich den Führenden der Fünfergruppe. Zwei der größten Bergsteiger stehen sich hier in der fürchterlichen Wand zum erstenmal gegenüber – nein, sie stehen nicht, sie hängen, an schneeüberpuderte schmale Bänder geklammert, übereinander und rufen sich zwischen zwei Steinkanonaden mit den Namen an: Gaston Rébuffat! Hermann Buhl!
Der Eiger brüllt bei ihrer Begegnung und zeigt seine Krallen: Eisschlag, Wasser, immer wieder pfeifende Steine, Nebel, Neuschnee und die Nächte, die furchtbaren Biwaknächte. Doch die beiden bedeutendsten Bergsteiger deutscher und französischer Zunge sind Hartes gewöhnt.
Gaston Rébuffat denkt an Herzog und Lachenal, denkt an den Annapurna, an die Katastrophe des Abstiegs vom ersten besiegten Achttausender. Lachenal hat als zweiter die Eigerwand durchstiegen, bevor er in den Himalaya ging – warum soll sie sich ihm, Rébuffat, nicht auch ergeben? Mit ihm sind Guido Magnone, der mit der Dru-Westwand eine Wende in die Alpinistik brachte, sind drei weitere prächtige Gefährten.
Und vorn steigt Hermann Buhl!
In dieser riesigen Wand kann keine Seilschaft eine andere überholen, also bleibt Buhl vorn, führt, kämpft, krallt sich fest, stürzt, steigt wieder, stürzt abermals, beißt sich verbissen hoch – unermüdlich. Acht Kameraden an seinem Seil, erstklassige Bergsteiger aus drei Nationen, versagen ihm nicht ihre stille Bewunderung.
Nach 84 Stunden betritt er, der fast die ganzen drei Tage lang die neunköpfige Seilschaft anführte, nach seinem Kameraden Sepp

Jöchler den Eigergipfel. Die Brüder Maag drücken ihm stumm die Hand. Die fünf Franzosen, zuletzt wieder als selbständige Seilschaft steigend, folgen bald nach.
Das ist derselbe Hermann Buhl, der mit Kuno Rainer die Bergsteigerwelt in Erstaunen setzte, als sie die erste Winterbegehung der Marmolata-Südwestwand machten, derselbe Buhl, der in drei Gewittertagen mit seinem Klubkameraden Rainer die nadelscharfen, vereisten Spitzen sämtlicher Aiguilles de Chamonix überkletterte und die zweite Begehung des Nordpfeilers der Grandes Jorasses mit anschließender Überschreitung des ganzen Gipfelstockes vollbrachte.
Ein Mann von Format – vielleicht der beste Bergsteiger, der heute zu finden ist.
Ein halbes Jahr später, im Winter auf das Jahr 1953, leistet sich Hermann Buhl ein Husarenstückchen besonderer Art. Schon seit dem Herbst weiß er, daß er der Himalaya-Expedition angehören wird, die von dem Münchner Arzt Dr. Herrligkoffer vorbereitet wird. Er will wissen, wieviel er sich im Ernstfall abverlangen kann. Darum geht er eines Abends ins Eisbachtal, läßt St. Bartholomä und den Königssee hinter sich und packt bei Mondschein die längste Wand der Ostalpen, die Watzmann-Ostwand, an. Zweitausend Meter Fels, die Rinnen vereist, die Bänder mit hüfthohem Schnee bedeckt, das alles überwindet er allein. Ganz allein. In einer einzigen Winternacht!
Hinterher lacht er darüber: „Jetzt fürcht' ich den Nanga nimmer!"
Nanga Parbat! Wo immer sein Name genannt wird, drängt sich eine Sekunde Schweigen in die Gespräche. Eine Sekunde Schweigen für die Besten der deutschen und österreichischen Bergsteigerjugend, die unter den lockenden Silberzacken schlafen. Und zuweilen auch für die, deren Namen Opfermut und Treue bedeuten, für die Sherpas.
Aber wer den mörderischen Berg angehen will, muß ein Optimist sein, ein Optimist wie Hermann Buhl, ein Optimist wie der unbekannte Münchner Arzt Dr. Karl Herrligkoffer, der Halbbruder des Leiters der deutschen Nanga-Parbat Mannschaft von 1934, Willy Merkl. Herrligkoffer hat es sich in den Kopf gesetzt, der erste Deutsche zu sein, der nach langer Pause wieder eine Bergsteigergruppe in den Himalaya führt. Was ihn dazu bewegt, weiß keiner zu sagen. Ein Bergsteiger ist Herrligkoffer nicht, aber ein hervorragender Organisator. Mit einer Hartnäckigkeit ohnegleichen führt er einen fast aussichtslosen Kampf gegen Vorurteile und Geldnot, gegen Unverstand und Intrigen. Die bärtigen Herren Vorstandsmitglieder des Alpenvereins miß-

trauen dem Neuling, nur zögernd sagen sie ihre Hilfe zu, ziehen sich später ganz zurück und werfen dem verbissen um Anerkennung kämpfenden Herrligkoffer Knüppel zwischen die Beine, wo sie können. Die jungen Bergsteiger aber tragen zusammen, was sie an Ausrüstung und Geldmitteln auftreiben. Wo auch der Münchner Arzt auftaucht und um Hilfe für sein Unternehmen fragt, sieht er zuckende Schultern. Das aber, was ihm bereitwillig angeboten wird, ist oft genug mit üblem Geruch behaftet.
Herrligkoffer ergattert Zelte im Wert von 25 000 DM unter der Bedingung, die Fabrikmarke im Expeditionsfilm in Großaufnahme zu zeigen, dort einige Funkgeräte, die mit unübersehbarem Firmenschild für einen Riesenkonzern Reklame machen, ja – Münchner Hofbräu, auf Dosen gezogen, gehört zum Expeditionsgepäck, vorausgesetzt, daß die Bergsportler vor der Filmkamera die blau-weißen Bierkonserven schwenken. Eine illustrierte Sensationszeitung will die Expeditionsberichte zwischen ihren Skandalgeschichten abdrucken und legt für die Allein-Veröffentlichungsrechte 20 000 DM in die Expeditionskasse.
Schön ist das alles nicht, das weiß auch Dr. Herrligkoffer, das wissen auch seine Bergsteiger – aber was bleibt ihnen anderes übrig, als solche „Spenden" zu nehmen?
Das erfreulichste Angebot ermöglicht noch der Kameramann und bekannte Anden-Bergsteiger Hans Ertl. Die London-Eagle-Film-Gesellschaft finanziert den Expeditionsfilm und beteiligt sich mit 80 000 DM an den Reisekosten. Über eines aber sind sich alle einig, als die Mannschaft am 17. April in den Zug nach Rom steigt, die Freunde Herrligkoffers und seine Gegner: Diese Himalaya-Expedition im Jahre 1953 wäre ohne die Hartnäckigkeit und den Geschäftssinn des Doktors schwerlich zu denken gewesen.

Kampf für fremden Ruhm

Da, wo unter nebligem Dunst die häuserumsäumten Straßen Darjeelings in die Wälder hinausfingern und die Kleinbahngleise im engen Bogen der Station Guhm zustreben, klebt eine Felskanzel am spärlich bewaldeten Hang. Chong Norbu liebt den Platz und hat schon oft hier gesessen. Heute abend wird er mit einer kleinen Touristengruppe in das Tal absteigen, sie wollen die milde Nacht zum Marsch benutzen, um der Gluthitze des Sonnentages zu entweichen.

Die dunstverhangenen, verwischten Konturen der Gipfelketten der Abendseite lassen seine Gedanken zu den alten und jungen Gefährten fliegen, die vor ein paar Wochen, weit, weit nach Westen, der untergehenden Sonne nach, gefahren sind. Pasang Dawa Lama, der ernste, kluge Sirdar, führt einen Trupp Tigers zum Nanga Parbat. Wieder, nach langem Warten, haben die German-Sahibs die Sherpas gerufen, ihnen zu dem Berg zu folgen, der mehr als alle anderen Berge der Welt grausame Lücken in die Reihen der braunen und weißen Bergsteiger gerissen hat. Jetzt werden sie auf dem grünen Flecken die Zelte aufschlagen, auf dem Platz, den die Deutschen die Märchenwiese nennen. Ob sie sich schon durch den Tiefschnee wühlen, hinauf, über den Rakiot-Gletscher – zum erinnerungsschweren Quergang durch den Eisschild der Rakiot-Flanke?

Pasang, der Priester, der Bergsteiger, der weise, abwägende Gefährte der berühmtesten Sahibs – ja, er kann noch mitmachen, seine Glieder sind noch nicht verstümmelt, seine Lunge pfeift noch nicht heiser. Und auch Ang Tharke ist mit zum Nanga gefahren, dazu viele junge Tigers, die ihren ersten Ruhm am Annapurna errangen. Weiter nach Osten lenkt Chong Norbu seinen Blick. Die Sonne wärmt ihm den Rücken; es tut gut, die Glieder zu recken. Für die klirrendkalten Zeltnächte in der Heimat des Schnees taugen sie vielleicht nicht mehr – zu oft schon plagen Chong Norbu die tausend feinen Nadeln im Rücken, das Zwicken in den Gelenken.

Drüben leuchtet das Diadem des Kangchendzönga, glitzern die „Fünf Schatzkästchen des großen Schnees“. Dort klettert in diesem Sommer kein Sahib, kein Sherpa – Chong Norbu hat nichts von einer Expedition zum Kantsch gehört.

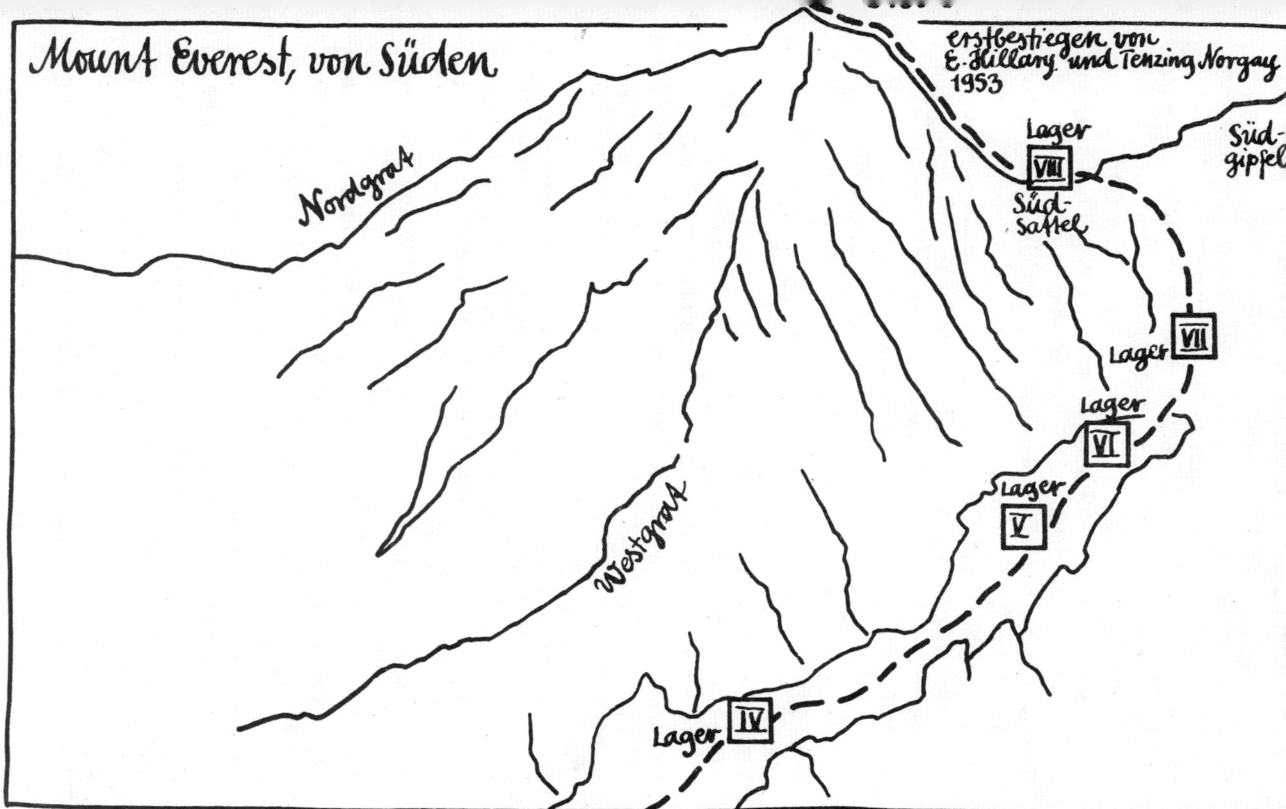
Mount Everest, von Süden
erstbestiegen von
E. Hillary und Tenzing Norgay
1953
Süd-
gipfel
Lager
VIII
Süd-
sattel
Lager
VII
Lager
VI
Lager
V
Lager
IV
Nordgrat
Westgrat

Aber die Briten sind wieder zur Chomolungma! Und sie werden es in diesem Jahr schaffen, Chong Norbu weiß es! Die Götterburg ist sturmreif. Seit Tenzing Norgay im vorigen Jahr mit dem Schweizer Sahib fast bis zum Vorgipfel kletterte, gibt es keine Geheimnisse mehr um die letzten 300 Meter. Ja – der junge, kühne Tenzing! Diesmal haben die britischen Sahibs ihn an die Spitze der Sherpas gestellt – er wird mit in der Gipfelmannschaft sein. Vielleicht führt er sie gar an? Werden die Briten einen Tiger voransteigen lassen? Sicher! Was macht es, wenn ein Sherpa ihnen den Weg zum Gipfel bahnt, den Sieg rechnen sich die Sahibs doch allein zu …

Nebelentschleiert grüßt fern die Spitze des Makalu. Brüderlicher, eisblanker Nachbar der Chomolungma – oft genug von den fremden Beschauern für den Gipfel der Erde gehalten! Aber ein anderer Achttausender, der Lhotse, schiebt seine fünf Gipfelzacken neben dem Makalu in das Blauschwarz des Himalaya-Himmels. Hinter den fünf Lhotse-Spitzen verbirgt sich das unbezwungene Haupt der Chomolungma vor den Augen Chong Norbus.

Wird er diesen Berg noch einmal sehen?

Wird er noch einmal aus dem stickigen Dschungel der Täler Sikkims nach oben durchbrechen, auf einen Bergrücken, um in befreiend weitem Blick auf die Wände zu schauen, an denen er gekämpft hat? Vielleicht beschert ihm der Zufall noch einmal einen Sahib, der das spiegelnde Eis mehr liebt als die Orchideen und Falter im Bergwald.

Der höchste der Götterthrone aber und seine eisbewehrten Wächter in der Runde werden sich dann gebeugt haben unter den unaufhaltsamen Schritten der forschenden Menschheit. Und jeder Sieg wird verbunden sein mit den Namen der Tigers.

Lewa war auf dem Kamet der erste. Auf den Jongsang Peak stieg Chong Norbu.

Der Chomo Lhari und der Mukut Parbat beugten sich Pasang Dawa Lamas Fuß. Vor zweiundvierzig Jahren siegte Sonam mit Kellas über den Pauhunri. Da Tundu erklomm vor drei Jahren den Abi Gamin.

Im Pamir und in Tibet, im Karakorum und im Garhwal-Himalaya, in Sikkim, in Nepal, in Bhutan – wo auch immer ein Berg belagert und angegriffen und schließlich besiegt wurde, nie waren die Tigers aus den Expeditionen fortzudenken.

Und eines Tages werden sie allein auf ihre Berge gehen – den Mut, die Erfahrung, die Kraft haben sie dazu!

Aber wer soll die teuren Sauerstoffgeräte und die Funkapparate

kaufen, ohne die kein Achttausender zu zwingen ist, wer soll die endlosen Trägerkolonnen entlohnen, wer die Tragtiere mieten, die Eisenbahnbillets bezahlen, den Brennstoff, die kostbare Höhennahrung?
Darum müssen die besten Bergsteiger, Söhne des Himalaya, anderen Nationen zum Ruhm verhelfen, und nur am Rande der lauten Siegesberichte taucht manchmal ein Name auf, fremd und klangvoll:
Ang Tsering.
Pasang Dawa Lama.
Ang Tharke.
Sirdar Kikuli.
Pintso Norbu.
Nima Thondup.
Lhakpa Chedi.
Gay-Lay ...

Bergbauern werden Tigers

Die Leute im Industal hatten zu den Deutschen gesagt: „Der wilde Gott des ‚Nackten Berges' wird den Monsun verschlafen! Das Glück wird diesmal mit euch gehen!" Vorläufig ist davon nichts zu spüren. Die Geister des Nanga Parbat schlafen nicht. Sie werfen brüllend Eislawinen aus den gletscherbehangenen Flanken, und das prophezeite Wetterglück läßt auf sich warten. Seit Herrligkoffer mit seinen Männern um die Errichtung der Lager auf dem Rakiot-Gletscher kämpft, schneit es, nebelt es, stürmt es. Der Aschenbrenner-Peter führt die junge Bergsteigermannschaft an. Seine Berghütte auf dem Stripsenjoch im Wilden-Kaiser-Gebirge hat er für ein paar Monate verlassen und ist mit dem Flugzeug den Kameraden nachgereist. Für ihn ist der Nanga ein alter Bekannter, ein Gegner, mit dem er schon ein paarmal gefochten hat. Peter kennt seine heimtückischen Fallen und versteckten Seitenhiebe, er hat die vernichtenden Schläge erlebt, die der Berg schon austeilte. Aber er weiß auch, wo sich der Gegner eine Blöße gibt, er weiß, wann man rasch und kühn

zustoßen muß, will man den Berg besiegen und nicht selbst in dem mörderischen Zweikampf zugrunde gehen.
Bis zum breiten Firnfeld unter dem Rakiot Peak haben die besten Leute schon vorgespurt, Aschenbrenner folgt mit den Trägern durch den knietiefen Schnee. Das Wetter scheint Besserung zu versprechen, denn hin und wieder reißt der Nebel auf und läßt das Bergmassiv sichtbar werden. Da oben winkt der Silbersattel! Peter nimmt den breitkrempigen Hut ab und wischt sich mit der Hand über den kahlen Schädel. Wie kräftig die Sonnenwärme sich heute durch das milchige Weiß drückt! Nur nicht mehr gezögert, das Wetter klart auf, schon in den nächsten Tagen kann die Sonne scheinen, der Schneefall aufhören. Dann muß man auf dem Grat sein, bereit zum letzten raschen Vorstoß! Zögern brachte schon einmal eine Katastrophe am Nanga – damals – vor fast zwanzig Jahren. Der Tod vieler Kameraden wäre vermeidbar gewesen, ja, ganz sicher sogar, und den Sieg über den Gipfel hätten sie damals mit großer Wahrscheinlichkeit erringen können, der kleine Siebentausender-Schneider und der Peter! Fast zwei Jahrzehnte sind seit dem Tag vergangen, als Aschenbrenner bei bestem Wetter der höchsten Spitze nur um Stunden entfernt den Rücken kehren mußte, weil Merkl die ganze Mannschaft auf dem Gipfel sehen wollte. Keiner hat mehr seit damals das blanke Eisfeld jenseits der Silberzacken betreten, viele mußten seitdem den Griff nach dem Gipfel mit dem Tode bezahlen. Keiner hat mehr die Leistung Aschenbrenners überboten. Doch Peter will nicht mehr gegen den Scheitel des Berges anstürmen – er ist schon über Fünfzig, die Jüngeren mögen seinen Rekord brechen, der Buhl-Hermann mit seinem erprobten Seilgefährten Rainer, der Kempter-Otto oder Köllensperger! Sie alle haben das Zeug dazu – aber keiner soll fordern, daß alle vier zugleich den Angriff wagen! Peter ist dessen sicher, daß eine Zweier-Seilschaft mehr Aussicht auf Erfolg hat und daß zugunsten der Besten die anderen verzichten müssen.
Das sind seine Gedanken, als er schnaufend vor den Zelten des Lagers IV anlangt. Hier wankten in den Julitagen des Jahres 1934 die letzten Geretteten in die schutzbereiten Zelte, als oben auf dem Ostgrat die Zurückgebliebenen hilflos erfroren und verhungerten. Hier, an dieser Stelle, erschlug 1937 die schreckliche Eislawine sechzehn Männer. Hier, auf dem gleichen Plateau, aber sicherer vor dem todbringenden Eis, ragen wieder einmal die Zelte deutscher und österreichischer Bergsteiger aus dem Schnee. Lager IV!
Ein Wort und eine Ziffer.

Wie oft mag Willy Merkl dieses Wort und diese Ziffer geflüstert haben, als er todwund mit Gay-Lay Meter um Meter zum Mohrenkopf hinüberkroch? Lager IV – verheißungsvolles Ziel der Todgeweihten, das sie nie erreichten. Nur einer sah das Lager IV, sah das Leben wieder: Chong Norbu!

Lager IV – 1937 das Grab der neun Tigers und sieben Sahibs!

Lager IV – 1938 der Ausgangspunkt der erfolglosen fünften deutschen Expedition! Lager IV – Hoffnung, Zuflucht und Kraftquell der sprungbereiten Gipfelmannschaft der „Willy-Merkl-Gedächtnis-Expedition 1953"!

In der letzten Juniwoche schlagen Buhl, Kempter und Köllensperger eine Stufengalerie in den Eishang der Nordwestflanke des Rakiot Peak, erklettern den Gipfel des Siebentausenders und spuren noch einen Weg über den Ostgrat des Nanga hin zum Mohrenkopf. Eine Schneeschaufel bleibt zurück – am nächsten Tag wollen sie eine Schneehöhle dort oben ausheben.

Noch wehrt sich der „Nackte Berg" – fünf Tage lang müssen sich die Männer in die Zelte des Lagers IV verkriechen. Nasser Schnee rieselt unaufhörlich auf die Zelte, die Vorratskisten, auf den vorgespurten Weg nach oben und den Verbindungspfad zu den unteren Lagern. Mühsam schlägt sich ein Teil der Mannschaft wieder zum Lager III durch.

Der verfluchte nasse Schnee! Es ist Monsunschnee. Aschenbrenner und Ertl, der Kameramann, kennen sich als alte Himalaya-Leute in den verschiedenen Schneesorten schon aus und machen bedenkliche Gesichter. Ist der Monsun schon hereingebrochen? Vom Lager IV aus haben sie deutlich die heranspringenden regen- und schneeschwangeren Wolken gesehen. Ist es schon zu spät? Oder kommt noch eine kurze Pause vor dem endgültigen Einbruch des von allen gefürchteten Monsunsturmes?

Dann aber muß es rasch gehen, der Angriff auf den Gipfel muß zum Sprung werden. Wenn nur nicht die Sorge mit den Trägern wäre! Die Tigers sind nicht gekommen. Wie gut könnten die Deutschen jetzt Pasang Dawa Lama und seine erfahrenen Sherpas brauchen.

Aber an der Grenze von Kaschmir ließ man die Leute aus dem indischen Darjeeling nicht in das von Pakistan beanspruchte Hunza-Gebiet. Niedergeschlagen und um den Kampf mit dem alten Widersacher Nanga Parbat betrogen, mußten die Tigers den 2000 Kilometer langen Heimweg nach Darjeeling antreten.

Statt der Everest-Experten hat Herrligkoffer ein paar ungeübte

Bergbauern aus dem Hunzatal angeworben. Bisher haben sie die Sahibs nur angenehm überrascht – zwanzig-, dreißigmal sind sie schon hochbepackt durch den Rakiot-Eisbruch gestiegen, eine Handvoll Tsambamehl genügt ihnen, und wenn sie kein Zelt zum Schlafen haben, wühlen sie sich unter den Steinen ein Loch – weiter oben, im ewigen Eis, zeigen sie mehr Gewandtheit und Kaltblütigkeit, als die Europäer ihnen zuvor zutrauten.
Einfache Bergbauern, ohne alpine Erfahrung, voller Aberglauben und Unwissenheit! Und so prächtige Kameraden!
Die Sahibs sind zuweilen weniger prächtig. Wenn mit bittender Miene die Hunzas vor den Sahibzelten hocken und schüchtern ihr: „Sahib, cigarettes, please!" herbeten, gibt es ein Donnerwetter, weil die Hunzas schon seit Wochen zu nachtschlafender Zeit mit so „absonderlichen" Wünschen zu den Sahibs kommen. Bis sie ein Prise Tee, eine Handvoll Zucker, eine Zigarette erbettelt haben, lassen die Träger nicht locker und flüstern mit eintöniger Stimme: „Sahib, sugar! Tea, please! Sahib, cigarettes!"
Die Sahibs merken nicht, daß Kameraden nicht mit Almosen zufrieden sind. Prisenweise geben sie den Tee aus, löffelweise den Zucker, stückweise die Zigaretten.
Die Hunzas aber bleiben ebenso hartnäckig dabei, die Sahibs abends aus ihren Schlafsäcken zu holen.
„Mit solchen Trägern kommen wir nie auf den Gipfel", sagt Otto Kempter.
Buhl meint: „Dann müssen wir eben unsere Lasten allein durch die Rakiot-Wand schleppen!"
„Nein, damit machen wir uns nur vorzeitig kaputt. Vielleicht kommen noch andere Träger von unten herauf."
Herrligkoffer denkt in dieser Frage vor allem an seine Kasse:
„12 000 Mark hat allein schon der Transport des Gepäcks von Talichi bis zur Märchenwiese an Trägerlöhnen verschlungen – wir müssen also die Hunzas kürzer halten. Sie fangen schon mit den gleichen Sonderwünschen wie die Tigers an! Wenn wir sie nicht härter herannehmen, wird es nie gelingen, mit den Hunzas ein gesundes Gegengewicht gegen die Sherpas zu schaffen! Den Darjeeling-Leuten würde es recht wohl bekommen, wenn man ihnen die Hunzas entgegenstellen könnte und ihre Konjunktur-Trägerlöhne etwas normalisierte!"
Walter Frauenberger, den Herrligkoffer zum stellvertretenden Expeditionsleiter ernannt hat, beschäftigt nur ein einziger Gedanke: „Wie bringe ich diese Burschen nur soweit, daß sie uns wenigstens einige wichtige Lasten über die Rakiot-Eisflanke zum Lager hinter dem Mohrenkopf hinauftragen?"

Mit viel Geschick und unendlicher Geduld gewinnt er das Vertrauen der einfachen Bergbauern, bis sie eines Tages „Accha Sahib“ zu ihm sagen, „guter Herr“.
Als am 30. Juni mit einem Schlage der Himmel blankgefegt ist und der Nanga Parbat in makelloser Schönheit seine Schultern und Grate ins Blau reckt, wird das Lager IV wieder voll besetzt. Frauenberger verwöhnt die Träger, wo er nur kann. Ali Madad, Hidayat Khan, Madi und Haji Beg sind die vier Besten unter den Hunza-Leuten. Wenn es gelingt, die vier zum Durchqueren der Rakiot-Westwand zu bewegen, ist alles gewonnen.
So nebenbei, während er ihnen Tee kocht, erzählt er ihnen, was alles nach oben muß. Die Zelte, die Seile, der Kamerakoffer und der Funkapparat, Benzinkocher, Essen und so vieles.
„Dorthin! Zum Mohrenkopf!“ Sein Arm schwenkt hinüber zum Ostgrat, wo über dem steilen Aufschwung der Hängegletscher die lange Wächtenwelle von einem dunklen Felsköpfel unterbrochen wird.
„Das ist weit“, sagt Haji Beg.
„Und das ist viel“, bemerkt Ali und sieht auf den Lastenstapel.
„Aber wir gehen für den Accha Sahib!“ Madi, der älteste der Träger, hat für alle beschlossen, daß sie den Sahibs durch die schwere Wand folgen, und keiner widerspricht ihm.
Die Freude der Sahibs ist groß. Plötzlich machen ihre Tabaksdosen und Biskuitschachteln die Runde. Aus Zeitungspapier drehen sich die Hunzas Zigaretten. Die Sonne brennt heute so warm, daß sie sich die Handschuhe ausziehen können.
Buhl, Frauenberger, Ertl und Kempter nehmen jeder einen der Träger an ihr Seil, dann arbeiten sie sich durch die Wand hinauf. So gut wie die Sahibs klettern die vier Bergbauern, mit einer mächtigen Last beladen, an den festen Seilen. Erschrekkend ist die Tiefe. Die Männer mögen nicht den Blick hinunterrichten. Fast senkrecht unter ihren Füßen bleiben ein paar rechteckige Fleckchen im Schneefeld zurück: die Zelte vom Lager IV. Der Eishang ist von unfaßbarer Glätte. Buhls Hammer treibt Haken auf Haken in die Glasur. Kempter hängt die Seile an Karabinerhaken ein.
Kling – kling – kling! Vorn hämmert Buhl. Knirschend pressen sich seine Steigeisen in das blauschillernde Eis. Die anderen bauen den Weg aus, spannen ein Seilgeländer, vertiefen die Tritte mit kurzen Pickelhieben. Nach fünf Stunden ist die ganze Wand „genagelt“. Dort, wo die Nordwestflanke des Rakiot Peak sich zu einer kurzen Schulter absetzt, muß Madi umkehren. Bis hierher ist er ohne Steigeisen gestiegen. Viel zu groß sind seine Schuhe, vergeblich hat Frauenberger versucht, ihm Steigeisen

anzupassen. Ohne ein Wort nimmt der Accha Sahib die Traglast Madis auf den Rücken.
Auf dem kurzen, sanft abfallenden Ausschwung der Steilwand am Anfang des Ostgrates wenden sich die Männer um. Ihr Rückzugsweg schwingt sich im Bogen um den Westwandmantel, führt dann steil nach unten; auch im Schneesturm werden sie ihn finden und sicher am Geländer absteigen können. Die Katastrophe von 1934 darf sich nicht wiederholen!
Weiter, dem Mohrenkopf zu!
Gleich Riesenwogen, in rollender Brandung erstarrt, ziehen sich die Wächten über den Grat dahin. Zu ihrer Linken fällt eine unheimliche Wand ins Bodenlose. Wild und mächtig, das Auge findet keinen Maßstab. Hinunter ins Rupaltal geht der Blick und hinauf zum gleißendhellen Himmel. Überall die Wand! Wucht und Größe werden durch Hängegletscher und Lawinenbahnen nicht geschmälert, die ausgeaperten Felsrippen und Überhänge inmitten der Riesenwand sind Ausrufezeichen des Vertikalen. Die Südwand des Nanga Parbat! 5000 m Meter senkrechter Fall! Mit leisem Schauder wenden sich die Hunzas und Sahibs vom Anblick der furchtbarsten, abschreckendsten Steilwand, die auf der Erde zu finden ist.
Das Erlebnis der Ausgesetztheit auf schmalem Gratfirst packt alle gleichermaßen. Mögen die Bayern und Tiroler glauben, daß sie allein als Bewohner der Städte, als Kinder der Zivilisation mit dem Gefühl des Schauers belastet sind, mögen sie glauben, daß ihre braunen, naturnahen Gefährten frei sind von Bedrücktheit und Ehrfurcht gegenüber der Gewalt der Natur, die sich in dieser Wand offenbart – die Wucht dieser Wand verschlägt allen die Sprache.
Als die Kolonne ein Stück schweigend und keuchend durch den tiefen Wächtenschnee gestapft ist, wagt sich Ali Madad mit einer Frage an den Accha Sahib. Ob sie jetzt über 7000 Meter hoch sind, will er wissen.
Ja – richtig! Einem Träger, der seine Last auf 7000 Meter Höhe schleppt, gebührt der Ehrentitel „Tiger"! Accha Sahib drückt jedem Träger die ausgestreckte Hand, die anderen Sahibs kommen herbei und beglückwünschen ihre Träger. Jetzt sind sie Tigers – für alle ist es ein frohes Ereignis. Das Äußerste, was Träger mit schwerer Last zu leisten vermögen, haben sie heute in der Westflanke des Rakiot Peak gezeigt, nun kommt Müdigkeit über die keuchenden Männer. In der flachen Mulde hinter dem Mohrenkopf können die Hunzas nicht mehr weiter – sie legen die Lasten in den Schnee und werfen sich selber daneben.

Als sich ihr Atem wieder beruhigt hat, erheben sie sich und lassen sich von Ertl und Frauenberger wieder zum Lager IV hinunterführen.
Hermann Buhl und Otto Kempter schlagen ihr kleines Zelt auf und kriechen todmüde in die Schlafsäcke.
Wenn das Wetter so gut bleibt, wollen sie morgen in aller Frühe zum Gipfel aufbrechen.

Ich gehe schon voraus!

Der leichte Wind, der in der herniedersinkenden Nacht über die Gratkante bläst, wächst unaufhaltsam zum Sturm. Seit 21 Uhr wälzt sich Hermann hin und her. Otto hockt noch neben ihm und kocht, füllt die Flaschen für den Weg zum Haupt des Nanga, packt und kramt, nicht ohne über die erdrückende Enge des winzigen Zeltes ausgiebig zu fluchen.
„Nun sei schon endlich zufrieden und streck dich hin!" mahnt ihn der Kamerad.
Ehe Otto zur Ruhe kommt und in den Daunensack kriecht, ist es eine Stunde vor Mitternacht. Bald hört Buhl die gleichmäßigen Atemzüge seines Nebenmannes und wünscht sich selbst den Schlaf herbei. Aber immer wieder drängt sich das Bild des Silberplateaus vor seine Augen, das einzige Bild, das 1938 vom Flugzeug aus gemacht wurde. In sanfter Steigung zieht die Firnfläche zum Vorgipfel empor, bricht schroff in der Bazhin-Scharte ab, dann zieht sich über die Schulter der Weg bis –
Du mußt schlafen! sagt sich Hermann. Morgen kommt der schwerste Tag deines Lebens, da mußt du ausgeruht sein! Dreizehnhundert Meter Anstieg von hier bis zum Gipfel, das wäre in zehn Stunden zu schaffen, vielleicht braucht man zwölf und mehr! Reicht immer noch der Tag für den Abstieg – Du rechnest ja schon wieder! Du mußt schlafen, schlafen! Nicht rechnen!
Wir ruhig Otto atmet! Gut, daß der Junge schläft, er wird es morgen schwerhaben. Heute erst ist er vom Lager III nach IV heraufgekommen und gleich zum Ostgrat weitergestiegen. Die

Zeit der Anpassung an die Höhe ist zu knapp gewesen. Hoffentlich macht er mir morgen nicht schlapp!
Verdammt, reißt der Sturm am Zelt! Wenn das so weitergeht, fliegen wir samt dem Zelt vom Grat hinunter. Ob ich mal aufstehe und die Schnüre neu verankere? Es ist so mollig warm im Sack – aber ich muß schon 'raus, es wird sonst zu gefährlich!
Umständlich krabbelt Hermann aus der warmen Umhüllung, kämpft mit dem flatternden, niedrighängenden Tuch und schiebt sich aus dem Zelt hinaus. Der Mond legt einen bläulichen Schimmer auf die Firne, hin und wieder huscht ein Nebelfetzen über den Grat. Nur fünf Schritte vom jähen Absturz in die Steilwand entfernt klebt das Zelt am Hang, vom Sturm hin- und hergerüttelt. Die Eispickel fest in den Firn gestoßen! So – die Skistöcke noch dazu! Jetzt kann kaum noch etwas passieren, mag der Sturm zerren, das winzige Zelt reißt er nicht weg!
Noch ein Blick auf die Uhr: halb eins!
Es lohnt nicht mehr zu schlafen. Eine halbe Stunde noch streckt sich Hermann im engen Zelt aus, dann weckt er Otto. Der ist noch zu sehr vom Vortag erschöpft, um sich vom Schlaf trennen zu können. „Wir haben doch ausgemacht, um 3 Uhr aufzustehen", murmelt er verschlafen.
„Komm! Hoch!" mahnt Buhl. „Wir müssen den ganzen Tag nutzen! Es ist ein langer Weg!"
Während Hermann Tee kocht, sich ankleidet und den Rucksack schnürt, dreht sich Otto um und versinkt wieder in festen Schlaf. Es ist 2.30 Uhr. Hermann kriecht aus dem Zelt und rüttelt an Ottos Füßen.
„Ich gehe schon vor. Steh jetzt auf und komm nach. In der Spur wirst du mich bald einholen!"
„Ja."
„Stehst du jetzt auf?"
„Ja – ich bin schon wach. Hast du alles mit?"
„Alles, was ich brauche. Den Speck vom Rainer Kuno für die Brotzeit habe ich in deinen Rucksack gesteckt, meiner war schon so schwer. Also bis nachher!"
Draußen flackern die Sterne. Vorsichtig kann sich Hermann vorwärtstasten, gewinnt den Grat, der zum Silbersattel aufstrebt, und hält noch einmal im Aufwärtssteigen an, um sich alles, was er an Kleidung bei sich hat, anzuziehen. Von der Rupal-Seite pfeift eiskalter Wind herauf.
5 Uhr. Noch weit oben ragen die schwarzen Felszacken rechts und links des Silbersattels in den sich lichtenden Himmel. Über die Ketten des Karakorum streift erstes Morgenlicht. Ein Stück oberhalb des Zeltes folgt Otto langsam in Hermanns Spur. Nach

zwei Stunden steht Hermann in der gleichmäßig durchgebogenen Einsattlung, hinter der das Silberplateau beginnt: Zum erstenmal seit zwanzig Jahren durchschreitet wieder ein Mensch das verheißungsvolle Tor zum Gipfel des höchsten Berges im Westhimalaya.
7400 Meter zeigt Hermanns Höhenmesser an, noch über 700 Meter Steigung bis zum Gipfel, doch wie weit, wie weit liegt er fort! Kommt denn Otto gar nicht voran? Der Abstand bleibt der gleiche, fast, scheint es Hermann, vergrößert er sich. Gut, soll sich Otto noch nicht verausgaben! Wenn er erst über den Silbersattel hinweg ist, läßt die Steigung nach, dann wird er ihn schon einholen! Unaufhaltsam geht Hermann durch die stufenförmigen Windgangeln, die der Sturm auf dem Hochfirn aufgeschichtet hat. Zwei Atemzüge für jeden Schritt, noch läßt sich die Anstrengung ertragen. Aber das Überklettern der Windgangeln ermüdet, bei 7500 Metern ist Hermann plötzlich wie gelähmt, die Glieder werden schlaff, die Lunge ringt nach Luft. Eine Rast, ein Niedersetzen, ein Umwenden zum nachsteigenden Freund.
Was ist das? Otto ist weit zurückgeblieben. Mein Gott! Er hat sich schon wieder niedergelassen, steht nicht auf, geht nicht weiter! Hat er aufgegeben?
Verzweifelt kämpft Hermann mit sich – soll er allein gehen? Wird man ihm den Alleingang nicht falsch auslegen? Und wie soll er ohne Proviant auskommen, den Otto im Rucksack hat?
Hermann geht allein. Wie so oft schon in den Alpen – er denkt nicht an die Gefahr, die einem Einzelwesen in der erbarmungslosen Eiswüste droht, denkt nicht an Aufgeben, nicht an Umkehr! Ohne Sauerstoff geht der 29jährige Innsbrucker Hermann Buhl allein und ohne Proviant auf einen Achttausender, in dessen Flanken schon einunddreißig tote Angreifer ruhen!
Nach zwei Stunden ist Hermann an der Stelle, die Aschenbrenner vor 19 Jahren als bisher höchsten Punkt am Nanga erreichte – was jetzt vor ihm liegt, ist jungfräulicher Boden. Noch nie hat hier ein Mensch seine Spur in den Schnee geprägt. Mit jedem Schritt über die meterhohen Windgangeln wird ein weißer Fleck auf der Karte Asiens kleiner, enger! Wird er ihn auslöschen, den Vermerk: Unerforscht, Unbekannt, Unbestiegen?
Otto hat sich in der wohligen Wärme der Morgensonne ausgestreckt und ist erschöpft eingeschlafen. Nach kurzem Schlummer reißt er sich noch einmal hoch, kommt aber nicht auf die Beine und kann nur den Körper so hoch aufrichten, um über die rippige Firnfläche dahin zu blicken, wo ein winziger Strich sich unendlich langsam dem Steilaufschwung des Vorgipfels nähert.

Hermann geht allein!
Es ist neun Uhr, rechnet Otto, um vier oder fünf am Nachmittag kann er zurück sein! Also warten! Zum Abstieg fehlt mir jetzt sowieso die Kraft. In der Sonne kann man ein wenig schlafen, ohne eine Erfrierung fürchten zu müssen.
So nickt er wieder ein.

Am gleichen Morgen, gegen 7 Uhr, können die Männer im Lager IV zwei Gestalten am Grat erkennen, die sich langsam zum Silbersattel emporarbeiten.
Dr. Walter Frauenberger freut sich: „Der Angriff rollt! Die Jungen sind zeitig aufgebrochen!"
Mit ihm freuen sich die anderen, die Sahibs, die Träger.
Zum zweitenmal klettern Hidayat Khan, Haji Beg und Ali Madad mit Accha Sahib und dem Filmmann Ertl durch die ausgesetzte Rakiot-Eisflanke. Am frühen Nachmittag sind sie in dem verlassenen Lager der beiden Gipfelmänner. Die Träger legen die Lasten ab, ruhen sich ein wenig aus und machen sich für den Abstieg fertig. Ertl dreht mit der Filmkamera Aufnahmen für den Expeditionsfilm, vom Lager, von den Trägern beim Verstauen der Vorräte, ein Bild vom Mohrenkopf, unter dem Gay-Lay und Willy Merkl schlafen, und weit hinaus in die Täler sieht sein Kameraobjektiv. Ganz in der Ferne leuchten die Sieben- und Achttausender im Karakorum. Und nun die Kamera zum Silbersattel geschwenkt! Bald müssen die beiden Jungen zurückkommen, der Hermann und der Otto!
Das Wetter hält – kein besseres hätten sich die Gipfelstürmer wünschen können! So viel Glück hat noch keine Expedition am Nanga gehabt. Und diesmal wurde das Wetterglück nicht verschenkt! Hans Ertl bricht seine Filmarbeit ab. Nur ungern verpackt er wieder die Kamera – auch ein Filmmann braucht wie der Bergsteiger gutes Wetter – wer weiß, ob morgen noch ...
„Du, Hans!" ruft Frauenberger. „Da kommen sie! Ganz oben, am Sattel! Siehst du? Hier, nimm das Glas!"
Hans guckt angestrengt durch das Fernglas und sagt lange nichts. Dann wendet er sich zu den Trägern und bedeutet ihnen abzusteigen. „Ich geh also, Walter", sagt er zu Frauenberger, „ich muß die Hunzas noch beizeiten aus der Eiswand herausbringen. Rufst mir dann nach, wenn die beiden bei dir sind."
Die drei neuen Tigers sind mit Ertl noch nicht weit fort, da sieht Frauenberger, daß es nur ein Mann ist, der sich da auf dem Steilhang unter dem Silbersattel bewegt. Nur einer! Wo ist der zweite?
Er richtet in Eile das Lager, füllt die Thermosflaschen, legt Erfri-

schungen bereit und blickt zwischendurch immer wieder zum Grat hinüber. Die Gestalt kommt näher, wankt, man sieht es ganz deutlich! Nur mit Mühe schleppt sich der Mann hinab. Wo ist sein Begleiter – um Himmelswillen! Hastig fliegen die Bilder des felsigen Gipfelgrates durch Frauenbergers Gedanken – ist denn da ein Unglück möglich, ein Absturz? Nein, das kann nicht sein! Einundreißig liegen schon unter dem Eismantel des Nanga begraben – es ist schon mehr als genug Unglück geschehen!
So rasch er kann, geht er dem Mann entgegen.
Torkelnd kommt der Absteigende näher: Otto Kempter.
Er kann sich kaum auf den Beinen halten und nimmt mit einem dankbaren Blick Walters Hilfe an. Am Zelt fällt er der Länge nach hin und greift mit wilder Hast nach dem Trinkbecher. Trinken! Trinken!
Schnell tritt Walter auf den Grat. Seine Augen schweifen über den Grat. Drüben in der Rakiot-Flanke quert Ertl mit den Hunzas. Frauenberger legt die Hände um den Mund: „Otto ist es! Allein! Ohne Hermann! Otto allein!" Mehr weiß er nicht zu schreien. Dann setzt er sich wieder zu dem Zurückgekehrten.
Stockend kommt sein Bericht, viel zu langsam für den sorgenbeladenen Gefährten. „Zuletzt sah ich ihn unter dem Vorgipfel!"
„So weit links? Wollte er nicht durch die Diamir-Scharte?"
„Ich weiß nicht. Hast du noch etwas zu trinken, Walter?"
Frauenberger reicht dem jungen erschöpften Kameraden einen neuen Becher voll Tee. Kempters Hände zittern noch von der Anstrengung des Tages. Der Junge ist aber fertig, denkt Frauenberger. Bis 7500 Meter wird er nach seinem Erzählen gekommen sein – die Schwierigkeiten kommen doch erst hinter der Diamir-Scharte! Wo wird Hermann sein? Sollte er auch die Schwäche nicht überwunden haben und nur auf den Vorgipfel gestiegen sein? Dann aber müßte er noch von Otto im Abstieg gesehen worden sein!
„Wann war das, als du Hermann am Vorgipfel gesehen hast?"
Otto leckt sich wie nach großer Labsal die Lippen. „Um neun Uhr. Mir war es, als würde er irgend etwas neben der Spur ablegen, den Rucksack vielleicht!"
„Was hatte er denn mit? Die Biwakausrüstung? Proviant?"
„Zu Essen hat er kaum etwas bei sich! Den Speck hat er mir noch vor dem Aufbruch in den Rucksack gesteckt. Und wenn er tatsächlich seinen Rucksack zurückgelassen hat, dann wird er auch den Zeltsack nicht mit hinaufschleppen."
„Meinst du, daß er es schafft?"
„Ganz sicher! Am Abend hat er noch gesagt, er würde auch ein Freibiwak in Kauf nehmen, wenn er dadurch den Gipfel zwin-

gen kann. Mach dir keine Sorgen, Walter! Der Hermann ist schon hart! Und das Wetter ist still – da findet er bestimmt seinen Rucksack und kann irgendwo zwischen den Windgangeln schlafen. Ganz tiefe Furchen ziehen sich durch das Plateau, wie von einem Riesenpflug aufgerissen. Das nimmt mit, sage ich dir – du kommst nicht vorwärts und machst dich kaputt! Immer über Rippen, so hoch wie das Zelt, dahinter eine Furche und wieder eine Rippe! Ach – das wird dem Hermann auch zuviel werden für heute. Er wird biwakieren und morgen früh herunterkommen!"
Walter tritt wieder vor das Zelt, guckt sich bald die Augen aus dem Kopf und kann doch nichts weiter sehen als die reglose Sichel des silbrigen Sattels.
Otto ist eingeschlafen. Als die Nacht kommt, kriecht auch Walter in den Schlafsack. Er würde ihn gern an Hermann abtreten, wenn er nur käme! Es kann doch nicht sein, daß Buhl ohne Biwakausrüstung eine Nacht in 8000 Meter Höhe verbringt! Er wird noch kommen! Ein paarmal krabbelt Frauenberger noch aus dem Zelt – aber die Nacht gibt den Erwarteten nicht heraus. Endlos dehnen sich die Stunden. Kein Laut, kein Windheulen, kein Sturmesbrausen. In der sternklaren, stillen Nacht sinkt die Temperatur auf 20 Grad unter Null.
Ob im höchsten Lager oder im Stützpunkt IV oder ganz unten im Basislager, überall breitet sich bleiern die Ungewißheit um Buhls Schicksal über die Zelte. Am Abend noch hat Hans Ertl durch das Sprechfunkgerät vom Lager IV aus Herrligkoffer im Hauptlager verständigt, daß Otto Kempter allein zurückgekommen ist. Früh am Morgen des 4. Juli schreit Frauenberger vom Gipfellager zum Rakiot-Plateau herunter, Ertl soll bald mit Sauerstoff kommen, noch ein Zelt mitbringen und Verpflegung. Nicht alles, was Walter ruft, kann Ertl verstehen, aber er kann sich schon denken, daß man sich oben auf Krankenbehandlung einrichten muß. Oder auf einen Rettungsvorstoß.
Wieder gehen die drei Tigers durch die Flanke, zum Mohrenkopf, zum Lager V in der tiefsten Einsattlung des Ostgrates.
„Ich hab' dir den Sprechfunk mit 'raufgebracht!" sagt Hans Ertl zur Begrüßung und drückt Otto beide Hände. „Dann kannst du gleich selber dem Hauptlager von deinem Weg zum Silbersattel berichten!"
Zur vollen Stunde meldet sich Herrligkoffer im Teleportgerät und will wissen, warum noch keiner dem Vermißten entgegengeht.
„Das hat doch keinen Zweck!" ruft Walter Frauenberger ins Mikrophon. „Ohne Sauerstoff können wir Hermann auch nur we-

nig helfen! Hans hat den Atmer eben vom Lager IV heraufgebracht, wir bereiten alles vor, bald hier aufzubrechen!"
„Bald?" forscht Herrligkoffer. Ganz nahe klingt seine Stimme aus dem Lautsprecher. „Um wieviel Uhr könnt ihr losgehen?"
„Na – ich denke, morgen ganz früh!"
„Vorher geht's nicht?"
„Ich glaube nicht, Karl! Otto ist noch völlig erledigt vom gestrigen Tag, er kann nicht schon wieder zum Silbersattel 'rauf! Hans muß sich erst verschnaufen, er kommt gerade aus dem Lager IV. Bedenke bitte, das wären tausend Meter Höhenunterschied! Und soll ich allein gehen? Mit dem schweren Sauerstoffgerät? Es ist schon genug, daß ein Alleingänger noch nicht zurück ist!"
Der Tag vergeht, Hermann kommt nicht.
Wieder und wieder wandern die bangen Blicke der drei Sahibs und drei Tigers zum Silbersattel, zum Grat zwischen der Bazhin-Scharte und der Schulter unter dem Nanga-Parbat-Gipfel. Nichts Lebendes, nichts Bewegtes erspähen ihre Augen.
In gedrückter Stimmung gehen alle sechs am Nachmittag das kurze, ansteigende Gratstück zum Mohrenkopf zurück und gedenken der Toten, die hier und unter dem Eis längs des Weges zum Gipfel ruhen. Frauenberger befestigt eine kleine Bronzetafel mit den Namen der Toten am schwarzen Fels, und Ertl filmt die kurze Feier. Außer den Worten, die Frauenberger in Erinnerung an die toten Kameraden spricht, kommt kein Laut über ihre Lippen.
Auf allen lastet schwer die Ungewißheit um das Leben ihres Gefährten Hermann Buhl.
Fehlt noch ein Name auf der Totenliste? Fordert der mörderische Berg schon wieder ein neues Opfer? Nein – es darf nicht sein! In den Herzen der Männer bäumt sich die Hoffnung auf – Hermann muß wiederkommen! Aber die Sorge um den Vermißten lähmt ihren Atem.
Otto verabschiedet sich still. Er bringt die drei braunen Gefährten zum Lager IV hinunter. Walter klopft noch an den Dübeln für die Bronzetafel, und Hans Ertl geht zum Zelt, um mit dem Hauptlager zu sprechen. Schon wieder ist eine volle Stunde um, fiebernd warten die Gefährten im Hauptlager, daß diesmal eine Antwort aus dem Funkgerät tönt, die die furchtbare Spannung löst.
„Immer noch nichts Neues", berichtet Hans traurig. „Es ist jetzt schon 17 Uhr, und immer noch ist der Hermann nicht zurück. Nirgendwo kann man ihn sehen – in einer Stunde gehen wir mit dem Sauerstoff los, der Walter und ich."

,Hoffentlich finden wir ihn', möchte er noch hinzufügen, aber er verscheucht die bitteren Gedanken. Oben am Mohrenkopf steht noch immer Walter Frauenberger und hämmert an der Tafel herum. Das Wetter ist so ruhig wie an einem Sommertag daheim. Rotgold glänzt der Gipfel in der Spätnachmittagssonne. Der Gipfel! Hat Hermann ihn schon betreten? Ach, das ist ja nicht mehr wichtig – wenn er nur käme! Hans und Walter fiebern dem Augenblick entgegen, daß oben am Sattel ein winziger Punkt erscheint. Vergeblich bohren sie ihre Blicke in den Abendglanz. „Es ist schon besser, wir gehen ihm entgegen!" sagt Hans und ordnet sein Gepäck für den Aufstieg.

Fünfzig Jahre Kampf für 10 Minuten Gipfelfreude

Ehe sich Hermann von seinem Rucksack trennt, umklammert seine Hand noch eine Sekunde den Tragriemen. Die Biwakausrüstung! Wird er bis zum Abend wieder hier sein können? Nur schwerfällig bringt er in seinem Kopf die Überlegung zustande, was eintreten kann, wenn er ohne den Zeltsack, den dicken Pullover und die Reserveausrüstung irgendwo unter dem Gipfel nächtigen muß. Das Denken fällt ihm so schwer. Nur das Naheliegende kann sein Hirn erfassen.
Der Rucksack ist lästig – also muß er hierbleiben. Ich will auf den Gipfel, aber das schwere Zeug läßt mich nicht vorankommen! Zum Essen habe ich sowieso nichts mehr. Weiter!
Die Hand hat den Rucksack losgelassen, die Füße gehen leichter als vorher bergauf. Da ist die Senke zwischen dem Vorgipfel und der Diamir-Scharte! Dort muß es hindurchgehen!
Atemringend steigt er in die Tiefe der Bazhin-Scharte ab. Ein steiler Grat, mit Firnschnee bedeckt, schwingt sich hinauf zur felsigen Schulter. Einmal muß Hermann ausweichen in die Flanke des Berges, ein anderes Mal schwindelt er sich um einen senkrechten Felsturm herum. Zu seinen Füßen schießen die Steilabstürze Tausende Meter direkt vom Grat aus ins Rupaltal und nach der Westseite hinab. Durch Spalten, zwischen Fels und Eisdecke, sieht Hermann in grauenvolle Abgründe.

Wann endlich kommt der Gipfel? Will denn der verfluchte Grat nie enden? Zwei Tabletten Pervitin helfen ihm weiter. Noch eine senkrechte Felswand, nur zehn Meter hoch, nur zehn Meter! Aber welche Überwindung kostet Hermann jedes Hochstemmen des Körpers. 8000 Meter hoch, ohne einen erfrischenden Schluck Flüssigkeit für die ausgedörrte Kehle, ohne einen Bissen für den knurrenden Magen, erkennt er über sich den Gipfel.
Es ist schon sechs Uhr abends.
Da läßt er die Skistöcke liegen, robbt zwischen groben Blöcken, die den steilen Firnhang bedecken, vorwärts, aufwärts! Auf Knien und Händen kriecht er zur höchsten Kuppe – atmet tief und erlöst. Geschafft!
Er ist Sieger über den Nanga Parbat!
Alle Qualen des Aufstiegs sind für einen Augenblick vergessen. Den Eispickel mit dem Wimpel seines Klubs fotografiert er vor dem Panorama der nördlichen Täler, pflanzt die Fahne Pakistans auf dem höchsten Gipfel des Landes in den Schnee und sieht hinüber zu den Achttausendern im Karakorum. Im milden Abendlicht reihen sich die unübersehbaren Gipfelketten aneinander, die letzten Wolken kugeln über ferne Eisriesen.
Zehn Minuten nur gönnt sich Hermann Buhl auf dem Gipfel, um den fünfzig Jahre lang verbissen gekämpft wurde. Zehn Minuten nach 19 Uhr steckt er seinen Fotoapparat in den Anorak. Schon umschleicht ihn die Kälte der niedersinkenden Nacht. Weit kommt er heute nicht mehr! Schnell hinab!
In der steilen Firnflanke, kaum hundert Meter unterhalb des Gipfels, überfällt ihn die Dämmerung. Wie gut könnte er jetzt den Pickel gebrauchen! Oben, auf dem Gipfel, hängt müde am Pickelschaft die kleine pakistanische Fahne. Aber daran denkt er jetzt nicht mehr – er muß alle seine Sinne darauf lenken, aus der Steilwand herauszukommen. Vorsichtig stützt er sich auf die Skistöcke, Zentimeter um Zentimeter schiebt er sich hinüber – nicht mehr weit vor ihm erwartet ihn ein felsiges Band. Was wackelt denn da am rechten Fuß? Als er ihn sacht anhebt, bleibt das Steigeisen im Firn stecken – rutscht mit den Absatzzacken abwärts! Kollert – nein, Buhl kann es nach gewagtem Vorwärtsbeugen mit dem Skistock angeln! Nur der Bindungsriemen ist ihm entwischt, schlängelnd rutscht der Gurt auf der steilen Eisfläche hinunter und entschwindet seinen Blicken.
Auf einem Bein balanciert er mit unendlicher Behutsamkeit durch die vereiste Flanke; der Schuh ohne Steigeisen findet keinen Halt. Jedesmal, wenn er sich mit der vereisten Profilsohle humpelnd abstützt, folgt ein gefährliches Ausgleiten.

Hier kann er nicht stehenbleiben! Wenn er schon die Nacht nicht weit unter dem Gipfel verbringen muß, dann soll es dort drüben sein, wo sich im Dunkel die Silhouetten der großen Felsbrocken markieren. Endlos wird ihm der kurze Quergang zu den Steinen. Auch hier ist der Hang noch sehr steil, fast hat er die Neigung eines Kirchturmdaches – aber ein winziges Plätzchen findet sich an einem Felsblock, zum Anlehnen mit dem Rücken, zum festen Stand mit einem Fuß. Nur für den Fuß mit dem Steigeisen ist noch Platz, der andere hängt lose auf der abschüssigen Platte.
Ohne Zelt, auf einem Bein stehend, das Standbein wechselnd, ohne Proviant, verbringt Hermann Buhl die Nacht unter dem sternumsäumten Scheitel des Nanga Parbat.
Langsam vergehen die Stunden. Die Rast tut gut, wenn es auch nur im Stehen ist. Vielleicht kommt der Mond bald hervor, dann kann er sich weiter abwärtstasten. Noch liegt tiefschwarze Tropennacht auf dem Achttausender. Eine Nacht – einmalig im erlebnisreichen Bergsteigerleben Hermanns, eine Nacht – einmalig in der Geschichte des Kampfes um die Himalaya-Riesen. Ein Mann hat allein das Haupt einer der vierzehn Giganten betreten, die sich über die 8000-Meter-Linie recken, und kein Lufthauch berührt seine fröstelnden Glieder, keine Schneeflocke legt sich auf seine Schultern, der Nebel umhüllt nicht seinen Standplatz, die Kälte sinkt nicht tiefer als auf 20 Grad unter Null – so ganz und gar ungewöhnlich benimmt sich ein Achttausender, der sich eben dem Fuß der Menschen beugen mußte! Die wilden Götter des Nanga Parbat schlafen!
Hermann reibt sich die Brust, Arme und Schenkel, er wird wieder ein wenig warm – nur die Füße kann er nicht bewegen, sie werden langsam gefühllos. Wenn er doch ein paar Quadratzentimeter mehr Platz hätte, um mit den Füßen zu stampfen! Wie soll er nur mit den erstarrten Beinen den Weg zum Zelt auf dem Ostgrat bewältigen? Sie werden auf ihn warten – Otto, Hans, Walter. Und der Doktor mit den Kameraden im Hauptlager. Bei dem Gedanken an Karl Herrligkoffer fällt ihm ein, daß er noch ein paar Padutin-Pillen bei sich hat. „Gegen Erfrierungen“, hat Karl gesagt, als er ihm die Medikamente gab. „Falls ihr mal ein Freibiwak beziehen müßt!“
Umständlich kramt er in der Brusttasche seines Anoraks. Da steckt der Fotoapparat, ein paar belichtete Filmrollen, und da – ein kleines silbernes Etui. Einen Augenblick umklammert die suchende Hand das metallene Behältnis – es ist der Talisman von Eugenie – die Bilder von ihr und dem Töchterchen sind darin – jetzt sind sie in Ramsau, die Frau und das Kind. Mor-

gen, übermorgen, spätestens am Mittwoch wird sie die Funknachricht von seinem Sieg über den Nanga erreichen. Wo sind die Tabletten? Verdammt, soviel Kram in der Tasche! So – da sind sie! Schlucken – oh, wie schlecht geht das! Keinen Tropfen zum Trinken – Hermann scheint es, als rissen die Tabletten beim Hinabgleiten in den Magen die Speiseröhre auf.
Ein Blick auf die Uhr: Es ist schon zwei durch. Wie schnell doch die Stunden vergangen sind! Über dem Gipfel erscheint die Mondsichel, ihr fahles Licht streicht die Hänge zum Vorgipfel hinab, über das Silberplateau. Die Steilwand aber, in der Hermann steht, bleibt im Dunkel gefangen. Fühlbar nimmt die Kälte zu. Noch zwei Stunden muß sich Hermann gedulden, ehe er mit größter Vorsicht die vereisten Schuhe, in denen die erstarrten Füße stecken, langsam abwärtssetzen kann. Die Sonne! Ach, ihr warmen ersten Strahlen! Die tieferliegenden Spitzen und Grate sind vom goldenen Licht noch unberührt, hier, dem Himmel nahe, streift die Morgensonne die Platten, das Firnfeld, den Weg Hermanns. Behutsam leiten die Strahlen den Abwärtssteigenden hinunter. Hinunter in die Bazhin-Scharte.
Dann muß er wieder aufsteigen. Über hundert Meter beträgt die Gegensteigung, glatter Fels mit Schwierigkeiten, die zu überwinden schon einem ausgeruhten Bergsteiger alle Kraft und Gewandtheit abfordern. Hermann schindet sich der niedrigsten Einsattelung über der Wand entgegen – die dicken Handschuhe können die kleinen Griffe nicht fassen – ausziehen! Und nicht verlieren! Steck sie in den Anorak, Hermann, da sind sie sicher! Noch dreißig Meter hinauf, dann bist du oben!
Horch! Da ruft einer! Sind es nicht Stimmen, da oben? In der Diamir-Scharte? Walter wird kommen – mit einer Flasche Tee – ja, sie kommen! Ich bekomme etwas zu trinken – schnell hinauf, ach, es geht nicht schneller, ich bin ja so schlapp! Seit vorgestern nicht mehr geschlafen ...
Er reckt sich hoch – klettert weiter empor. Vor ihm weitet sich das endlose Silberplateau, gleichmäßig ziehen sich die Furchen der Windgangeln durch das Firnfeld. Kein Mensch, keine Spur, keine Stimmen – die gereizten Sinne haben ihn genarrt! Aber hat nicht vorhin einer ganz deutlich zu dir gesagt: Steck die Handschuhe in den Anorak? Die Handschuhe – sie stecken im Anorak. Ein Paar und – wo ist das zweite Paar? Verloren!
Ja – Hermann, du hast sie verloren! hört es Buhl hinter sich sagen. Such nicht länger, sie sind verloren! Geh weiter! Du mußt deinen Rucksack suchen – unten am Vorgipfel!
Scheu dreht sich Hermann um – es geht keiner hinter ihm, aber in seinem Kopf dröhnt es, rauscht es, und in das Rauschen mi-

schen sich menschliche Worte. Sind es seine eigenen Worte, die er sich ermutigend zuspricht? Die Landschaft liegt hinter einem Schleier, die meterhohen Treppenstufen der Windgangeln wachsen ins Überwirkliche, die beiden Zacken unten am Silbersattel sind gleich Stecknadelspitzen – so klein. Feuer brennt in der Kehle – ach, nur einen einzigen Schluck Tee – einen Schluck, einen Tropfen. Hermann kann nicht mehr schlucken, er versucht zu sprechen, aber nur blutiger Speichel entrinnt seinem Mund.

Der Rucksack! Aufreißen! Traubenzucker ist irgendwo, ich werde mir einen Schneebrei mit Zucker machen – ja, das tut gut! Und ausruhen – die warme Sonne – fünf Minuten kann ich ja schlafen...

Als Hermann wieder die Augen blinzelnd öffnet, gewahrt er draußen am Sattel zwei winzige Gestalten! Endlich kommen sie! denkt er, erhebt sich ächzend und hastet hinab. Er hört wieder Stimmen, wie vormittags, an der Diamir-Scharte, sein Name ist es, was die Ohren im Dröhnen des Blutes vernehmen. Nach einer Stunde sind die Punkte noch an der gleichen Stelle, wo er sie zuerst erspähte – es sind zwei Schneehaufen, die der Sturm aufgeworfen hat! Erschöpft, enttäuscht, verzweifelt wirft er sich nieder – ja, warum kommen sie wirklich nicht? Ist denn keiner in der Lage, das lumpige Stück zum Silbersattel aufzusteigen, kann denn keiner ihm entgegengehen? Fürchterliche Ahnungen steigen in ihm hoch. Haben sie ihn schon aufgegeben? Otto weiß doch, daß er notfalls biwakieren wollte! Ist Otto überhaupt bis zum Lager V zurückgekommen – oder liegt er hier irgendwo auf dem Firn, in einer der Schneefurchen?

Entsetzt springt er auf. Die hastige Bewegung zwingt ihn, lange schweratmend zu verharren, ehe er sich mit wankenden Knien weiterschleppen kann. Zwanzig Schritte – dann sackt er wieder zusammen. Weiter, weiter! Zehn gierige Atemzüge braucht er für jeden Schritt, die leichte Steigung zum Silbersattel wird zur fürchterlichen Qual. Nochmal nimmt er ein paar Pervitintabletten. Sie helfen ihm bis zum Silbersattel. Sein Blick ist wieder klar, das Dröhnen in den Ohren hat nachgelassen, unten auf dem Grat gewahrt er das Zelt! Nein – diesmal ist es keine Täuschung – das Zelt vom Lager V steht noch da, wo er es in der vorigen Nacht verlassen hat! Zwei Männer stehen davor, sie winken, jetzt ist der furchtbare Weg bald zu Ende!

Neue Kraft durchströmt ihn, in der letzten Stunde bis zum Ziel hinunter begleitet ihn die Gewißheit der Rettung. Einer der Männer kommt vom Zelt auf ihn zu, der andere ist den Grat entlang zurückgegangen und steht nahe dem Mohrenkopf.

Noch zweihundert Meter – noch hundertfünfzig – der bärtige Mann kommt näher, rasch verringert sich der Abstand, jetzt wendet sich der Näherkommende um und ruft dem Mann am Mohrenkopf etwas zu. Noch hundert Meter – Hans ist es, er hebt den Arm, in der Hand blinkt eine Flasche, Hermann starrt auf sie wie auf einen Schatz.

„Setz dich nieder!" ruft Hans. „Ich komme dir entgegen!"

Aber Hermann kann nicht warten, seine Kehle dürstet nach dem Getränk, nicht eine Sekunde will er verschenken bis zu dem ersehnten Augenblick des Trinkens. Völlig unbeherrscht stolpert er Hans entgegen – fällt ihm in die Arme und birgt seinen Kopf an dem bärtigen Gesicht des Kameraden. In die Barthaare kollern die Tränen der beiden Glücklichen.

Im Niedersetzen greifen Hermanns Hände nach dem Becher, den Hans ihm reicht. In einem Zuge leert er das Gefäß und hält es fordernd hin. Hans gießt ein. „Daß du wieder da bist, Hermann!" sagt er erschüttert. „Wir hatten große Sorge um dich – schon dachten wir, du schaffst es nicht!"

Hermann trinkt gierig, die Flasche ist leer. Keinen Laut kann er aus der Kehle bringen.

„Komm!" sagt Hans und hilft ihm auf. „Im Zelt ist mehr."

Wie sie behutsam die letzten Schritte zum Lager machen, fragt Hans zögernd: „Du warst oben?"

Hermann kann nur nicken. Er braucht die Hilfe Ertls nicht, er ist wieder ganz frisch, die Tabletten wirken noch, und die Flasche Tee hat ihm wieder sicheren Schritt verliehen. Hans ruft dem Mann am Mohrenkopf zu: „Er war oben! Hermann kommt vom Gipfel!"

Er wendet sich wieder Hermann zu, gibt ihm neuen Tee und sagt: „Es ist Walter – er wollte eben mit mir los, wir wollten dir Sauerstoff bringen. Aber da kamst du schon über den Silbersattel. Nun geht er hinunter, damit wir beide Platz zum Schlafen haben."

Der Mann am Mohrenkopf steht immer noch unbeweglich und fassungslos – eben hat er an der Gedenktafel gehämmert, Willy Merkls Name steht darauf und die Namen seiner neun weißen und braunen Gefährten von 1934, die sechzehn Namen der Erschlagenen vom Lager IV – nein, kein neuer Name fehlt! Hermann ist wieder da! Mit dem Gipfel! Das Vermächtnis der Toten ist erfüllt! Der Nanga Parbat ist besiegt, der Sieger wieder in ihrer Obhut!

Ein Ruf von Hans weckt ihn aus seinen Gedanken. „Komm herunter Walter! Es wird mit dem Schlafen schon irgendwie gehen! Komm!" In siebentausend Meter Höhe kann man nicht rennen.

Aber so schnell die luftringende Lunge es gestattet, läuft er zum Zelt hinunter. „Hermann!" Dr. Walter Frauenberger, der Landgerichtsdirektor aus dem salzburgischen St. Johann, umarmt weinend den jungen Gipfelsieger und blickt ihm in die Augen. Ihm ist zumute, als sei sein eigener Sohn zurückgekehrt. Die beiden Älteren ziehen Hermann die Schuhe von den Füßen, sie reiben die erfrorenen Zehen mit Salbe. Der rechte Fuß sieht böse aus. Aber Hermann verzieht keine Miene und streckt sich aus. Immerfort erzählt er jetzt, Einzelheiten vom Aufstieg, von den zehn Minuten Gipfelrast, von der Nacht im Blockgewirr unter dem Gipfel und dem Martyrium des Abstiegs. Und ununterbrochen fordert er neue Getränke. Sein Durst ist schier unstillbar.
Als die volle Stunde um ist, rückt Hans das Teleportgerät vor Hermann hin. „Da, du kannst gleich selber alles sagen!" meint er väterlich lächelnd.
Die Stimme des Hauptlagers kommt. Einen Augenblick lang zögert Hermann noch, ein wenig unbeholfen, als benutze er zum erstenmal in seinem Leben ein Telefon. Die ganze große Bedeutung seiner Tat wird ihm offenbar, als er sagt: „Hier spricht Hermann Buhl aus Lager V. Ich bin eben zurückgekommen!"
Einen gleich langen Augenblick verharrt die Gegenseite in ergriffenem Schweigen, dann dringt Freudengeheul aus dem Apparat. Hermann lächelt verlegen. Noch wissen sie unten nichts vom Gipfel.
Frauenberger ermuntert ihn: „Na, nun sag schon alles! Jetzt wird es offiziell!"
Hermann wendet sich wieder zum Apparat: „Ja, oben bin ich gewesen! Es war der schönste Tag meines Lebens!" Er berichtet Herrligkoffer von seinem Weg – das schlimmste aber, schlimmer als die Nacht, sei der Durst gewesen, sagt er und greift schon wieder nach dem Trinkbecher. Vom Lager V auf dem Ostgrat, nicht weit unter dem Gipfel des besiegten Berges, geht der Ruf hinunter in das Hauptlager, pflanzt sich die Nachricht fort von dem kühnen Alleingang Hermann Buhls, über Karatschi nach London, nach München, in die ganze Welt. Der Berg, der in einem halben Jahrhundert alle Angreifer abgeschlagen und einunddreißig Bergsteiger in seinem Eisfriedhof begraben hat, ist besiegt!
Besiegt in einem einzigartigen Alleingang! Die lebenden und die toten Kameraden, die sich geschunden und geopfert, die ihr Letztes hergaben, haben den Kühnsten unter ihnen, den Innsbrucker Bergführer Hermann Buhl, zum Sieger gemacht!

Sport, Reklame und Geschäft

Am gleichen Tage, an dem Pasang Dawa Lama unverrichtetersache aus Kaschmir mit seinen Leuten in Darjeeling eintrifft, füllt ein Gespräch die ganze Stadt. Von Mund zu Mund flattert die Nachricht, die Leute auf dem Basar vergessen ihre Einkäufe, die Händler stecken die Köpfe zusammen und denken nicht an die Kundschaft. Als am Nachmittag die ersten Zeitungen ausgerufen werden, machen die Barfüßler mit den dicken Zeitungsstapeln das beste Geschäft des Jahres. Was alle schon durch den Rundfunk hörten, vom Nachbarn erfuhren, beim erfreuten Zuruf auf der Straße aufschnappten, wollen alle noch einmal schwarz auf weiß sehen:

Der Gipfel des Mount Everest wurde von Tenzing Norgay und Edmund Hillary am 29. Mai 1953 erreicht!

Die britischen Offiziere stoßen auf Hillary an, und die Sherpas und Bhutias lassen ihren Tenzing hochleben. Tenzing – er wird zum Nationalhelden! Das kleine Haus, in dem seine Familie haust, ist umlagert, und seine Frau kann sich der Zeitungsleute nicht erwehren. Die kleine Tochter Pempem wird zum hundertstenmal fotografiert, und mancher, der Tenzing nie gesehen, weiß auf die tausend Fragen der Reporter präzise Antworten über seinen Lebensweg.

Nur die, die schon an seinem Seil gingen, die mit ihm im gleichen Zelt froren, sitzen still beisammen und sind ein wenig nachdenklich. Wenn Tenzing den Gipfel hat, dann fällt ihm ein großer Preis zu – und die Briten müssen dann endlich ihr Versprechen einlösen und die besten Träger das ganze Jahr über entlohnen. Die Männer, die darüber nachdenken, sind schon aus dem Alter heraus, noch einmal in eine Schule zu gehen, aber sie denken an die Jungen, an die tüchtigen Nachsteiger, die schon seit Jahren eine richtige alpinistische Ausbildung brauchen. Wird es gelingen, den großen erfolgreichen Sirdar Tenzing Norgay zu überreden, als Preis für die Bezwingung der Chomolungma eine Bergsteigerschule von den Briten zu fordern? Ang Tharke und Chong Norbu kratzen sich die Köpfe, Pasang Dawa Lama legt bedeutungsvoll die Hände übereinander und lächelt froh. Er kennt seinen Schüler Tenzing – keinen Augenblick wird der fromme Bergführer Tenzing aus Solu Khumbu, der

ehemalige Hirtenjunge und jetzige Sieger über die Chomolungma, zögern, ein gutes Werk für seine Landsleute zu tun. Waren die Götter ihm nicht gnädig? Muß er nicht seinem Schutzpatron Dank erweisen für den großen Ruhm, der ihm zufiel, als er auf dem höchsten Berg des Landes ein Gebet zu den Heiligen senden durfte? Ohne viele Worte sind sie sich einig, die Alten unter den Tigers: Tenzing wird nicht vergessen, daß er seinen Ruhm auf einem Weg gewann, den andere Tigers vorgespurt haben. Daß er den letzten, den mutigsten Schritt tat, über die Todeszone hinaus, dafür ist er der Sirdar Tenzing Norgay, der beste unter allen Sherpas und Bhutias.
Kaum sind die ersten Nachrichten verklungen, da beginnt ein wildes Wortgefecht unter den Bewohnern Darjeelings. In einer englischen Zeitung steht zu lesen, daß Tenzing eine Erklärung unterschrieben habe, er sei gar nicht der erste auf der höchsten Spitze des Berges gewesen, sondern Edmund Hillary. Die indischen und nepalischen Blätter melden, alles sei Lüge, und die Briten seien nur erbost darüber, daß sie es nicht allein geschafft hätten.
In den Streit flattert die Nachricht, daß Tenzing beim Rückmarsch über Katmandu vom nepalischen König zum „Nepalesen der Nepalesen" erklärt und mit hohen Orden behängt worden sei. Die Königin von England, gerade frisch gekrönt, läßt sich nicht lumpen und macht den baumlangen Bienenzüchter Hillary zum „Sir"! Eben in dem Augenblick, als ihr die Krone des Empires auf das Haupt gesetzt wurde, traf in London die Siegesnachricht ein, daß die Expedition des Oberst Hunt den „Nationalberg" der britischen Bergsteiger bezwungen habe.
Die eigentlich recht unwichtige Streitfrage, wer von den beiden Männern einer auf Tod und Leben verbundenen Seilschaft zuerst den „dritten Pol" betreten hat und wer ein paar Sekunden später, wird von den Zeitungen aufgebauscht. Die Tigers spüren genauso wie viele ihrer Landsleute, was dahintersteckt. Zum erstenmal erfahren die Menschen in allen Erdteilen, wenn sie die Nachricht von der Bezwingung des Mount Everest lesen, ein paar Worte über das kleine Volk im Himalaya, das einen seiner besten Söhne zu ruhmreicher, friedlicher Tat aussandte. Das Ansehen Englands bröckelt immer mehr, der geteilte Sieg über den Gipfel der Welt bekommt den Kolonialherren gar nicht recht. Mit viel schmutziger Verleumdung versuchen die Sensationsblättchen aller Schattierungen, Intrigen zu spinnen und einen Zwiespalt zwischen Hillary und Tenzing aufzureißen.
Schließlich erfahren die Tigers, was sich in Katmandu zwischen Oberst Hunt und Tenzing Norgay abgespielt hat: Als Hunt Hil-

lary als Sieger feierte, protestierte Tenzing: „Zu zweit betraten wir den Gipfel der Welt. Nach dem Ersten soll man nicht fragen! Keiner hätte es ohne den anderen geschafft!" Hunt mußte ihm recht geben, und Tenzing beschämte alle Sahibs tief mit seinen Worten.

Der alte, grauhaarige Lewa, den die Aufregung über die große Freude des Gipfelsieges nach langer Zeit wieder einmal zu einer Plauderstunde mit Ondi und Chong Norbu zusammenführt, schüttelt ebenso den Kopf über die Streitereien wie seine beiden alten Gefährten. Die drei haben sich heute etwas Wichtigeres zu sagen. Aus Karatschi bringen die Zeitungen die Nachricht von dem unglaublich kühnen Alleingang Hermann Buhls auf den Nanga Parbat.

Der Name des Berges im fernen Pakistan hat für die drei alten Tigers einen herben Klang. Sie alle haben dort etwas verloren – ihre Freunde, ihre Gesundheit, ihre unbeschwerte Fröhlichkeit. Nun war ein Mann allein dort oben – keiner weiß es besser als sie, was der fremde Sahib an Mut und Kraft für den Gipfel aufgebracht hat. Auch er, der bärtige Mann, dessen Bild sie in der Zeitung finden, hat ein Paar Zehen dem fürchterlichen Berg opfern müssen; und schon schließen sich an die frohe Siegesnachricht übelriechende Verdächtigungen, Vorwürfe, Verleumdungen.

Der Leiter und Arzt der deutschen Expedition soll dem absteigenden Gipfelbezwinger nicht mehr die richtigen Medikamente verabreicht haben, weil viele Gepäckstücke schon für eine neue Expedition im nächsten Jahr abtransportiert waren. Zwischen den einzelnen Mitgliedern der Mannschaft soll es Streit geben wegen falscher und eigenmächtiger Berichte an die Zeitungen, wegen gebrochener Abmachungen, wegen aufgezwungener Verträge, wegen Geld…

Ja, gibt es in den Ländern, in denen die weißen Sahibs wohnen, keine Kameradschaft mehr? Kriecht denn die scheußliche Schlange Profit bis hinauf auf die einsamen Eisthrone des Himalaya? Ist denn in dieser westlichen Welt, die sich „frei" und „zivilisiert" nennt, der Kampf um große sportliche Ziele immer mit üblen Geschäften verbunden?

Chong Norbu weiß darauf eine Antwort. Er weiß sie seit Katmandu, als die tausend Armen von dem einen goldbehangenen Reichen ein größeres Stück Brot forderten.

Und nicht er allein weiß die Antwort. Die Zahl derer, die gleich ihm die Unwissenheit abwerfen, wächst mit jedem Tag.

Braun und Weiß auf dem Scheitel der Erde

Die Tragflächen der großen Maschinen zittern im Aufdonnern der Motoren. Im weiten Bogen dreht sich der Riesenvogel auf der Betonfläche und rollt mit wachsender Geschwindigkeit auf der langen Geraden gegen die Mitte des Flugfeldes. Unmerklich für die Fluggäste flieht unter den Rädern der Boden, das Flugzeug hebt sich sacht, Hallen und Häuser schrumpfen auf Spielzeuggröße zusammen.

Pempem hat keine Angst mehr. Als sie die großen Flugzeuge zum ersten Male sah, umklammerte sie ängstlich die Hand des Vaters. Alle Freude auf die weite Reise ins Land der Sahibs entfloh; auf der fahrbaren Treppe, die zur runden Tür des Flugzeugs führt, wandte sie sich mit einem bittenden Blick nach der Mutter um. Früher, als sie noch kleiner war, nahm sie die Mutter nach solch einem Blick auf den Arm. Aber das geht jetzt nicht mehr. Sie ist schon bald erwachsen, und die Mutter trägt feine Kleider. Die Sahibs, die mit dem Vater an der Chomolungma waren, haben die Mutter beschenkt. Auch die Mädchen bekamen neue, seidene Gewänder. Der Vater ist sehr berühmt geworden. Und sie dürfen mit ihm und der Mutter in dem Flugzeug nach Britannien reisen. Im langen, schmalen Bauch des Flugzeugs sitzen in bequemen Sesseln die Sahibs und sind freundlich zu ihnen. Ein Mädchen in der gleichen Uniform wie die Piloten bringt Getränke und Süßigkeiten. Pempem nascht von diesem und jenem. Sie hat keine Angst mehr. Sie lächelt stolz den Vater an.

Tenzing Norgay hat seiner kleinen Tochter den Platz am Fenster eingeräumt und sich an ihrer Seite niedergelassen. Edmund Hillary sitzt in der gleichen Sesselreihe, nur durch den Gang getrennt. Neben ihm schaut Tenzings Frau aus dem Fenster auf die winzigen Rechtecke der Felder. Ein Fluß zerschneidet die Landschaft. Hillary versucht, sich mit ihr zu unterhalten, aber es mißlingt unter herzlichem Lachen. Sie verstehen sich nicht. Ed weiß nicht, wo er seine langen Beine lassen soll, und streckt sie in den Gang. Die Stewardeß stolpert fast darüber, als sie einen Imbiß für die Fluggäste bringt.

Tenzings Blick geht aus dem Fenster nach Norden. Da erstrekken sich die Ketten der hohen Berge, die Heimat des Schnees

längs des Flugweges. Müde vom Schauen und Fragen ist Pempem eingeschlafen. Monoton schwingt das Brummen der Motoren durch die Kabine, einschläfernd für die talgewohnten Menschen. Drei- bis viertausend Meter hoch mag die Maschine fliegen.
Ed Hillary legt seine Riesenpranke auf Tenzings Arm. „Da!" sagt er nur und weist mit dem Kopf aus dem Fenster. Er beugt seinen Nacken, um durch das kleine gläserne Viereck neben dem Gesicht des schlafenden Kindes die Berge im Norden zu erkennen. Aus den Wolken in weiter Ferne ragen Eisspitzen ohne Zahl. Die eine höher, die andere niedriger. Kopf an Kopf starren Hillary und Tenzing hinaus – wolkenverhüllt ist das Massiv des Berges, den sie gemeinsam besiegt haben. Nur hoch oben, kaum vom wallenden Weiß zu unterscheiden, lugt eine scharfgeschliffene Spitze ins Blau: die Chomolungma! Das winzige Dreieck in der Ferne war ihr Gewinn! Alles, was die Wolken verdecken, war schon Dutzende Male betreten worden – nur die oberste Spitze der fürchterlichen Pyramide, die jetzt unverhüllt in den Strahlen der Sonne Indiens leuchtet, war unbezwungen. Die beiden haben sie bezwungen.
Längst hat sich Ed wieder in seinen Sessel gestreckt, längst ist „ihr" Berg den Blicken entschwunden – aber vor Tenzings Augen steht noch die fürchterliche Wand, eiszapfenbehangen, die das letzte Bollwerk Chomolungmas war. Ein Jahr zuvor hatte die Wand ihn zurückgeworfen, als er mit dem Schweizer Sahib auf den Gipfel verzichten mußte.
Wie kam es nur, daß sie diesmal den Berg besiegt hatten? War nicht auch diesmal in den oberen Lagern alles schiefgegangen: die Sahibs und Tigers krank, die Lasten ihnen, den schonungsbedürftigen Gipfelmännern, allein überlassen?
Oberst Hunt hat seine Expedition gut an den Berg herangeführt! Mit langen Aluminiumleitern überlisteten sie diesmal das wildzerrissene Cwm, drangen nach gewagtem Aufstieg durch die Lhotse-Flanke zum Südsattel vor, und die Sahibs Evans, Bourdillon und der Oberst-Sahib mit dem Tiger Da Namgyal errichteten das Lager VII. Bourdillon und Evans erkletterten den Gipfelgrat bis zum 8760 Meter hohen Südgipfel – noch nie waren Menschen so hoch gestiegen!
Aber dann brach das Pech herein!
Der Oberst-Sahib mußte nach stürmischer Nacht Da Namgyal und Ang Tember mit nach unten nehmen. Evans und Bourdillon waren vom Vortag so geschwächt, daß von ihnen keine Hilfe zu verlangen war, und die folgende Nacht auf dem Südsattel war ein einziger Kampf mit dem Orkan, der die Zelte wegzu-

reißen drohte. Frierend und ohne Hoffnung auf Wetterbesserung erwarteten vier Männer den Morgen des 28. Mai 1953: Edmund Hillary, Tenzing Norgay, Pemba und Ang Nima – drei Tigers und ein Sahib.
Da traf sie ein neuer Schlag! Pemba war in der entsetzlichen Kälte der vergangenen Nacht schwer erkrankt – nur Ang Nima war noch in der Lage, den beiden Gipfelleuten beim Einrichten eines Hochlagers zu helfen. Aber wer sollte bei dem höhenkranken Tiger bleiben? Hillary zählte die beiden Möglichkeiten auf: „Entweder geben wir es auf, oder wir beide tragen unsere Sachen selbst nach oben!"
Hillary und Tenzing trugen das Zelt und die notwendigen Sauerstoffgeräte allein weiter! Jeder hatte 25 Kilogramm Gepäck auf dem Rücken. Obwohl sie vier Liter Sauerstoff in jeder Minute einatmeten, waren sie bei 8350 Metern am Ende ihrer Kräfte. Die Lasten waren zu schwer für einen Aufstieg in dieser mörderischen Höhe!
„Laß uns ein wenig ausruhen", sagte Tenzing, beugte vorsichtig die Knie nieder und setzte sich, ohne das Gepäck abzunehmen, auf den Gratfelsen. „Wir sind für ein Gipfellager noch nicht hoch genug!" Stufenschlagend erkletterten sie nach der Ruhepause den immer steiler werdenden Grat – nirgends erblickten sie einen Platz für ein Lager. Hillary war verzweifelt. Da konnte Tenzing sich entsinnen: War er nicht vor dem letzten Monsun mit dem Schweizer an der gleichen Stelle gewesen? Ein Quergang durch die Steilwand? Ja – dort drüben war ein winziges ebenes Fleckchen, gerade ausreichend für das Zelt. Der Wind hatte nachgelassen, bald lagen die beiden unter dem flachen Tuchdach. Nach einer Stunde konnte Tenzing seinem Gefährten eine warme Suppe anbieten. Hillary kontrollierte die Sauerstoffgeräte und machte ein bedenkliches Gesicht: „Wir müssen mit drei Litern pro Minute auskommen! Sonst reicht es nicht bis zum Gipfel!"
„Und vom Gipfel wieder hinunter!" setzte Tenzing hinzu, als wollte er sagen: Ich habe keine Lust, da oben zu bleiben!
Nachts lag Hillary auf der obersten Stufe des Zeltbodens. Auf dem abschüssigen Fußende hatte sich Tenzing zurechtgerückt und war in seinem dicken Daunenanzug zwischen Hillarys Beinen bald eingeschlafen. Er spürte nichts von den unberechenbaren Stößen des Windes, die Hillary immer wieder aufschreckten. Erst am anderen Morgen erzählte dieser ihm, daß er in den langen Nachtstunden gefürchtet hatte, samt Zelt davonzufliegen.
Windstille, 27 Grad unter Null, klares Wetter, weite Sicht über

tausend wolkenumsäumte Bergspitzen – das war der andere Morgen, der Morgen des 29. Mai. Heute mußte der Gipfel fallen, oder er hatte wieder ein Jahr lang Ruhe vor den Menschen.
8500 Meter hoch lag das kleine Zelt, aus dem Tenzing und Hillary um 6.30 Uhr herauskrochen. Noch 384 Meter bis zum Gipfel! Das mußte gelingen – wenn nicht plötzlich ein Wettersturz eintrat. Doch danach sah es nicht aus. 30 Pfund trug jeder auf dem Rücken, aber es war keine tote Last, sie gab Lebensmut und Kraft: Stahlflaschen mit der englischen Luft!
Tenzing schlug eine lange Stufenreihe hinüber zum Grat, den sie gestern verlassen hatten, um abseits zu lagern. Enger wurde die Gratschneide. Eine Flasche mit Sauerstoff fand sich – noch eine! Evans und Bourdillon hatten sie hier für die beiden abgelegt. Hillary übernahm die Führung. Der Grat schwang sich steiler empor als zuvor, aber er gab auch mehr Raum. Auf breitem Firnrücken erreichten sie den Grat zum Südgipfel.
„Das sieht ja beängstigend aus", brummelte Hillary in seine Maske. Mächtige Eiszapfen hingen in dichter Folge nebeneinander, hier gab es kein Durchkommen. Sollten sie den Weg über den unsicheren Gratfirst nehmen? Morsche Wächten lauerten auf leichtfertige Opfer – 3600 Meter tief schätzte Hillary den Abgrund, in den die Eiszapfen zeigten. Wie war der Schnee zwischen den Zapfen und der Felswand? Gut und fest! Also doch entlang der Zapfengalerie!
Eine Stunde heißer Plage, dann lag die gefährliche Traverse hinter ihnen. Ein neues Hindernis! Unglaublich, was die Göttinmutter an wehrhaften Barrikaden aufgerichtet hat!
Zwölf Meter hoch reckte sich eine glatte, grifflose Felsplatte. Hier mußten Steigeisen und Pickel versagen. Mit Mauerhaken und Seilzug könnte man sie bewältigen, beratschlagten die beiden – aber Haken? Woher? Da entdeckte Tenzing ganz an der Ostseite der Platte einen Riß, schmal, eine Schulter und ein Bein paßten hinein! Eine Seite Fels, die andere festgefrorener Schnee – eine Wächte neigte sich von der Wand ab.
Tenzing sicherte Hillary. Mit der schweren Last robbte er sich in dem Riß aufwärts. Hält die Wächte, dachte Tenzing, dann kommt er 'rauf! Beugt sich nicht der Schneeklotz? Weitet sich nicht die Spalte? Nein – sie hält, sie hält! Hillary ist durch! Ed winkte mit der Hand und zog das Seil ein. Nachkommen!
Vorsichtig schob sich Tenzing in den Schulterriß, behutsam setzte er die Steigeisen rückwärts ins Eis, schlangengleich wand er sich hinauf. Bei Hillary angekommen, blieb er erschöpft liegen. Jetzt hatte er seinen „toten" Punkt erreicht – Hillary hatte ihn schon überwunden. „Wie geht's?" fragte Ed.

Tenzing lächelte nur und zeigte mit matter Bewegung nach oben. Dann riß er sich gewaltsam in die Höhe. „Komm!"
Jeder Schritt erforderte die dreifache Zeit zum Atemholen – jede Bewegung wollte dem Körper befohlen sein! Mit eisernem Willen zwangen sie sich vorwärts. Langsam blieb der Grat zurück, wurde breiter, flacher. Das Schlagen von Stufen war kaum noch vonnöten. Das Nachlassen der Schwierigkeiten wurde ihnen nicht recht bewußt. Stumpf trotteten sie beide auf gleicher Höhe aufwärts. Ein Schritt – Pause – Luft holen – ausruhen – Kommando an den Fuß – Fuß anheben – weiter! Schritt für Schritt. Hillary hob kaum den Blick von seinen Füßen. Tenzing strebte der höchsten Erhebung zu. Noch eine Atempause, denn nichts mehr konnte den Sieg verhindern! Tenzing verharrte ehrfurchtsvoll zwei Schritte unter dem Thron der Göttinmutter – dann stand er neben seinem Gefährten.
Sie hatten den Gipfel der Erde erreicht!
Wortlos umarmte Tenzing den Sahib. Durch die vereisten Brillen sahen sie sich in die Augen. Jungenhaftes Lachen des Siegers strahlte aus den Augen des Tigers – nichts mehr war über ihnen als der stahlblaue Himmel! Sie schüttelten einander die Hände und drückten sich, bis sie außer Atem kamen.
Ihre Uhren zeigten auf 11.30 Uhr. Ein Blick auf die Sauerstoffanzeiger: Es wurde knapp! Keine Zeit verlieren! Tenzing band die kleinen Fahnen an den Pickelschaft und hob sie in den Wind – Hillary nahm den Atmer ab und fotografierte: Auf dem Haupt der „allgütigen Göttinmutter der Erde" steht der Sirdar Tenzing Norgay, der beste Tiger, der Sieger über den höchsten aller Berge! In das Tal richtete Hillary seinen Apparat, gegen die fernen Gipfelketten, nach der Nordseite hinunter, wo sich acht britische Expeditionen vergeblich geschunden hatten, weit hinein nach Tibet ließ er sein Objektiv blicken und hinüber zum Makalu und zum Lhotse, dem nächsten Nachbarn. Wie niedrig lagen die unbezwungenen Achttausender unter ihnen!
Im Schnee des Gipfels vergrub Tenzing ein Stückchen Schokolade, ein paar Biskuits – die einzige Gabe, die er hier den Göttern opfern konnte. Sie waren ihm gnädig gewesen, sie hatten dem Sohn eines armen Kulis den Sieg über die Chomolungma geschenkt! Er hatte als erster die Spitze betreten. Dann hatte er einen kurzen Gedanken für die Männer, die die Göttinmutter bei sich behalten hatte und die nicht mehr heimgekehrt waren. Nie wären sie auf die Bergspitze gekommen, wenn diese Männer vor ihnen nicht schon die Spur getreten hätten. Jeder ein Stück höher – sie haben nur das kleinste Stück des Weges gefunden!

Dumpf dröhnen die Motoren des Flugzeuges. Das Leuchten der Abendsonne verglimmt an fernen Gipfeln, Tenzing erwacht aus seinen Gedanken und hört Pempem neben sich fragen: „Wirst du im Land der Sahibs auch als erster auf einen hohen Berg gehen?"
„Alle Berge in der Heimat der Sahibs sind schon betreten worden, hat der Oberst-Sahib erzählt", klärt Tenzing seine Tochter auf.
„Auch von Tigers?"
„Nein – nur von den weißen Sahibs allein. Es sind ja ihre Berge."
„Können denn die Leute in unserem Land nicht auch allein auf die Berge in der Heimat des Schnees steigen? Es sind doch unsere Berge!"
Tenzing weiß nicht darauf zu antworten. Er wiederholt nur die letzten Worte Pempems: „Ja, es sind unsere Berge!"
Einmal wird der Weg auf die Throne der Götter von den Tigers allein beschritten werden, denkt Tenzing. Die Kulis werden lesen und schreiben lernen. Ihre Kinder werden keine Kulis mehr sein.
„Du mußt lernen", sagte Chong Norbu einmal zu ihm, „und wenn wir über die Unwissenheit hinausgestiegen sind, brauchen wir keine Herren mehr!" Er hat gelernt, die Uhren, die Bücher und die Schrift zu gebrauchen – aus dem Hirtenjungen aus dem Kosi-Tal ist ein Bergführer geworden, der den höchsten aller Berge erstieg. Einmal werden die Bergsteiger und Gelehrten von Nepal und Sikkim, aus Indien und Pakistan selber ihre ganze Heimat erforschen, von ihren Gebirgen mit allen ihren Reichtümern Besitz ergreifen. Dann werden sie die Herren sein im eigenen Land, und sie werden die Alpinisten aller Länder einladen, ihre Gäste zu sein auf dem Dach der Welt.
Dann braucht Pempem nicht mehr solche Fragen zu stellen.

Worterklärungen

abfahren

Bergsteigerausdruck für das beabsichtigte Hinabgleiten auf einem harten Schnee- oder Geröllfeld. In Hockstellung, ähnlich einem Skifahrer, rutscht der Bergsteiger, mit dem Pickelstiel steuernd, abwärts.

abseilen

Günstigste, ungefährlichste Möglichkeit, an steilsten Stellen abwärts zu gelangen. Das Doppelseil wird z. B. beim Dülfer-Sitz um Schenkel und Schulter gelegt, und der Abseilende gleitet im fest aufgehängten Seil abwärts. Das Seil wird nach dem Manöver eingeholt. Der Haken verbleibt im Fels.

Accha rasta

Guter Weg. Auch als Abschiedsgruß verwendet.

Akklimatisation

Anpassung. Durch schrittweise Gewöhnung, meist durch kurze Aufstiege in größere Höhen mit anschließender aktiver Erholung in tieferen Lagen, kann sich der Körper bis zu einem den späteren Anforderungen genügenden Maß an den verminderten Sauerstoffdruck anpassen.

Aneroid

Taschenhöhenmesser, der nach dem Prinzip des Dosenbarometers arbeitet.

Anna

auch Ana; kleine Geldeinheit.

aper

ausgeapert: schneefrei, vom Schnee befreite Felsen oder Eisflächen.

ausgesetzt

Merkmal einer Wand oder Kletterstelle, die sich über tiefem Abgrund befindet. Die Überwindung erfordert außer Gewandtheit besondere Kaltblütigkeit.

Bakschisch

Almosen, Trinkgeld, auch Lohn.

Band

Felsstreifen, der durch Zurückspringen des oberen Wandteiles gebildet wird. Das Band kann sowohl waagerecht als auch an- oder absteigend sein.

Basar

Kaufstraße, in der die Verkaufsstände meist vor den Gebäuden liegen.

Base-Camp
(engl. sprich bäs-kämp) Basislager.

Bergschrund
Randkluft, meistens sehr weite Art von Querspalten, die im obersten Gletschergebiet in der Umrandung des Firnkessels aufreißen, an der die steileren Eis- oder Felswände an das flachere Firnbecken angrenzen.

Bhutan
Königreich im östlichen Himalaya.

Bhutia
eigentlich Einwohner Bhutans, auch von dort Ausgewanderter. Von den Briten werden alle dunkelhäutigen Bergbewohner, gleich ob Tibeter, Sherpas oder Gurkhas, abwertend als Bhutias bezeichnet.

Biwak
Freilager ohne Zelt.

Buddhisten
Im weiteren Sinne alle Anhänger der Religionen, die auf Buddha zurückgehen. Verbreitung von Ceylon bis Japan.

Camp
(sprich kämp) Englische Bezeichnung für Lager.

Couloir
(franz., sprich kular) Eisrinne.

Cwm
(irisch, sprich kum) Besondere Bezeichnung für den abschreckenden Teil des Westgletschers am Mount Everest.

Darjeeling
(tibetisch: dordsche gling = Donnerkeil-Stätte, sprich dardschiling) Stadt am Fuße des Himalaya. Ausgangspunkt der ersten Everest- und Kantsch-Expeditionen. Früher beliebte Sommerfrische der britischen Kolonialbeamten. 2185 m hoch. In der deutschen Schreibweise auch Dardschiling.

Djongpen
Bürgermeister in Tibet. Die Djongpens waren bis zur Befreiung Tibets Beamte der Feudalregierung in Lhasa und nutzten ihre Macht vorwiegend zur eigenen Bereicherung aus. Heute gibt es Dorfverwaltungen.

Dülfer-Quergang
Eine von dem Bergsteiger Hans Dülfer († 1914) gefundene Methode, nicht mehr kletterbare Wandstellen zu überwinden. An einem Mauerhaken wird ein Seil möglichst hoch über der ungangbaren Wandstelle eingehängt, der Vorauskletternde, an einem zweiten Seil gesichert, hangelt sich im Abseilsitz seitwärts abwärts, wobei er für die beiden Seile weitere Mauerhaken schlägt, bis er wieder eine kletterbare Wandstelle erreicht. Der zweite folgt am Geländerseil und

entfernt die Karabiner und Mauerhaken. Beide Seile werden nach dem Manöver eingeholt. Auch fallender Quergang genannt.

Eishaken
Stahlstift oder Rohr von etwa 25 cm Länge, mit einem eingeschmiedeten Ring versehen. Friert nach dem Einschlagen in eine Eiswand fest und gewährt guten Halt für das Seil.

Eislawine
Besondere Art von Lawinen, nicht aus Schnee bestehend, aber oft solchen zusätzlich mitreißend. Meistens entstehen Eislawinen, wenn Gletscher oberhalb von Steilabstürzen langsam die Eismassen über den Kippunkt schieben und diese dann abbrechen. Eislawinen entstehen unabhängig von Temperaturen oder Schneefall.

Eispickel
Unentbehrliches Werkzeug des Eisgehers. Schaufelhacke und sichelförmige Haue aus bestem Stahl, hüfthoher Schaft aus Holz, Metall oder Kunststoff. Dient zum Sichern, Stufenschlagen, Sondieren und vielem anderen.

Englische Luft
Ausdruck der Träger für den in Flaschen mitgeführten Sauerstoff.

Firn
Der Ausdruck wird für verschiedene Begriffe angewendet. Allgemein versteht man darunter Gletscher (Firne). Spezielle Bezeichnung für Schnee, der durch Schmelzen und Wiederfrieren zu groben, unregelmäßigen Körnern zusammengeballt ist (Firnkörner, Firnschnee).

Gangeln
Schollenartige Erhebungen im Schnee, meist verharscht, durch Anhäufung des Flugschnees im Wind entstanden. Zuweilen über einen Meter hoch. Windgangeln.

Gap
Sattel zwischen zwei Bergen.

Garhwal
Indische Provinz im Zentralhimalaya.

Gas
Ausdruck der Engländer für künstlichen Sauerstoff.

Gletscher
Eisstrom, genährt von den an Berghängen herabfließenden Schneemassen, die sich in einer Talmulde sammeln, in Schichten ablagern, durch ihr Eigengewicht zusammenpressen und verfirnen und in tieferen Schichten zu blauschillerndem Gletschereis werden. Ein Gletscher ist fortgesetzt in Bewegung; langsam fließen die Eismassen den tiefergelegenen Einschnitten der Talmulde zu. Ungleichmäßigkeiten im Untergrund lassen den Eisstrom an seiner Oberfläche aufreißen, es entstehen Gletscherspalten. An der Gletscherzunge, in wärmeren, tiefergelegenen Regionen, schmilzt das Eis, und das Schmelzwasser ergießt sich in den Gletscherbach.

Gurkha
Vorherrschender Volksstamm in Nepal. In Siedlungen in etwa 2000 m Höhe wohnhaft. Ihre besondere Widerstandsfähigkeit veranlaßte die Briten, sie als Soldaten für ihre koloniale Unterdrückungsarmee in Indien anzuwerben.

Harsch
Obere, durch Wärme geschmolzene und wieder gefrorene Schicht des Schnees, durch die man beim Betreten in den darunterbefindlichen Lockerschnee häufig einbricht.

Himalaya
Höchstes Gebirge der Erde, 2500 km lang, 220 km breit, auf pakistanischem, indischem, nepalischem, sikkimesischem, bhutanischem und tibetischem Gebiet gelegen. Starke Auffaltung der Erdrinde im Miozän; Vorgebirge erst im Pliozän aufgefaltet. Hochhimalaya vorwiegend aus Granit und Gneis bestehend. Die Auffaltung dauert an. Fast alle Gipfel müssen neu vermessen werden, da in den letzten Jahrzehnten ein Wachstum oder Absinken der Berge festgestellt wurde. Als Wasserscheide unbedeutend, die meisten Flüsse haben in den Hauptkamm tiefe Schluchten eingeschnitten. Indus und Brahmaputra umströmen das Gebirge im Westen und Osten. Name Hima – laya bedeutet Heimat des Schnees. Schreibweise allgemein mit y, nur in Deutschland auch mit j.

Hindukusch
Gebirgszug, westlich vom Himalaya in südwestlicher Richtung auf pakistanischem und afghanischem Gebiet verlaufend.

Höhenkrankheit
Durch den Sauerstoffmangel in großen Höhen hervorgerufene Störungen der Funktionen des menschlichen Körpers. Gekennzeichnet durch Apathie, Benommenheit, zuweilen Gereiztheit und Übelkeit. Mit zunehmender Höhe rapides Abnehmen der Urteilsfähigkeit und Entschlußkraft. Über 7800 m „Todeszone", unmittelbare Lebensgefahr; Bewußtseinsstörungen. Einzige Abhilfe ist Sauerstoffzufuhr.

Hunza
Bewohner des Hunzatales oberhalb von Gilgit, nördlich des Nanga Parbat. In zunehmendem Maße bewähren sich Hunzas als Hochträger.

Kamin
Felsspalt von unterschiedlicher Breite, mindestens so breit, daß der Körper des Bergsteigers hineinpaßt, bis zu einer Breite von etwa eineinhalb Metern, meist Gletscherspalten.

Karakorum
(Betonung auf der letzten Silbe) „Schwarzes Gebirge". Mächtiger Gebirgszug nördlich des Westhimalaya. Vier Berge über 8000 m.

Kaschmir
Pakistanisches Gebiet im nordwestlichen Himalaya.

Kluft

Felsspalte von größerer Breite als ein Kamin. Kann sich bis zu gewaltiger Breite öffnen, wird dann richtiger Schlucht genannt. Eisklüfte entstehen durch Gletscherbewegungen.

Kochen in großer Höhe

Wasser kocht infolge des niedrigen Luftdrucks schon bei 65 bis 70 Grad Celsius, was zur Folge hat, daß Speisen nicht weich werden. Hinzu kommt der Sauerstoffmangel für den Brennstoff. Zum Kochen in großer Höhe bedarf es besonderer Vorbereitungen, großer Geduld und sogenannter Schnellkochtöpfe.

Kote

Höhenangabe

La

Tibetische Bezeichnung für Paß, Sattel, Joch.

lahnig

lawinengefährlich.

Lama

Priester des lamaistischen Glaubens, einer dem Buddhismus verwandten Religion, die vorwiegend in Tibet verbreitet ist.

Langur-Affe

Langhaariger Affe von furchterregendem Aussehen, lebt in den Bergwäldern des Himalaya, vermutlich die Ursache der Sensationsmeldungen von dem geheimnisvollen „Schneemenschen". Da die Urwälder unmittelbar an die Eisregionen angrenzen, kann der Langur-Affe auch auf Gletschern beobachtet werden.

Lawine

Schneebewegung, Eisbewegung rascher Art kleineren oder größeren Umfanges. Durch Überlastung der Schneeauflage eines Hanges, entweder infolge des Eigengewichts oder einer Störung von außen, wozu schon ein heftiger Windstoß ausreichen kann, kommt der Schnee ins Rutschen (nicht ins Rollen, wie oft fälschlich angenommen wird). Auf mäßig geneigter Fläche können geschlossene Komplexe der Schneedecke wie ein Teppich rutschen (Schneebrett) und kommen verhältnismäßig leicht an einem Hindernis zum Stillstand. Auf steilerem Hang reißen die zuerst ins Rutschen gekommenen Schneeteile weitere Massen mit und stürzen unter gewaltiger Luftdruckentwicklung geräuschvoll zu Tal. Man unterscheidet viele Arten von Lawinen, u. a. Neuschnee-, Schwimmschnee-, Naßschnee-, Firn- und Gletschereislawinen.

Leptscha

Bewohner eines Distriks im nordwestlichen Sikkim.

Mauerhaken

Mindestens 10 cm langer Stahlstift mit Loch zum Einhängen eines Karabinerhakens oder mit eingeschmiedetem Ring. Wird in Felsrisse getrieben und dient zur Sicherung und zum Emporklimmen.

Monsun
(arab.: Jahreszeit) Passatwind, verbunden mit ungeheurem Wettersturz, orkanartigen Schneestürmen im Gebirge, gewaltigen Regengüssen im Tal. Nach neueren Beobachtungen ist die Auswirkung des Monsuns auf die Wetterlage im Westhimalaya gänzlich verschieden von der im Osthimalaya.

Moräne
Natürlicher Wall aus Steinen, die der Eisstrom eines Gletschers aussondert.

Mummery-Zelt
Praktisches und vielverwendetes Bergzelt, entwickelt von dem britischen Alpinisten Mummery, der 1895 beim ersten Ersteigungsversuch am Nanga Parbat umkam.

Namche Bazar
Größte Ansiedlung im Wohngebiet des Bergvolkes der Sherpas in Nepal. Handelsplatz und Ausgangspunkt von Handelskarawanen nach Tibet.

Orderly
Persönlicher Kuli, Leibdiener.

Pamir
Ringförmiges Hochgebirge in der Tadshikischen SSR. Strahlenförmig entfalten sich um das Pamir-Gebirge die Ketten des Hindukusch, Himalaya, Karakorum, Kuen-lun. Im Pamir höchster Gipfel der Sowjetunion: Pik Kommunismus, 7483 m.

Rinne
Auch Runse, meistens in der Fallinie verlaufende Vertiefung des Hanges. Besonders gefährlich zu überschreiten, da sich in Rinnen Steinschlag oder abgehende Lawinen sammeln. Wird meistens auf dem kürzesten Wege überquert.

Riß
Spalt in Fels oder Eis, in den man eine Körperhälfte hineinzwängen kann. Felsspalten, in denen nur die Hand Platz findet, heißen Handriß; passen nur noch die Fingerspitzen hinein, dann spricht man von Rißspur.

Rupie
Münze, in Indien und den angrenzenden Ländern verbreitet.

Sahib
(arab.: Freund, Herr). In Indien Anrede für Europäer. Memsahib: Herrin. Auch Sahb, Memsahb.

Schwierigkeitsgrad
Nach einer weltweit verbreiteten Tabelle werden die Schwierigkeiten eines Kletterweges in 6 Stufen eingeteilt. Sie gelten bei freier Kletterei ohne technische Hilfsmittel, stellen Erfahrungswerte dar und können im Himalaya nur bedingt angewendet werden, da die

große Höhe die Leistungsfähigkeit stark beeinträchtigt. Die höchste bei freier Kletterei mögliche Schwierigkeitsnote „sechs" bezeichnet einen Kletterweg, dessen Überwindung außer höchster Meisterschaft in der Klettertechnik auch ein außergewöhnliches Maß an Kraft und Kaltblütigkeit voraussetzt.

Seilschaft
Eine Mannschaft, die gemeinsam an ein Seil geknüpft ist. In Fels und Eis zweckmäßig zwei Mann, auf Gletschern drei. In weniger schwierigem Gelände zuweilen auch mehr.

Serak
Zu Pyramiden, Zacken und Türmen zerrissenes Eis im Gletscherbruch. Gelegentlich auch für Eisbruch gebraucht.

Sherpa
Bewohner der Landschaft Solu Khumbu in Nordost-Nepal.

Sikkim
Kleines Königreich im Osthimalaya.

Sirdar
(Mehrzahl Sirdare) Trägerobmann, meistens auch derjenige, der auf seine Rechnung die Träger anwirbt und entlohnt.

Steigeisen
Ursprünglich mit acht, später mit zehn und zwölf spitzen Stahlzacken von etwa 5 cm Länge versehener Metallrahmen, der der Schuhgröße angepaßt sein muß. Steigeisen besitzen Gelenke und werden mit Gurten oder Riemen unter die Sohlen geschnallt. Sie erlauben durch Einsetzen der Vorderzacken auch das Aufsteigen an sehr steilen Eiswänden.

Steinschlag
In die Ritzen zwischen dem Gestein eindringendes Schmelzwasser sprengt beim Gefrieren das Gefüge und so Steine und Felsbrocken. Bei eintretender Erwärmung, meistens am Morgen also, werden die Steine aus der Frostfessel gelöst und fallen talwärts, weiteres Gestein mitreißend. Aus diesem Grunde sind viele Wände zu bestimmten Stunden des Tages besonders durch Steinschlag gefährdet.

Tarai
Sumpfgürtel, schwerdurchdringbares Gebiet im Süden Nepals.

Tiger
(engl., sprich taiger) Mehrzahl Tigers, Ehrentitel für besonders tüchtige Hochträger. Ursprünglich von den britischen Expeditionsleitern denjenigen Kulis verliehen, die schwere Lasten auf eine Höhe von 6500 m, später auf 7000 m trugen. Heute tragen die Tigers 15 bis 20 kg Gepäck auf weit über 8000 m, ohne Sauerstoffgeräte zu benutzen.

Traverse
traversieren. Ausdruck für Quergang, queren.

Tsamba

Gerstenmehl, das trocken oder zu Fladen gebacken (Chapatti) Hauptnahrungsmittel der Träger ist.

Verschneidung

Innere Kante eines Winkels, der aus zwei Wänden gebildet wird.

Wächte

Durch Wind wird fallender Schnee weitergetrieben, schon abgelagerter Schnee losgerissen und an der Lee-Seite eines Grates abgelagert. Nach der Lee-Seite entsteht eine meist gleichförmig gerundete, formschöne Schneeanhäufung, die überhängend ist. Beim Betreten muß man wegen der Abbruchgefahr des überhängenden Teils stets die Luv-Seite der Wächte bevorzugen.

Yak

Grunzochse, langhaariges Gebirgsrind, Tragtier in Tibet und Nepal. Yak-Mist ist getrocknet meist der einzige Brennstoff, den die Bergbewohner verwenden.

Die vierzehn Achttausender

Vgl. in „Chomolungma und ihre Kinder“ vom gleichen Autor. Abschnitt „Die hundert höchsten Berge der Erde“, Sportverlag, Berlin, 1986

Nr.	Name	Höhe	Gebiet	Versuche	Erstbestiegen	Erstbesteiger und Exped.-Leiter	Bemerkungen
1	**Chomolungma** (Mount Everest, Sagarmatha)	8884m	Himalaya Nepal/ Tibet	13 seit 1921	29.5.1953	*Edmund Hillary* (Neuseeland), *Tenzing Norgay* (Nepal/Indien), Exp.-Ltr.: *John Hunt* (Großbrit.)	Bis 1985 auf 7 Routen über 150 Besteiger, darunter 4 Frauen. Seit 1922 über 60 Tote. Erste Besteigung ohne Atmer 1978.
2	**K2** (Chogori, Qiaogelifeng)	8611m	Karakorum Baltoro Pakistan	sechs seit 1902	31.7.1954	*Achille Compagnoni, Nino Lacedelli,* Exp.-Ltr.: *Arturo Desio* (alle Ital.)	„Schwierigster“ Achttausender. Seit Erstbesteigung nur sieben Expedit. erfolgreich. 1978 die erste ohne künstl. Sauerstoff.
3	**Kangchendzönga** (Kanchenjunga, Kanchenfanga)	Vermessung 1984: 8586m bisher: 8598m	Himalaya Nepal/ Sikkim	14 seit 1905	25. u. 26.5.1955	*Band, Brown, Streather* (Großbritannien), *Hardie* (Austral.), Exp.-Ltr.: *Charles Evans* (Großbritannien)	Drei Nebengipfel (8433–8482m) 1973 und 1978 von Japanern bzw. Polen ersterstiegen. Viele Routen.

4	**Lhotse**	Neu vermessen: 8516m alte Höhe: 8511m	Himalaya Nepal/ Tibet	Ein Versuch 1955	18.5.1956	*Luchsinger, Reiß* (Schweiz), Exp.-Ltr.: *Albert Eggler* (Schweiz)	Erstbesteig. v. Südsattel als „Nebenerfolg“ einer Everest-Exped. Ostgipfel Lhotse Shar, 8400m, von Österreichern 1970 bestiegen.
5	**Makalu** (Makalufeng)	Vermessung 1984: 8463m alt: 8481m	Himalaya Nepal/ Tibet	3 verschiedene Exped. 1954	15., 16. u. 17.5.1955	*Couzy, Terray, Jean Franco* (Exped.-Ltr.), *Magnone, Bouvier, Coupé, Leroux, Vialatte* (alle Frankreich), *Gyaltsen Norbu* (Nepal)	SO-Gipfel, 8010m, 1970 von Japanern bestiegen. Tschechoslowaken und Jugoslawen auf neuen Routen 1975 und 1976 erfolgreich.
6	**Cho Oyu**	1984 vermessen: 8201m bisher: 8153m	Himalaya Nepal/ Tibet	Kein Versuch, nur Erkundung 1952	19.10.1954	*Herbert Tichy* (Exp.-Ltr.), *Jöchler* (beide Österreich), *Pasang Dawa Lama* (Nepal/Indien)	Erste Kleinst- u. Nachmonsun-Exped. Nebengipfel, 7646m, 1965 bestieg. Neue Kote bringt Choy Oyu vom 8. auf den 6. Platz der Rangfolge.
7	**Dhaulagiri**	8167m	Himalaya Nepal	7 Versuche seit 1950	13. u. 23.5.1960	*Forrer, Schelbert, Vaucher, Weber* (alle Schweiz), *Diemberger* (Österreich), *Diener* (BRD), *Nyima Dorje, Nawang* (beide Nepal). Exp.-Ltr.: *Max Eiselin* (Schweiz)	Galt von 1818–48 als höchster Berg der Erde, gilt heute als einer der schwierigsten seiner Größenordnung. Inzwischen waren jedoch 25 Expeditionen erfolgreich.

Nr.	Name	Höhe	Gebiet	Versuche	Erstbestiegen	Erstbesteiger und Exped.-Leiter	Bemerkungen
8	**Manaslu**	8156 m	Himalaya Nepal	3 Versuche seit 1952	9. u. 11.5.1956	*Imanishi, Kato, Higeta* (Japan), *Gyaltsen* (Nepal). Exp.-Ltr.: *Yuko Maki* (Japan)	Bei vielen Wiederholungen am lawinenreichen Berg über 20 Todesopfer, darunter eine Frau. 1974 zwei Japanerinnen als erste Frauen auf einem Achttausender.
9	**Nanga Parbat** (Diamir)	8125 m	Himalaya Kaschmir Pakistan	8 Versuche seit 1895	3.7.1953	*Hermann Buhl* (Österreich), Exp.-Ltr.: *Karl Maria Herrligkoffer* (BRD)	Nächst Chomolungma opferreichster Berg: fast 40 Tote. Erstbesteigung NO-, Nord- u. Vorgipfel (7530–7910 m) durch Tschechoslowaken 1971 und 1978.
10	**Annapurna**	8091 m	Himalaya Nepal	Kein Versuch	3.6.1950	*Maurice Herzog* (Exp.-Ltr.), *Louis Lachenal* (beide Frankreich)	Bis 1949 gänzlich unbekannt. Ohne Erkundung als erster Achttausender bestiegen. Ostgipfel (8029 m) 1974 von Spaniern, Mittelgipfel (8051 m) 1981 von Polen erstbestiegen.

11	**Hidden Peak** (Gasherbrum I)	8068 m	Karakorum Baltoro Pakistan	2 Versuche 1934 und 1936	5.7.1958	*Pete Schoening, Andrew Kauffman* (USA), Exp.-Ltr.: *Nick Clinch, Schoening* (USA)	Einzige „Sauerstoff"-Erstbesteigung eines der 9 niedrigen Achttausender. Bisher 30 Besteiger, meist aus Klein-Expeditionen, stets ohne Atmer.
12	**Broad Peak**	8047 m	Karakorum Baltoro Pakistan	1 Versuch 1954	9.6.1957	*Buhl, Diemberger, Markus Schmuck* (Exp.-Ltr.), *Wintersteller* (alle Österreich)	Buhl als Erster auf zwei Achttausendern. Alle Nachfolger benutzen die Österreicher-Route, von der auch ein Abzweig auf den Mittelgipfel führt (8018 m). Polen 1975.
13	**Shisha Pangma** (Gosainthan, Geosengzanfeng)	8046 m	Himalaya Tibet	1 Versuch 1963	2.5.1964	*Hsu Ching* (Exp.-Ltr.), *Chun-yen, Fu-chu, San, Tien-liang, Tsun-yuch, Dorje, Sodnam, Trashi, Yonten* (alle China)	Seit 1980 mehrfach von Klein-Expeditionen auf der Normalroute bestiegen. Einzige Neuroute durch die Südwand 1982 von Briten durchstiegen.
14	**Gasherbrum II**	8035 m	Karakorum Baltoro Pakistan	1 Versuch 1934	7.7.1956	*Larch, Fritz Moravec* (Exp.-Ltr.), *Willenpart* (alle Österreich)	Erste Wiederholungen 1975 durch Franzosen und Polen, dabei erste Überschreitung und selbständige Frauenbesteigung eines Achttausenders.

Frühe Erfolge an Siebentausendern

H = Himalaya, K = Karakorum

Jahr	Name	Höhe	Gebiet	Erstbesteiger
1907	Trisul	7120 m	H, Indien	*A. u. H. Borcherel, Longstaff, Kharbir Barathoki*
1911	Pauhunri	7127 m	H, Sikkim	*Kellas, Sonam, Ang Tharke*
1913	Kun	7077 m	H, Kaschmir	*Borelli, Gaspard, Piacenca, Ali Rahin*
1928	Pik Lenin	7134 m	Pamir, SU	*Allwein, Schneider*
1930	Nepal Peak (SW)	7145 m	H, Sikkim/ Nepal	*Schneider, Ang Tsering*
1930	Jongsang Peak	7493 m	H, Sikkim/ Nepal	*Hoerlin, Schneider*
1930	Domo	7442 m	H, Sikkim/ Nepal	*Dyhrenfurth, Lewa*
1931	Kamet	7756 m	H, Indien	*Holdsworth, Shipton, Smythe, Lewa, Kesar Singh*
1931	Khan-Tengri	6995 m	Tienschan, SU	*Pogrebezki, Sauberer, Tjurin*
1932	Rakiot Peak	7070 m	H, Kaschmir	*Aschenbrenner, Kunigk*
1933	Minya Konkar	7591 m	Szechuan, China	*Burdsll, Emmerson, Moore*
1933	P. Kommunismus	7483 m	Pamir, SU	*E. Abalakow*
1934	Sia Kangri	7422 m	K, Baltoro/ Pakistan	*Ertl, Höcht*
1934	Baltoro Kangri	7260 m	K, Baltoro/ Pakistan	*Belaieff, Ghiglione, Roch*
1935	Kharta Phu	7221 m	H, Tibet	*Kempson, Shipton, Warren*
1935	Kellas Rock Peak	7065 m	H, Tibet	*Shipton, Tilman, Wigram*
1935	Kharta Changri	7032 m	H, Tibet	*Kempson, Warren*
1935	Kabru (NO)	7338 m	H, Sikkim/ Nepal	*Cooke*
1936	Nanda Devi (W)	7816 m	H, Indien	*Odell, Tilman*
1937	Chomo Lhari	7314 m	H, Buthan	*Chapman, Pasang Dawa Lama*
1937	Mana Peak	7272 m	H, Indien	*Smythe*
1938	Pik Pobeda	7439 m	Tienschan, SU	*Gutman, Iwanow, Sidorenko*
1939	Tent Peak und Nepal Peak (NO)	7365 m 7180 m	H, Sikkim/ Nepal	*Grob, Paidar, Schmaderer*
1939	Nanda Devi (O)	7434 m	H, Indien	*Bujak, Klarner*
1939	Dunagiri	7066 m	H, Indien	*Roch, Steuri, Zogg*
1947	Satopanth	7075 m	H, Indien	*Dittert, Graven, Roch, Sutter*
1950	Tirich Mir	7708 m	Hindukusch/ Pakistan	*Kvernberg, Berg, Naess, Streather*
1950	Abi Gamin	7355 m	H, Indien/ Tibet	*Chevalley, Dittert, Tissier, Dawa Thondup*
1951	Mukut Parbat	7242 m	H, Indien	*Cotter, Riddiford, Pasang Dawa Lama*

Inhaltsverzeichnis

ISBN 3-328-00126-3

1. Auflage dieser Ausgabe
Lizenznummer: 140 355/39/86
7009
Einband und Illustrationen: Christian Ewald
Printed in the German Democratic Republic
Texterfassung: Sportverlag
Lichtsatz: INTERDRUCK, Graphischer Großbetrieb Leipzig,
Betrieb der ausgezeichneten Qualitätsarbeit – III/18/97
Druck und buchbinderische Weiterverarbeitung:
Druckerei Fortschritt Erfurt

671 610 0
01400